馬太福音七 1－5

面對自我
SELF-CONFRONTATION

門徒進深訓練手冊

以新舊約聖經
作為信心和行為的
唯一權威原則

課程一之手冊
聖經輔導訓練課程

約翰布魯格編著

面對自我
門徒進深訓練手冊

聖經輔導基金會擁有一九九四年修正版之版權。

版權：這本手冊由聖經輔導基金會在一九七八年取得版權，於一九八零年，一九八七年及一九九一年修訂。版權所有，翻印必究。

除了作為印刷評論的簡短引述外，沒有聖經輔導基金會的書面允許，不得以任何形式，以英文或其它語言複製，或存於可以復取的系統，或以任何形式，任何電子的，機械的，影印的，錄音的，或任何其它的方法傳遞。

經文引自中文聖經和合本。

此手冊中所使用的個案研討乃屬虛構。

ISBN 978-1-60536-113-0

First-Chinese Edition, October 1994
Second-Chinese Edition, May 1995 (2,000 copies)
Third-Chinese Edition, March 1996 (3,000 copies)
Fourth-Chinese Edition, June 2002 (1,500 copies)
Fifth-Chinese Edition, June, 2015
Originally published in U.S.A. by Biblical Counseling Foundation, Inc.
Copyright © 1978, 1980, 1987, 1991 by Biblical Counseling Foundation, Inc.
Revised copyright © 1994 by Biblical Counseling Foundation, Inc.
Chinese copyright © 1994, 1995, 1996, 2002, 2015 by Biblical Counseling Foundation, Inc.

ALL RIGHTS RESERVED.
Reproduction in any manner in whole or in part, in English and/or other languages, or storage in a retrieval system, or transmission in any form or by any means — electronic, mechanical, photocopy, recording, or any other — except for brief quotations in printed reviews is prohibited without written permission of the publisher and Biblical Counseling Foundation.

The case example used in this book is fictional. Any resemblance to persons living or dead is purely coincidental.

聖經輔導基金會

42550 Aegean Street
Indio, CA 92203-9617, USA

760.347.4608 電話
760.775.5751 傳真
orders@bcfministries.org e-mail for orders
admin@bcfministries.org e-mail for other
877.933.9333 (in USA) telephone for orders only

For information about other materials available through BCF, please visit:
http://www.bcfministries.org

「面對自我」手冊的使用方法

本手冊主要的宗旨是教導你如何用聖經來省察自己，使你能過一個討神喜悅的生活。它能幫助基督徒按聖經教導來輔導別人。

本課程中的資料，也被用於青年和成人查經班、基督徒學生課程（初中、高中、大學和神學生）當中。此課程之設計也是為了訓練宣教事工、佈道事工、監獄事工的門徒訓練，以及主日學課程、家庭小組查經、個人靈修和背誦經文。此外，這些資料對牧師研經、對輔導員，和專業保健人員，人事主任，教育家，社會工作者，和其他專業人士，在處理個人及人際問題上有極大的幫助。你在學習此課程時，還會發現這份手冊對你生活和個人事工上，有許多其它的用途。

請不要被本手冊中所引用的大量參考經文所嚇倒。初信主的基督徒，因著查考某一個主題，雖然只看列舉的許多經文之一，就能使他得到莫大的安慰和幫助。另外一方面，研究聖經的學者或是神學生，也許希望從聖經原文中，去查考更多經文。不論你對使用經文如何熟練，本手冊鼓勵你依靠 神的話語，來發掘神對你生活的各方面都有充足的供應。

John C. Broger, president emeritus of the Biblical Counseling Foundation, is known internationally for his missionary and evangelical endeavors spanning five decades.

He served four years in World War II and wrote or edited 38 manuals for naval radar training. Subsequently, he was commissioned electronics officer of Night Torpedo Squadron 91 aboard the aircraft carrier Bon Homme Richard which participated in the Pacific campaigns. The experience gained in electronics gave him the expertise to plan and build the Christian radio stations envisioned in the 1930's to preach the Gospel to the world by means of radio.

At the war's conclusion in 1945, he co-founded and was named the first president of the Far East Broadcasting Company (FEBC), a non-profit, non-commercial, Christian broadcasting corporation. He obtained the first radio franchise granted by the new Philippine Republic and placed the early FEBC transmitters on the air.

During his twelve years with FEBC, he walked the back-trails of Asia to determine better ways of getting the life-changing message of Jesus Christ into the languages of Asia. He was constantly in the midst of the power struggle between the forces of freedom and those who deny the existence of a loving God. (Today, 32 FEBC transmitters carry the Christian message to Asia, Russia, Africa, Latin America, and the Middle East in 141 languages and dialects.)

In 1954, at the height of the cold war between the super-powers, because of his understanding and first-hand experience of the spiritual and ideological conflicts in Asia, Admiral Arthur Radford, Chairman of the Joint Chiefs of Staff requested that he come to Washington D.C. as consultant to the Joint Chiefs of Staff. After much prayer and deliberation with missionary co-workers, he accepted Admiral Radford's request and subsequently resigned his position with the Far East Broadcasting Company. In 1960 he was appointed Director of Information for the Armed Forces of the United States thus becoming the first civilian to hold that position since Thomas Paine in General George Washington's army of American independence.

As Director of Information for the U.S. Armed Forces, his responsibilities included oversight of 1,100 Armed Forces radio and television stations worldwide and 1,900 newspapers, including *Stars and Stripes*. He also supervised the production of all Department of Defense publications and directed its press and motion picture services.

In his governmental capacity, he was responsible to inform the U.S. armed forces world-wide on such subjects as world affairs, democracy, its freedoms and responsibilities based on the Golden Rule and its accompanying values as opposed to humanistic theories advocating repressive totalitarianism. He frequently lectured to civilian and military colleges and universities on subjects necessary to the high calling and privilege of responsible citizenship. Over a period of ten years, he spoke to civic, educational, religious, and private organizations including the Harvard Business School, the U.S. Military Academy at West Point, National War College, Marine Corps Senior Schools, Armed Forces Staff College, Air Command and Staff College, Industrial College of the Armed Forces, and the Military Assistance Institute.

In 1974 he began to develop biblical counseling training material for the Chiefs of Chaplains of the U.S. Armed Forces. In 1977 after 23 years with the Office of the Secretary of Defense and the Joint Chiefs of Staff under six presidents, he retired from federal service.

Knowing the power of God's Word to change lives, he has devoted his retirement years to the further development of biblical counseling material. In addition, he has originated training classes and seminars to help Christian men and women find God's plan for every problem of life through the total sufficiency of Scripture.

Born in Nashville, Tennessee in 1913, he studied at Georgia Institute of Technology, Texas A & M College, and graduated from Southern California Bible College in 1939. He and his wife, Dorothy, were married in 1941 and now reside in Palm Desert, California.

AWARDS AND AFFILIATIONS

Honorary Doctor of Laws (Wheaton College) • Co-founder and President, Biblical Counseling Foundation • Founding Member and first President, National Association of Nouthetic Counselors • Consultant on Biblical Counseling, National Association of Evangelicals • Board Member, Christian Counseling and Educational Foundation • Member of the Academy, National Association of Nouthetic Counselors • Council, International Christian Leadership • Chairman, National Association of Evangelicals' Churchmen Commission • Chairman, National Capital Area Association of Evangelicals • Honorary Faculty Member, U. S. Army Chaplain's School • Vice-Chairman, Armed Services Committee, President Eisenhower's People-to-People Program • Evangelical Layman of the Year, National Association of Evangelicals • AMVETS Annual Americanism Award • Principle Freedoms Foundation Award • Citation Armed Forces Chaplain's Board • Secretary of Defense Meritorious Civilian Service Medal • Department of Defense Distinguished Civilian Service Medal.

ACKNOWLEDGMENTS

I would like to express my deep appreciation to Bracy Ball, Joe Gearo, Robert Schneider, and Shashi Smith, who comprise the team that worked with me in the preparation of this manual.

Bracy Ball
Pastor/Teacher

Robert Schneider
President

Joe Gearo
Vice-President, Business
and Professional Ministries

Shashi Smith
Vice-President,
Policies and Plans

Parenthetically, I am grateful to the members and elders of Family Life Church, Rancho Mirage, California, who so generously approved a leave of absence for Bracy Ball, to oversee the revision and publication of this manual.

Much credit also is due Virginia Baker, Jack Bennett, Becky Elgin, Paul Hoesterey, Cindy Johnson, Maija Jussila, Mike Lane, Patti Lane, Anne Newman, and Carl Smith for their work in various aspects of the development of these materials. Sincere appreciation is extended as well to Beverly Gearo, Elizabeth Wayne, and Christie Welch who have faithfully and patiently typed the numerous revisions along with Ellen Applegate, Kate O'Donnell, and Carol Ruvolo who were responsible for editing and proofreading.

The Lord has used the gifts and talents of this highly skilled team. I do not wish to imply that any individual contribution is more important than another and, thus, have listed each category alphabetically. To all of these and many more, too numerous to record here, I am deeply grateful. This pioneering effort to re-establish the Word of God as the sole authority for life and as the only basis to counsel others has been a labor of love by many of God's people.

We also owe a great debt to Dr. Jay E. Adams and Dr. Henry Brandt for their consultation during our early days. Dr. Brandt's emphasis on Jesus Christ as the only source of true peace and joy greatly helped our focus in training. Dr. Adams was particularly instrumental in providing prudent and discerning guidance. He very generously provided many hours of instruction and critique with no hint of a desire for personal gain. His knowledge of Scriptures and his ability to apply them to the problems of life are unsurpassed in the area of authoritative biblical counseling.* We thank God for their dedication and singleness of purpose in this important field of ministry.

John C. Broger

** Lesson 15, Pages 6-9 and Lesson 20, Page 8 are based on corresponding material in **The Christian Counselor's Manual** by Dr. Jay Adams.*

目錄

序言：為何要面對自我？	第vi頁
本課程的宗旨	第vii頁至第x頁

聖經基礎

第一課：你能根據聖經改變（上）
本課宗旨和大綱	第一頁
聖經原則：你能根據聖經改變（上）	第二頁
你能根據聖經改變（上）	第三頁
第一課：指定作業	第八頁
靈修日引	第九頁

第二課：你能根據聖經改變（下）
本課宗旨和大綱	第一頁
聖經原則：你能根據聖經改變（下）	第二頁
你能根據聖經改變（下）	第三頁
根據聖經面對自我：作門徒的基本條件	第六頁
根據聖經面對自我：根據聖經幫助別人的先決條件	第七頁
每日靈修和經文背誦的聖經根據	第九頁
經文背誦的四個計劃	第十二頁
第二課：指定作業	第十四頁
靈修日引	第十五頁

第三課：人的方法和神的方法（上）
本課宗旨和大綱	第一頁
聖經原則：人的方法和神的方法（上）	第二頁
聖經是你的權威	第三頁
聖靈賜你力量解決問題	第六頁
祈禱使你與神交通	第九頁
第三課：指定作業	第十三頁
靈修日引	第十四頁

第四課：人的方法和神的方法（下）
本課宗旨和大綱	第一頁
聖經原則：人的方法和神的方法（下）	第二頁
聖經上人失敗的典型例子	第三頁
聖經對自我的看法	第五頁
解決個人問題的基本方法	第十一頁
人的方法和神的方法比較的例子	第十二頁
認識人的方法和神的方法之區別	第十四頁
第四課：指定作業	第十五頁
靈修日引	第十六頁

第五課：根據聖經的巨大改變
本課宗旨和大綱	第一頁
聖經原則：根據聖經的巨大改變	第二頁
靈性的下坡路：忽視或拒絕神的方法	第三頁
根據聖經改變的開始	第四頁
靈程步升：照神的方法行	第五頁
行道的重要性	第六頁
第五課：指定作業	第十頁
靈修日引	第十一頁

© Biblical Counseling Foundation

第六課：改變的聖經根據
- 本課宗旨和大綱 .... 第一頁
- 聖經原則：改變的聖經根據 .... 第二頁
- 問題的三個層面 .... 第四頁
- 合乎聖經的盼望 .... 第六頁
- 平安和喜樂的聖經根據 .... 第八頁
- 第六課：指定作業 .... 第十一頁
- 靈修日引 .... 第十二頁

第七課：根據聖經改變的模式
- 本課宗旨和大綱 .... 第一頁
- 聖經原則：根據聖經改變的模式 .... 第二頁
- 根據聖經改變是個過程 .... 第三頁
- 不符合聖經的思想、言行與其影響 .... 第五頁
- 心意更新 .... 第六頁
- 第七課：指定作業 .... 第八頁
- 靈修日引 .... 第九頁

第八課：依聖經操練使更新持久
- 本課宗旨和大綱 .... 第一頁
- 聖經原則：依聖經操練使更新持久 .... 第二頁
- 聖經對試驗和試探的看法 .... 第三頁
- 獲得合乎聖經改變的實際步驟 .... 第八頁
- 第八課：指定作業 .... 第十一頁
- 靈修日引 .... 第十二頁

實際應用

第九課：如何面對自己（上）
- 本課宗旨和大綱 .... 第一頁
- 聖經原則：如何面對自己（上） .... 第二頁
- 自貶、自高和自憐 .... 第四頁
- 妒嫉、忌恨、貪婪和貪心 .... 第六頁
- 討悅自己還是神 .... 第十頁
- 個案研討：美茵的丈夫離棄了她 .... 第十二頁
- 第九課：指定作業 .... 第十四頁
- 靈修日引 .... 第十五頁

第十課：如何面對自己（下）
- 本課宗旨和大綱 .... 第一頁
- 聖經原則：如何面對自己（下） .... 第二頁
- 管家的聖經原則 .... 第四頁
- 捨己為人 .... 第七頁
- 克服一意為己 .... 第九頁
- 個案研討：美茵的丈夫離棄了她 .... 第十三頁
- 第十課：指定作業 .... 第十五頁
- 靈修日引 .... 第十六頁

第十一課：忿怒和苦毒
- 本課宗旨和大綱 .... 第一頁
- 聖經原則：忿怒和苦毒 .... 第二頁
- 對於忿怒和苦毒不合聖經的反應 .... 第四頁
- 聖經對忿怒的看法 .... 第六頁
- 聖經對苦毒的看法 .... 第十頁
- 克服忿怒和苦毒 .... 第十二頁
- 個案研討：美茵的丈夫離棄了她 .... 第十七頁
- 第十一課：指定作業 .... 第十八頁
- 靈修日引 .... 第十九頁

© Biblical Counseling Foundation

第十二課：人際關係（上）（學習如何愛你的鄰舍）
- 本課宗旨和大綱 .... 第一頁
- 聖經原則：人際關係（上）（學習如何愛你的鄰舍） .... 第二頁
- 饒恕（饒恕別人如同神饒恕了你） .... 第三頁
- 和好（除去一切合一與和睦的障礙） .... 第六頁
- 根據聖經饒恕的問題與解答 .... 第九頁
- 個案研討：美茵的丈夫離棄了她 .... 第十四頁
- 第十二課：指定作業 .... 第十六頁
- 靈修日引 .... 第十七頁

第十三課：人際關係（下）（學習如何愛你的鄰舍）
- 本課宗旨和大綱 .... 第一頁
- 聖經原則：人際關係（下）（學習如何愛你的鄰舍） .... 第二頁
- 聖經中的愛的意義 .... 第四頁
- 挽回與管教（根據聖經對待信徒所犯的罪） .... 第七頁
- 挽回與管教的步驟指引 .... 第九頁
- 根據聖經的溝通 .... 第十二頁
- 根據聖經的人際關係（基督肢體的相愛） .... 第十五頁
- 克服人際問題 .... 第十九頁
- 個案研討：美茵的丈夫離棄了她 .... 第二十四頁
- 第十三課：指定作業 .... 第二十六頁
- 靈修日引 .... 第二十七頁

第十四課：婚姻關係（上）
- 本課宗旨和大綱 .... 第一頁
- 聖經原則：婚姻關係（上） .... 第二頁
- 聖經中的婚姻模式 .... 第三頁
- 婚姻上的衝突（人的方法和神的方法的比較） .... 第五頁
- 個案研討：美茵的丈夫離棄了她 .... 第七頁
- 第十四課：指定作業 .... 第八頁
- 靈修日引 .... 第九頁

第十五課：婚姻關係（下）
- 本課宗旨和大綱 .... 第一頁
- 聖經原則：婚姻關係（下） .... 第二頁
- 根據聖經的順服 .... 第三頁
- 你能學會向配偶表達愛 .... 第四頁
- 藉合乎聖經的溝通方法克服困難（藉會談復和） .... 第六頁
- 個案研討：美茵的丈夫離棄了她 .... 第十頁
- 第十五課：指定作業 .... 第十三頁
- 靈修日引 .... 第十四頁

第十六課：親子關係（上）
- 本課宗旨和大綱 .... 第一頁
- 聖經原則：親子關係（上） .... 第二頁
- 世人養育兒女的理論與方法 .... 第三頁
- 教養兒女的準則 .... 第七頁
- 惹兒女生氣的原因 .... 第十頁
- 明白合乎聖經教導兒女的原則 .... 第十三頁
- 第十六課：指定作業 .... 第十七頁
- 靈修日引 .... 第十八頁

第十七課：親子關係（下）
- 本課宗旨和大綱 .... 第一頁
- 聖經原則：親子關係（下） .... 第二頁
- 訓練兒女對主忠心（家中的門徒訓練） .... 第四頁
- 明白合乎聖經的管教 .... 第八頁
- 家庭靈修和敬拜（準則和建議） .... 第十一頁
- 養育兒女的計劃 .... 第十六頁
- 第十七課：指定作業 .... 第二十二頁
- 靈修日引 .... 第二十三頁

第十八課：沮喪
- 本課宗旨和大綱 .... 第一頁
- 聖經原則：沮喪 .... 第二頁
- 認識沮喪 .... 第四頁
- 克服沮喪 .... 第八頁
- 個案研討：美茵的丈夫離棄了她 .... 第十四頁
- 第十八課：指定作業 .... 第十五頁
- 靈修日引 .... 第十六頁

第十九課：懼怕和憂慮
- 本課宗旨和大綱 .... 第一頁
- 聖經原則：懼怕和憂慮 .... 第二頁
- 懼怕和憂慮的試探 .... 第四頁
- 愛與懼怕的比較（人的方法和神的方法的比較） .... 第六頁
- 克服懼怕和憂慮 .... 第八頁
- 個案研討：美茵的丈夫離棄了她 .... 第十三頁
- 第十九課：指定作業 .... 第十四頁
- 靈修日引 .... 第十五頁

第二十課：轄制人生命的罪（上）
- 本課宗旨和大綱 .... 第一頁
- 聖經原則：轄制人生命的罪（上） .... 第二頁
- 認識轄制人生命的罪 .... 第三頁
- 轄制人生命的罪的影響（生活循環） .... 第八頁
- 神已經粉碎撒但的權勢 .... 第九頁
- 第二十課：指定作業 .... 第十二頁
- 靈修日引 .... 第十三頁

第二十一課：轄制人生命的罪（下）
- 本課宗旨和大綱 .... 第一頁
- 聖經原則：轄制人生命的罪（下） .... 第二頁
- 穿戴神所賜的全副軍裝 .... 第四頁
- 克服轄制人生命的罪 .... 第十三頁
- 根據聖經對待被罪轄制的人 .... 第二十頁
- 個案研討：美茵的丈夫離棄了她 .... 第二十四頁
- 第二十一課：指定作業 .... 第二十六頁
- 靈修日引 .... 第二十七頁

總結

第二十二課：神對生活的標準
- 本課宗旨和大綱 .... 第一頁
- 聖經原則：神對生活的標準 .... 第二頁
- 神對你的標準 .... 第四頁
- 個案研討：美茵的丈夫離棄了她 .... 第七頁
- 第二十二課：指定作業 .... 第九頁
- 靈修日引 .... 第十頁

第二十三課：課程測驗

第二十四課：聖經輔導訓練課程II介紹
  本課宗旨和大綱 ....第一頁
  聖經輔導訓練課程II介紹 ....第二頁
  聖經輔導的基本步驟 ....第四頁
  第二十四課：指定作業 ....第七頁

補充材料及實際幫助

  甚麼使輔導合乎聖經？ ....第一頁
  聖經輔導基金會的聖經輔導訓練課程 ....第二頁
  查經和應用表 ....第三頁
  預備一篇個人的見證 ....第四頁
  如何使用經文彙編 ....第五頁
  個人背景與問題評估表 ....第六頁
  得勝計劃表指引 ....第七頁
  得勝計劃表 ....第八頁
  思想與行動表指引 ....第九頁
  思想與行動表 ....第十頁
  關於聖經輔導的事實 ....第十一頁
  聖經輔導記錄表 ....第十二頁
  聖經輔導摘要和計劃 ....第十三頁
  我目前的時間表 ....第十四頁
  根據聖經所訂的時間表 ....第十五頁
  從憂慮中得釋放的指引（根據聖經的行動和禱告計劃）........第十六頁
  從憂慮中得釋放（根據聖經的行動和禱告計劃）..................第十七頁

序言：為何要面對自我？

甚麼叫面對自我？這是不是譴責自己的另一個方式？它是否會對圓滿的生活起反作用？我是否應該建立起自我，而不是面對自我？我是否應該避免做任何會降低我自尊心和破壞自我形象的事？在我能愛別人之前，是不是要先學會愛自己？我是否必須知道如何原諒自己，然後才能得到真正的平安和喜樂？

諸如此類的問題反映出一個事實，就是有許多人正在追隨一種錯誤的教導，這種錯誤的教導起初就存在了，但目前在教會中，它正受到史無前例的歡迎。這種假教導是甚麼呢？就是高抬自己和滿足自己。這種以自我為中心的思想，乃是因為人對於人與神之間關係的誤解。它是不合聖經教訓，並阻礙靈命長進的。

高抬自己和滿足自己的後果，總是具有極大的破壞性。這種自我中心的思想，就是撒但墮落的原因（賽十四13-14）。人類第一次受試探，也是因為這個原因（創三1-6）。撒但試探主耶穌基督，也是以高抬自己和滿足自己為中心，但是撒但的企圖失敗了（路四2-12）。聖經預言，在這些末後的日子裡，人們高抬自己和滿足自己的程度會達到高峰，而且人要專顧自己（提後三1-2）。

聖經要你省察或面對自我，來代替討自己喜悅和高抬自己，並且要謙卑下來（太二三12；林前十一31）。人必須這樣做是因為人的心裡充滿了詭詐，壞到極處，誰能識透呢（耶十七9）？面對自己的第一步是要認識到你在神面前有罪和失喪的光景（詩十四1-3；羅三10-12）。其次，要轉回歸向神，以他為你唯一的永遠得救盼望（羅六23）。神出於他的憐憫，將恩典白白的賜給你，使你因信而得救。這並不是因為你裡面有甚麼好的地方，也不是因為你能做甚麼好事使你配得神的愛和恩惠（弗二8-9；多三5-7）。

如果你想要在作基督徒一生的道路上，避免虛偽地去論斷別人的失敗，卻不先以聖經上的教訓來省察自己，你就得不斷地面對自我（太七1-5；路六41-42）。最重要的是，必須根據神的話語來面對自我（提後三16-17；來四12）。

根據聖經教訓來面對自我常會出現困難，有時會令人不好受，可是聖靈，我們的保惠師會幫助你去面對你的罪惡、失敗和缺點（約十六8、13-14），然後他必安慰你、教導你，並且要帶領你進入一切的真理。這樣你的憂愁就必變成永遠的喜樂（約十四16、26，十五11）。

若要指出這個訓練課程的唯一重點的話，那就是要你決定，是否願意按照聖經教訓去行？在你尋求一切想做的事上，是求自己的喜歡，還是要討神的喜悅（林後五9；西一10，三2、17）？你不久就會發現，這個個人門徒訓練和聖經輔導訓練課程的目標，並不是叫你學會如何去救自己的性命，而是怎樣為耶穌的緣故捨去生命（太十六24-25；路九23-24），並要藉聖經教訓來衡量你自己，達到本課程之宗旨。

願神祝福他話語的真理，叫你的靈命因此漸長，一生忠心地以聖經上的話來面對自我。

© Biblical Counseling Foundation

本課程的宗旨

有史以來，在不同文化背景中的人們，一直設法解決生命中的問題。每一時代的人都提出新的哲學和理論，然而個人以及人際關係的問題仍繼續煩擾我們。甚至在基督的肢體中間，也存在著不愉快的婚姻破裂、濫用藥物、沮喪、焦慮、害怕、憂愁和其他種種問題。這些光景導致痛苦、身體上的疾病和靈命停滯不前。

只有聖經才能指出問題的原因，以及解決生活中一切問題的全面辦法。聖經用了一千六百年來完成，到現在又過了一千九百多年，神在舊約和新約聖經中給人的應許和權威性的話語，是使人得到豐盛、滿有生命活力的根據。聖經裡有解決一切人的觀念、關係、溝通和態度等方面問題的方法。

本課程提供了能改變你生命的基要聖經原則。如果你真心想要克服難處並使自己的靈命成長，就必須面對自己的缺點和失敗，並且按照聖經上的標準做適當的改變 *（羅十二1-2；林後五9；西三1-7）*。這樣做了以後，你就能在主耶穌基督裡長大成人，而且能夠有效地按聖經原則去幫助別人 *（太七1-5；林後一3-4；加六1-5；提後二2）*。本課程所列出的聖經原則構成你生命改變的基礎，它們也是聖經輔導基金會訓練計劃的論據。

本課程的宗旨

面對自我的課程有兩個目的：

I 教導你如何以聖經觀點來處理和面對各種情況、關係和生活中的各種境遇，經歷在一切試煉、試驗及難處中的得勝與滿足。

II 準備你學會如何用聖經教訓來輔導別人面對和處理他們的問題。

面對自我課程是建立在按聖經原則生活的基礎上的。這些聖經原則是得勝和滿足生活的方式，它們對男女老少，貧窮或富有，健康或有病，有技術或沒有技術的人都是合用的。不論是甚麼文化背景、年齡有多大，或在世界上的甚麼地方，這些聖經原則都適用於生活中一切的情況。

每一課的安排是：首先解釋一下某個聖經原則的意義，然後通過十分實際的作業，使這些原則在你生活中得以建立起來。本課程共有二十四課，一般每週上課一次，每次兩小時。前八課包括了生命改變的原則，並且是以後十四課的基礎，這十四課講到在生活中最常遇見的問題。最後兩課是複習、考試和為繼續本課程以後的聖經輔導訓練課程II：聖經輔導基本課程作準備。

本課程的目標

在面對自我課程中，你會學到：
- 從神的角度來瞭解問題的聖經原則。
- 在各種環境中獲得盼望的聖經原則。
- 建立起「改變」的聖經原則。
- 聖經作業的特性和實際重要性。

- 下列各項與聖經原則的關係：
  - ——處理貶低自己、高抬自己和自憐
  - ——處理個人的問題，如貪心、嫉妒、忿怒、苦毒、沮喪、懼怕和憂慮
  - ——處理各種人際關係（如人與人之間、婚姻、父母子女之間）
  - ——處理轄制生命的罪（如同性戀、醉酒和吸毒）

研讀本課程所需要的材料
- 聖經的準確譯本
- 面對自我課程手冊
- 經文彙編

每堂課的內容
每堂課包括：
- 複習背誦的經文和其它作業
- 解釋與課文有關的聖經原則
- 教導你在生活上如何實際應用神的話
- 討論聖經輔導中的個案（從第九課開始一直到本課程結束）
- 指定作業

你應該完成每課的作業，然後帶著手冊和聖經來上課。（意譯本聖經對查經可能起輔助作用，但我們需明白和記住聖經準確譯本的經文，這是很重要的。）一本好的經文彙編對完成作業會有幫助，在補充材料中，有如何使用經文彙編的指導說明。

你對本課程的投入和嚴守紀律
為了能獲得本課程預期的益處，你應該計劃每天花半小時到一小時來做作業。作業的安排是為要幫助你建立合乎聖經、使你生命能改變的習慣模式。若你養成每天做好作業的好習慣，就能幫助你達到這個目標。因此，你要帶著禱告的心來定出一個實際的目標（弗五15-17），把這段時間奉獻給主（箴十六3、9）。起初要使自己嚴守紀律可能會有困難，要記住建立新習慣是需要時間的。為了能有充分時間來做作業，也許你要重新安排一下你的時間表，在必要時取消一些目前時間表上要做的事。屬靈的操練是敬虔的要素（提前四7-8）。

既然這課程的宗旨是使你明白神的話語，並應用在你生活中，你就該把做作業視為每日靈修的一部分。如果你願意以這種方式學習的話，每一課都有靈修日引，可以幫助你完成每一課的作業。學習最重要的因素是忠心（路十六10；林前四2）和慇勤（提後二1）。我們的建議是：如果你有一個星期不能完成作業的話，你應繼續做目前應做的新作業。不要等做完目前欠下的作業後，才開始做新作業；要等新作業做完了，才補做沒有完成的作業。然後把完成了的所有作業寫到另外一個筆記簿裡，以便在需要時作為參考和應用的資料。

課程手冊
本手冊可以分為兩部分：課文和補充材料及實際幫助。手冊中的二十四課課文采取大綱的形式編寫，當中列出了許多神話語中的主要真理。你必須研讀聖經中的指定參考經文，以便更全面地瞭解所提供的聖經原則。補充材料及實

際幫助，這兩部分是幫助你如何以實際的方式，界定這些基礎性的聖經原則，並將這些真理應用在生活之中。

I 課文

A 宗旨和內容：在每一課的第一頁，都列出了該課的宗旨和內容。讀了這第一頁上的內容，能幫助你很快地瞭解該課的教學要點的概要。

B 聖經原則：每一課的第二頁，介紹該課的主要聖經原則，在該頁上方有一方格，方格內有該課教學的概要簡介。

C 大綱：下幾頁則是該課較詳細的大綱，你會就該課討論的問題，學會聖經的看法、如何瞭解、和如何得著盼望，進一步你會明白為甚麼改變和如何改變。

D 作業：每一課的末了是指定的作業，按應該完成的先後次序排列，指定作業的第一項是經文背誦。

在指定作業前有＊記號的應該先做，然後才繼續學下一項。在每一課的**指定作業**上，你可以在已做完的作業上打勾。凡是有＊記號的作業，必須交給導師評分。堅持來上課，積極地參與，以及完成所有作業，能幫助你通過完成本課程時的考試。

E 每一課最後幾頁上有**靈修日引**，它是用來幫助你有規律，經常不斷地完成作業。你若使用靈修日引上的指導來做作業，就能在每日靈修中建立起一段學習的時間，使你的靈修生活顯著的改善。

（注意：你可能會注意到，在整個課程中有重複出現的經文和聖經原則。其目的是幫助你學習神的話語，以及使你明白，經文可運用在生活中各方面。重複出現也能幫助那些對聖經不熟悉的人，更容易地掌握神話語中改變人生命的真理。重複是良好訓練的原理，這些課程的使命就是在此，聖經本身就證明了這原理。）

II 補充材料及實際幫助

補充材料及實際幫助包括了一些具體的步驟，幫助你在生命中按照聖經原則改變。你會看到一些作業的例子和特定的表格，可幫助你完成指定作業。這一部分將成為一個有價值的參考工具，藉此使你的生命能表現出真門徒的樣式，也能使那些你關心的人有同樣的表現。

門徒訓練

多年來，事實已經證明面對自我的課程，在個人門徒訓練上是有效的。面對自我聖經輔導訓練的第一部分，它有效地幫助基督徒成為「行道者」（雅一22-25）。在全世界不同國家和文化背景中都證實了其作用。為此，許多教會、團體和教牧領袖都使用面對自我課程，作為門徒訓練的基礎。

有許多信徒在完成面對自我課程之後，在自己生命中經歷了進一步的靈命長進，便決定接受進一步的聖經輔導訓練。這些學員能更廣泛地將經文應用於生活中的各種問題上，也更有效地裝備自己來幫助其他肢體。

聖經輔導訓練概論

聖經輔導訓練主要的目標是教導各地的教會成員，在這敗壞的世界上如何按照聖經原則面對生活中的挑戰，並使他們能以嚴格的聖經教訓去輔導別人。請參閱**甚麼使輔導合乎聖經？（補充材料一）**。

這個門徒訓練事工的目的是要裝備各地的教會弟兄姐妹，成為聖經輔導員來幫助別人。重點是如何在個人，人與人之間，或家庭問題上，應用聖經原則和真理，正確地輔導別人。使徒保羅寫信給羅馬教會時說：「弟兄們，我自己也深信你們是滿有良善，充足諸般的知識，也能彼此勸誡（輔導和指導）」（羅十五14）。

為聖經輔導訓練而提供的課程

聖經輔導訓練課程，提供了五種程度的訓練。在**聖經輔導基金會的聖經輔導訓練課程（補充材料二）**中有關於此訓練的扼要說明。

這些課程的歷史

這些課程於一九七三年開始，因有許多難解的問題個案被送到聖經輔導基金會，使聖經輔導員進一步繼續研究聖經，經過幾千小時的教學課程及評估，再加上數千個聖經輔導個案的應用，就編著了本課程。

有許多人在準備這些資料上作出極大的貢獻，十幾位有經驗的聖經輔導員，在本課程的起草和評估工作上已花了二十年的時間。這一組人的背景各有不同，有牧師和平信徒，有高級行政人員，有家庭主婦，有退休或現役的軍官，也有科學家和經理。他們都是有經驗的輔導員，他們聖經輔導的經驗，是從多年教學、負責訓練課程、以及對他人進行輔導得來的。

我們衷心希望這訓練課程能幫助牧師、基督徒領袖，以及所有其他的弟兄姊妹，能應付這世代的緊迫需要，同時，也為我主耶穌基督結出得勝的果子來。

聖經輔導基金會會長

約翰布魯格

在這手冊中找到的參考經文的特別備註

當你研習這本手冊時，你將找到所描述的聖經原則和準則是具有聖經經文支持的，而我們也鼓勵你在學習時查考那些參考經文。參考經文的排列是根據它們在聖經中出現的次序，不一定是根據其重要性或清晰的程度。

當你見到在括號內用斜體字印出的參考經文，那經節/經文就直接地支持那原則或教導。例如在*原則23*，那句「如果你以神的方法來回應試煉和試驗，就必能叫你在基督裡成長成熟」是完全在那句後面的參考經文中的每一節陳述出來（即是*羅五3-5；雅一2-4*）。

同時，每系列的參考經文當它們前面是有「根據」這兩個字，那些經文一定要一起研習如一個整體。那些經文的真理不能夠從單一節中明白出來，但把所有參考經文一起唸時，就能明白。例如，在第三課第6頁頂部方格內的一句：「聖靈是你的引導者，你的教師和你敏銳的輔導者，把神的智慧向你顯明」是真實的，但你需要研讀所有以下經文（即是*約十四16，26；十六7-13；林前二6-13*)去明白整個句子。

第一課

你能根據聖經改變

（上）

「你們得救是本乎恩，也因著信，這並不是出於自己，乃是神所賜的，也不是出於行為，免得有人自誇。」

弗二8-9

第一課：你能根據聖經改變（上）

> 你一生中最重大的抉擇，就是你是否願意行出聖經上所說關乎神在你身上的計劃。這個決定直接影響到你的日常生活，以及你永恆的命運（根據詩一一九165；箴一33；太六25-34；可八34-38；約三16-21、36；徒二38-39；提後三16-17；彼後一2-10；啟二十15）。

I. **本課宗旨**

    A   介紹本課程。

    B   說明按照聖經面對自我的重要性和必要性。

    C   說明按照聖經面對自我的第一步。

II **本課大綱**

    A   面對自我

        1. **為何要面對自我？**（序言，第vi頁）

        2. **本課程的宗旨**(第vii頁至第x頁)

        3. **聖經原則：你能根據聖經改變（上）**（第一課，第二頁）

        4. **你能根據聖經改變（上）**（第一課，第三頁至第七頁）

    B   聖經輔導

        1. **甚麼使輔導合乎聖經？**（補充材料一）

        2. **聖經輔導基金會的聖經輔導訓練課程**（補充材料二）

    C   靈命成長步驟

        1. **第一課：指定作業**（第一課，第八頁）

        2. **靈修日引**（第一課，第九頁至第十頁）

聖經原則：你能根據聖經改變（上）

> 神使你能踏出根據聖經持久改變的第一步，而這一步乃是你回應神藉主耶穌基督所給予你的愛（根據約一12，三16-21；羅五8；林後五17；弗二8-9；約壹四10）。

神把你按聖經改變的計劃集中在他兒子耶穌基督的身上

(原則1) 由於神的標準是完美的（利十九2；太五48），你無法靠自己的努力達到（詩一四三2；傳七20；羅三23）。你救不了自己（箴二十9），也不能靠任何人來救你（詩四九7），你必須承認你無法達到神的標準（賽六四6；羅三9-12），並且需要認罪悔改（路十五7；徒二38，三19，十七30-31，二六19-20；羅二4；彼後三9）。靠著神的恩典和憐憫，你能認識自己失喪的情況，全心誠意相信主耶穌基督，接受他所賜的永生（約三16、36，五24，十一25-26；羅六23；弗二8-9；多三5-7；約壹五11-13）並他給你罪的赦免（可十六16；約三16-18，八24；徒二38，四12；羅十9-13；弗一7）。

你能根據聖經改變（上）

> 雖然永生是白白賜予的，許多人仍然棄絕它
> （太七13-14；約一9-12，三16-21；羅六23）。

I 如果你與主耶穌基督之間還沒有一個真誠（坦誠、純潔、真正）的個人關係，那麼你的靈性就有問題了，只有神才能解決這個問題。與耶穌沒有這種關係，你就：

    A 絕望地與神隔絕了（羅六23上；弗二1-3、11-12；西一21）。

    B 靈命死在自己的罪中（羅三23，五12；弗二1、5；羅二13）。

    C 與神為敵（羅五10上，八7；西一21）。

    D 被撒但蒙蔽（林後四3-4），成為他的俘虜，照他的意思行（提後二24-26，特別是第26節）。

    E 無力勝過生命中罪的捆綁（傳七20；約八34；羅一28-32，五6，六16；加五19-21；彼後二19）。

    F 不能明白神的事（箴十四12，十六25；賽五五8-9；林前二14）。

    G 不能討神的喜悅或遵行他的道（詩一四三2下；賽六四6；羅三9-12、23，八7-8；加二16；弗二8-9；提後一9；多三5-7；來十一6）。

    H 無法結出屬靈的果子和過有意義的生活（約十五4-6）。

II 神根據他的屬性來解決你靈性上的問題

    A 神是公義的，因此你在有罪的光景中，你要面對他的忿怒和審判（羅一18；六23上；弗二3；來九27；彼後三7）。

    B 另一方面，神是慈愛的，他不願你在罪中滅亡（約三16；羅五8；提前二3-4；彼後三9）。因此他吸引你到他兒子耶穌面前來（約六44-45、65）。

III 在神兒子耶穌基督裡你可以找到解決靈性問題的答案

    A 神以他恩慈憐憫的愛賜下他的獨生子耶穌，作為解決你絕望的靈性光景的唯一辦法（賽五三2-12；約三16，十四6；徒四12；羅五6；弗一3-12；提前二5-6；約壹四10）。

    B 既然你救不了自己，也不能做甚麼使你配得神的恩慈與憐憫（加二16；弗二8-9；提後一9；多三5-7），耶穌便死在十字架上，為你的罪受刑罰，付上了所有代價，使你得贖（羅五8；林前十五3-4；林後五21；弗一7；帖前一10；提前二5-6；來十10-14；彼前一18-19，三18）。

C 神藉著耶穌從死裡復活，接納並認可了神兒子為你的罪捨身而死的事實（羅一4，四25）。耶穌基督永遠活著（徒二32；羅六9；啟一17-18），他與神同在（羅八34；來八1），他是萬有之主（腓二9-11；啟十七14，十九16）。主耶穌基督藉著他的死和復活勝過了罪惡（羅六10）、死亡（羅六9）和魔鬼（來二14）。

D 透過耶穌，你可以：
1. 罪得赦免（徒五31，十43；弗一7，四32；西一13-14，二13-14），並與神和好（林後五18-19）。
2. 經歷靈命的新生（約三3；彼前一3、23；約壹五1）。
3. 藉神恩典賜下的信心得到永生（約三16，五24，六40、47，十一25-26，十七1-3；羅六23；弗二8-9；提前一16；約壹五11-12）。
4. 來到神面前（約十四6；弗二18，三11-12；來十19-22）。
5. 成為神家裡的一員（約一12；羅八15-17；加三26；弗一5，二19；約壹三1-2）。
6. 明白神的事（約十四26，十六13-15；林前二9-13）。
7. 成為新人，能夠以新的方式生活（羅六4-22；林後五17；腓四13）。
8. 有能力改變、成長得像基督，並且不斷地對神有更親密的認識（約十七3；羅八2、28-29；林後五17；腓一6，四13；西一9-11；帖前二13；彼後一3-4）。

IV 神賜你能力揀選神的方法來解決你靈性上的問題

A 當你認識神的愛（約三16；約壹四10），接受在主耶穌基督裡所顯明的真理（約十四6），你就可以去：
1. 相信耶穌（約五24；羅十8-13），他為你的罪一次獻上自己為祭（來十4-22）。
2. 認罪悔改（可一15；路十五7；徒二38；三19；二六20；彼後三9）。
3. 全心相信耶穌基督在十字架上所流的血使你的罪得到赦免（羅三23-25；弗一7；西一19-23；彼前一18-19）；同時也相信神使耶穌從死裡復活，使你生命有新生的樣式（羅四24-25，六4，八11，十9；林前十五12-22）。
4. 誠心地接受主耶穌基督進入你的生命中（約一12；約壹五12），既成為新造的人（林後五17），就存著忠誠和愛主的心，遵行神的話語（聖經）（約壹二3-6）。

B 如果你拒絕神的真理，不肯認罪悔改，你就不能藉著神的兒子耶穌基督得到永生的恩賜，你將繼續：
1. 活在神的審判之下（約三18、36；羅一28-32）。
2. 不明白屬靈的事（賽五五8-9；林前一18上，二14）。
3. 沒有能力勝過生命的罪（約八34；彼後二19）。
4. 不能討神喜悅（羅八8；來十一6）。

5. 一定有不斷增加的問題、困難和不順心的事 （*箴十三15，十四12，十七20，二六12；羅二8-9；西三25*）。
6. 注定要死在自己的罪惡中 （*約八21-24*）。
7. 被定罪受永恆的刑罰，永遠離開神的面 （*彼後三7；啟二十15*）。

C 若你決定要改變神在基督耶穌裡的救恩計劃以迎合：
你那愚昧而又不足以認識神的智慧 （*林前一21，三19-20*）。
你那不服神作為的思想 （*賽五五8-9；羅八6-8*） 或
你那與聖靈相爭的情慾 （*加五17*）。

這樣，你就把自己置於神的審判 （*可十六16*）、譴責 （*箴三十6*）、管教 （*啟二二18-19*） 和咒詛之下 （*加一6-9*）。

V 你可以靠信心在符合聖經的改變上跨出第一步

如果你從來沒有採取過按著聖經改變的第一步，現在你就可以開始行動了。只要告訴神你是個罪人，需要他赦免你的罪，向神承認無論是你或任何人都救不了你，只有耶穌基督能救你。因為你知道唯有耶穌為你的罪死，替你擔當罪的刑罰，並從死裡復活才能使你得到新生命。憑信心接受主耶穌基督為救主，並為神藉著耶穌向你所施的恩惠和慈愛而感謝他。你要存著感恩和悔改的心，以遵行他的話來表明你對他的委身。

VI 你必須明白人沒有辦法象神那樣解決問題

A 本課向我們具體地解釋救恩的計劃，是有兩個原因的。

1. 首先你必須明白一個屬靈原則，就是人一切的智慧、哲學、設計、步驟、操控和誠意，都不能代替神藉耶穌基督所成就的救恩計劃（請看上文**IV**C）。任何自稱能夠由其他途徑得救而不必靠耶穌基督的人，就是聖經所稱的賊和強盜 （*約十1、7*）。
2. 第二個原因和第一個屬靈原則是一致和連貫的，就是用人的方法和哲學 （*林前三19-20；西二6-8*） 一定解決不了人在伊甸園中悖逆的罪所帶來的問題 （*創三；羅五12*）。雖然人企圖把神的話和不合真理的假設與理論混合，結果也是徒然 （*申四2；箴三十6；啟二二19*）。

   a 當你看到神的話足以解決生活中一切的問題時 （*提後三16-17；彼後一2-4*），就充分顯明人自己的嘗試枉費心機。

   b 人想以自己的智慧，表面的對付背叛和不順服等基本問題，以此攔阻神要他認識耶穌基督的拯救，和攔阻神要他明白他需要進一步在生活的每一個範疇中依靠神真道的旨意和計劃。

B 神把真道賜給人，要他單單以此尋求神解決困擾人的真正問題的方法 *（詩十九7-11；提後三16-17；來四12；彼後一2-4）*。

VII 當你尋求一個滿足、喜樂和平安的生活時，你必須認識到人的方法與神的方法不同。

A 最主要的差別是人的方法是由自我出發、討自己的喜悅、安慰自己、依靠自己、滿足自己的願望、高舉自己和愛自己。在聖經裡形容這為舊人 *（羅六6；弗四22；西三9）*。

B 神的方法是
1. 使你重生並改變：
 a 除去你的舊人 *（羅六6；弗四22；西三9）*。
 b 給你穿上新人 *（羅六7-8；弗四24；西三10）*。
 c 使你心意更新，漸漸長成基督的形象 *（羅十二2；弗四23；西三10）*。
2. 賜給你力量和堅固你，使你在下列情況中長大成熟：
 a 捨己跟隨耶穌 *（路九23-24）*。
 b 撇棄老我的作為 *（羅六11-12；弗四25-32；西三5-17；啟二4-5）*，行事為人對得起主 *（弗四1；西一10）*。
 c 凡事討主喜悅 *（林後五9；西一10）*。

C 神的計劃不是以自我為中心的，乃是要在基督裡建立起你真正的地位，並且使你：
1. 一切的罪都蒙赦免 *（西二13-14）*，成為新造的人 *（林後五17）*，得與神的性情有分 *（彼後一4）*。
2. 成為神的兒女與後嗣，並與耶穌基督同為後嗣 *（羅八14-17）*。
3. 成為天上的國民 *（腓三20）*，得到各樣屬靈的福氣 *（弗一3）*，並在基督耶穌裡得以完全 *（西二9-10）*。
4. 靠著主作剛強的人 *（弗六10-17）*，成為基督身體上有功用和成熟的肢體 *（弗四11-16）*。
5. 靠著主耶穌基督得勝有餘 *（羅八37；約壹四4）*。因為你不再作罪的奴僕 *（羅六5-7）*，已經脫離黑暗的權勢，進入基督的國裡 *（西一13）*。
6. 成為基督的使者 *（林後五20）*，是被揀選的族類、君尊的祭司、聖潔國度的國民、屬神的子民 *（彼前二9）* 和永活神的聖殿 *（林後六16；弗二21）*。
7. 心意更新而變化 *（羅十二2）*，將所有的心意奪回，順服基督 *（林後十5）*。
8. 滿有他的平安 *（約十六33）* 和喜樂 *（約十五11，十七13）*。
9. 靠神的道改變 *（帖前二13；提後三16-17）*。

10. 被神的靈引導（*羅八14*），而明白神的事（*林前二9-13*）。

11. 靠耶穌基督能完成（或忍耐）一切神在你身上所定的旨意（*腓四13*），知道神完全掌管你的一生（*羅八28-29；林前十13；腓一6*）。

12. 有力量能照聖經所說的去愛，以此證明你是基督的門徒（*約十三35*）。

D 在整個課程中，你能看到撒但與神的計劃對你一生之差別：

1. 撒但的計劃是要你滿足自己、討自己喜悅、高舉自己和看重自己。

2. 神的計劃重點在於要你為他而活，因為你的老我已經與基督一同釘在十字架上，並埋葬了，好使你能活出新生命的樣式（*羅六；林後五15-21；西三2-17*）。

E 人一直不斷尋找重生的替代品，尋求以自我為中心的方法解決由原罪所帶來的種種問題。

神不接納以人為的方法去解決思想和心靈的問題，同樣，人對救恩枉費心機和尋找代替的構想，也不被神真道中那不可更改的真理所接納（根據*詩一一九160；箴十四12，三十5-6；耶十七9-10；太十五1-20；約四23-24；徒四12；羅一21、25、28，八5-10；林前三18-20；林後七1；弗四22-24；腓二3-5，三18-19；提後三1-5*）。

第一課：指定作業

> 每日靈修對於靈命長進十分重要，為了幫助你靈修，本課的**指定作業**與本周的**靈修日引**（第九頁）是相連的。基本靈命長進的步驟會隨著真實聖經輔導的基礎一起介紹（*根據詩一1-4；帖前五17；提後二15，三16-17；彼前二2*）。

以✔表示作業完成

☐ A ＊用自己的文字，寫出以弗所書二章8至9節的意義，背以弗所書二章8至9節，開始背馬太福音七章1節和5節。

☐ B ＊讀聖經原則：**你能根據聖經改變（上）**（第一課，第二頁），在你的聖經中將列出的參考經文畫上記號。

☐ C ＊說出你如何能藉耶穌基督得永生（參考原則1，第一課，第二頁，或**IV 神賜你能力揀選神的方法來解決你靈性上的問題**，第一課，第四頁）。每一點至少要引用一處經文作參考。

☐ D ＊寫出你要如何才能確知自己有永生。

☐ E 複習**你能根據聖經改變（上）**（第一課，第三頁至第七頁），在你的聖經中找出引用的經文，在那些對你有意義的經文上畫上記號。

☐ F 讀序言：**為何要面對自我**（第vi頁）和本課的宗旨（第vii頁至第x頁）。

☐ G 讀**甚麼使輔導合乎聖經**（補充材料一）和**聖經輔導基金會的聖經輔導訓練課程**（補充材料二）。

☐ H 在學習本課程的同時，你可以做**課程測驗**（第二十三課），回答與第一課相關的第一、二題（第二十三課，第一頁）。

※ *完成＊記號的作業，是接受進一步聖經輔導訓練的先決條件。*

靈修日引（包括經文背誦和指定作業）

> 每日靈修對於靈命長進十分重要，為了幫助你靈修，每一課的靈修日引與指定作業互相配合。本課的靈修日引重點是在靈命長進的基本步驟與真實的聖經輔導基礎（根據詩一1-4；帖前五17；提後二15，三16-17；彼前二2）。

經文背誦

1. *背以弗所書二章8至9節，開始背馬太福音七章1節和5節。
2. 在不同的卡片上寫上兩處的經文及適當的參考經節，你可以整天帶在身上。一天當中，有機會就讀、默想，並且背以弗所書二章8至9節，有空就預讀馬太福音七章1節和5節。

靈修日引

第一天

1. 以禱告開始。
2. **讀聖經原則：你能根據聖經改變（上）**（第一課，第二頁），將所列舉的經文，在聖經中標識出來。
3. *用自己的文字，寫出以弗所書二章8至9節的意義。
4. *以禱告結束。
5. 今天無論到甚麼地方去，都帶著你要背的經文卡，利用空閒的時間背以弗所書二章8至9節。

第二天

1. 以禱告開始。
2. 開始學習**你能根據聖經改變（上）**（第一課，第三頁至第七頁），這是以三天的時間學習此重要部分的第一天，你要查考列出的參考經文，以便明白這些聖經真理。
3. 以禱告結束。

第三天

1. 以禱告開始。
2. 繼續學習**你能根據聖經改變（上）**（第一課，第三頁至第七頁）。
3. 以禱告結束。

第四天

1. 以禱告開始。
2. 繼續學習**你能根據聖經改變（上）**（第一課，第三頁至第七頁）。
3. 你是否未能利用空閒時間背經文？列出這些失去的機會，以防止這種事再發生，並應有改進的計劃。如果你已經背好了*以弗所書二章8至9節*，就開始背*馬太福音七章1節和5節*。
4. 以禱告結束。

第五天

1. 以禱告開始。
2. ＊寫出你要如何才能藉著耶穌基督得永生（參考原則一，第一課，第二頁，或第一課第四頁的**IV神賜你能力揀選神的方法來解決你靈性上的問題**）。每一點至少要引用一處經文。
3. 讀**序言：為何要面對自我**（第vi頁）及**本課程的宗旨**（第vii頁至第x頁）。
4. 以禱告結束。

第六天

1. 以禱告開始。
2. ＊簡短的寫一段關於一個人如何確知自己已得著永生的文字。
3. 讀**甚麼使輔導合乎聖經**（補充材料一）？
4. 以禱告結束。

第七天

1. 以禱告開始。
2. 讀**聖經輔導基金會的聖經輔導訓練課程**（補充材料二）。
3. 複習**你能根據聖經改變（上）**（第一課，第三頁至第七頁），找出以前學習中可能忽略了的經文。
4. ＊你可以在學習本課程的同時做**課程測驗**（第二十三課），回答與第一課有關的第一、二題（第二十三課，第一頁）。
5. 以禱告結束。
6. 對於本周你利用空閒時間背*以弗所書二章8至9節和馬太福音七章1節和5節*作個評估，列出下周要作的改進，以便能更好好地利用空閒時間背神的話語。

＊ 完成有＊記號的作業，是接受進一步聖經輔導訓練的先決條件。

第二課

你能根據聖經改變（下）

「你們不要論斷人，免得你們被論斷。」

「你這假冒為善的人，先去掉自己眼中的梁木，然後才能看得清楚，去掉你弟兄眼中的刺。」

太七1、5

第二課：你能根據聖經改變（下）

> 既然神已經慈愛地為你預備了一切，使你能過一個討他喜悅的生活，你就要完全依賴他的大能、計劃和供應來完成他在你身上的使命（根據賽五五6-11；羅八28-39；林前一30-31，二9-13；弗一3-6，二8-10；腓一6，二12-13；帖前二13；彼後一2-10；約壹五4-5）。

I 本課宗旨：

A 解釋根據聖經改變的過程，是從你蒙神恩典和憐憫得著永生時開始，直到你永遠在他面前為止。

B 說明面對自我在對個人門徒訓練和幫助別人根據聖經改變的重要性。

II 本課大綱

A 面對自我

1. **聖經原則：你能根據聖經改變（下）**（第二課，第二頁）
2. **你能根據聖經改變（下）**（第二課，第三頁至第五頁）
3. **根據聖經面對自我：作門徒的基本條件**（第二課，第六頁）
4. **根據聖經面對自我：根據聖經幫助別人的先決條件**（第二課，第七頁至第八頁）

B 靈命成長步驟

1. **每日靈修和經文背誦的聖經根據**（第二課，第九頁至十一頁）
2. **經文背誦的四個計劃**（第二課，第十二頁至第十三頁）
3. **查經和應用表**（補充材料三）
4. **第二課：指定作業**（第二課，第十四頁）
5. **靈修日引**（第二課，第十五頁至第十六頁）

聖經原則：你能根據聖經改變（下）

> 靠神恩典，藉著主耶穌基督得救之後，你在基督裡的成長以及你能不能運用聖經幫助別人，與你是否忠實地根據聖經省察自己和將神的真理運用於生活中的程度成正比（根據太七1-5；羅十二1-2；林前十一31；加六1-5；來五12-14；約壹一8-9）。

I 你要建立合乎聖經的生活方式

（原則2）　你要在主耶穌基督裡扎根、成長和建立，不要傚法這個世界（羅十二1-2；西二6-10）。你必須照神的話去行才能長大成熟（太七24-27；提後三16-17；來五12-14；雅一22-25；彼前二2；彼後一4-11；約壹二5）。

II 為幫助別人預備自己

（原則3）　若要在神的話中操練自己，首先就必須從省察自己和除去生活中罪的阻礙開始（太七1-5；林前十一28-31；來十二1）。然後你才有權利和責任去使別人恢復得勝的生活（太七5；羅十五14；林後一3-4；加六1-5）。

你能根據聖經改變（下）

> 神的話說明了根據聖經改變的過程是從你認罪悔改，並且相信主耶穌基督開始的。神已經賜給你所需要的一切，使你生命改變，討他的喜歡，並得到他的祝福。你若繼續遵行神的話，你的生命必能根據聖經而改變，以致成熟直到你與主面對面相見（*根據約一12；徒二六20；羅八28-39；林後五1-7；腓一6，三12-14；西二13-14；雅一25；彼後一2-10*）。

I 根據聖經作持久改變的過程是從你接受主耶穌基督開始。

  A 神的觀點和你的確據——當你全心全意地相信主耶穌為你的救主之後，你就能根據聖經而改變，因為你與神之間的關係不同了，你對自己、對別人、和對難處的看法也不同了。

   1. 你因信耶穌基督而被稱義了（*羅三21-22；林前一30；林後五21；腓三9*），不再活在神忿怒的審判之下（*約三36；羅五9，八1*）。

   2. 由於你已經藉耶穌與神和好，所以你與神之間就恢復了和平的關係，你在全能的神面前也完全稱義了（*羅三24-26，五1、11；林後五18*）。

   3. 你不再與神隔絕，在神家裡不是外人（*弗二12-13、19-20*）。你已經被接納進入他的家中（*羅八14-16；弗一4-5*），與基督同為後嗣（*羅八16-17；加四7*）永遠得到他慈愛的眷顧（*詩一二一；約十28；羅八31-39；彼前五7*）。

   4. 你已得到永生的賞賜（*約十28*），和確信神會一直在你裡面作工直到你見他面的日子（*腓一6；猶24*）。

   5. 因著神藉耶穌為你成就的事，你可以憑信心相信他必在各樣的情況中幫助你（*羅八32；來二18，四15-16*）。

   6. 作為神的兒女，你是個新造的人（*林後五17*），不再受罪的奴役（*羅六6、14、17-18、22*），卻成了義的奴僕（*羅六16-18*）。你已得自由去事奉神和別人（*羅十五1-3；加五13；西三24*）。

   7. 你已經得到神的應許，使你不僅能夠克服生活中的各樣問題，而且也不再被任何難題打敗（*羅八35-37；林前十13*）。只要你繼續行在他的道路上，他絕不容許任何困難把你擊倒，反而使困難成為你的益處（*羅八28-29*）。

你能根據聖經改變（下）

8. 你現在能看出神使用試煉和難處成為你靈命增長的機會（*羅五3-5；雅一2-4*）。

9. 你當有信心，因為耶穌永遠不會離開你（*太二八20；來十三5*）。他瞭解你面對的一切問題，並對你施慈愛。此外，他邀請你坦然無懼地來到他面前蒙恩得隨時的幫助（*來四15-16*）。

B **神的豐富和你的資源**——在你真心誠意地相信主耶穌基督之後，你能根據聖經而改變，因為神的大能會幫助你。

1. 神的靈在你裡面（*約十四16-17；羅八9*）一直教導你神的真理（*約十四26，十六13；林前二10-13*）、堅固你（*羅八11*）、為你代求（*羅八26-27*）、助你分辨是非（*根據約壹二18-27*）、在你生命中培育皓肖基督的性格（*加五16-17、22-23*）。

2. 神的話足以改變你（*帖前二13；來四12；彼後一2-4*）、帶給你希望（*羅十五4*）、在任何情況中輔導你（*提後三16-17*）。

3. 若不倚靠這世界愚拙的智慧（*林前三19*）或你自己有限的想法（*賽五五8-9*）或你自己沒有效果的力量（*林前一25；彼前一24*），你就能在一切景況中（*林前十13；腓四11-13*）得到神的智慧（*雅一5*），並神所賜的能力、力量（*弗六10；帖後三3；約壹四4*）和豐富（*林後九8-10；腓四19*）。

4. 主耶穌基督必永遠與你同在（*太二八20；來十三5*）、扶持你（*約十五5-11*）、看顧你（*約十27-29；弗五29*）。耶穌現在和將來都必作你的中保（*約壹二1*），他必永遠為你在天父面前禱告代求（*羅八34；來七25*）。

C **神的目的和你的中心**——接受耶穌之後，你能根據聖經改變，因為神賜你不同的生活目的。

1. 你要敬拜並事奉神（*路四8；約四23-24*），在一切事上討他喜悅（*林後五9；西一10*），因你正在改變得皓肖耶穌基督的樣式，他是在許多弟兄中作長子的（*羅八29；林後三18*）。也因你作為神家中負責的一員，當在一切事上將榮耀歸給神（*詩一一五1；林前十31；西三17*）。現在你可以成為義的奴僕（*羅六16-18*），也成了主耶穌基督的使者（*林後五20*）。

2. 你不再為自己而活，要專注學會向自己死（*太十38；路九23；林前十五31*），為了要跟隨基督，為主的緣故甘願喪掉生命（*太十39；路九24*）。這種改變的表現在於實際表達出對神的愛（*太二二37-38；約十四15、21；約壹五3*）和對人的愛（*太二二39；林前十三4-8上；腓二1-4；約壹四7-8、11、20*）。

D **神的計劃和你的順服**——接受耶穌之後，你能根據聖經改變，是因你願遵行聖經上的指示。

1. 你可以根據聖經改變，這全然是出於神，蒙他保守及成就的（*腓一6，二13*），但也是和你遵行神的話有關連（*路六46-49；腓二*

12；來五14；雅一22-25）。你遵行神的話，是你對神在基督裡顯明的愛（約十四1-5、21、23-24；約壹五3；約貳一6）所作感恩的回應。而不是依賴環境（徒五28-29；提後三1-17），或憑你的感覺（創四7；加五17；彼前四2），或靠其他人（結十八20；彼前三8-17）。

2. 決心討神喜悅（林後五9；西一10）是從根據聖經面對自我開始（太七1-5；林前十一31），這使你能定出並實行那些你需要改變的思想（羅十二2；林後十5；弗四23；腓四8；西三2）、言語（弗四29；西四6）和行為的計劃。括號內的經文是為神的百姓指出多種不同的行為改變（羅十二至十四章；弗四至六章；腓二至三章；西二至三章；帖前四章；多二至三章；雅一至五章；彼前二至三章）。

II 當你和天父並有史以來所有被天父救贖的人永遠同在時，根據聖經改變的過程才會結束。

A 基督的信徒現在與主有了永恆的關係，將來要與主永遠同活，並得著下列應許：

1. 當耶穌帶著能力和大榮耀再來之時，你要見到他（太十六27，二六64；徒一11；西三4；帖前四13-18；來九28）。

2. 你可以盼望這必朽壞的肉體、屬世的身體要改變成不死、不朽壞和榮耀的身體（羅八23；林前十五36-58；腓三20-21；約壹三2）。

3. 保證你要與耶穌永遠同活在一個不是人手所造的天上永恆的城裡（林後五1；來十一10；啟二一1-2、10-27，二二1-7）。

4. 你將成為基督裡一大群公義的弟兄姐妹中的一位，永遠活在平安和喜樂之中（太二四31；帖前四13-18；啟七9，二二14），在那裡沒有眼淚、悲傷或黑暗（啟二一2-4，23-25）。

B 現在你就能預先為這永恆的交通關係作準備。

1. 在盼望基督榮耀的顯現時，你必須在心思意念上有所準備，並且清楚自己的行動是在正確的方向中（腓三20；多二11-13；彼前一13；約壹三3）。

2. 行事為人要謹慎，充分利用你的時間（弗五15-16；帖前五6-10）。

3. 鼓勵其他信徒（帖前五11；來十23-25），以基督再來的盼望安慰他們（帖前四13-18，特別是18節）。

根據聖經面對自我：做門徒的基本條件

> 門徒訓練是一個使你能在主耶穌基督裡成長，並且裝備你快樂地克服今世的壓力和試煉的過程（根據路九23-24；雅一2-4）。受門徒訓練的人必須經常按照神的話自我省察（根據太七1-5；林前十一31；加六4）。

下列問題可以幫助你估計你目前作基督門徒忠心的程度。對於每個問題，以1（不忠心，完全以自我為中心）到10（完全忠心，完全以基督為中心）計分。不論你目前忠心的程度如何，記住神會幫助你作必要的改變，把你磨煉成皓肖他兒子的形象（羅八29；林後三18；腓一6）。以下所有的門徒的性格會在本課程裡一一提到，也會說明能使你的生命具有這些性格的聖經步驟。

1. 你是否正在努力學會正確地運用神的話語（提後二15）？
2. 你是否經常不斷地以神的話來省察自己而不是以其他人的生活和要求來與自己比較（撒上十六7；賽五五8-11；羅三23；林後十12；來四12）？
3. 你是行道的人嗎？要行道就必須不斷聽神的話語，並行在其中來得到主的祝福（申十一26-28；羅十17；來五14；雅一22-25），神的話語足以供給你生活各方面的需用，能教訓、督責、使人歸正、教導人學義及裝備你，使你在基督裡成熟（提後三16-17）。
4. 你有沒有除去屬血氣的自我中心，捨己跟從主耶穌基督（太十38-39；路九23-24）？
5. 你有沒有在一切事上討神的喜悅（約八29；林後五9；弗六6-7；西一10；帖前二4，四1；來十三21；約壹三22）？
6. 你是禱告的人嗎？不住的禱告和謝恩，就能使你得著神在主耶穌基督裡保守你心懷意念的平安（腓四6-7；帖前五17-18）。
7. 你是否把別人的利益放在自己之上，以此傚法主耶穌基督（太二十25-28；羅十五1-3；腓二3-8）？
8. 你是否照聖經教訓去愛人（林前十三4-8上）？若以此方式愛人，你就是照著主耶穌基督的榜樣行，必被稱為他的門徒（約十三34-35；十五12-13）。
9. 你是否忠心地用你屬靈的恩賜，使神得榮耀、使他人得益處（羅十二3-8；弗四1-16；彼前四10-11）？
10. 你是否經常敬拜神，與其他信徒保持交通和參與事奉（詩二九1-2，一二二1；約四23-24；來十24-25；彼前二5；約壹一7）？
11. 你是否隨時預備好向人見證你心中的盼望（彼前三15）？以生活見證榮耀神（太五16）、尋求使人與神和好、教導他們行神的道（太二八19-20；林後五18-20）？

© Biblical Counseling Foundation

根據聖經面對自我：根據聖經幫助別人的先決條件

> 除非你先透徹地省察自己，絲毫不妥協，不找藉口，也不逃避對付自己的罪，不然就不能真正明白或幫助別人，甚至在自己家中也是如此（根據太七1-5；林後一3-5）。

「你們總要自己省察有信心沒有，也要自己試驗。」（林後十三5上）	根據聖經改變的先決條件是：與主耶穌基督之間建立真誠親密的關係，並得永生（重生）。
「你們要結出果子來，與悔改的心相稱。」（太三8）	你的生命必須改變，你那新的、符合聖經要求的行為（思想、言語和行動）是你改變的明證。
「因為你怎樣論斷人，也必怎樣被論斷。你們用甚麼量器量給人，也必用甚麼量器量給你們。為甚麼看見你弟兄眼中有刺，卻不想自己眼中有梁木呢？」（太七2-3）	你用甚麼標準來判斷別人的生活，就表示要用同樣的標準來判斷你自己的生活。要小心使用神的標準而不要憑自己的判斷或任何屬世的標準。
「我們若是先分辨自己，就不至於受審。」（林前十一31）	你若正確地省察自己，認自己的罪，並且行事為人與悔改的心相稱，就不會受神審判的管教。
「你這假冒為善的人，先去掉自己眼中的梁木，然後才能看得清楚，去掉你弟兄眼中的刺。」（太七5）	你必須先改正自己的過失，遵行神的旨意，才能幫助別人解決他們的問題。
「你這論斷人的，無論你是誰，也無可推諉，你在甚麼事上論斷人，就在甚麼事上定自己的罪，因你這論斷人的，自己所行卻和別人一樣。」（羅二1）	當你自以為義地論斷別人時，就顯露出你自己生活中一些犯罪的地方來。
「所以你們要自潔成聖，因為我是耶和華你們的神，你們要謹守遵行我的律例，我是叫你們成聖的耶和華。」（利二十7-8）	你應該也必須願意從世人中分別出來。要達成這目的，你必須做一個行道的人。
「唯獨長大成人的，才能吃乾糧，他們的心竅習練得通達，就能分辨好歹了。」（來五14）	你必須不斷地操練從神的話語中所學到的原則，使你分辨是非的感覺更為敏銳。

「你們要小心，不要失去你們所作的工，乃要得著滿足的賞賜。」*(約貳8)*	你從神得的獎賞是和你忠心的程度相符。
「我的弟兄們，不要多人作師傅，因為曉得我們要受更重的判斷。」*(雅三1)*	你若要教導或帶領人，就要明白神要求你遵守他的標準會更高，不但在你的言語上，而且也在整個生活方式上。
「弟兄們，若有人偶然被過犯所勝，你們屬靈的人，就當用溫柔的心把他挽回過來，又當自己小心，恐怕也被引誘。」*(加六1)*	你必須溫柔地挽回在罪中跌倒的弟兄和姐妹，但是你必須繼續不斷地省察自己，就不至於不能達到神的標準了。
「所以自己以為站得穩的，須要謹慎，免得跌倒。」（林前十12）	你必須不斷地按著聖經來衡量自己。

每日靈修和經文背誦的聖經根據

> 每日靈修（每天花時間禱告，研讀神的話語，用聖經自我評估）和經文背誦對你的靈命長進是不可缺少的（根據詩一1-4，一一九9-11；林前十一31；帖前五17；提後二15；彼前二2）。

每日靈修

I **養成每日靈修的習慣(禱告，研讀神的話語，用聖經評估自己)能幫助你：**

   A 傚法聖經中許多追求認識神的人的榜樣（詩五3，六三6，一一九62，一四七，一四八；但六10；徒十1-2，十七11）。

   B 為屬靈的爭戰裝備齊全（弗六10-18），保持對仇敵魔鬼的警惕（彼前五8）。

   C 遵照聖經上的吩咐養成不斷禱告的習慣（路十八1；弗六18；腓四6-7；西四2；帖前五17）。

   D 不斷靠神的話得到扶持和餵養（詩一2-3；耶十五16；太四4；帖前二13）。

   E 用神的話引導生活中一切的事（詩十九7-11一一九；提後二15，三16-17；來四12；彼後一3-4）。

   F 生活要集中在敬拜和稱頌神上面（詩十六11，三四1，四八1，六三1-4，九二1-2，九五6，一一九164；約四23-24；來十三15）。

   G 每天用神的話語省察自己（詩一一九105；來四12）、認罪（約壹一9），自我節制（加五23-24；提前四7-8；彼後一6），不致受到主的管教（林前十一31-32；來十二5-11）。

   H 站在聖經的立場上來幫助別人（太七1-5；加六1-5）。

II **每日靈修能幫助你靈命的成長，當你：**

   A 列出你代禱的項目以及神對這些請求的回答，這樣可以幫助你：
1. 堅持禱告（但十12-13；路十八1-8）。
2. 學習耐心等待神的回答（詩四十1；加六9下）。
3. 避免焦慮（腓四6-7）。
4. 為神的偉大而感恩（詩九二1-5，一○五1-2，一○六1；來十三15；雅一17）。

B 培養成一個禱告的模式，包括：
1. 敬拜神（詩九五6；約四23-24）。
2. 認罪（詩一三九23-24；箴二八13；約壹一9）。
3. 感謝神所成就的事（詩一一九164；弗五20；帖前五18）。
4. 為別人代禱（撒上十二23；路十2；弗六18；提前二1-2）。
5. 承認你是倚靠主供應一切所需（太六9-13）。

C 默想某一段經文或神話語中的原則（詩一2-3，一一九48），以及神的威嚴和他奇妙的作為（詩一四五5）。

D 培養研讀聖經的習慣，包括把聖經上的原則運用到日常生活中（太七24-27；提後二15；雅一22-25）（參考查經和應用表，補充材料三）。

E 經常根據聖經察驗自己的生活（太七1-5；林前十一31；提後三16-17），作出符合聖經的適當改變（羅六1-14，十二1-2；西三1-17）。

經文背誦

I **背誦經文的益處是：**

A 幫助你心意更新、改變思想，使你整個生活方式和行為有了持久的改變（書一8；詩一2-3）。

B 傚法主耶穌基督的榜樣（太四1-10）。

C 裝備你在日常生活中應用經文（例如：徒二16-21、25-28，三22-23，十三40-41、47）。

D 讓神的話語成為你生活的基礎（申六6-8）。

E 作為指引（詩一一九24、105）。

F 作見證時有信心（賽五五11）。

G 為戰勝試探（例如：太四1-10）和勝過罪惡（詩一一九9-11）建立基礎。

H 成為你禱告生活中不可缺少的一部分（徒四24-31）。

I 使你能教導、輔導、鼓勵和建立其他肢體（西三16）。

J 作為默想神話語的基礎（詩一一九15-16、97）。

K 隨時使用神的話語去安慰人（詩一一九52）。

L 隨時準備好用神的話語鼓勵人或復興人（詩一一九93）。

M 鞏固你的屬靈生命（詩三七31，四十8）。

N 在必要時，使你以真理回答各人你心中盼望的緣由（*箴二二17-21；彼前三15*）。

II **背誦經文能使你的靈修時間延續一整天，當你：**

A 讀聖經並默想（*詩一2；提後二15*）。

B 利用一天中空閒的時間來背誦經文（*弗五16*）。

C 複習你已學會的經文（*詩十九14，一一九15-16；腓四8*）。

經文背誦的四個計劃

> 神吩咐你除去老我的罪惡行為，要心意更新而變化，使你這新人穿戴皓肖基督的模樣。這過程的根基乃在於背誦神的話語（根據詩四十8；詩一一九9-11、15-16、24、97；羅十二2；弗四22-24；西三8-10）。

以下是經文背誦的四個建議計劃。雖然這並不是背經文的唯一方法，但在許多基督徒身上都證明了它們是有幫助的。不論你挑選那一個計劃，要記得一件重要的事，就是要把神的話語珍藏在你心中（詩一一九11），求神藉你所背的經文賜你在生活中有悟性和智慧。

I   經文背誦計劃一：

A   讀要背誦的經節的上下文並默想（和合本或準確的聖經譯本），這能幫助你明白這節經文的背景。

B   用心地把一節經文大聲或小聲念幾遍，能幫助你明白這節經文的整體思想。

C   每次在背誦經文前和後都把章節說出來，當作經文的一部分。

D   把要背的經文整齊地寫在卡上，在卡上打孔，用環扣在一起，或放在盒子裡，或用橡皮筋束在一起，隨身攜帶。

E   把一段經文分成幾段，先學章節和第一句，然後重複章節和第一句，同時再加上第二句。這樣逐句地加上去，直到能背整段經文為止。

F   利用一天中空閒的時間，如排隊的時候，在公共汽車上、洗碗或割草的時候——凡是不需要思考細節問題的時間，拿出經文卡來背，這種習慣能幫助你更新你的思想。

G   背會之後的幾個星期內要經常複習，把經文牢記在心是十分重要的。很多人發現至少在六個星期內每天複習已背過的經文，然後才把它們放進一個作週期性複習的盒子裡是很有益處的。

II   經文背誦計劃二：

A   在卡上寫下經文和章節，求神幫助你瞭解這部分的話語，並且應用到你的生活中。

B　在你早上醒來或晚上睡前，背本周的經文和章節五至十次。

C　整天帶著這套經文卡以便複習上次背誦的經文，週末時，把新的經文加入這套經文卡內。

D　至少在六個星期內，每天複習這套經文卡上的每一節經文，然後才把它們放入每週複習的盒子裡。

III　經文背誦計劃三：

A　挑選幾個你每天按常規要去的地方或某些你會接觸到的東西（如鏡子前、公事包、手提包、浴室、廚房、愛讀的書等）。

B　把你要背的經文及其章節寫在卡上，並且把它們放置在上述所列的那些每天按常要去的地方。

C　每天當你到這些慣常到的地方時，就讀卡上的經文及出處。

D　在一周結束時，把這些經文卡從張貼處挪去，換上新的經文卡（可以多放幾節經文，而其他部分則可每日、每週或每月複習）。

IV　經文背誦計劃四：

A　把經文及章節用錄音機錄下來，反覆的聽，跟著背。

B　每天在不同的時候，聽錄好的經文，邊聽邊背經文及其章節。

C　把你上次背的經文及其章節錄下來。每週一次，邊聽邊背這些經文，衡量你到底記得多少？

當使用這四個計劃時，都必須每週請人聽你背一次經文。你向人背經文的同時，也要解釋經文的意義以及如何應用在你的生活之中。

第二課：指定作業

> 神對你的計劃的中心，是藉主耶穌基督在十字架上捨身和復活，使你得救贖。明白蒙救贖的意義，並按著聖經作出回應，能使你在生活中的任何情況下都有盼望 *(根據羅六；林前一18-24，二2，十五3-4；弗一18-23；腓三8-14；來五12-14；雅一22-25)*。

以✔表示作業完成

☐ A　＊用自己的文字，寫出*馬太福音第七章1節和5節*的意義，背馬太福音第七章1節和5節，並開始背提摩太後書三章16至17節。

☐ B　＊為詩篇第一篇1至2節寫一個**查經和應用表**（補充材料三，第一頁），為方便查考聖經，你可以複印幾分查經和應用表（補充材料三，第一頁）。在補充材料三第二至第三頁上，有例子可幫助你有效地運用這種表格。使用這個學習計劃，把它當作養成每日在主裡靈修的機會。如果你已養成每日靈修的習慣，就用這個學習作為平時靈修時間的一部分，第二課第十五頁至十六頁裡有本周的**靈修日引**。

☐ C　＊**讀聖經原則：你能根據聖經改變（下）**（第二課，第二頁），將所列舉的經文，在聖經中標識出來。

☐ D　讀**你能根據聖經改變（下）**（第二課，第三頁至第五頁），在聖經裡找出那些能幫助你更明白本課的經文。

☐ E　讀**根據聖經面對自我：作門徒的基本條件**（第二課，第六頁），回答每一個問題，藉此得到你與主同行時應有的併合乎聖經的觀念，向主承認你的過錯，以此作為糾正錯誤或失敗的第一步*(約壹一9)*。

☐ F　讀**根據聖經面對自我：根據聖經幫助別人的先決條件**（第二課，第七頁至第八頁），以此繼續根據聖經作自我評估。

☐ G　讀**每日靈修和經文背誦的聖經根據**（第二課，第九頁至第十一頁），其中說明你必須把這些屬靈的操練運用在生活之中。

☐ H　讀**經文背誦的四個計劃**（第二課，第十二頁至第十三頁）。以禱告的心挑選並開始使用一個背經文的計劃。

☐ I　＊你可以在學習本課程的同時，做**課程測驗**（第二十三課），回答與本課有關的第三題（第二十三課，第一頁）。

※　*完成有＊記號的作業，是接受進一步聖經輔導訓練的先決條件。*

© Biblical Counseling Foundation

靈修日引（包括經文背誦和指定作業）

> 神對你的計劃的中心，是藉主耶穌基督在十字架上捨身和復活使你得救贖。明白蒙救贖的意義，並按著聖經回應，能使你在生活中的任何情況下都有盼望，本周的靈修日引將在這方面幫助你*（根據羅六；林前一18-24，二2；弗一18-23；腓三8-14；來五12-14；雅一22-25）*。

經文背誦

1. 背*馬太福音第七章1節和5節*，並開始背*提摩太後書三章16至17節*。
2. 包括上周你所背的經文*(弗二8-9)*，你目前應該有三套經文背誦卡片，你可以整天帶在身上，有機會再複習*以弗所書二章8至9節*。讀*馬太福音第七章1節和5節*，默想其中內容並背這兩節經文，有機會就預讀*提摩太後書三章16至17節*。

靈修日引

第一天

1. 以禱告開始。
2. *讀聖經原則：**你能根據聖經改變（下）**（第二課，第二頁），在你的聖經中，將*原則2至3*列出的經文標識出來。
3. 讀**每日靈修和經文背誦的聖經根據**中的**每日靈修**部分（第二課，第九頁至第十一頁）。
4. *用自己的文字，寫出*馬太福音第七章1節和5節*的意義。
5. 以禱告結束。

第二天

1. 以禱告開始。
2. 學習**你能根據聖經改變（下）**（第二課，第三頁）中的IA第1點至第4點，這是著重於根據聖經改變的過程的六天學習的第一天，查考所列的經文以幫助你明白，藉著主耶穌基督，你與神之間有了不同的關係。
3. *為*詩篇第一篇1至2節*，起草一個**查經和應用表**（補充材料三，第一頁），在補充材料三第二頁至第三頁裡有使用本學習表格的例子。
4. 讀**每日靈修和經文背誦的聖經根據**中的經文背誦部分（第二課第九頁至第十一頁）。
5. 讀**經文背誦的四個計劃**（第二課，第十二頁至第十三頁）。
6. 以禱告結束。

第三天

1. 以禱告開始。
2. 學習**你能根據聖經改變（下）**（第二課，第三頁至第四頁）中的IA第5點至第9點，需要時可參照列出的參考經文。

3. *繼續前一天的功課，為*詩篇第一篇1至2節*寫**查經和應用表**（補充材料三，第一頁）。
4. 以禱告結束。

第四天

1. 以禱告開始。
2. 學習**你能根據聖經改變（下）**（第二課，第四頁）中的**IB**部分，參考列出的經文來幫助你明白，神賜下超自然的力量使你能根據聖經而改變。
3. *繼續為*詩篇第一篇1至2節*寫**查經和應用表**（補充材料三，第一頁）。
4. 以禱告結束。
5. 你背經文的進展如何？你是否隨身帶著經文卡，利用空閒時間來背經文？你這星期有沒有找到一個人可以向他背出經文？

第五天

1. 以禱告開始。
2. 學習**你能根據聖經改變（下）**（第二課，第四頁）中的**IC**部分，有需要時找出經文。
3. *完成*詩篇第一篇1至2節*的**查經和應用表**（補充材料三，第一頁）。
4. 讀**根據聖經面對自我：作門徒的基本條件**（第二課，第六頁）。回答那些問題，使你在目前與主耶穌基督同行之時有合乎聖經的觀念*（弗四1）*。你若失敗了，向主認罪*（約壹一9）*。
5. 以禱告結束。

第六天

1. 以禱告開始。
2. 學習**你能根據聖經改變（下）**（第二課，第四頁至第五頁）中的**ID**部分，需要時參考經文。
3. 讀完**根據聖經面對自我：根據聖經幫助別人的先決條件**（第二課，第七頁至第八頁），明白在幫助別人之前，必須先根據聖經面對自我的重要性。
4. 以禱告結束。
5. 評估你利用空閒時間背經文的情形，指出今後你在背神話語方面更有效的改進方法。

第七天

1. 以禱告開始。
2. 學習**你能根據聖經改變（下）**（第二課，第五頁）中的第**II**部分，找出經文使你明白與主耶穌基督永遠相交的應許。
3. *你可以在學習本課程的同時做**課程測驗**（第二十三課），回答與本課有關的第三題（第二十三課，第一頁）。
4. 以禱告結束。
5. 找人來聽你背經文，記住要解釋經文的意義以及在你生活中的應用。

※ *完成有＊記號的作業，是接受進一步聖經輔導訓練的先決條件。*

第三課

人的方法和神的方法
（上）

「聖經都是神所默示的，於教訓、督責、使人歸正、教導人學義，都是有益的，叫屬神的人得以完全，預備行各樣的善事。」

提後三16-17

第三課：人的方法和神的方法（上）

> 要學會依照神的方法生活，就必須回應神藉他兒子耶穌基督賜給我們的救恩，不靠自己或其他人的智慧、哲學或經驗，只照主的真理、辦法和智慧去過新的生活（根據箴三5-6；約十四6；羅十9-10、13、17，十二1-2；林後五21；西二6-10；雅三13-15）。

I   本課宗旨

    A   讓你知道照神的方法生活的辦法。

    B   為主耶穌基督賜給你的恩典和憐憫，給你機會為神作個人的見證。

II   本課大綱

    A   面對自我

        1. **聖經原則：人的方法和神的方法（上）**（第三課，第二頁）

        2. **聖經是你的權威**（第三課，第三頁至第五頁）

        3. **聖靈賜你力量解決問題**（第三課，第六頁至第八頁）

        4. **祈禱使你與神交通**（第三課，第九頁至第十二頁）

    B   靈命成長步驟

        1. **第三課：指定作業**（第三課，第十三頁）

        2. **靈修日引**（第三課，第十四頁至第十五頁）

        3. **預備一篇個人見證**（補充材料四）

        4. **如何使用經文彙編**（補充材料五）

聖經原則：人的方法和神的方法（上）

> 你能照神的方法生活，是因為靠神恩典和憐憫所賜給你的豐富資源和供應（根據約十四26；羅八11；林後一20-24；弗一13-14；腓四13；西四2；帖前五16-18；提後三16-17；雅一5；約壹五14-15）。

I　聖經的完備性

　　（原則4）　既然神的話語是我們信仰和作為的唯一權威，也是我們生活各方面獨一而合法的衡量標準，你就不應依靠其他辦法。神的話語已給你希望，並且提供改變的方向（包括思想、言語和行動），足以裝備你去行各樣的善事（詩十九7-11；箴三十5-6；西二8；提後三16-17；來四12；彼後一2-4），並使你更有象基督一樣的服事態度（林後三5-6；腓二5-8）。

II　聖靈的必須性

　　（原則5）　只有靠聖靈的能力，你才能活出一個豐盛的生命（約十四26，十六7-14；羅八5-11；林前二9-14；弗一13-14，五18）。

III　禱告的重要性

　　（原則6）　一個由聖靈掌管的生命是不可缺少禱告（詩一四五18-19；太七7-8；弗五18-20，六18；帖前五17；約壹三22）。你要照神的旨意專一禱告，並且把人或事不住地在禱告中帶到主面前（路十八1；弗六18；腓四6；西四2；帖前五17；提前二1；約壹五14-15）。

聖經是你的權威

> 今天和幾千年前一樣，神的話語是不變的。禱告對你和你的境遇，今天仍然是大有能力和實用的（根據書一8；詩十九7-11，一一九160；賽五五11；太二四35；羅十五4；來四12；彼前一24-25）。

神的話是：

A **永恆不變的** — 賽四十8
1. 全都必應驗 — 太五18
2. 天地要廢去，神的話卻永不廢去 — 太二四35
3. 是永存的 — 彼前一25
4. 永遠長存的 — 詩一一九89、160

B **神向我們默示，為要訓練和裝備我們** — 提後三16-17
1. 神的聖者在聖靈感動下所說的話 — 彼後一21
2. 神默示的話，提供新的生活方式 — 提後三16-17
   a 教訓你（命令和準則）— 詩二五4-5，九四12
   b 督責你（指明錯誤）— 來四12
   c 使你歸正（改變或悔改）— 詩二五8-9，一一九9
   d 教導你學義（經過操練而成長和穩固）— 來五13-14
   e 使你完全（準備好有能力作神的工作）— 彼前一22-23；彼後一3-4
   f 預備你去行各樣的善事（在這世界上為神所用）— 帖前二13

C **真理** — 約十七17
1. 所有神的話都是真理 — 詩一一九151、160
2. 救恩的福音是真理 — 弗一13
3. 用真道生了你 — 雅一18
4. 你要按正意分解真理的道 — 提後二15

D **強健的屬靈力量** — 耶二三29
1. 是活潑有功效的，比一切兩刃的劍更快 — 來四12
2. 是抵擋屬靈邪惡勢力的兵器 — 弗六11-17
3. 用來抵擋撒但的詭計 — 太四4-10；弗六11、17
4. 使你比仇敵更聰明 — 詩一一九98

	5.	使你戰抖	拉十3；賽六六2、5
E	**潔淨你的行為**		**詩一一九9**
	1.	藉神的道使你得潔淨	約十五3；弗五26
	2.	真道使你成聖	約十七17
	3.	你因順從真理得潔淨	彼前一22
F	**恩惠的道能扶持和堅固你**		**徒二十32**
	1.	在愁苦中得堅立	詩一一九28
	2.	扶持你	詩一一九116
	3.	在患難中得安慰	詩一一九50、92
	4.	是幫助和安慰	詩一一九52
	5.	賜盼望	詩一一九49；羅十五4
	6.	賜平安	詩一一九165
	7.	生出敬畏神之心	詩一一九38
	8.	使人自由	詩一一九45；約八32
G	**見證其本身的完全**		**彼後一3-4**
	1.	神的話譴責那些不聽從的人	耶六10
	2.	不可加添或刪減神的話	申四2
	3.	你若刪去或加添神的話就有禍了	啟二二19；箴三十6
	4.	你若傳另一種不同的福音就要被咒詛	加一8-9
	5.	曲解聖經是自取沉淪	彼後三16
	6.	其中包含教訓我們的鑒戒	羅十五4；林前十6、11
	7.	滅亡的人認為神的話是愚拙的	林前一18
	8.	神的話不能謬講也不得輕率對待	林後二17，四2
	9.	是純淨和煉淨的	詩十二6，十九8
	10.	是經過試驗的	撒下二二31；詩十八30；箴三十5
	11.	是全備的	詩十九7
	12.	是確實的	詩九三5
H	**在成就神的目的上是永遠有效**		**賽五五11**
	1.	神的話為主耶穌做見證	約五39
	2.	能帶領人信耶穌	羅十17
	3.	在信主的人心中運行	帖前二13

I		審判的標準	約十二48
	1.	接受神的話決定了你永恆的命運	約五24、38，八47、51
	2.	審判人心中的思念和主意	來四12
J		存在你心裡	西三16
	1.	幫助你免於犯罪	詩三七31，一一九11
	2.	幫助你按照聖經默想	書一8；詩一2，一一九15、23、48、97
K		不但要聽而且要照著去行	太七24-27
	1.	你應該行道，不只是單單聽道	雅一22-24
	2.	你若遵行神的道就必蒙福	路十一28；約十三17；雅一25
	3.	你若遵行神的道，就會有更大的屬靈分辨能力	來五14
L		糧食——人活著不是單靠食物，而是靠神的話	申八3；太四4
	1.	神的道比維持生命的糧食更寶貴	伯二三12
	2.	神的話比蜜更甜	詩十九10
	3.	你靠神話語的靈奶長大	彼前二2
	4.	神的兒女得著他的話語就歡喜	耶十五16
	5.	神的僕人在信心的話語中得到餵養	提前四6
M		是你指路明燈	詩一一九105
	1.	給人亮光和悟性	詩十九7，一一九99、104、130
	2.	能使你免於絆跌	詩一一九9、165
	3.	如明燈照在暗處	彼後一19
	4.	是教導之光	箴六23

聖靈賜你力量解決問題

> 聖靈是你的引導者、你的教師和你敏銳的輔導者，把神的智慧向你顯明（根據約十四16、26，十六7-13；林前二6-13）。

I 聖靈完全是屬天的，他與聖父及聖子耶穌基督同等（根據太二八19；約十四16-18；徒五3-4，十六6-7；林後十三14）。

    A 神性（僅列舉部份特質說明聖靈的神性）

        1. 聖靈是永存的（來九14），他和聖父（申三三27上；詩九十1-2）、聖子耶穌基督一樣（來一8-12，七24-25）。

        2. 聖靈是真理（約十四16-17，十五26，十六13）和聖父（詩三一5；賽六五16）及聖子耶穌基督一樣（約十四6）。

        3. 聖靈是無所不在的（詩一三九7-10），他和聖父（詩一三九7-10；耶二三23-24）以及聖子耶穌基督一樣（太十八20，二八20；羅八34；來十三5下）。

    B 屬神的工作（列舉聖父、聖子和聖靈合作的部分事例）

        1. 創世的工作由父（創一1；賽四四24，四五12、18，五一13上；弗三9）、耶穌基督（西一16；來一2、10）和聖靈完成（創一2）。

        2. 聖靈和聖父在耶穌基督由童女所生之時（路一35）、在施洗約翰為耶穌基督施洗之時（太三16-17；路三21-22）、在耶穌基督在世生活和傳道之時（路四1、14，九28-36，特別是第35節；徒十38）以及耶穌基督復活之時（徒五30；羅八11）都在場而且積極作工。

        3. 聖靈、聖父和聖子都參與了救贖的永恆計劃（來九11-15，特別是第14節；彼前一1-2）。

        4. 信徒得永生是藉聖父（弗二4-7，特別是第5節；約壹五11）、耶穌基督（約六40；約壹四9，五11-12）和聖靈（羅八9-11）的工作。

        5. 聖父的智慧是透過聖靈（林前二10-11）和聖子耶穌基督（林前一24、30）的事工彰顯出來的。

        6. 信徒得稱為義是藉聖父（羅八33）、耶穌基督（加二16）和聖靈（林前六11）的工作。

        7. 信徒靠聖父藉聖靈的誓約（保證，應許）受耶穌基督的印記（林後一21-22；弗一13-14）。

        8. 聖父（約十四26）和耶穌基督（約十五26，十六7）差遣聖靈到信徒那裡去（約十四26）。

9. 聖父（林後六16）、耶穌基督（約十四18-20；羅八10；西一27）及聖靈（羅八9；提後一14）以超自然的方式住在信徒裡面。
10. 聖父（賽五一12上；林後一3；帖後二16-17）、耶穌基督（林後一五；帖後二16-17）和聖靈（徒九31）賜安慰給神的兒女。
11. 聖父（約三16；羅五8；約壹四7-8、19）、耶穌基督（約十四21、十五9；弗五25；提後一13）和聖靈（羅十五30；加五22-23；西一8）把愛賜給信徒。
12. 在聖父（詩十六11，四三4）、耶穌基督（約十五11，十六24，十七13）和聖靈裡（羅十四17；加五22-23；帖前一6），信徒有喜樂。

II 聖靈使你在基督裡有得勝和豐盛的生命

A 在世界上，聖靈是：
1. 隨時無所不在（詩一三九7-10）。
2. 是聖經的作者（彼後一20-21）及有果效的講道之能力來源（羅十五18-19；林前二1-5，特別是第4節；彼前一12）。
3. 為罪、為義、為審判，叫世人知罪（約十六8-11）。

B 聖靈在信徒生命中：
1. 是信徒靈性重生的更新力量（約三5-8；多三5）。
2. 使信徒受洗歸入基督的身體（林前十二13）。
3. 賜信徒生命（約六63；羅八11）。
4. 使信徒在耶穌基督裡受印記（歸屬的證據）（林後一21-22；弗四30）。
5. 為信徒得基業的憑據（保證，訂金）（林後一22，五5；弗一14），這個基業是要在信徒與主面對面相見之時才顯得完全（林前十三12；約壹三2）。
6. 聖靈住在信徒裡面（約十四16-17；林前三16，六19；加四6-7；提後一14），這是信徒屬於基督的證明（羅八9）。
7. 見證神藉他兒子耶穌基督顯明的真理（約壹五6-8），向信徒見證他是神的兒女（羅八16）。
8. 為主耶穌基督作見證（約十五26；徒五30-32），並榮耀他（約十六14）。
9. 使信徒成聖（使分別出來為神使用，並改變他，使他有耶穌基督的形象）（帖後二13；彼前一2）。
10. 洗淨（使罪得潔淨）和使信徒成為義（宣告他得稱為義）（林前六11）。
11. 使信徒能辨別真偽（約壹二18-27，特別是第20節和27節）。
12. 藉以下方法來引導信徒：
    a 向信徒顯明神的心意（林前二9-16）。
    b 教導信徒（路十二11-12；林前二9-16；約壹二27），叫他們想起基督的話（約十四26）。

    c   引導信徒明白一切真理（*約十六13-14*）。
    d   指導信徒作有關服事的決定（例如：*徒十三2-4；十六6-7*）。
    e   在禱告時幫助信徒（*羅八26-27；弗六18；猶20*）。

13. 鼓勵信徒
    a   使信徒有盼望（*羅五3-5，十五13*）。
    b   為信徒代禱（*羅八26*）。
    c   幫助信徒（在他身旁）（*約十四16，十五26；羅八26*）。
    d   給信徒安慰（*徒九31*）。

14. 賜信徒能力
    a   使信徒能明白耶穌基督和父神的豐盛（*弗三14-19*）。
    b   稱耶穌基督為主（*林前十二3*），並到普天下去為他作見證（*約十五26-27；徒一8*）。
    c   在受試煉和逼迫的時候（*可十三11*）說合宜的話。
    d   不順從肉體的情慾（*羅八13；加五16*）。

15. 充滿信徒（掌管信徒），為了：
    a   使信徒能生活在更高的新層面（*弗五18-21*）。
    b   使信徒有具果效的事奉（*例：徒六3，十三9-12*）。

16. 賜信徒各種屬靈恩賜，裝備他們為主作工（*林前十二7-11*）。

17. 藉他改變的大能（*林後三18*），使信徒裡面有基督的性情（結屬靈果子）（*加五22-23*）。

18. 幫助信徒敬拜神（*腓三3*）。

19. 使信徒不要叫神的聖靈擔憂（*弗四30*），也不要銷滅聖靈的感動（*帖前五19*）。

祈禱使你與神交通

> 禱告使你有機會稱頌神，並且求他聖手在你或其他人的生命中作工。禱告讓你能榮耀他的名，也是使你滿有喜樂的途徑 *（根據詩六五2，一四五1；太七7；約十四13，十六23-24；來十三15；雅一5；約壹五14-15）*。

I 神的作為與禱告有關的聖經真理

   A 他垂聽禱告

     1. 他聽禱告 *（詩六五2）*，並且回應敬畏他的人之呼求 *（詩三四15，一四五19）*。
     2. 你祈求之前他就知道你的需要了 *（太六8、32）*。
     3. 他樂於聽正直人的禱告 *（箴十五8）*，這種禱告是大有功效的 *（雅五16）*。
     4. 他與誠心求告他的人相近 *（詩一四五18）*。
     5. 心裡注重罪孽之人的禱告，他必不聽 *（詩六六18）*。

   B 他的回答

     1. 你祈求他必回答 *（太七7）*。
     2. 你若繼續遵守他的命令他就回答 *（約壹三22）*。
     3. 你若照他的旨意求，他必應允 *（約壹五14-15）*。
     4. 他所成就的超過你所求的 *（弗三20）*。
     5. 你若向他求，他必不會把壞的東西給你 *（太七7-11；路十一9-13）*。
     6. 你若心裡帶著疑惑求，他必不應允 *（雅一6-7）*。
     7. 你若不遵照他的旨意求，他必不應允 *（林後十二7-10）*。
     8. 若你在試煉中比你得拯救更能彰顯出他的榮耀和恩典，他的回答就是「不」 *（太二六39；林後十二7-9）*。

II 從福音書觀察耶穌基督的禱告生活

   A 耶穌是如何禱告的

     1. 禱告是他優先而經常做的事 *（太十四23；可一35；路五16）*。
     2. 在知道父神總是聽禱告的情況之下，他懇切祈求 *（約十一14-42）*。
     3. 他單獨禱告 *（太十四23）*。
     4. 他明確地並持續地禱告，也總是順從神並照父神的旨意禱告 *（太二六36-44）*。

- B　耶穌在甚麼時候禱告
    1. 在事工開始時、進行期間和結束時，他不斷地禱告（*路三21，五16，二三46*）。
    2. 整天傳道之後禱告（*太十四23；可一35*）。
    3. 雖傳道直到晚上，仍然不忘禱告（*可一32-35*）。
    4. 整夜禱告（*路六12*）。
    5. 在自己受苦之時禱告（*路二三34*）。
    6. 在作重大決定之前禱告（*路六12-13*）。
    7. 在試煉中禱告（*太二六36-44*）。

- C　耶穌禱告的內容，以及他對禱告的教導
    1. 他教導門徒禱告的基本要點（*太六9-13；路十一1-4*）。
    2. 他示範如何禱告（*約十七*）。
    3. 他為了堅固其他人而禱告（*路二二32*）。
    4. 他為了門徒以及要跟隨他作門徒的人禱告（*約十七20*）。
    5. 為了敵人禱告，求神赦免他們（*路二三34*）。

III 聖經上教導信徒有關禱告的真理

- A　關於你禱告生活的真理
    1. 有時你不知道應該怎樣禱告（*羅八26*）。
    2. 你不禱告就是犯罪得罪主（*撒上十二23；帖前五17；雅四17*）。

- B　關於神回答你禱告的真理
    1. 你不該在毫無意義的重複祈求之後，盼望得到神的回答（*太六7*）。
    2. 你若按照神的旨意求（*約壹五14-15*），憑著信心求（*太十七20，二一21-22*），並奉基督的名求（象耶穌那樣求）（*約十四13-14*），就必蒙應允。
    3. 你若在基督裡，並且讓他的話在你裡面，禱告就必蒙應允（*約十五7*）。
    4. 你若求，就必得到他的回答和喜樂的滿足（*約十六24*）。
    5. 你若遵行神的旨意，禱告必蒙應允（*約壹三22*）。
    6. 雖然你順服主，有時你仍得不到所求的，這是為了讓你更認識神的恩典和大能（*太二六39；林後十二7-10*）。
    7. 你若不求，就得不著（*雅四2*）。
    8. 你若心存疑惑（*雅一6-7*），或帶著自私的意圖而求，就得不著（*雅四3*）。
    9. 你生活中若有還未認清和未離棄的罪，就不要想禱告蒙應允（*詩六六18；賽五九21；彼前三12*）。

10. 在各種關係上，你若不遵照神的話去行，就會使禱告的應允遲延（*彼前三7；約壹三22*）。

C 你要如何禱告
1. 你要照主的榜樣順服神，並照神的旨意向他禱告（*太二六36-44；可十四36*）。
2. 禱告要明確（*太七7-8；約十四13-14，十六24*）。
3. 禱告要使神得榮耀（*約十四13*）。
4. 禱告要感恩（*腓四6*）。
5. 禱告要有信心（*來十一6；雅一6*）。
6. 禱告要儆醒虔誠（*西四2*）。
7. 禱告要恆切有意義（*太七7-8；路十一5-10*）。
8. 用不同方式禱告（*提前二1*）。
9. 在有特別需要時要禁食禱告（*珥二12-13；太四1-2，六17-18；徒九9-11，十三1-3，十四23*）。
10. 要靠聖靈禱告（在聖靈裡）（*弗六18；猶20*）。
11. 要謹慎自守，儆醒禱告（*彼前四7*）。
12. 不要為了得著人的讚賞而虛偽地禱告，而是要禱告給主聽，使他悅納你（*太六5-6*）。

D 你在甚麼時候禱告
1. 你應常常禱告，不可灰心（*路十八1*）。
2. 在受苦生病時和犯罪之後應禱告（*雅五13-16*）。面對試煉、試探或困難時也應禱告（*詩八六6-7；帖後三1-2*）。
3. 要不住的禱告（*帖前五17*）。

E 你要禱告些甚麼？
1. 你要稱頌神（*詩一一一1，一一二1，一一三1，一五零*）：
   a 為他的屬性（*詩一四八13-14，一五零2下；太六9*），
   b 為他的作為（*詩一五零2上*），
   c 為他的慈愛（*詩一零六1，一零八3-4*），及
   d 為他藉耶穌基督所施的憐憫（*羅十五8-12*）。
2. 你要為以下事項感謝神：
   a 為他的善良（*詩一零六1，一零七1*），
   b 為他的慈愛（*詩一零六1，一零七1，8，一零八3-4*），
   c 為他藉耶穌基督所施的恩典（*林前一4；林後九15*），
   d 為他在你的生命以及其他人的生命中所作成的工作（*羅一8；林後二14；帖前二13；帖後一3*），
   e 為靠耶穌基督勝過墳墓與死亡（*林前十五50-57，特別是第57節*），
   f 為他以大而可畏的奇妙方式造了你（*詩一三九14*），及

g　為他在你生命中的一切（弗五20；腓四6；帖前五18）。

3. 你要向神認罪，求神赦免你（根據太六12），以至你得到他的赦免與潔淨（約壹一9）。

4. 你要為一切事情和眾人禱告（弗六18-19；腓四6；提前二1-2）。

5. 你要為生活所需禱告（太六11；路十一3）。

6. 你要為求更多的工人收割莊稼禱告（太九37-38；路十2），並要為主的道迅速廣傳和得榮耀而禱告（帖後三1）。

7. 你要為能放下心中的憂愁掛慮而禱告（腓四6-7）。

8. 你要為能抵擋或避免試探而禱告（太六13，二六41；可十四38；路十一4，二二40）。

9. 你要為陷在各種光景中的人代禱（路二二32；羅十1；弗六18-19；腓一19，四6）。

10. 你要為蒙恩惠，得隨時的幫助禱告（來四16）。

11. 你要為求智慧禱告（雅一5）。

IV　禱告生活中無益處的做法：

你不得輕率地禱告（根據彼前四7），你必須仔細考慮要禱告些甚麼事，你若不這樣做，就是不相信神的應許和真理了。例如：

1. 你不必禱告求主與你或任何其他信徒同在，因為他已經與你同在，並且已經應許永遠不離開你或撇下你（太二八20下；來十三5），反而要感謝主，因為他不斷地與你同在（來十三6）。

2. 你不必禱告求神賜你有愛他人的心，因為他已經將他的愛澆灌在你的心裡了（羅五5）。他已經吩咐了，並且使你能夠愛（約壹四7-12）。要禱告求他的智慧（雅一5）和帶領（羅八4；加五16），向你顯明如何增進和充滿愛去愛別人（帖前三12）。

3. 身為一個真誠的信徒，你不必禱告求神釋放你，使你從罪的權勢下得自由，因為你已經得到了自由（羅六1-14），但你應求神拯救你脫離兇惡（或惡者）（太六13）。你要為神賜你自由，救你脫離罪惡的權勢感謝他，並且要不斷地將自己當作活祭獻上（羅六6-7，十二1-2）。

4. 你不必禱告求神幫助你脫去舊人或穿上新的義人，因為這在你得救之時就已經完成了（羅六6-11；加二20；弗四22-24）。要禱告求他賜智慧恩典來幫助你，除去老我的行為並穿上新的義行（來四15-16；雅一5）。

第三課：指定作業

> 本周的課程將成為你未來的寶貴參考工具，求主賜給你智慧去決定那些對你特別有益處，那些能幫助你去幫助別人（根據*林後一3-5；弗五15-16；雅一5*）。

以 ✔ 表示作業完成

- ☐ A ＊用你自己的文字，寫出*提摩太後書三章16至17節*的意義。背*提摩太後書三章16至17節*，並開始背*哥林多後書三章5至6節*。複習以前背過的經文。

- ☐ B 讀*詩篇十九篇*和*一一九篇*，特別注意這兩篇中講到神的話對你生活的重要性。

- ☐ C ＊讀**聖經原則：人的方法和神的方法（上）**（第三課，第二頁）。在聖經中把原則*4、5、6*所列出的經文標識出來。

- ☐ D ＊完成*以弗所書五章15至16節*的**查經和應用表**（補充材料三，第一頁）

- ☐ E 讀**聖經是你的權威**（第三課，第三頁至第五頁）。盡量查考經文，要明白聖經是完全夠你和其他人生活各方面所需用的。

- ☐ F 讀**聖靈賜你力量解決問題**（第三課，第六頁至第八頁）。查考所列出的經文，以便瞭解聖靈的工作。

- ☐ G 讀**祈禱使你與神交通**（第三課，第九頁至第十二頁）。學習任何能指出你禱告生活上有需要改變的經文，並且照著調整。

- ☐ H ＊複習**預備一篇個人的見證**（補充材料四）。用簡單幾句話記下你見證的各個部分（信主前，信主，及信主後）。按照補充材料四的建議，寫一篇十秒鐘的見證和另一篇三十秒鐘的見證。

- ☐ I 如果你還沒有使用經文彙編，請讀**如何使用經文彙編**（補充材料五）。

- ☐ J ＊查考本課程，同時做完第二十三課的**課程測驗**。請回答與本課有關的第四、五、六、七、八題（第二十三課，第二頁）。

※ 完成有「＊」記號的作業，是接受進一步聖經輔導訓練的先決條件。

靈修日引（包括經文背誦和指定作業）

> 本周的課程將成為你未來的寶貴參考工具。求主賜給你智慧去決定那些對你特別有益處，那些能幫助你去幫助別人（根據林後一3-5；弗五15-16；雅一5）。

經文背誦

1. *背出*提摩太後書三章16至17節*，並開始背*哥林多後書三章5至6節*。
2. 記得要整天帶著經文背誦卡，有機會就複習過去背過的經文，並且要讀、思想和背誦本周的經文。

靈修日引

第一天
1. 以禱告開始。
2. *讀詩篇十九篇和一一九篇1至16節*，特別注意這兩篇中所講到的神的話對你生活中的重要性。
3. *讀**聖經原則：人的方法和神的方法（上）**（第三課，第二頁）的*原則4*，將所列出的經文在聖經中標識出來。
4. *開始做*以弗所書五章15至16節*的**查經和應用表**（補充材料三，第一頁）。
5. *用自己的文字，寫出*提摩太後書三章16至17節*的意義。
6. 以禱告結束。
7. 整天帶著經文卡，利用空閒時間背當天的經文，同時也複習背過的經文。

第二天
1. 以禱告開始。
2. *讀詩篇一一九篇17至48節*。
3. 讀**聖經是你的權威**（第三課，第三頁至第五頁）。在你的聖經上，把那些能使你更明白神話語的經文標識出來，這是兩天學習的第一天。
4. *完成*以弗所書五章15至16節*的**查經和應用表**（補充材料三，第一頁）。
5. 以禱告結束。

第三天
1. 以禱告開始。
2. *讀詩篇一一九篇49至80節*。
3. *讀**聖經原則：人的方法和神的方法（上）**（第三課，第二頁）的*原則5*，將所列舉的經文在聖經中標識出來。
4. 完成查考**聖經是你的權威**（第三課，第三頁至第五頁）。
5. *用一、兩句話對每一部分寫出你的個人見證，用「信主前、信主、信主後」的形式，寫一分十秒鐘的見證，參考**預備一篇個人的見證**（補充材料四）。
6. 以禱告結束。

第四天

1. 以禱告開始。
2. 讀*詩篇一一九篇81至104節*。
3. **讀聖靈賜你力量解決問題**（第三課，第六頁至第八頁）。查考經文以幫助你明白聖靈的許多工作。這是兩天學習的第一天。
4. 複習你十秒鐘的見證，並大聲地講幾次。
5. 以禱告結束。
6. 你是否保持背誦經文的進度？是否整天帶著經文卡？評估你目前的經文背誦計劃，作出必要的調整，並且繼續對主忠心 *（林前四2）*。

第五天

1. 以禱告開始。
2. 讀*詩篇一一九篇105至136節*。
3. ＊讀**聖經原則：人的方法與神的方法（上）**（第三課，第二頁）的*原則6*，將所列舉的經文在聖經中標識出來。
4. 完成查考你對**聖靈賜你力量解決問題**（第三課，第六頁至第八頁）。
5. ＊寫一篇三十秒鐘的見證，根據你十秒鐘的見證加以發揮，有需要時參考補充材料四，第二頁。
6. 以禱告結束。

第六天

1. 以禱告開始。
2. 讀*詩篇一一九篇137至160節*。
3. **讀祈禱使你與神交通**（第三課，第九頁至第十二頁）。在指出你在禱告生活中需要改變的句子上畫上記號。查考有關的經文，並且對你的禱告生活做必要的調整。這是兩天學習的第一天。
4. 複習你的三十秒鐘的見證。
5. 以禱告結束。

第七天

1. 以禱告開始。
2. 讀*詩篇一一九篇161至176節*。
3. 完成**祈禱使你與神交通**（第三課，第九頁至第十二頁）。
4. 複習你的十秒和三十秒鐘的見證。
5. 讀**如何使用經文彙編**（補充材料五）。
6. 在查考本課程的同時，做完第二十三課的**課程測驗**，請回答與本課有關的第四、五、六、七、八題（第二十三課，第二頁）。
7. 以禱告結束。
8. 把經文背給人聽，解釋所背經文的意義，以及它們在你生活中的應用。

※ *完成有＊記號的作業，是接受進一步聖經輔導訓練的先決條件。*

第四課

人的方法和神的方法（下）

「並不是我們憑自己能承擔甚麼事，我們所能承擔的，乃是出於神。他叫我們能承當這新約的執事，不是憑著字句，乃是憑著精意，因為那字句是叫人死，精意是叫人活。」

林後三5-6

第四課：人的方法和神的方法（下）

> 世人為了企圖解釋人的思想、言語和行為，就依靠自己的智慧，想出大量的哲學和理論。人如此行是為了要否認自己有罪，並且把神明確規定的是非標準加以混淆（根據箴十四9上、12、16，二一2、24，二六12；賽五20-21；林前三19-20；提前一5-7；提後三1-5）。

I　本課宗旨

    A　把人生哲學和神對生活的真理作一對比。

    B　舉例說明人在解決問題時所用的方法，若和神絕對能克服生活中任何困難的計劃比較，那會是顯得多麼愚昧和混亂。

    C　用聖經教訓來衡量人的方法和神的方法之間的差別。

    D　給你更多機會預備個人見證，藉著你見證神對你的恩典和憐憫，並決心遵行神的方法。

II　本課大綱

    A　面對自我

        1.　**聖經原則：人的方法和神的方法（下）**（第四課，第二頁）

        2.　**聖經上人失敗的典型例子**（第四課，第三頁至第四頁）

        3.　**聖經對自我的看法**（第四課，第五頁至第十頁）

        4.　**解決個人問題的基本方法**（第四課，第十一頁）

        5.　**人的方法和神的方法比較的例子**（第四課，第十二頁至第十三頁）

        6.　**認識人的方法和神的方法之區別**（第四課，第十四頁）

    B　靈命成長步驟

        1.　**第四課：指定作業**（第四課，第十五頁）

        2.　**靈修日引**（第四課，第十六頁至第十七頁）

聖經原則：人的方法和神的方法（下）

> 神的話語清楚說明人的生活方式是虛空的。人有許多缺點靠自己是無法改變的（根據箴十四12；賽五五8-9；羅一28-32，三10-12；林前二14）。

I　人的方法

　　A　屬血氣的人有不足之處

　　(原則7)　人不能以自己的方法或靠自己的聰明，去照神所定的樣式生活（箴十四12；賽五五8-9；林前二14）。

　　B　屬血氣的人具有反叛性

　　(原則8)　屬血氣的人以自我為中心，而且使用反叛神的方法（創三1-6；羅一20-32，三9-18、23，十1-3）。此外，不遵從神一部分的命令，就和故意反叛神一樣，也不為神所接納（根據撒上十五1-23，特別是第22-23節；賽一10-20；何六6；彌六6-8；可十二28-33，特別是第33節）。

II　神的方法

　　人需要改變

　　(原則9)　人必須重生（從上面生，從聖靈生），這樣才能用合乎聖經的態度來認識、承認和解決問題。只有藉著神的解決方法和他賜下的恩典、力量和智慧，才能使人有充分能力過一個豐盛的生活（傳十二13-14；約三3-8，十10，十四16-17、26；羅八5-14；林前二10-14；弗二8-10）。

聖經上人失敗的典型例子

> 神的話語是生活中唯一的真理根源和權威（根據詩十九7-11；提後三16-17），真理顯明瞭人失敗的後果和原罪對現在的世界所造成的影響（根據創一26-27，三1-四12，五1-3；羅五12）。

I	人是按神自己的形象而造 （是獨一無二，在公義中創造，蒙賜福和有責任感的）		創一26-27
II	人類因犯罪就承受罪的後果直到如今		羅五12
	A 靈性上 （與神隔絕的警告）	「你吃的日子必定死」	創二17
	B 身體上 （專注自己）	順從自我，滿足和抬高自己的慾望，知道自己赤身，縫製無花果葉來遮蓋自己。	創三6-7
	C 精神上 （害怕、憂愁、焦急、欺騙）	將自己躲藏——害怕	創三8-10
	D 社交上		
	——男人 （推卸責任、不滿婚姻）	「你所賜給我，與我同居的女人，她把那樹上的果子給我，我就吃了。」	創三12
	——女人（推卸責任、謀求犯罪合法）	「那蛇引誘我，我就吃了。」	創三13
	E 環境上 （自然界受苦）	「地必為你的緣故受咒詛。」	創三17-19
	F 人與人之間 （忿怒）	亞伯的祭物蒙悅納；	創四4
		該隱的祭物受拒絕；	創四5
		該隱發怒，變了臉色。	
	（神的勸誡和對沮喪的解決辦法）	「你若行得好，豈不蒙悅納？你若行得不好，罪就伏在你門前——你卻要制伏它。」	創四7

		（神的方法被拒絕）	該隱拒絕神的解決方法，把亞伯謀殺了。	創四8
	G	個人 （亡命之徒）	該隱不悔改，受到咒詛，成為流浪漂泊的人。	創四9、12
		（自憐）	「我的刑罰太重，過於我所能當的。」	創四13
	H	終身	亞當生子為父，形象樣式和自己相似……。	創五3
	I	世界 （生在罪中）	「罪是從一人入了世界，死又是從罪來的，於是死就臨到眾人，因為眾人都犯了罪。」	羅五12

III 人最需要的是稱義（被神稱義），並且藉著主耶穌基督與神和好（*羅五*）。

    A 在**你能根據聖經改變（上）**（第一課第三頁至第七頁），請注意**IV** 神賜你能力揀選用神的方法來解決你靈性上的問題。

    B 在**你能根據聖經改變（下）**（第二課第三頁至第五頁），請注意父神藉著他兒子主耶穌基督與你有不同的關係。

IV 一個重生被召的人要成為聖潔（純潔無可指責）和分別為聖（分別出來歸給神）（林前六9-20；帖前四7，五23；多二11-14；彼前一16，二9）。

*第二課第四頁至第五頁說明按聖經改變是可能的，因為有神的能力幫助你，他賜你不同的生活目的，而你又願意順服他的話語。在***I. 根據聖經作持久改變的過程***從你接受主耶穌基督開始有概略的介紹；在***B、C、D***各點之下都有解釋。*

若想知道更多，神的方法和人的方法之差別的進一步說明，請參考
    聖經對自我的看法（第四課，第五頁至第十頁），
    解決個人問題的基本方法（第四課，第十一頁），
    人的方法和神的方法比較之例子（第四課，第十二頁至第十三頁）。

聖經對自我的看法

> 屬世的智慧虛偽地教導人說，美滿生活的基礎是要人相信自我中仍有天生的善存在。這種錯誤的教導忽視了亞當和夏娃因為不遵從神所造成的破壞性後果。聖經的教導是：美滿的生活並不依靠人有好的自我形象，或是更高的自尊心。相反地，美滿的生活是決定於你與神的關係，以及用聖經的方法來解決「自我」的問題 *（根據箴十四12；太十38-39；路九23-24；羅五6-21，七15-25，十四7-8；林前一26-31；林後十17-18；弗二1-9；多三3-7；雅四14-17）*。

I 從無罪的我變成有罪的我（人類的墮落）

    A 亞當、夏娃曾是：

        1. 按神的形象被造 *（創一27，五1）*，
        2. 住在無罪的世界中 *（羅五12）*，
        3. 蒙神賜福 *（創一28）*，
        4. 二人成為一體 *（創二22-25）*，
        5. 治理全地 *（創一28）*，
        6. 和造他們的神親密相交 *（創一28-30，二16-17）*。

    B 神祇限制亞當和夏娃一件事，就是要他們不按自己的慾望和感覺去行，單純地遵守神的命令 *（創三3）*，但亞當、夏娃卻以自我為中心，陷入試探中，失去了在神面前的特權和地位。貪念、驕傲的智慧以及滿足人肉體的慾望，這些都是世界唯一給人的 *（約壹二16）*。他們不順從神，違反了神明確的命令，選擇了吃禁果 *（創三1-7）*。當他們選擇以自我為中心後，就犯了罪，於是要承受犯罪所帶來的後果 *（創三16-24）*，世世代代的人也如此 *（羅五12-21）*。
參看聖經上人失敗的典型例子（第I和II點，第四課，第三頁至第四頁）

II 聖經上講到屬血氣的人是妄自尊大

    A 既然世界上沒有任何事物或人能與神相比 *（出十五11；代下六14；詩四十5，八九6-8；耶十6-7）*，因此唯有神應該被高舉 *（詩五七11，九七9）*。在任何情形下，你都不應該高抬自己 *（箴三十32）*。與創造的神相比，屬血氣的人是：

        1. 如同塵土 *（詩九十3，一零三14）*；
        2. 如一口氣和影兒快快過去，在耶和華眼中他的一生全然虛幻 *（詩三九4-5，六二9，一四四4）*；
        3. 如同草一樣 *（賽四十6-8，五一12；彼前一24）*；

4. 如野地的花，發旺之後便歸無有 *(詩一零三15-16；賽四十6-8；彼前一24)*；
   5. 如一片雲霧，出現少時就不見了 *(雅四14)*；
   6. 如畜類毫無知識 *(耶五一17上)*；
   7. 如虛無和沒有意義 *(賽四十17；但四35)*；
   8. 如同蟲，不是人 *(伯二五6；詩二二6)*。

B 你如果不按照聖經的教訓回應神藉著主耶穌基督顯明的救恩，你在神眼中就是：
   1. 無價值（敗壞、不蒙悅納）、可憎的 *(耶十三10；多一16)*、在真道上是可廢棄的 *(提後三1-8)*、是該死的 *(羅一28-32，六23)*；
   2. 腐敗、不義和無用 *(詩十四1-3，五三1-3，一四三2；傳七20；羅三10-18)*；
   3. 死在罪中 *(弗二1、5；西二13)*。

   *(參考你能根據聖經改變（上）（第一課，第四頁至第五頁，**IV. B**）可以看見拒絕神在耶穌裡的真理的後果。)*

C 相信你自己是虛無的，因為：
   1. 你心靈或肉體中沒有與生俱來的良善 *(耶十七9；羅七18)*；
   2. 離了耶穌你就不能作甚麼 *(約十五5)*；
   3. 離了耶穌基督你就是罪的奴僕 *(羅六16-18；來二14-15)*；
   4. 你屬血氣的智慧不足以指引你的腳步 *(詩九四11；箴十四12；耶十23)*。
   ***參考人的方法和神的方法比較的例子**（第四課，第十二頁至第十三頁）。*

III 在每個人身上，神的形象皆遭到罪惡的損壞（人類墮落的後果）

A 每個人都有犯罪的天然傾向 *(傳七20，29；羅三10-18)*，雖然人類：
   1. 能分辨善惡 *(創三22)*，
   2. 神使他能治理全地 *(詩六6-8)*，
   3. 使他比天使低微一點 *(詩八4-5)*，
   4. 按神形象被造的 *(雅三9)*。

B 由於你帶有亞當犯罪後的形象，因此在你身上就看不見最早在亞當身上顯出的、那屬神無罪完美的形象 *(創五3；林前十五47-50)*。

C 你受造奇妙可畏，在母腹中耶和華已經使你成形 *(詩一三九13-15；賽四四24)*，你出生之前，神已經命定你一生的年日 *(詩一三九16)*，而且神要你回應在主耶穌基督裡所顯明的真理 *(提前二3-6；彼後三9)*。

IV 只有神才能使一個人重新獲得神完美的形象（恢復人墮落前的形象）

    A 主耶穌基督全然是神（約一1、18；多二13），他以不能看見之神的形象降世（林後四4；西一15），因此他的死和復活被冠上神的榮耀與尊貴（來二9；彼前一20-21）。他是神榮耀的光輝，全然代表神的本性（約十二45，十四9；來一3）。

    B 你重生之後（約三3；彼前一3-5）就有了神的性情（彼後一4），你在基督裡是新造的人（林後五17），身體成了聖靈的殿（林前三16，六19），聖靈住在你裡面（約十四16-17；羅八9；加四6；提後一14）。

        1. 你在基督裡成為新造的人，敗壞的老我已經與基督同釘十字架了（羅六6），舊人已經被脫去（弗四22），穿上真理、仁義和聖潔的新人（弗四24），現在你能轉變成耶穌基督的形象（羅八29；林後三18；西三10）。

        2. 你成為基督裡新造的人（林後五17；加二20），就要除去老我的罪惡行為（羅六12-13；西三3-9），穿上帶有基督性情的新人（羅六17-18；西三10-24；彼後一5-10），你要心意更新而變化（羅十二2；弗四23；西三10）。

        3. 要跟隨耶穌，你就必須要捨己（路九23-24），你要：

            a 象主耶穌那樣成為僕人（太二十26-28，二三11-12；約十三12-17；羅十五1-3；腓二3-8），

            b 在一切事上討神喜悅，行事為人要對得起他（林後五9；西一10），

            c 在你一切所行的事上歸榮耀給神（太五16；約十五8；林前六20，十31；彼前二12，四10-11），如同耶穌所行的一樣（約十七4）。

參考：
你能根據聖經改變（上）（第一課，第三頁至第七頁）；
你能根據聖經改變（下）（第二課，第三頁至第五頁）；
聖經原則：根據聖經改變的模式（第七課，第二頁）；
根據聖經改變是個過程（第七課，第三頁至第四頁）；
不符合聖經的思想、言行及其影響（第七課，第五頁）。

V 你若對老我死去，在基督裡就得勝有餘了（在人類墮落後過得勝的生活）。

    A 神以他的慈愛供應了你的需要，使你不再將榮耀和尊貴歸給自己，而是全歸給他（詩一一五1；羅一19-21，五1-2、6-11；弗二8-9），耶穌是你把榮耀歸給神而不是歸給自己的榜樣。耶穌不但不求自己的榮耀（約七17-18，八50、54；來五5），他更是為了遵行天父的旨意而活（約四34，五30，六38）。他如同僕人在受苦中學會順服（來五8），他一直順服以致於死（太二十26-28；腓二5-8）。

        1. **人對「自我價值」的錯誤**——雖然你比神所造的低等受造之物更有價值（太六26，十29-31，十二12；路十二7、24），且為

神所深知 *(撒上十六7；詩一三九13-16；太十30；路十六15)*，但是你因原罪仍要死 *(羅一18-32，五12，六23)*。

你獲接納進入神的家中，你應該稱謝他榮耀的恩典 *(弗一5-6)*，你若以為自己有任何條件配得他賜給我們所不配享的恩典，你就錯了 *(羅五8；林前一26-31)*。

2. **人對「自我保證」的錯誤**——神的百姓也會錯誤地認為物質福分源於自己，其實，這完全是神所賜的 *(申八11-18)*，驕傲（依靠自己或自己的財物而不依靠神）必使人敗落 *(箴十一28，十六18；林前十12)*。既然你離開了耶穌，就不能作甚麼 *(約十五5)*，你應該完全依靠他，就是那位擁有大能與智慧的神 *(箴三5-6；林前一24；加二20；腓四13)*。

3. **人對「愛自己」的錯誤**——你應該愛神 *(申六5；太二二37-38)*。聖經上沒有一處曾說你要愛自己，既然你已經愛自己，他就沒有必要再吩咐你去愛自己了。事實上，神的命令是要你愛人如同愛自己 *(太二二39；加五14；弗五28-29)*。請注意，在末後的日子裡，不信神的人以自己為中心的特點，就是愛自己 *(提後三1-2)*。

4. **人對「自我剛強」的錯誤**——在生活中任何情況下，你依靠耶穌基督已經得勝有餘 *(羅八35-39)*。主所賜給你的不是膽怯害怕的心，而是剛強、仁愛和謹守的心 *(提後一7)*。然而，聖經從來沒有叫你信靠自己，相反，神命令你要完全信賴他在你身上的計劃 *(太六33-34；羅八28-29；腓四19)*。你要如同僕人一樣地服事別人 *(太二十26-28)*，要看別人比自己更強 *(腓二3-4)*。

5. **人對「自信」的錯誤**——你不該信靠自己，而要單單信靠主 *(詩六十11-12，七三26；箴三5-7；耶九23-24，十七5-8；林前一26-31)*。耶和華是你所依靠的 *(箴三26)*，你不應依靠自己的肉體 *(腓三3)*，因你自己並不能承擔甚麼事，我們所能承擔乃是出於神 *(林後三5)*。作為新約的僕人 *(林後三6)*，你只有藉著信靠基督耶穌才能得勝 *(腓四13；約壹五4-5)*，絕不是靠你自己的力量 *(約十五5；羅七14-八8)*。

6. **人對「自尊」的錯誤**——離開了主耶穌基督，你本身並無價值（參考II聖經上講到屬血氣的人是妄自尊大）。然而神因為他的慈愛而眷顧你 *(詩八4)*，你接受耶穌基督進入生命之後，你的價值是在他裡面 *(弗二4-7、19-22)*，並且得以認識他 *(腓三7-11)*。

7. **人對「自以為義」的錯誤**——你自己沒有義 *(詩十四2-3；傳七20；羅三10-12，七18)*，要靠自己取得在神面前稱義的地位是絕對不可能的 *(路十八9-14；多三5)*。你靠自己的力量或功勞所能做到的，在神眼中都是骯髒的衣服 *(賽六四6)*，比較起在主耶穌基督裡的信心，這是完全沒有價值的 *(腓三7-11，特別是第九節)*。你真正的義完全是在主耶穌基督裡 *(羅十8-10；林後五21)*，是神白白的恩賜 *(羅五17)*。

8. **人對「高抬自己」的錯誤**——稱讚自己是沒有價值的 *(林後十18)*，只顯示出你缺乏對聖經的認識 *(林後十12)*，高抬自己的是叛逆的人 *(詩六六7)*，或是沒有真正認識主的人的特徵 *(詩十四4，八三2，九四4)*。高抬自己的人必被降為卑 *(太二三12；路十八9-14，特別是第十四節)*，高抬自己的人被形容為一個以自我為中心的人，在末世困難的時候，他在真道上是可廢棄的 *(提後三1-9，特別是第二節和第八節)*。

任何程度的高抬自己，就是忘記或否認要稱頌神榮耀的恩典 *(弗一5-6)*，獨有耶和華的名應被尊崇 *(詩一四八13)*。

a. 你要在主裡誇口 *(詩二十7，三四1-3，四四8；耶九24；林前一31；林後十17)*，

b. 誇耶穌基督的十字架上 *(加六14)*，及

c. 誇自己的軟弱 *(林後十一30，十二9)*。

你若高抬自己，就必降為卑，然而，你若在神大能的手下謙卑，他要在適當的時候使你升高 *(太二三12；彼前五6)*。

B 要記住你在基督裡的身份。

請再參考：
***你能根據聖經改變（上）** (第一課，第三頁至第七頁) 第III. D和第VII. C及*
***你能根據聖經改變（下）** (第二課，第三頁至第五頁)*。

VI 結論

A 從亞當和夏娃到如今，人類都在罪中高抬自己。只有藉主耶穌基督才能向自己死 *(羅五12-21)*。但人不理會神的方法，習慣地用自己不足的智慧去解決問題 *(箴十四12；賽五五8-9)*，並且以自己為重，而不以神為重。

*參考**解決個人問題的基本方向** (第四課，第十一頁)*。

B 人的哲學使他拒絕用神救贖的解決方法，反而自己坐在寶座上，用自己的方法來解決生活中的成敗問題，這是人性論的重心，所以把人的方法和神的方法結合是不可能的事。

*參考**你能根據聖經改變（上）**第一課，第三至七頁，第VI點和第VII點。*

C 神解決以自我為中心的方法是「改變」*(羅六3-6，十二2；林後五17；弗四22-24)*，讓你對自己死去，並為耶穌基督而活 *(太十38-39；路九23-24；加二20)*。

D 甚至一些所謂生活中困難的問題 (例如慢性沮喪，虐待兒童，毆打配偶，濫用酒精和毒品，同性戀等)，只有根據聖經上討神喜悅的

觀點（西一10），並靠神的話語去行才能有效地解決（詩十九7-11；提後三16-17；彼後一3-4）。討自己喜歡是不能解決問題的（路九23-24；林後五15；加五16-17），倚靠人的智慧絕對沒有用（箴十六9、25；林前三18-20）。要記住，神已經完全供給你所需的方法去克服和解決問題了。

*參考：**人的方法和神的方法（上）**（第三課，第三頁至第七頁）。*

E　主耶穌在登山寶訓的八福中，已經對高抬自己和倚靠自己的哲學作了致命的打擊（太五3-12）。

要進一步瞭解人的方法和神的方法的比較，可參考
***解決個人問題的基本方向**（第四課，第十一頁），以及*
***人的方法和神的方法比較的例子**（第四課，第十二頁至第十三頁）。*

若要為主而活，就要對付「自己」，這個是：
***如何面對自己（上）**（第九課）和**如何面對自己（下）**（第十課）的中心。然而，首要的是學習第五課到第八課中，所列出的根據聖經改變的原則。*

解決個人問題的基本方法 (賽五五7-9)

	人的方法（箴十四12；林前三19-20；西二8）				神的方法 （約十9-10；羅十一33-36）
	本性	行為表現	行善的潛力	靈界	內心改變 （詩五一10；結三六26；徒十五6-9）
人的基本觀念	由本性驅使，憑本性行事：如爭鬥、逃走、尋求飽足。	行為表現是受條件限制，或已被計劃編排。	本質是好的，本身擁有解決問題需要的一切。	在所有靈面前無助。	罪人——聖徒（羅五12、19；林後五17-18、21）。
問題的原因	本性受到社會、家庭和教養的阻礙。	受到環境和錯誤情況的影響。	受到消極思想的影響，思想被攔阻。	被靈、鬼、祖先所控制。	反叛（羅一20-21）； 不信（約三16-18，五38-40）； 悖逆（弗二1-2，五6；多三3）； 否認神的能力（來二14-15；約壹三8）
治療方法	順著本性去行	修正條件，重新編排。	解放內在的潛力。	安撫祖先；安撫或趕出鬼、靈；找出靈魂的引導。	靠恩典因信得救（弗二8-9），藉愛遵行他旨意（羅六16-19），靠著聖靈的能力（加五16；弗五18）在基督裡成熟（弗四13）。
輔導方法	精神分析（解釋不合理的思想，夢的分析）；催眠治療法；心理戲劇；參加社交活動；個性測驗分析。	用積極和消極的刺激來控制行為表現；訓練對償罰的反應。	思想和感覺的反映；沒有給予答案——從接受輔導者的內在積極思想中發掘答案。	藥物飲料；符咒；護身符；有靈之物；對敵人的咒詛；廢棄咒詛；奉獻典禮；交鬼；神秘咒詛；唸經；星象；現形。	聆聽（箴十八2、13、17）； 責備、警戒、勸勉（提後四2）； 鼓勵（來三13）； 勸戒（羅十五14；西一28）； 激發（來十24）； 堅固（來十二12）； 挽回（加六1-2、5）； 教導（羅六17-18；西三16）； 訓練（提後二2）。
輔導員的術語	自我；本我；慾望；性慾；意識/潛意識；神經機能病/精神病；恐懼症；躁狂症；精神發洩；自由聯想；自由結交。	刺激；條件限制；自動回應；積極/消極加強；自我實現；自我改進。	內在潛力；固有的善；自作主張；自尊；自負。	咒詛；裡面的神；至高力量；安撫鬼靈；捆綁鬼靈；家族中的鬼；鬼靈的忿怒；恐懼；情慾等。	罪（羅三23）； 脫去舊人的行為，穿上新人的行為（弗四22-24；西三5-17）； 捨己（路九23-25）； 省察自己（太七1-5）； 敬虔（提前四7-8）； 行道（雅一22-25）。
輔導的焦點	解放自己（違反結十八20-21；腓二3-4的教訓）	改進自己（違反約十五4-5；羅一18-32；雅四10的教訓）	高抬自己（違反詩六二9；羅三10-18、23，七18的教訓）	從捆綁中解脫自己出來（與約十五4-5；帖後三3；約壹五4-5相反）	捨己（路九23-24）；藉事奉（彼前四10）和服事（太二十25-28）討主喜悅（林後五9；西一10），和祝福別人（彼前三8-9）

人的方法和神的方法比較的例子

神說：「我的意念非同你們的意念，我的道路非同你們的道路，天怎樣高過地，照樣我的道路高過你們的道路，我的意念高過你們的意念。」
（賽五五8-9）

例子	人的方法 （箴十四12；林前二14）	神的方法 （箴三十5-6；西二8；來四12）
人心	人說：「人類基本是好的。」我們聽到：「我好，你也好。」	人心比萬物都詭詐，壞到極處，誰能識透呢？（耶十七9）世人都犯了罪（羅三23），要一心信賴主，不要倚靠自己（箴三5，二八26）。
信靠/倚靠	有人說：「我若不照顧自己，沒有人會照顧我。」「靠自己」成為生活的目標。	神說你若求他的國和他的義，他必賜給你所需用的（太六33）。不要倚靠自己的聰明，要尋求神（箴三5-6）
自由	我們被教導說，每一個人必須維護他自己的權益，每個人生來就是自由的，也要自由地生活（如自由表達、言論自由等）。我們生活在權柄之下，是因為共同的社會契約。	離開了神，你就是罪的奴僕（羅六16）。凡要救自己生命的，必喪掉生命，凡為主喪掉生命的，神應許你得救（路九23-24）。要順服在上有權柄的（羅十三1；來十三17）。
我的問題	有時我們認為，沒有人能真正明白我的問題，我們可能相信每個問題和情況都是獨特的。	你的問題是人類中所常見的，神應許要幫助你勝過它們。你若願意照他旨意生活，就不至於失去平安和喜樂，也不致於犯罪（林前十13）。
愛情	婚姻經常被視為一種社交的方便，人往往尋求合乎他們需要的配偶。愛別人多少要取決於別人愛我多少。	你婚姻的重點，是要把你配偶的利益放在你自己的利益之上，並在婚姻關係上反映出基督來（弗五22-23；腓二3-4）。聖經上的愛是付出而不是佔取（約三16；林前十三4-8上）。
我的敵人成功	要恨仇敵，嫉妒他們的成就。我們嘗試要貶低自己的對手，想辦法要勝過他們。	在任何情形下都要喜樂（羅十二14-15；帖前五16）。要為敵人禱告，並且愛他們（太五44）。
我傷害人	為自己的行為找藉口，尋求證明自己的行為是對的，有的人甚至以傷害別人為樂。	向人要求饒恕並和解（太五23-24；羅十二18；雅五16）。

© Biblical Counseling Foundation

例子	人的方法 （箴十四12；林前二14）	神的方法 （箴三十5-6；西二8；來四12）
問題/衝突	我們避免難題，盡力脫離它們。我們找藉口或推卸責任，不承認自己有問題，總說這是別人的過錯。	問題和難處對你有益處，有利於靈命長進。它們幫助你看到自己裡面的光景 *(太十五18-20)*。要喜樂，因神用難處與問題來使你成長 *(羅五3-5；雅一2-4)*。
領導	我們知道要表現自己，要學會掌權，要下命令，這些都是成功的要訣。	甘願作僕人。最好的領袖是服事別人的人。神賜更多的恩典給謙卑的人 *(太二十26-28)*。
性	我們要求愛人滿足自己，我們說滿足我們的慾望是配偶的責任，畢竟我的配偶是屬於我的。	你和你的配偶是屬於神的。你必須為配偶的最大利益著想，並使你的配偶得福 (性關係是為婚姻保留的) *(林前七4；帖前四3；來十三4)*。
忿怒/權利	我們為報復反擊，我們維護自己的權益，不讓它們受到侵犯。	對困難的反應是消除怒氣、饒恕、以祝福回報 *(羅十二14；弗四31-32)*。為了別人，甘願放棄自由或權利 *(太五43-48；羅十四15-21)*。
我受到冒犯傷害	最好的防守就是進攻，我們必須護衛自己，我們被教導說：「不讓別人傷害我們的信譽，或破壞我們的自尊。」	省察自己 *(太七5)*。向自己死 *(路九23-24)*。不要用自己的標準來論斷別人，反要祝福別人 *(路六27-28、36-38；約七24；羅十四1-13；雅四11-12；彼前三8-9)*。看別人比自己強 *(腓二3-4)*。
我的敵人需要幫助時	敵人有困難，我們說他活該。對工作不能勝任的人，我們沒有耐心的說：「把這些人打發走吧！」	愛你的仇敵。供給他們所需要的 *(太五43-48；路六35)*。事實上，要做到比他們期望的更多 *(太五38-42)*。
財富	我們知道自己不能有太多的錢，所以「可以得到的話，就不要放棄機會。」	把你們的盼望放在神上，而不是在財富上 *(提前六17)*。一切財富都是屬於神的，他賜給凡有需要的人 *(詩二四1；箴三9-10；路十二33；林後九6-12)*。
責任	人們說：「你若喜歡就去做吧！」，「不要擔心這些事，它們終必做成。」我們為不盡責找出很好的藉口。	就算你不想做，仍樂意盡責，去遵行神的話語。好像是為主做的，因為神賜福給順服的人 *(創四6-7；撒上十五22；約十四15；雅一22，四17)*。

認識人的方法和神的方法之區別

> 你必需在主裡扎根、建立和堅固信心,只有這樣,你才能不被世上的理學和虛空的妄言,以及世上的小學所蒙蔽（根據西二6-10）。

I 認識神方法的基本要點

A 要試驗諸靈,來決定它們是否出於神,並且要認清它們是否真誠地相信主耶穌基督（約壹四1-3）。

B 檢驗其基礎或基本的根基（林前三10-11；西二8）。

C 辨明其權柄來源,這權柄來源必須是神的話語（提後三16-17；來四12）。

II 遵行神的方法的重要性

A 你所行的事都要受審判（太十六27；羅十四10；林前三10-15；林後五10）。

B 只有神的準則存到永遠（詩一一九89、160；彼前一24-25）,是可接受和有效的（申十一26-28；詩一一九118；賽五五8-11；來四12）。

III 遵行神的方法的盼望

A 你必從罪中得自由（羅六6-7、14、18；加二20）。

B 神應許你在任何試探和試驗中勝過罪惡（羅八31-39；林前十13）。

C 在你每一次失敗或一切需要中,主耶穌基督都是你的中保（來四15-16；約壹二1）。

D 為了你的益處,神控制環境,並使你傚法主耶穌基督的形象（羅八28-29；雅一2-4）。

E 神賜你平安和喜樂,並不在乎環境、人或事物（約十四－十七；羅十四17）。

F 使別人改變,乃是由神親自負責的（不是由你或任何其他人）（結十八20；林後三18；腓一6）。

G 神赦免你的罪（詩一零三12；西一13-14；來十17；約壹一9）。

H 由現在開始神賜你豐盛生命（約五24,十10）。

第四課：指定作業

> 在面對生活中的任何情況，神的話語都是可信靠的。你能認識聖經中的基本原則，使你能面對和應付各種問題，並能分辨人愚昧的智慧和神的應許是甚麼 *（根據詩十九7-14；林後一19-20；提後三16-17；來五14；雅一5；彼後一2-4）*。

以✓表示作業完成

☐ A ＊用自己的文字，寫出*哥林多後書三章5至6節*的意義。背誦*哥林多後書三章5至6節*，同時開始背*哥林多前書十章13節*。複習過去背誦的經文。

☐ B ＊讀*聖經原則：人的方法和神的方法（下）*（第四課，第二頁），並在以前課文中沒有畫上記號的經文上作記號。

☐ C ＊從第四課第二頁上所列的每一個原則中，挑出一節你能應用在生活中的經文。為每一處經文，填寫*查經和應用表*（補充材料三，第一頁）。

修讀本課程期間，你可以複印查經和應用表（補充材料三，第一頁），作研經之用。

☐ D ＊你要省察自己，試驗有沒有信心*（林後十三5）*。新約聖經中有一卷書*（約壹）*是特地幫助你明白自己是否已得永生而寫的*（約壹五13）*。本周中，讀完約翰壹書，作為個人學習，並在一些能夠充分證明你已得到神永生恩賜之經文上畫上記號，寫出這些得救確據如何成為你生活中的一部分。

☐ E 複習*聖經上人失敗的典型例子*（第四課，第三頁至第四頁）。

☐ F 學習*聖經對自我的看法*（第四課，第五頁至第十頁）。

☐ G 學習*解決個人問題的基本方向*（第四課，第十一頁）。在任何讀過有「人的方法」這名詞上畫上記號。在此表格中找出所列出的有關經文。

☐ H 讀*人的方法和神的方法比較的例子*（第四課，第十二頁至第十三頁），在適用於你的句子前面打勾。

☐ I 查考*認識人的方法和神的方法之區別*（第四課，第十四頁）。

☐ J ＊參考*預備一篇個人見證*（補充材料四），複習你上次作業上所寫的十秒鐘和三十秒鐘的見證。寫一篇六十秒鐘的見證，準備在課堂上作見證。

☐ K ＊回答與本課有關的*課程測驗*（第二十三課，第二頁）第九題。

※ *完成＊記號的作業，是接受進一步聖經輔導訓練的先決條件。*

靈修日引（包括經文背誦和指定作業）

> 在面對生活中任何情況，神的話語都是可信靠的。你能認識聖經中的基本原則，使你能面對和應付各種問題，並能分辨人愚昧的智慧和神的應許是甚麼（根據詩十九7-14；林後一19-20；提後三16-17；來五14；雅一5；彼後一2-4）。

經文背誦

1. *背哥林多後書三章5至6節，開始背哥林多前書十章13節。
2. 加上以前背過的經文卡，你可以整天帶著四節經文（太七1、5；弗二8-9；林後三5-6；提後三16-17），有機會就複習以前三個星期中背過的經文，思想並背出哥林多後書三章5至6節，預習哥林多前書十章13節。

靈修日引

第一天
1. 以禱告開始
2. *讀**聖經原則：人的方法和神的方法（下）**（第四課，第二頁）。標識前幾課中沒有畫上記號的經文。
3. 查考**聖經上人失敗的典型例子**（第四課，第三頁至第四頁），找出與每一點有關的經文。
4. *用自己的文字寫出*哥林多後書三章5至6節*的意義。
5. 以禱告結束。
6. 每天帶著背誦經文卡，利用空閒時間複習*以弗所書二章8至9節，馬太福音七章1、5節和提摩太後書三章16至17節*。背出*哥林多後書三章5至6節*，有機會就預習*哥林多前書十章13節*。

第二天
1. 以禱告開始。
2. *開始做在原則7（第四課，第二頁）中所列出的任何一節經文的**查經和應用表**（補充材料三，第一頁）。
3. 讀**聖經對自我的看法**（第四課，第五頁至第十頁），有必要時找出經文。
4. 以禱告結束。

第三天
1. 以禱告開始。
2. *完成你昨天開始做的**查經和應用表**（補充材料三，第一頁）。
3. 複習**解決個人問題的基本方向**（第四課，第十一頁），一定要讀所列出的經文。在你曾使用的「人的方法」一欄中的專門名詞畫上記號。
4. *複習上一課的十秒鐘和三十秒鐘的見證，並寫下你六十鐘的見證。根據**預備一篇個人的見證**（補充材料四）的方式去寫見證。

5. 以禱告結束。
6. 你背經文的進展如何？你有沒有每天帶著經文卡，並利用空閒時間複習和背誦？要忠心地做 *(詩一一九11；林前四2)*。

第四天

1. 以禱告開始。
2. *根據聖經原*則8*(第四課，第二頁)所列的經文為題，開始做**查經和應用表**(補充材料三，第一頁)。
3. *開始閱讀約翰壹書，在能證明你已得到神所賜永生的經文上畫上記號，寫出這些得救的確據是如何成為你生命的一部分。這是兩天學習的第一天。
4. **讀人的方法和神的方法比較的例子**(第四課，第十二頁至第十三頁)。在指出你生命中需要改正的地方的句子上打勾。
5. 以禱告結束。

第五天

1. 以禱告開始。
2. *完成你昨天開始的**查經和應用表**(補充材料三，第一頁)。
3. *繼續查考約翰壹書。
4. 複習你的六十秒鐘的見證，有必要時就作出修改。
5. 以禱告結束。

第六天

1. 以禱告開始。
2. *開始做**查經和應用表**(補充材料三，第一頁)，用聖經原*則9*(第四課，第二頁)的任何一節經文為題。
3. *完成約翰壹書的查考，寫出這些得救的確據是如何成為你生命中的一部分。
4. 以禱告結束。

第七天

1. 以禱告開始。
2. *完成你昨天開始的**查經和應用表**(補充材料三，第一頁)。
3. 讀完**認識人的方法和神的方法之區別**(第四課，第十四頁)，找出所列出的參考經文，讓這些真理在你生命中更鞏固。
4. *參考**預備一篇個人的見證**(補充材料四)，修改你的六十秒鐘的見證，並把它完成，準備在課堂上作見證。
5. 把你會背的經文背給別人聽，並解釋經文的意義，以及如何應用在你的生活中。
6. *回答與本課有關的**課程測驗**(第二十三課，第二頁)第九題。
7. 以禱告結束。

※ *完成有*記號的作業，是接受進一步聖經輔導訓練的先決條件。*

第五課

根據聖經的巨大改變

「你們所遇見的試探,無非是人所能受的,神是信實的,必不叫你們受試探過於所能受的。在受試探的時候,總要給你們開一條出路,叫你們能忍受得住。」

林前十13

第五課：根據聖經的巨大改變

> 忽視或拒絕神的方法必帶來許多問題，要有效地對付你的問題，你就必需認識到自己的不足，並求神的大能拯救你，然後，你才能根據聖經作出必要的改變。因你存著敬畏神的心，依靠神和他的話語，這就使你有神兒女的形象（根據箴一22-23；羅一16-32，六4-7、11-14；腓二12-13；雅一25；彼後一5-10）。

I 本課宗旨

A 舉例說明你不依照神話語所指出的改變方針去做，只照自己天然本性的願望去行的後果。

B 幫助你找出神要你在學習本課的時候，在生活裡你需要去解決的特別問題或困難。

C 指出行道的重要性。

D 鼓勵你隨時見證自己是如何根據聖經得救和人生觀如何被改變。

II 本課大綱

A 面對自我

1. **聖經原則：根據聖經的巨大改變**（第五課，第二頁）
2. **靈性的下坡路：忽視或拒絕神的方法**（第五課，第三頁）
3. **根據聖經改變的開始**（第五課，第四頁）
4. **靈程步升：照神的方法行**（第五課，第五頁）
5. **行道的重要性**（第五課，第六頁至第九頁）

B 靈命成長步驟

1. **第五課：指定作業**（第五課，第十頁）
2. **靈修日引**（第五課，第十一頁至第十二頁）

C 聖經輔導

1. **個人背景與問題評估表**（補充材料六）

聖經原則：根據聖經的巨大改變

> 根據聖經的改變是從你靈命新生時開始，並且在你一生中持續進行。你從為自己而活改變為治死老我，也學會按照聖經的教訓去愛神和愛別人（根據太二二37-39；路九23；約三3；羅十二1-2；多二11-14）。

I　靈性的下坡路

（原則10）　神的意念和道路是遠遠地高過（勝過）你（賽五五8-9），他的話就是真理（詩一一九160；約十七17）。你若忽視或拒絕神的方法或真理，你的問題必越來越多，而且會越來越惡化（箴一25-32，十三15，二八13-14；羅一20-32；加五16-21；來三7-19；雅一14-15）。

II　根據聖經改變的開始

（原則11）　重生的改變是你過得勝的生活、有能力勝過世界以及生活中所有問題所必須具有的條件（約三3-7；羅十二1-2；林後五17-21；多三3-7；約壹五4-5）。

（原則12）　人的總體職責是要敬畏神，並遵守他的誡命（傳十二13-14；彼前一17）。為了報答神對你的愛，你必須愛神和愛別人（太二二37-39；約十五9-14；約壹四11、19）。你生活行事要對得起神，並且要在每一方面行他所喜悅的（林後五9；西一10），做一個行道的人（約十四15；雅一22；約壹二3-4）。你若順服神和回應他對你的愛，就必能在主裡成長並蒙福，且有喜樂平安（約十五10-11，十六33），其他無數祝福也必從主耶穌臨到你（太六33；雅一25；約壹三22）；你若不遵守神的話語，他必審判和管教你（林前十一31-32；來十二5-10）。

（原則13）　運用神恩典的智慧來面對和克服自己的問題，你必須憑信心求（來四16；雅一5-8），按照神的話語生活（雅一22-25），並依靠他的大能（林後三4-5；腓四13）。

III　靈程步升

（原則14）　你必須持續地順服神的話語（約壹二3-6），才能不斷成長以致成聖（提前四7-8；彼後一3-11），也能明白甚麼是真平安（詩一一九165；約十六33）和喜樂（約十五10-11）。

靈性的下坡路：忽視或拒絕神的方法

> 你若忽視或拒絕神指引你一生的方向，選擇了容易走的道路（順著自己的感覺和慾望，或者眼前看為好的事去行），你就走向失敗，終必一敗塗地（根據詩一4-6；箴一22-32，十六25；太七13；加五17；雅一14-15）。

問題是從**心**產生的（耶十七9-10；太十五18-19；可七20-23），
　心的問題導致：

不符合聖經教訓的**行為**（思想，言語，行動）（例如：羅一18-31）。
　不符合聖經教訓的行為可能帶來並導致：

有怨恨、罪惡的**感覺**（例如：創四6-7；詩三八1-10、17-18）。

一個學生被捲入向下旋轉的螺漩渦的例子：

A **內心層面**

　集中在自我上（路九23-24）

B **行動層面（不符合聖經教訓的行為）**

　受試探去隨從肉體的情慾，而不把自己的心思意念交託給神（**心思意念**）（加五16-17；弗二3；多二11-12）。

　懶惰不想學習（**心思意念**）（箴六9-11，十4；傳十一4；太二五26-29；弗五15-16）。

　不學習（**行動**）（帖後三11）。

　結交不良友伴（**行動**）（箴一10-19，二四1；林前十五33）。

　擔憂課程會不及格（**心思意念**）（箴十二25上；腓四6）。

　向父母撒謊說已準備好考試（**言語**）（弗四25；西三9）。

　考試作弊（**行動**）（出二十15；弗四28）。

　考試不及格（**後果**）（箴二八13；西三25）。

C **感覺層面**

　在感覺上沮喪絕望，有罪惡感（詩三八4-8）。

根據聖經改變的開始

> 人「解決」自己問題的方法至終必失敗，因為它們沒有對付問題的根源：就是自己的心。在聖經中講到神解決的辦法是找出事情的核心，只有這樣才可作出持久的改變 *（根據耶十七9-10；太十五18-19；約十五5；林前三19，六9-11；加五19-21；提後三16-17；來四12）*。

I 把自己生命交託在神手中，讓他在你心中作主、作王。

    A 接受主耶穌基督為救主 *（約一12；羅十9-13；林前十五1-4；弗二8-10）*。

    B 決心每天過討神喜悅的生活 *（林後五9；弗四1；西三17）*。

II 找出你在那些事上犯罪得罪了神，向他認罪 *（約壹一9）*，悔改離棄罪惡，因為它們違反聖經的教訓，並且是神所不喜悅的 *（箴二八13；徒二六20；啟二5，三19）*。

III 求神賜你智慧，使你知道應該改變甚麼，以及如何改變 *（雅一5）*，憑信心求，他必回答 *（來十一6；雅一5-8）*。

IV 向你所得罪過的人，就是你用言語或行動所得罪的人具體認罪 *（雅五16）*，饒恕那些曾得罪你的人 *（可十一25-26；弗四31-32）*，盡可能與他們和好 *（太五23-24；羅十二18）*。

V   固定有規律地懇勤學習神的話語 *（書一8；詩一2；提後二15，三16-17）*，背誦經文，把他的真理存在你的心裡 *（詩一一九11、16）*。

VI 不住地禱告，隨時禱告，凡事禱告 *（路十八1；腓四6-7；帖前五17）*。

VII 按照神的吩咐去行道 *（太七24-26；雅一22、25）*，不管你的感覺 *（創四6-7；羅十三14；加五16-17；彼前四2）*，為要榮耀他 *（太五16；林前十31）*，保守自己在聖靈的掌管和指引下 *（約十四26，十六13；羅八14；弗五18-20）*。

需要按神的辦法來解決的問題（一連串例子）

姦淫、發怒、厭食、驕傲、苦毒、貪得無厭、效率差、表達能力差、沮喪、在某方面缺乏紀律、醉酒、懼怕、經濟上有問題、私通、挫折感、貪食、貪婪、有罪惡感、同性戀、無耐心、與人爭執、嫉妒、懶惰、孤單、肉慾、說謊、婚姻問題和失敗、父母與子女間的相處困難、傲慢、喜歡拖延、反叛、自憐、偷竊、濫用藥物、痛苦、不肯饒恕和擔憂。

靈程步升：照神的方法行

> *注意：這一頁應該由下往上讀*。照神方法生活的意思是要除去你以自我為中心的思想，一心遵行神的話語，不管你的感覺如何（根據詩一1-3；太七13-14；路九23；加五17）。你若如此行，神必賜福予你（根據約十四27，十五11；加五22-23；雅一25）。

- 認識豐盛的生命是充滿神的平安和喜樂的（約十10，十四27，十五11，十六33）。
- 藉你裡面聖靈的工作來經歷發展出皓肖基督的性格（林後三18；加五22-23）。
- 常常喜樂（腓四4；帖前五16），凡事謝恩（帖前五18；弗五20）。
- 為一切的事不住的禱告（腓四6-7；帖前五17）。
- 用愛心說誠實話（弗四15；西三9）。
- 盡心去做，好像服事主（弗六7；西三23-24）。
- 凡所行的都不發怨言或起爭論（腓二14）。
- 行事為人與蒙召的恩相稱（弗四1）。
- 在一切試煉中要喜樂，因神使用試煉使你更像基督（羅五3-5，八28-29；雅一2-4）。
- 要饒恕人及與人和好（太五23-24，六14；可十一25-26；弗四32；西三12-13）。別人惡待你，要以祝福回報（羅十二17-21；彼前三8-9）。
- 要不斷顯出與悔改的心相稱的行為來（路三8；徒二六20；啟二5，三3、19）。
- 要存憐憫、恩慈、謙虛、溫柔和忍耐的心（西三12）。
- 學習以神的方式去愛（約三16，十五17；羅五8；林前十三4-8上；約壹四11、19）。
- 要思念真實的、可敬的、公義的、清潔的、可愛的、有美名的、有德行的和應該稱讚的事（腓四8-9）。要思念上面的事，不要思念地上的事（西三2）。
- 要象基督那樣，看別人比自己強（腓二3-8）。
- 不斷根據聖經來省察自己（太七5；林前十一31）。
- 受聖靈（弗五18-20）和神真道的管理（詩一一九11；西三16）。
- 為愛主的緣故遵守神的道（約十四15、21）。
- 毫無保留地將自己獻給神（箴三5-8；太二二37；林後五9；西三17）。要捨己跟從耶穌（太十24-26；路九23-24）。
- 憑著信心祈求神在凡事上賜智慧（雅一5-8）。
- 悔改（箴九6，二八13；徒二六20；林後七9-11；啟二5）。
- 具體地認罪悔改（詩五一1-4、6-10、17；雅五16；約壹一9）。

⬆ 根據聖經改變能影響你的思想、言語和行為。

（雖然決志跟從耶穌基督作門徒的明證是以具體行道的步驟顯明出來，但在本頁中所描述的按聖經教訓去生活的原則並不詳盡，也不須按此先後次序去行。）

靈程步升（包括根據聖經去瞭解、盼望、改變和實踐）

© Biblical Counseling Foundation

行道的重要性

> 你對主耶穌基督的愛是你行道的印證（根據路六46；約十四23-24；約壹二3-4，五3；約貳一6）。你在天上的獎賞也是根據你對他的順服程度來決定的（根據林後五10；西三23-25；彼前一17）。

I 你*得救*是靠神的恩典，不是靠自己的工作、行為，但你在基督裡被造是為要叫你行善（*弗二8-10；多二11-14；雅二17-18*）。

II 你因信被*稱為義*（*羅三23-28，五1；加二16*）。

III 作為神兒女，是根據你是否遵從神的道來*接受審判及得獎賞的*。

    A 你順服神的第一步，就是接受主耶穌基督的救恩，你對救恩的回應有永恆意義。

約三16	「神愛世人，甚至將他的獨生子賜給他們，叫一切信他的，不至滅亡，反得永生。」
約三36	「信子的人有永生，不信子的人得不著永生，神的震怒常在他身上。」
約五28-29	「你們不要把這事看作希奇，時候要到，凡在墳墓裡的，都要聽見他的聲音，就出來。行善的復活得生，作惡的復活定罪。」
徒十七30-31	「世人愚昧無知的時候，神並不監察，如今卻吩咐各處的人都要悔改。因為他已經定了日子，要藉著他所設立的人，按公義審判天下，並且叫他從死裡復活，給萬人作可信的憑據。」
羅二5-10	「你竟任著你剛硬不悔改的心，為自己積蓄忿怒，以致神震怒，顯他公義審判的日子來到。他必照各人的行為報應各人。凡恆心行善，尋求榮耀尊貴和不能朽壞之福的，就以永生報應他們。唯有結黨不順從真理，反順從不義的，就以忿怒惱恨報應他們。將患難、困苦加給一切作惡的人，先是猶太人，後是希利尼人。卻將榮耀、尊貴、平安，加給一切行善的人，先是猶太人，後是希利尼人。」
羅六23	「因為罪的工價乃是死，惟有神的恩賜，在我們的主基督耶穌裡，乃是永生。」

	帖後一7下-8	「那時，主耶穌同他有能力的天使，從天上在火焰中顯現，要報應那不認識神，和那不聽從我主耶穌福音的人。」
	彼後三9	「主所應許的尚未成就，有人以為他是耽延，其實不是耽延，乃是寬容你們，不願有一人沉淪，乃願人人都悔改。」
B	賜福給順服的人，並審判和管教不順服的人，是神永恆計劃中的一部分。	
	申十一26-28	「看哪！我今日將祝福與咒詛的話，都陳明在你們面前。你們若聽從耶和華你們神的誡命，就是我今日所吩咐你們的，就必蒙福。你們若不聽從耶和華你們神的誡命，偏離我今日所吩咐你們的道，去事奉你們素來所不認識的別神，就必受禍。」
	詩六二12	「主啊！慈愛也是屬乎你，因為你照著各人所行的報應他。」
	耶十七10	「我耶和華是鑒察人心，試驗人肺腑的，要照各人所行的和他作事的結果報應他。」
	傳十二13-14	「這些事都已聽見了，總意就是敬畏神，謹守他的誡命，這是人所當盡的本分。因為人所作的事，連一切隱藏的事，無論是善是惡，神都必審問。」
	太十二35-37	「善人從他心裡所存的善，就發出善來。惡人從他心裡所存的惡，就發出惡來。我又告訴你們，凡人所說的閒話，當審判的日子，必要句句供出來。因為要憑你的話，定你為義，也要憑你的話，定你有罪。」
	太十六27	「人子要在他父的榮耀裡，同著眾使者降臨，那時候，他要照各人的行為報應各人。」
	林前三8	「栽種的和澆灌的都是一樣，但將來各人要照自己的工夫，得自己的賞賜。」
	林後五10	「因為我們眾人，必要在基督台前顯露出來，叫各人按著本身所行的，或善或惡受報。」
	林後十一14-15	「這也不足為怪，因為連撒但也裝作光明的天使。所以他的差役，若裝作仁義的差役，也不算希奇，他們的結局，必然照著他們的行為。」
	西三23-25	「無論作甚麼，都要從心裡作，像是給主作的，不是給人作的。因你們知道從主那裡，必得著基業為賞賜，你們所事奉的乃是主基督。那行不義的，必受不義的報應，主並不偏待人。」

彼前一17		「你們既稱那不偏待人,按各人行為審判人的主為父,就當存敬畏的心,度你們在世寄居的日子。」
啟二23、26		「我又要殺死他的黨類,叫眾教會知道,我是那察看人肺腑心腸的,並要照你們的行為報應你們各人‥‥那得勝又遵守我命令到底的,我要賜給他權柄制伏列國。」
啟三15-16		「我知道你的行為,你不冷也不熱,我巴不得你或冷或熱。你既如溫水,也不冷也不熱,所以我必從我口中把你吐出去。」
啟十四13		「我聽見從天上有聲音說,你要寫下,從今以後,在主裡面而死的人有福了,聖靈說,是的,他們息了自己的勞苦,作工的果效也隨著他們。」
啟二十12-13		「我又看見死了的人,無論大小,都站在寶座前,案卷展開了。並且另有一卷展開,就是生命冊。死了的人都憑著這些案卷所記載的,照他們所行的受審判。於是海交出其中的死人,死亡和陰間也交出其中的死人。他們都按各人所行的受審判。」
啟二二12		「看哪!我必快來,賞罰在我,要照各人所行的報應他。」

C. 神不斷賜福給那些在生活中一直遵行他話語的人。

申二八1-2		「你若留意聽從耶和華你神的話,謹守遵行他的一切誡命,就是我今日所吩咐你行的,他必使你超乎天下萬民之上。你若聽從耶和華你神的話,這以下的福必追隨你,臨到你身上。」
詩一一九165		「愛你律法的人,有大平安。甚麼都不能使他們絆腳。」
賽一19		「你們若甘心聽從,必吃地上的美物。」
約一12		「凡接待他的,就是信他名的人,他就賜他們權柄,作神的兒女。」
約十四13		「你們奉我的名,無論求甚麼,我必成就,叫父因兒子得榮耀。」
約十五7		「你們若常在我裡面,我的話也常在你們裡面,凡你們所願意的,祈求就給你們成就。」
約十五10-11		「你們若遵守我的命令,就常在我的愛裡。正如我遵守了我父的命令,常在他的愛裡。這些事我已經對你們說了,是要叫我的喜樂,存在你們心裡,並叫你們的喜樂可以滿足。」
林前十13		「你們所遇見的試探,無非是人所能受的,神是信實的,必不叫你們受試探過於所能受的,在受試探的時候,總要給你們開一條出路,叫你們能忍受得住。」

加六9	「我們行善,不可喪志。若不灰心,到了時候,就要收成。」
雅一25	「惟有詳細察看那全備使人自由之律法的,並且時常如此。這人既不是聽了就忘,乃是實在行出來,就在他所行的事上必然得福。」
約壹三22	「並且我們一切所求的,就從他得著。因為我們遵守他的命令,行他所喜悅的事。」

D 神愛他的兒女,所以警告和管教那些不聽他話的人,為要使他們在日常生活中回到他公義的道路上來。

申二八15	「你若不聽從耶和華你神的話,不謹守遵行他的一切誡命律例,就是我今日所吩咐你的,這以下的咒詛都必追隨你,臨到你身上。」
詩三二3-4	「我閉口不認罪的時候,因終日唉哼,而骨頭枯乾。黑夜白日,你的手在我身上沉重。我的精液耗盡,如同夏天的乾旱。」
林前十一31-32	「我們若是先分辨自己,就不至於受審。我們受審的時候,乃是被主懲治,免得我們和世人一同定罪。」
來十二5-10	「你們又忘了那勸你們如同勸兒子的話,說:『我兒,你不可輕看主的管教,被他責備的時候,也不可灰心。因為主所愛的他必管教,又鞭打凡所收納的兒子。』你們所忍受的,是神管教你們,待你們如同待兒子。焉有兒子不被父親管教的呢?管教原是眾子所共受的,你們若不受管教,就是私子,不是兒子了。再者,我們曾有生身的父管教我們,我們尚且敬重他,何況萬靈的父,我們豈不更當順服他得生麼?生身的父都是暫隨己意管教我們,惟有萬靈的父管教我們,是要我們得益處,使我們在他的聖潔上有分。」

第五課：指定作業

> 在這面對自我的課程中，現在你已經讀了足夠的聖經基本原則，能夠一生根據聖經來面對自我（根據太七1-5；羅二21；來五12-14；雅三1）。本課的作業將為你提供按聖經教訓省察自己的機會，同時，當你發現你的生命根據聖經改變之後，你能得著更大的盼望（根據徒二六20；羅五3-5，六6，八26-31；林前十一31；林後五17；腓二12-13，四13）。

以✔表示作業完成

☐ A 複習以前背過的經文。用自己的文字，寫出*哥林多前書十章13節*的意義，背誦*哥林多前書十章13節*。同時開始背誦*羅馬書八章28至29節*。

☐ B ＊根據*羅馬書十二章1至2節*和*加拉太書五章16至17節*，完成這兩段聖經的**查經和應用表**（補充材料三，第一頁）。

☐ C ＊描述一個神要你在學習本課程時經歷並解決的問題。完成**個人背景與問題評估表**（補充材料六）。參看第五課第四頁上所列舉的問題。你不想輔導員看到的東西，請不要寫在這表格上。

☐ D ＊讀聖經原則：**根據聖經的巨大改變**（第五課，第二頁）。找出支持這些原則的經文，並在這些經節上畫上記號。

☐ E ＊讀*約翰福音十四章至十七章*，在講到平安和喜樂來源的那幾節經文上畫上記號。用自己的文字，寫出神將如何在你生命中，把他的平安和喜樂賜給你。

☐ F ＊複習靈性的下坡路：**忽視或拒絕神的方法**（第五課，第三頁）。觀察內心階段不合聖經教訓的行為，和令人難受的罪惡感之間的關係。

☐ G ＊讀**根據聖經改變的開始**（第五課，第四頁），看看那一頁所列的一系列問題中，有沒有你目前所面臨的問題？如有，把它們圈出來。

☐ H ＊學習靈程步升：**照神的方法行**（第五課，第五頁）。把你日常生活中所須克服的問題，根據聖經改變的計劃列出來，在需要時找出有關的經節。

☐ I ＊讀**行道的重要性**（第五課，第六頁至第九頁）。

☐ J ＊複習你本周的十秒、三十秒和六十秒鐘的見證（參考補充材料四）。在自修時把見證講給朋友聽。

☐ K ＊在學習本課程的同時，完成**課程測驗**（第二十三課），請回答第十題（第二十三課，第二頁）。

※ *完成有＊記號的作業，是接受進一步輔導訓練的先決條件。*

靈修日引（包括經文背誦和指定作業）

> 本周的**靈修日引**將為你提供按聖經教訓來省察自己的機會。同時，當你發現在你的生命中根據聖經改變之後，你能得著更大的盼望（根據徒二六20；羅五3-5，六6，八26-31；林前十一31；林後五17；腓二12-13，四13）。

經文背誦

1. ＊背*哥林多前書十章13節*，並開始背*羅馬書八章28至29節*。
2. 現在你已有六張背經文卡可以整天帶著（按課文先後次序為：*弗二8-9；太七1、5；提後三16-17；林後三5-6；林前十13；羅八28-29*）。

靈修日引

第一天

1. 以禱告開始。
2. ＊**讀聖經原則：根據聖經的巨大改變**（第五課，第二頁）將所列舉的經文，在聖經中標識出來。
3. ＊用自己的文字，寫出*哥林多前書十章13節*的意義。
4. 以禱告結束。
5. 把你六張經文卡整天帶著，開始背*哥林多前書十章13節*，並溫習*羅馬書八章28至29節*。

第二天

1. 以禱告開始。
2. ＊開始做*羅馬書十二章1至2節*的**查經和應用表**（補充材料三，第一頁）。
3. ＊複習你的十秒、二十秒和六十秒鐘的見證，有必要時請參考「**預備一篇個人見證**」（補充材料四）。
4. **讀行道的重要性**（第五課、第六頁至第九頁）。
5. 描述一個神要你在學習本課程時去對付的問題，把該問題填寫在**個人背景與問題評估表格**（補充材料六）上。請不要在這表格上寫下你不想輔導員看到的資料。
6. 以禱告結束。

第三天

1. 以禱告開始。
2. ＊完成昨天開始的*羅馬書十二章1至2節*的**查經和應用表**。
3. 練習你口述的見證，把所有不信主的人所不能明白的用語改掉。

    4. *複習**靈性的下坡路：忽視或拒絕神的方法**（第五課，第三頁）。注意內心階段（也就是集中在自我上）與不符合聖經教訓的思想、言語、行動和罪惡感所產生的關係。
    5. 以禱告結束。

第四天

1. 以禱告開始。
2. *讀*約翰福音第十四章*，在有關神是你生命中平安喜樂的泉源的經節上畫上記號。
3. 讀**根據聖經改變的開始**（第五課，第四頁），在需要時找出有關經文。
4. 繼續複習你的十秒、三十秒和六十秒鐘的見證，把內容牢記在心中。
5. 以禱告結束。
6. 看看你本周背經節的計劃是否有效，今天要背你所有要背誦的經文，及其章節。

第五天

1. 以禱告開始。
2. *讀*約翰福音第十五章*，在講到平安和喜樂的經節上畫上記號。
3. *為*加拉太書五章16至17節*開始做一分**查經和應用表**（補充材料三，第一頁）。
4. 為了自我評估，重複你的六十秒鐘見證。
5. 以禱告結束。

第六天

1. 以禱告開始。
2. *讀*約翰福音第十六章*，在有關平安和喜樂的來源的經節上畫上記號。
3. *完成為*加拉太書五章16至17節*所做的**查經和應用表**（補充材料三，第一頁）。
4. 為了複習，講述你的十秒、三十秒和六十秒鐘的見證。
5. 以禱告結束。

第七天

1. 以禱告開始。
2. *讀*約翰福音第十七章*（主耶穌基督作大祭司的禱告），在講到信徒平安和喜樂的經節上畫上記號。把本課在學習*約翰福音第十四章至第十七章*中，所有畫上記號的經節作一個總結，寫出神如何在你心中賜下他的平安和喜樂。
3. 學習**靈程步升：照神的方法行**（第五課，第五頁）。為了討神歡喜並勝過生活中的問題，在你所需要根據聖經改變的地方打勾，找出與此步驟有關的經節，並加以默想。
4. *在學習本課程的同時，完成**課程測驗**（第二十三課），請回答第十題（第二十三課，第二頁）。
5. 以禱告結束。
6. 請人聽你背誦經文，記住要解釋經節的意義，以及如何應用在你的生活中，請朋友聽你講述十秒、三十秒和六十秒鐘的見證。

※ *完成有＊記號的作業，是接受進一步輔導訓練的先決條件。*

第六課

改變的聖經根據

「我們曉得萬事都互相效力，叫愛神的人得益處，就是按他旨意被召的人。因為他預先所知道的人，就預先定下傚法他兒子的模樣，使他兒子在許多弟兄中作長子。」

羅八28-29

第六課：改變的聖經根據

> 當你遵守神的話，並依賴他的大能堅固你，你就能確定在你生命各方面，都有合乎聖經的改變（根據賽四十29；羅八29；林後十3-5；腓二12-15，四13；提後三16-17；雅一22-25；彼後一3-10）。

I 本課宗旨

    A 描寫你生命中任何問題的三個層面

    B 你在任何困難中都能從神的話語裡找到盼望。

    C 顯明如何能在任何環境和關係中，得到神的平安和喜樂。

II 本課大綱

    A 面對自我

        1. **聖經原則：改變的聖經根據**（第六課，第二頁至第三頁）

        2. **問題的三個層面**（第六課，第四頁至第五頁）

        3. **合乎聖經的盼望**（第六課，第六頁至第七頁）

        4. **平安和喜樂的聖經根據**（第六課，第八頁至第十頁）

    B 靈命成長步驟

        1. **第六課：指定作業**（第六課，第十一頁）

        2. **靈修日引**（第六課第十二至十三頁）

聖經原則：改變的聖經根據

> 一個信徒的盼望是在主裡面。當你不斷地以愛來回應他，他就會叫生活中的一切事情（包括你的問題和試煉）互相效力，使你得益。因你在神裡面的盼望，不管在任何環境下，都能在信心和愛心上有合乎聖經的表現。明白問題的癥結，又能按聖經的教訓去回應，就能使神得榮耀，並進一步塑造你有耶穌基督的形象（根據箴三5-6；羅八28-29，十五13；林前十31；林後三16-18，四7-10、16-18；加五22-23；雅一2-4、22-25；約壹2-3）。

I 在以下各個層面認識你的問題

A 感覺的層面（經常反映出你生活的中心是甚麼，也能顯示出你是靠誰和靠甚麼得到平安和喜樂）。

（原則15） 你若感到別人錯待你，就顯示出你是以「自我」，而不是以「耶穌基督」為中心（腓二14-15；提後二24-25；來十二3）。

（原則16） 你的感覺、對自己的看法、你與他人的關係以及你對環境的看法，常能顯示出你是為自己而活，還是為討神喜悅而活（創四6-7；詩一一九165；約十四27，十五10-11；羅十四17-18；林後七10；腓四6-7；約壹四18-21）。

B 行動的層面（顯明你對主忠心的程度）。

（原則17） 你若聽見神的話並去行，就得福（書一8；詩十九11；箴二九18；太七20-27；雅一25；約壹三22）。你分別善惡的能力也必增加（來五14）。

（原則18） 你若不行道，就是自欺（雅一22-24），表現出對主缺乏愛心（約十四23-24），使自己落在主的管教之下（林前十一32；來十二5-11），否認他生命在你裡面的真實性（羅六11-13、17-18；約壹二3-4，三7、10）。

C 內心層面（把你一部分的思想、言語和行為顯示出來）。

（原則19） 由於你自己也不能完全明白你的心（耶十七9），所以神的話就成為辨別你內心的工具（來四12）。你對問題的反應並不需要倚靠人、環境或事物。在任何環境中你的行為（思想、言語和行動），都是神用來顯明你內心的光景（太十五18-20；可七20-23；路六45）。

II 你在受試煉時的盼望

（原則20） 那些在基督裡的人，是已經從罪的權勢和刑罰下得釋放了（*羅六6-7、14、18、23*）。

（原則21） 神絕不會容許信徒受試驗或試探過於他們所能受的。為了使你永不犯罪，他賜你恩典和力量去忍受每個試驗、去抵擋每個試探（*羅八35-39；林前十13；林後四7-10，十二9-10；腓四13；來四15-16；彼後二4-9*）。

（原則22） 在你有需要的時候，我們的主耶穌基督必定賜下憐憫和恩典去幫助你，他以中保的身份不斷在父神面前為你代求，他也完全瞭解你的軟弱（*來二18，四15-16，七25；約壹二1*）。

（原則23） 如果你以神的方法來回應試煉和試驗，就必能叫你在基督裡成長和成熟（*羅五3-5；雅一2-4*）。他絕不會圖謀奸惡或傷害你；相反，他為你所定的計劃都是美善的（*創五十20；申八2、5、16；詩一四五17；傳七13-14；耶二九11-13；羅八28-29；雅一13-17*）。

（原則24） 信徒可以不受任何人、環境或貧富的影響，得著神的平安和喜樂（*詩一一九165；太五3-12；約十四27，十五11，十六33，十七13；羅十四17；腓四4-7；彼前一6-9*）。

（原則25） 只有神能改變人（*結三六26-27；腓一6，二13*），所以你不必也不能為改變別人負責。你只需為自己的行為（*耶十七10；結十八1-20，特別是第二十節；太十六27；羅二5-10；西三23-25；彼前一17*）向神負責，並盡自己的分與別人和睦相處（*太五23-24；可十一25；羅十二9-21，十四19；彼前三8-9，四8*）。

（原則26） 當你認自己的罪，神就赦免你和潔淨你（*約壹一9*）。

問題的三個層面

> 也許你只注意到自己問題的第一和第二個層面，所有的問題都有三個層面：感覺、行為和內心。一般來說，你看問題只限於感覺和行為的層面。由於你經常不能對自己的問題有全面的認識，所以就有必要以神話語的亮光來省察自己的觀點（根據創四7；詩三八；耶十七9；太七1-5；林前十一31；加五17）。

I　感覺層面

　　A　你感覺中含有各種不同的情緒，所以不能經常正確地反應出你內心的光景。一些悲痛的感覺可能是在「行為」和「內心」層面犯罪的結果，就如大衛所經歷的（詩三八3-10）。

　　B　有時候你可能會因不義或不討神喜悅的事，感覺到高興快樂，就像以色列人所行一樣（出三二2-6，17-19）。因此，「感覺」可能顯示出，也可能顯示不出，你到底是在討自己的喜悅，還是在討神的喜悅。

　　C　然而，在處理問題的時候不能忽視強烈的感覺，因為這可能是你生命中有問題存在的初步跡象，就如聖經中顯示的例子（創四5；士七3；撒上十八8-9；王上十九1-3；詩三八3-10，四九5；傳七9；太六34；可十22；路十41）。

II　行為層面

　　你的問題也牽涉到你的思想、言語和行動——即「行為層面」（太五21-22、27-28；加五19-21；西三5-9）。例如：

以自我為中心的生活		以自我為中心的行為
驕傲	表現在：	說話刻薄、吹毛求疵。
欺騙	表現在：	說謊、歪曲事實。
不道德	表現在：	犯姦淫、淫亂、看色情影片、參與同性戀活動。
發怒	表現在：	打人、用力關門、摔東西、出口傷人、向人吼叫。
缺乏與人交往	表現在：	斷斷續續地參與教會聚會、不願幫助有缺乏的人。
缺乏紀律	表現在：	暴飲暴食、不按時靈修、不能完成指定作業或使命。

以自我為中心的生活		以自我為中心的行為
苦毒	表現在：	心懷怨恨、不開口、閒言閒語、策劃和施行報復。
焦慮	表現在：	指責人或怪責環境使自己不安、不斷向人訴苦。
嫉妒	表現在：	貶低或批評別人或別人的成就。

III 內心層面

A 聖經上用許多不同卻又相關的話來描述人心。例如：

1. 「心」是指人的性格或內心的慾望和生活目的 *(創六5，八21；申十一13；撒上十二24；詩五七7，八四2，九五10；耶三二38-41；結十一21；太五8，十一29，二二37；可三5；徒二46-47，四32；羅二5；西三22)*。

2. 人心無法完全測透 *(耶十七9)*，人也無法自潔 *(箴二十9)*。

3. 生活中一切事都由心發出 *(箴四23；太十二34-35；可七20-23；路六43-45)*，就像專注於為討自己喜悅而生活，或討神喜悅而活 *(路九23-24；加五16-17)*。

B 你的內心是由行為顯明出來，包括你的：

1. 思想 *(太十五19；可七20-23)*。
2. 言語 *(太十二34；路六45)*。
3. 行動 *(太十五18-20；可七20-23)*。

C 你的心若不以愛神為中心，問題便會無可避免地出現 *(太十五18-20)*。這些問題包括：

驕傲、貪心(貪念)、肉體的情慾 *(約壹二16)*、自私 *(腓二21)*、苦毒 *(來十二15)*、忌恨或嫉妒 *(雅三14-16)*、怠惰或懶惰 *(太二五26)*、自以為義 *(路十八9-14)*、道德敗壞、拜偶像、不解怨、爭競、嫉妒、憤怒、紛爭、醉酒、忌恨 *(加五19-21)*。

D 在許多情況下，心就等於心思 *(可七18-23；路五22；徒五4；羅十8-10；林後九7；來四12)*。

E 心也等於人的信仰和信心所在的地方 *(徒十六14；羅十10；來三12)*。

F 只有神才能正確地判斷人心的整個屬靈光景 *(撒上十六7；代上二八9；箴十七3；耶十七10；林前四5；帖前二4)*，只有他才能改變人心 *(詩五一10；結三六26)*。

G 當神藉你在主耶穌基督裡的信心潔淨你的心之後 *(徒十五8-9；林後四6；加四4-7)*，他用印印你，並賜聖靈在你心裡作為憑據 *(林後一21-22)*。你要以「全心」愛他和事奉他作為回應（全心包括你的生命和整個人）*(太二二37；羅六17-18；弗六5-8)*。

合乎聖經的盼望

> 神為你預備的盼望不單單是個願望，它也不依賴其他人、財物或環境來實現，相反，合乎聖經的盼望是運用你的信心，毫不疑惑地期待神實現他的應許。盼望再加上愛，是信徒生命中的特徵 *（根據詩三九7，一一九49-50；哀三21-24；羅五1-5，八24-25；林前十三13；林後一3-11；西一3-6；帖前一2-3；提前一1；來六17-20，十一1、13-16；彼前一3）*。

I 合乎聖經的盼望的基礎

  A 根據神的話語，合乎聖經的盼望是堅定不移地迫切等待神施行拯救。我們確信的根據是：

    1. 父神的位格 *（詩三三18，六二5-6，七一5；耶二九11；哀三21-24；羅十五13；林後一8-10；彼前一21）*。

    2. 神的話語 *（詩一一九49，一三零5；羅十五4）*。

    3. 神的兒子主耶穌基督 *（太十二21；弗一9-12；西一27；帖前一3；提前一1；多二13；約壹三3）*。

    4. 聖靈的大能 *（羅十五13）*。

  B 建立在任何其他根基上的「盼望」必定落空 *（伯八13，二七8；詩三三16-17；箴十一7）*，是完全沒有盼望的 *（弗二12；帖前四13）*。

II 隨著合乎聖經的盼望而有的特徵

  A 盼望與信心和愛心緊密相連 *（林前十三13；加五5-6；弗四1-6）*。

  B 信、望和愛是敬畏神之人的基本特徵 *（弗一15-18；西一3-5；帖前一2-3）*。

III 認識合乎聖經的盼望

  A 合乎聖經的盼望是神的恩賜 *（帖後二16-17）*，與耶穌基督的福音相連 *（羅五1-2，八23-25；弗一18-23，四4；西一21-23；帖前五8；彼前一3）*。

  B 由於你毫無疑問地確實能藉主耶穌基督得著盼望 *（西一27）*，因此你對主就有了合乎聖經的回應，這回應使你大大地改變 *（林後五17；加二20；約壹三1-3）*。

  C 作為信徒的你，因神在基督裡所顯明的榮耀，使你在盼望中喜樂，因此也使你滿有喜樂地在苦難和試煉中順服神，讓他漸漸地把你改變為擁有屬基督的特性，在你每天的生活中充滿了盼望 *（根據羅五1-5）*。

D 由於神無上的權柄和在任何情形之下對你的愛護（*羅八28-29*），你要記住：

　　1. 你已從罪的權勢和懲罰下獲得了自由（參考*原則20*，第六課，第三頁）。

　　2. 在任何困難中，因耶穌基督已經藉他的死和復活得勝了，所以你有了得勝的應許（參考*原則21*，第六課，第三頁）。

　　3. 主耶穌基督必親自支持你（參考*原則22*，第六課，第三頁）。

　　4. 因你按他的話語生活，他必使試煉成為你的益處（參考*原則23*，第六課，第三頁）。

　　5. 在任何情形下，你都能有神的平安和喜樂（參考*原則24*，第六課，第三頁）。

　　6. 按照聖經的教訓，你沒有改變別人的責任，只對自己有責任（參考*原則25*，第六課，第三頁）。

　　7. 你若失敗了也能重新有盼望（參考*原則26*，第六課，第三頁）。

參考**「*認識人的方法和神的方法之區別*」**（*第四課，第十四頁*）的**III：遵行神的方法的盼望**。

IV 在日常生活中表現出有合乎聖經盼望之人的特徵

A 他們已藉主耶穌基督得到救恩（*羅八24-25；帖前五8；彼前一3*）。

B 他們有喜樂（*羅五2，十二12，十五13*）。

C 他們有平安（*羅十五13*）。

D 他們得聖經鼓勵（*羅十五4*）。

E 他們在任何環境中堅定不移（*羅八24-25；來六9-12*）。

F 他們期望見到主耶穌基督（*加五5；多二11-13*）。

G 他們在基督耶穌裡信心堅定（*西一21-23；帖前一2-3；來三5-6*）。

H 他們依靠神（*林後一8-10*）。

I 他們服從規律並忠心（*提前四7-10*）。

J 他們信靠神的應許（*來六17-20*）。

K 他們潔淨自己（*約壹三3*）。

平安和喜樂的聖經根據

> 經歷並維持神的平安和喜樂，和信徒是否與主耶穌基督保持不斷的親密關係有直接關係 *(根據約十四27，十五11，十六33；羅十四17；加五22)*。

擁有神的平安和喜樂，是生命充滿聖靈的特徵 *(加五22)*。他的平安和喜樂並不依靠以下各項：

1. 其他人 (如：配偶、父母、子女、親屬、朋友、仇敵、上司、總管、室友、同學、鄰居等)。
2. 環境 (如：教養、職業、學校、假期、鄰里、假日、上司、不便的事、健康問題、經濟困難、天氣、聲望等)。
3. 物資 (如：金錢、汽車、學位、房屋、公寓、衣服、家俱、寵物等)。

雖然在耶穌基督裡的平安和喜樂是神在他話語中所應許的豐盛生命的特徵 *(約十四27，十五11，十六33)*，然而許多神的兒女都沒有經歷過 *(約十10；羅書十四17，十五13)*。

I　平安

A　世界的平安

世界所提供的平安既不可靠也不持久，世界的平安是暫時的，只能在一切順利的情況下才能維持 *(約十四27，十六33；羅三16-17)*。

B　聖經中的平安 (和平)

1. 在一群人之中，沒有敵意是明顯的和平 *(書九15；撒上十六4-5；太十34-36；路十四31-32；徒七26，十二20，二四2-3)*。和平也表示人與人之間和睦的關係 *(代上十二16-18；羅十四19；弗四1-3；來十二14)*。
2. 和平是混亂的相反 *(林前十四33)*，也是對神智慧的描寫 *(雅三17)*，由於出於人的和平是與人及環境有關連的，因此是短暫而虛假的 *(申二九19-21；耶六10-15，八8-11；結十三8-16；彌三5)*。聖經中的平安是單單倚靠永生神的方法 *(詩八五8-10；賽三二17，四八22，五七21；雅三14-18)*。
3. 聖經中的平安是屬於最高一層，是指人與神有正常的關係，結果產生無愧的良心，並有一種心安理得的感受，也處於安息的狀態之下 *(詩四8，二九11；賽二六12，三二17；瑪三3-6；路二14；提後一2-3)*。只有藉主耶穌基督才能與神有正常的關係 *(路一67-79；徒十34-36；羅五1；弗二13-18)*。

C 你對真平安的認識
1. 平安是神國度的特徵 *(羅十四17)*，甚至在你遭遇困難和環境改變時也有平安。神的平安是在他兒子耶穌基督裡 *(賽九6；弗二13-18；西三15；帖後三16)*，是超過人所能瞭解的 *(腓四7)*，不像世上要靠人、靠環境和財富去得到平安 *(約十四27)*。
2. 耶穌說，在世上你們有苦難，但是他既已勝了世界，你在他裡面就可得平安 *(約十六33)*。
3. 當你不再憂慮，卻在各種情形下禱告謝恩，你就體會到神的平安是你的心思和意念的保護者 *(腓四6-7)*。你若不住的信靠他，你就必能得到神的平安 *(賽二六3；羅八6)*。從你不斷地喜愛神的話語來顯示你愛神和一心順服神 *(詩一一九165-168)*。

II 喜樂

A 世界的喜樂

世界所提供的一切，其中包括喜樂，都是臨時和短暫的 *(約壹二15-17)*。一個人若從人、環境或其他事物上尋求喜樂的話，不久便會發現這種喜樂是膚淺的。當人失敗、環境改變或事情令人失望時，過去曾經有的，似乎閃閃發光的喜樂不久便因此消失了。世人一般的反應是去找其他人，或改變一下環境，或以更多的事物來使他快樂，但卻徒勞無功。

B 聖經中的喜樂
1. 在不同環境中，喜樂（包涵了榮耀、欣喜、滿足、喜悅）顯示出不同的階段，在每一個階段裡，喜樂都是由於某種原因而產生的。喜樂的基礎可能建立在不同的來源上，而從喜樂的來源，就可以看出這種喜樂是討神喜悅的持久喜樂，還是討自己歡喜的短暫快樂。例如：快樂有可能是建築在別人的痛苦上面的 *(詩三五26)*、在苦難中 *(雅四1-9)*、在不義中 *(林前十三6)*、或在罪中 *(雅四1-9)*，這一類的喜樂是為了滿足自己的快樂，是不討神喜悅的。出於神持久的喜樂必須在神裡、在他的屬性和他的工作上扎根 *(申十六13-15；代下三十20-22；詩九2，三一7，三三21，三五9，四十16，四三4，九二1-4，一一八24；賽六一10；路一46-55)*。
2. 由於耶穌完全是神 *(西一15-20；來一1-6)*，是永不改變的 *(來十三8)*，在他裡面才有持久的喜樂 *(路一14，二10；約十五11，十七13；腓四4)*。因他在所預備的救恩中為我們預備了持久的喜樂 *(路十20，十五7、10；羅十五8-13；腓一15-18；彼前一3-8)*。
3. 甚至在憂傷和痛苦中也能經常不斷地體驗真喜樂 *(林後六1-10，特別是第十節；帖前五16)*。

C 你對真喜樂的瞭解
1. 如同平安一樣，神所賜的喜樂是神國度的明確特徵 *(羅十四17)*。完全的喜樂只有在神裡面 *(詩十六11)* 和在他的力量裡才找到

（尼八10）。在主耶穌基督裡找到的喜樂（羅五11），是不能被奪去的（約十六22，十七13）。它不靠人、環境或財物，只靠你與耶穌的關係（約十五1-11；加五22；彼前一3-8）。

2. 耶穌所給的平安能充滿你（約十七13），藉著以主耶穌基督為中心的禱告生活，你便能不斷地經歷到這平安（約十六24）。

3. 既然藉與耶穌的正常關係得到持久的喜樂，你就能忍受試煉和歡喜（太五11-12；雅一2-4；彼前一6-7，四12-13）。主耶穌自己就是我們的榜樣，他為了擺在他前面的喜樂，就忍受無比的試煉，且死在十字架上（來十二1-2）。

4. 你能靠主常常喜樂（腓三1，四4；帖前五16），正如信徒應有的特徵，例如：

    a. 象使徒被當權者鞭打和威脅之後，他們反而喜樂，認為配為耶穌基督的名受辱（徒五40-41）。

    b. 保羅和西拉在被鞭打和監禁後，卻仍然能禱告和唱詩讚美神（徒十六22-25）。後來，保羅又被監禁，但他卻繼續為他所受的苦喜樂（西一24）。不論保羅受到甚麼試煉和憂傷，他仍然繼續不斷地喜樂，表明自己是神的用人（林後六4-10）。

    c. 不但個人在苦難中能充滿神的喜樂，一群聖徒也同樣能經歷到。例如：

    1) 馬其頓的眾教會在患難中和極窮乏之時，仍有滿足的喜樂（林後八2）。

    2) 彼得前書的收信人在如火的試驗中歡喜，因為他們受苦是表示他們與基督一同受苦（彼前四13）。

    3) 希伯來書的受信人財產被沒收後，仍然繼續喜樂，因為他們的盼望是建立在屬天的事上，而非建立在屬地的事上（來十34）。

第六課：指定作業

> 本周的作業給你一個用聖經原則來解決生活上問題的機會。同時列出聖經中對有關困難的看法，以及你對這些困難的反應和對你生命的影響（根據羅五1-5，八28-29；林前十一31；林後一3-5；提後二15；多二11-12；雅一2-4）。

以✓表示作業完成

☐ A ＊用自己的文字，寫出*羅馬書八章28至29節*的意義。背誦*羅馬書八章28至29節*，並開始背*以弗所書四章22至24節*。複習過去背過的經文。

☐ B ＊在你本周的靈修中使用經文彙編，找出至少兩處參考經文是與神要你對付的問題有關的，並為每處經文做**查經和應用表**（補充材料三，第一頁）。

☐ C ＊學習聖經原則：**改變的聖經根據**（第六課，第二頁至第三頁）。本課有幾處經文都是以後課程的基礎。我們鼓勵你將每一個聖經原則所列出的經文標識出來。

☐ D ＊讀**問題的三個層面**（第六課，第四頁至第五頁），寫一篇有關神要你在學習本課程時所要解決之問題的三個階段。

☐ E ＊學習**合乎聖經的盼望**（第六課，第六頁至第七頁），在參考經文在聖經中標識出來，這些經文解釋了神在你生命中建立真實和持久盼望的計劃。

☐ F 讀**平安和喜樂的聖經根據**（第六課，第八頁至第十頁），當你發覺任何一點對目前情況有幫助，就在那幾點上畫上記號，並翻閱有關的經文，同時在你的聖經中標識出來。

☐ G ＊要在學習本課程期間完成**課程測驗**（第二十三課），請回答測驗中的第十一、十二和十三題（第二十三課，第二頁）。

※ 完成有＊記號的作業，是接受進一步聖經輔導訓練的先決條件。

靈修日引（包括經文背誦及指定作業）

> 本周的**靈修日引**給你一個用聖經原則來解決生活上問題的機會。同時列出聖經中對有關困難的看法，以及你對這些困難的反應和對你生命的影響（根據*羅五1-5，八28-29；林前十一31；林後一3-5；提後二15；多二11-12；雅一2-4*）。

經文背誦

1. *背*羅八28-29*，並開始背*弗四22-24*。
2. 連前面幾課的經文在內，如今你已有七張經文卡可以整天帶著（按課文順序列出背誦的經文為：*弗二8-9；太七1,5；提後三16-17；林後三5-6；林前十13；羅八28-29；弗四22-24*）。本周請忠心地複習過去背過的經文，並每天找空閒時間學會新的經文。

靈修日引

第一天
1. 以禱告開始。
2. ***讀聖經原則：改變的聖經根據**（第六課，第二頁至第三頁）的*原則15-16*。將所列舉的經文，在聖經中標識出來。
3. *用你自己的話寫出*羅馬書八章28至29節*的意義。
4. 以禱告結束。
5. 整天帶著你的七張經文卡，溫習以前課文中所背過的經文。背*羅馬書八章28至29節*，溫習*以弗所書四章22至24節*。

第二天
1. 以禱告開始。
2. ***讀聖經原則：改變的聖經根據**（第六課，第二頁至第三頁）的*原則17-18*，找出過去未標識的經文並畫上記號。
3. ***讀問題的三個層面**（第六課，第四頁至第五頁），寫一篇有關你在學習本課程時，神要你對付的問題的三個層面。
4. 以禱告結束。

第三天
1. 以禱告開始。
2. ***讀聖經原則：改變的聖經根據**（第六課，第二頁至第三頁）的*原則19*。將所列舉的經文，在聖經中標識出來。
3. *使用經文彙編挑選出兩個與神要你解決之問題有關的參考經文。在以後的三天中，為你所挑選的兩個參考經文寫一篇查經和應用表（補充材料三，第一頁）。
4. 以禱告結束。

第四天

1. 以禱告開始。
2. ＊學習**合乎聖經的盼望**（第六課，第六頁至第七頁）。將所列舉的經文，在聖經中標識出來，這些經文解釋神在你生命中建立真正和持久盼望的計劃。
3. ＊使用你昨天所挑選的參考經文之一，針對神要你解決的問題，做一分**查經和應用表**（補充材料三，第一頁）。
4. 以禱告結束。
5. 你背經文的進展如何？要忠心地利用空閒時間來溫習和背誦。

第五天

1. 以禱告開始。
2. ＊**讀聖經原則：改變的聖經根據**（第六課，第二頁至第三頁）的*原則 20-21*。將所列舉的經文，在聖經中標識出來。
3. ＊用你昨天挑選的另一處與你問題有關的參考經文，做第二篇**查經和應用表**（補充材料三，第一頁）。
4. 以禱告結束。

第六天

1. 以禱告開始。
2. ＊**讀聖經原則：改變的聖經根據**（第六課，第二頁至第三頁）的*原則 22-23*。同樣地在聖經中找出經文，並標識出來。
3. 讀**平安和喜樂的聖經根據**（第六課，第八頁至第十頁），找出所有目前適用於你的幾點並畫上記號，根據你所畫上的記號找出有關經文，並在你的聖經中標識出來，這是兩天學習中的第一天。
4. 以禱告結束。

第七天

1. 以禱告開始。
2. ＊**讀聖經原則：改變的聖經根據**（第六課，第二頁至第三頁）的*原則 24-26*，同樣將所列舉的經文，在聖經中標識出來。
3. 完成你昨天開始的**平安和喜樂的聖經根據**的學習（第六課，第八至十頁）。
4. ＊要在學習本課程的同時完成**課程測驗**（第二十三課），回答與本課有關的第十一、十二和十三題（第二十三課，第二頁）。
5. 以禱告結束。
6. 評估本周的背經文效率，請人聽你背出所有要背的經文及章節，並解釋本課所背的經文（*羅八28-29*）如何應用在你生活中。

※ *完成有＊記號的作業，是接受進一步聖經輔導訓練的先決條件。*

第七課

根據聖經改變的模式

「就要脫去你們從前行為上的舊人,這舊人是因私慾的迷惑,漸漸變壞的。又要將你們的心志改換一新,並且穿上新人,這新人是照著神的形象造的,有真理的仁義和聖潔。」

弗四22-24

第七課：根據聖經改變的模式

> 要行道（遵行聖經教訓）才能在基督裡成長
> （根據提後三16-17；來五13-14；雅一22-25；
> 彼後一2-10，特別是10節）。

I 本課宗旨

    A 說明根據聖經改變，使靈命成熟的方法和步驟。

    B 列舉不合聖經的想法所導致的不合聖經的行為。

    C 說明要照神的計劃去行，才能心意更新。

II 本課大綱

    A 面對自我

        1. **聖經原則：根據聖經改變的模式**（第七課，第二頁）

        2. **根據聖經改變是個過程**（第七課，第三頁至第四頁）

        3. **不符合聖經的思想、言行及其影響**（第七課，第五頁）

        4. **心意更新**（第七課，第六頁至第七頁）

    B 靈命成長步驟

        1. **第七課：指定作業**（第七課，第八頁）

        2. **靈修日引**（第七課，第九頁至第十頁）

聖經原則：根據聖經改變的模式

> 藉著聖靈更新的大能，使你在基督裡成為新造的人。一旦老我死去，就能在思想和言行上，有榮神益人的合乎聖經的改變（根據太二二37-39；路九23；約三5-6；羅十二1-2；林前十31；林後五15、17；弗四22-24；腓二3-8，三12-14；多三5）。

根據聖經改變的步驟

A 過程

（原則27） 要想有效地根據聖經來改變，一定要經過持之有恆的過程。生活中的每一方面（在思想、言語和行為上），都要遵照神的命令和教訓去行（羅十五4；提後三16-17；雅一21-25；彼後一2-4）。當你能夠不再舊罪重犯（脫去），而且開始有公義和聖潔的新行為時（穿上），你就是心意更新而變化了（羅六11-14、16-23，十二1-2；弗四22-24；腓二12-13；西三5-17；提後二19）。

B 脫去

（原則28） 為脫去舊的犯罪惡習，就要以神的話來自省，先找出罪行（太七1-5；林前十一28-31；提後三16-17；來四12）。既找到具體的罪，就要悔改（箴二八13；林後七9-10；啟二5），認罪（約壹一9），並且立刻除去它們（羅六12-13上；林後十5；弗四25、29、31，五4；西三2、5-9；提後二22上）。

C 穿上

（原則29） 靠神聖靈的大能（加五16；弗三16-21，五18），穿上義行以後（提後二22下；多二11-12），你就會榮耀神（林前十31；彼前四11），表達對神的愛（申十12；太二二37；約壹五3；約貳6），並且在凡事上討他的喜悅（林後五9；西一10）。

根據聖經改變是個過程

> 你可能會經常陷在善、惡的選擇,以及取悅自己還是神的矛盾裡。你必須立下討神喜悅而不討自己喜悅的心志(根據羅七19-25,八5-9;林後五15;加五17;腓三12-14;西三1-2)。

I 脫去和穿上

    A   為了與主同行,就要學習以主的話來改變自己的思想和言行。主的話語中列出了許多過犯(過犯就是故意越過神的是非界限),你不但要除去這些過犯,還要穿上皓肖基督的行為(例如:弗四22-32;西三5-17)。在經文中,若有要「脫去」的,經常在同一段中,就有相對要「穿上」的,例如:

脫去		穿上
謊言	弗四25	說誠實話
偷竊	弗四28	作工分給缺少的人
污穢的言語	弗四29	隨事說造就人的好話
苦毒、惱恨 忿怒、嚷鬧 譭謗、惡毒	弗四31-32	恩慈、憐憫、饒恕

    B   有時候經文中講到要「穿上」,但卻沒有同時提到要「脫去」,是為了免得你因無知而忽略了他的旨意。從前在許多事上,你沒有榮耀神,但現在神要你按聖經的改變來「穿上」好行為(太五16;林前十31-33)。例如:

        1. 使人作門徒,為他們施洗並教導他們(太二八19-20)。

        2. 凡事都要奉主耶穌基督的名去行,藉著他感謝神(西三17)。

        3. 穿上神的全副軍裝,要站立得住(弗六13-20)。

        4. 行事為人要對得起主,凡事要討他喜悅(西一10)。

        5. 要常常喜樂,不住的禱告,凡事謝恩(帖前五16-18)。

II 禱告和行動

    A   禱告是基督徒過順服生活所必須的(腓四6-7;西四2;帖前五17)。禱告讓你享受到神豐富的平安(腓四6-7)和赦罪的恩典(約壹一9)。

B 然而單靠禱告並不能成就神在你身上的計劃，你還要順服他（*太七24-27；腓二12-13，四19；雅一22-25；約壹三22*）。要脫去有辱主名的思想和言行，而穿上能彰顯基督性情與形象的新思想和言行（*羅六6-7、12-13、17-19，八29；弗四29；西三1-15，四5-6*）。

參考祈禱使你與神交通（第三課，第九頁至第十二頁）。

III 失敗和認罪

A 當你失敗時，若肯照聖經的教訓來認罪，就能重討神的喜悅。向神承認及悔改只是認罪的一部分（*約壹一9*），還要照聖經上所說的，選一個適當的時刻，去向你所得罪的人認罪（*雅五16*），並與這個人和好（*太五23-24；羅十二18*）。

參考和好（除去一切合一與和睦的障礙）（第十二課，第六頁至第八頁）

B 當你向神認罪，並且建立起合神心意的方法，就是尊主為大（*詩五一1-4；路六46*）。你與天父之間的交通會更暢通（*詩六六18*），你的禱告生活也更有效（*約壹三22*）。

C 肯向別人認罪，就能建立和睦的人際關係（*羅十二18*），也充分顯示出耶穌在你生命中的大作為（*太五16；弗四32-五1*）。

不符合聖經的思想、言行及其影響

為主而活，就要以討悅主來取替討悅自己（根據羅十二2；林後十5；弗四22-24；西三1-2，5-10）。

你以自我為中心的後果

仇恨（約壹三15）	嫉妒、忌恨（加五20-21）	懼怕（約壹四18）
反叛（撒上十五23）	驕傲（箴十六18，二九23）	慾念（太五28）
怨恨、苦毒（弗四31-32）	怒氣（箴十六32，二九11，雅一19-20）	懷疑（雅一6-8）
自私（腓二3-4）	焦慮（腓四6-7）	欺騙（箴十二20上，二六24）

導致和促進
（太十五18-20；
羅一24-32；
林前六9-10，12；
雅一14-15）

可能造成
（詩三十二3-4，
林前十一28-30；
加六7-8；
西三25；
約壹五16）

不合聖經的言語行為

說謊
敵意，爭執
憂慮
不耐煩
詭詐，譭謗
刻薄
不容忍
發怨言
自誇
通姦
淫亂
殺人
同性戀

可能造成
（根據詩三十二3-4，
三十八1-10；
徒五1-11，
特別是第五節和第十節；
林前五1-6，
特別是第五節，
林前十一28-30）

身體上的損害

心臟病變
結膜炎
偏頭痛
高血壓
抽筋
抽搐
胃潰瘍
失眠
腸胃失常
關節炎
腎病
緊張過度
性病
死亡

心意更新

> 撒但會不斷地用尊己為大的感情和慾望來試探你，你要與神的計劃密切配合，更新心思意念，才能抵擋他的攻擊。得救是第一步，然後要決心過順服神的生活，你的心思意念才會不斷的更新，變得更像基督 *（根據創三1-7；羅十二2；林後二11，十一3；加五17；腓二5-8，13；來五14；雅一14-15；彼前五8；約壹四4）*。

I　心意更新與在基督裡成長

   A　「心意更新」是一個思想和意念變得愈來愈像主的過程，對神的話愈來愈忠心和順服，就是心意更新的表現 *（根據羅十二1-2；弗四22-32；西三10-17）*。

   B　心意每日更新，靈命才能不斷地成長 *（羅十二2；弗四23；西三10）*。

II　心意更新與個人責任

   A　神既施恩賜你能力 *（約十五4-5；腓二13）*，你就要按照聖經教訓來操練合乎聖經的思想 *（林後十5；腓四8-9；西三1-2）*。

   B　遵行聖經上的話，使你的心思意念更像基督 *（來五14；雅一22-25）*，聖經告訴我們要：

      1. 聽神的話語 *（羅十17）*（例如：聽合乎聖經的講道和教訓）；

      2. 讀神的話語 *（提前四13；啟一3）*（例如：每日靈修）；

      3. 查考神的話語 *（提後二15）*（例如：查考和學習合乎聖經根據的生活原則，正確的教義，和敬虔的榜樣）；

      4. 背誦神的話語 *（詩一一九11）*（例如：整天複習經文卡上的經節）；

      5. 默想神的話語 *（書一8；詩一2）*（例如：思想如何把神的應許和命令應用在自己身上）。

   做到了以上幾點，基督的話就可以豐富地進入你裡面 *（西三16）*。只要不斷地以神的話來改變自己，自然能夠心意更新而更像主了 *（根據西三8-10；來五14）*。

III 根據聖經改變過程中所產生的心意更新

	你的老我	你的新我	心意更新
盼望	藉耶穌基督的十字架，你的罪債已償清（*羅五6-9；弗一7；西二13-14*）。你的老我已與基督同釘十字架（*羅六3-7；加二20；西三3*）。	既已脫去老我，穿上新我，你就成了全新的人，耶穌基督復活的大能，使你能改變至像他的形象（*羅六4；八11、29；林後五17；加二20；弗四22-24*）。	結果是：你被神的聖靈引導（*約十四26，十六13；羅八14*），能明白神在他話中顯明的（*提後三16-17；來四12*）神的事情（*林前二10-14*）。
改變	要脫去你老我中罪惡敗壞的行為（*羅六12-13；弗四17-22；西三5-9；多二11-12*）。	穿上基督的形象（*西三10-17*），使你能悅神益人，而不只是取悅自己而已（*路九23-24；羅十二16，十五2；林後五14-15；加五13-17；腓二3-4*）。	結果是：你的心意開始不斷地更新（*西三8-10*）。
操練	不斷看自己是對罪已死的，從罪的奴役中得了自由（*羅六6-7，七11-12*）和從自滿中被釋放出來（*彼前一14*）。	忠心勤奮地順服主，使你能勝過試煉（*雅一2-4*）和失敗（*腓三13-14；約壹一9*），使你在基督裡成熟結出果子來（*彼後一4-11*）。	繼續不斷地順服神的話，使你不受迷惑，增加你屬靈的辨別力及對罪的敏感性（*來五14；雅一22*）。

若要查考根據聖經改變的詳細計劃和預備，請參考：
***你能根據聖經改變（下）**（第二課，第三頁至第五頁）以及*
***人的方法和神的方法（下）**（第四課，第二頁至第十一頁）*

第七課：指定作業

> 「脫去」不符合聖經的思想和言行，並且「穿上」新的義行，是使你能心意更新的原則。本課的**作業**著重根據此原則去改變，也讓你有機會去面對生活中某些特別的問題（*根據羅十二12；腓四13；西三1-17；來五14；約壹五1-5*）。

以✔表示作業完成

- ☐ A　＊用自己的文字，寫出*以弗所書四章22至24節*的意義。熟背*以弗所書四章22至24節*，開始背*希伯來書五章14節*和*雅各書四章17節*，複習背過的經節。

- ☐ B　＊**讀聖經原則：根據聖經改變的模式**（第七課，第二頁）閱讀參考經節，並將所列舉的經文，在聖經中標識出來。

- ☐ C　＊在本週中，找出並列寫最少五件事情，從當中你能看出神要你在學習本課程時去克服的問題。記著，你的品行（思想、言語、行動）就表明你心裡所藏的是甚麼。

- ☐ D　讀**根據聖經改變是個過程**（第七課，第三頁至第四頁）。注意禱告如何配合「脫去」不合聖經的生活方式，同時又「穿上」合乎聖經的思想、言行。如果你在討神喜悅上失敗了，請特別注意合乎聖經挽回的第一步（在**III.失敗和認罪**之下）。

- ☐ E　研讀**不合乎聖經的思想、言行及其影響**（第七課，第五頁），注意不合聖經的思想和行為之間的因果關係，過分地專注自我會導致身體上何種損害？

- ☐ F　讀**心意更新**（第七課，第六頁至第七頁），注意遵從神的話語和心意更新之間的關係。如果你一再因為取悅自己，而不討神喜悅的話，就該查閱**II.心意更新與個人責任**的B點下的幾個步驟，看你失敗的原因是否在此範圍內，並立即採取改正措施。

- ☐ G　＊回答與本課有關的**課程測驗**第十四題（第二十三課，第二頁）。

※　完成有＊記號的作業，是接受進一步聖經輔導訓練的先決條件。

第七課：靈修日引（包括經文背誦及指定作業）

> 「脫去」不符合聖經的思想和言行，並且「穿上」新的義行，是使你心意更新的原則。本課著重以此原則來改變，並讓你有機會去面對某些特別的問題（根據羅十二2；腓四13；西三1-17；來五14；約壹五1-5）。

經文背誦

1. *背熟*以弗所書四章22至24節*，並開始背*希伯來書五章14節和雅各書四章17節*。
2. 隨身攜帶上周和本周的經文卡，以便有空就複習。

靈修日引

第一天

1. 以禱告開始。
2. ***讀聖經原則：根據聖經改變的模式**（第七課，第二頁）的*原則27*，將所列舉的經文在聖經中標識出來。
3. *開始找出並列寫最少五件事情，從當中你能看出神要你在學習本課程時去克服的問題。這是七天作業的第一天，學習正確地用聖經來省察自己。你要整天帶著記錄問題的條子，事情一發生時就記下來。要記住，你必須找出需要從生活中除掉的梁木。
4. *用自己的文字，寫出*以弗所書四章22至24節*的意義。
5. 以禱告結束。

第二天

1. 以禱告開始。
2. ***讀聖經原則：根據聖經改變的模式**（第七課，第二頁）的*原則28*，將所列舉的經文在聖經中標識出來。
3. *列寫今天所發生的事件，繼續補充新的資料。
4. 以禱告結束。

第三天

1. 以禱告開始。
2. ***讀聖經原則：根據聖經改變的模式**（第七課，第二頁）的*原則29*，將所列舉的經文在聖經中標識出來。

3. *完成今天列寫顯出你的問題的行為表（有否隨身攜帶此表，以便收集有關問題的準確資料？）。
4. 以禱告結束。
5. 是否忠心地背誦經文？找時間來複習所有的經文和章節。

第四天

1. 以禱告開始。
2. *列寫今天的犯罪行為。
3. 讀**根據聖經改變是個過程**（第七課，第三頁至第四頁）。請注意禱告、根據聖經的教訓「脫去」和「穿上」、失敗後認罪和對按聖經方式生活的重要性。
4. 以禱告結束。

第五天

1. 以禱告開始。
2. *完成列寫今天的犯罪行為。
3. 研讀**不符合聖經的思想、言行及其影響**（第七課，第五頁）。
4. 以禱告結束。

第六天

1. 以禱告開始。
2. *列寫犯罪的行為，繼續增補資料。
3. 讀**心意更新**（第七課，第六頁至第七頁）。注意遵從神的話和心意更新之間的關係，這是兩天學習的第一天。
4. 以禱告結束。

第七天

1. 以禱告開始。
2. *完成最後一天列寫顯出你的問題的事情。圈出條子上那些至少重複出現兩次的人、事、地點和狀況。
3. 讀完**心意更新**（第七課，第六頁至第七頁）。如果你繼續取悅自己，而不討神喜悅的話，查閱一下在**II.心意更新與個人責任**的B點下的步驟，看是否在這幾個範圍中出了問題，並立刻採取改正措施。
4. *回答與本課有關的**課程測驗**第十四題（第二十三課，第二頁）。
5. 以禱告結束。
6. 複習本周的經節，你是否有空就複習？背給親友聽，談一談這一段經文在你心目中的應用。

※ 完成有＊記號的作業，是接受進一步聖經輔導訓練的先決條件。

第八課

依聖經操練
使更新持久

「唯獨長大成人的，才能吃乾糧，他們的心竅，習練得通達，就能分辨好歹了。」

來五14

「人若知道行善，卻不去行，這就是他的罪了。」

雅四17

第八課：照聖經操練使更新持久

> 具體地去行道，不但能顯明和加深你對主的愛，還能活出神在你身上的計劃，讓你變得更像基督（根據約十四15；羅八29，十二1-2；腓二12-13；來五14）。忠心有紀律地遵照神的話來操練，「更新」自然能夠持久有效（根據路十六10；提前四7-8；彼後一2-10）。

I　本課宗旨

    A　説明行道是靈命長大成熟的必須條件。

    B　提出幫你根據聖經來改變更新的具體計劃。

    C　舉例説明試煉（試驗和試探）對你生命的影響。

    D　給你一個機會來擬定勝過生命中明顯問題的計劃。

II　本課大綱

    A　面對自我

        1.　**聖經原則：依聖經操練使更新持久**（第八課，第二頁）

        2.　**聖經對試驗和試探的看法**（第八課，第三頁至第七頁）

        3.　**獲得合乎聖經改變的實際步驟**（第八課，第八頁至第十頁）

    B　靈命成長步驟

        1.　**第八課：指定作業**（第八課，第十一頁）

        2.　**靈修日引**（第八課，第十二頁至第十三頁）

        3.　**得勝計劃表指引**（補充材料七）及**得勝計劃表**（補充材料八）

        4.　**思想與行動表指引**（補充材料九）及**思想與行動表**（補充材料十）

聖經原則：照聖經操練使更新持久

> 光是明白正確的教義，並不能有討主喜悅和榮耀神的改變，你要在生活裡各方面都要行道，「更新」才能持久有效（根據太七24-27；路六39-49；林前十31；林後五9；雅一21-25；四17）。

根據聖經更新的操練

A 開始

（原則30） 你必須回想自己是在甚麼地方墜落的，並要悔改，行起初信主所行的事，才會有更新（啟二4-5）。稱耶穌為主，下決心做個行道的人（路六44-49）。如果你單單聽道而不行道，你仍是愚拙的人（太七24-27），你終究在屬靈的事上欺哄自己（雅一22），是一個靈命不成熟的人（林前三1-3；來五11-13；雅一22-24）。

B 繼續

（原則31） 在根據聖經來改變的過程中，你必須忠心地履行日常生活中應有的責任（弗五15-16；西三23-24；雅四17）。在敬虔上操練自己（提前四7-11；彼後一5-11；約壹三7），不斷地行道，你的心竅習練得通達，就能分辨好歹了（來五14）。活出合乎聖經的生活（弗二10，四14-16；提前四7-8；來十三20-21；彼前二2；彼後一5-11），神自然會負責你靈命的長進（加五22-23；腓一6，二13；來十二2上，十三20、21）。

C 成熟

（原則32） 為了要在基督裡成熟（長大），要堅持照聖經教訓去行神眼中看為善的事（路十七10；約十四15；羅二7；林前十五58；加六9；雅一22-25）。不再憑自我中心的感覺和慾望而活（林後五15；加五16-17；彼前二19-20，四1-6），要不斷地照基督耶穌的恩召前進（弗四1；腓三12-14；來六1-3），約束你的思想（林後十5；西三1-2；腓四8），說造就人的話（弗四29；西四6），忠心地按聖經來愛人（太二二39；林前十三4-8上；約壹四7-8、10-11、20）。不要只求物質或眼前的果效，而要專注於永恆的價值，好在基督裡長大成人（林後四17-18；西三1-2；提前四7-8；彼後一4-10）。要榮耀神（林前十31），在凡事上討主的喜悅（林後五9；西一10）。

聖經對試驗和試探的看法

> 每一個人（包括你在內）在一生中都會遭遇各種試煉。撒但常藉著引誘你只信靠自己的智慧、自我為中心的感覺和滿足自己肉體的情慾來打敗你。相反，神要你在這一切試驗中為他的榮耀而大大得勝（根據創三1-6；箴十四12；太五45；羅八31-39；加二20，五16-17；彼前五8；約壹二16-17）。

I　試驗和試探的區別

    A　試驗使你有機會因操練主的話，變得更皓肖耶穌基督，得以把榮耀歸給主（根據伯二三10；羅五3-5；林後二9；雅一2-4、12；彼前一6-7）。

    B　試探不是來自神，因為它要引誘你背逆主道，只顧滿足自己肉體的情慾。一旦對試探讓步，你就會有不可避免的惡果（根據帖前三5；提前六9；雅一13-15）。

    C　撒但善於在各種情況下，利用你自我中心的感覺和對肉體的情慾來引誘你犯罪（創三1-7；撒下第十一章；雅一14-15）。相反，神卻用相同的情況，使你因順從他的話而更堅固。你的反應往往決定你是否因守住了信心而討神歡喜，還是因討自己的歡喜，而落入了試探之中（根據加五16-17；西一10；來四15；雅四7-10；彼前五8-9）。

II　神和試驗

    A　神用試驗來察驗一個人（創二二1-19；伯一8-12，二3-6；但三17-18、28；拿一至四章；路二二31-34），他也以此來察驗不同的群體（出十六4，二十20；申八2、16，十三1-4；士二22，三1；來十32-39；彼前一6-9，四12-19）神試驗義人和惡人（詩十一4-7），也用試驗來鍛煉他的百姓（伯二三10；詩六六10；羅五3-5；雅一2-4；彼前一6-7）。

    B　神用試驗堅固你的心志，使你能不計代價跟隨他，聽從他的話語（羅十五4）。舊約聖經中記載了好些神試驗他百姓是否遵命的例子（創二二1-19；出十五22-26，二十20；申八2；士二21-23；瑪三10）。在記載耶穌（腓二5-8；來五8）和門徒的事跡當中，特別強調這種對神的順服（約六52-69；徒六8-七60，九10-17，十一1-18）。

    C　除非特別許可（瑪三10），神不許人試探他和他的神性（申六16；太四7；林前十9；來三7-11）。人會試驗（試探）神，是因為人忘

了神向他們所施的恩典和大能，又逞著剛硬的心，且又不照神的話而活 *(民十四22-23；詩七八40-42、56-64；九五8-9；一零六13-15)*。要記住，當人試驗神的時候，他就管教他們。因為試驗神就是不順服和不信的行為 *(詩九五8-11；徒五1-10；林前十9)*。

D 神應許要救他的百姓脫離一切困難 *(詩三四19；彼後二9)*。聖經上說，神不會讓他的兒女遭受過於他們所能受的試探，總要為他們預備一條脫離罪的出路 *(林前十13)*。

III 撒但以自我滿足來試探人

A 撒但的本性就是試探人（引人行惡）*(太四3；帖前三5)*，他活著就是為了要吞噬人 *(彼前五8)*。

B 他是今世之王 *(約十二31；弗二2)*，他用三樣東西來引誘人行惡——肉體的情慾（滿足自己的慾望，憑自己的感覺生活）、眼目的情慾（貪婪、貪得無厭）和今生的驕傲（自我中心的生活）*(約壹二16)*；它企圖用這些詭計 *(林後二11；弗六11)* 引誘你不虔敬耶穌基督 *(林後十一3)*，好滿足人自己的私慾 *(雅一13-15)*。

1. 撒但最初試探人類之時 *(創三1-6)*，就是用世界上這三種引誘人的手段 *(約壹二16)*。夏娃看到那棵樹的果子「好作食物」（肉體的情慾），也「悅人的眼目」（眼目的情慾），「能使人有智慧」（今生的驕傲）。受到欺騙之後，夏娃落入試探之中，違背了神。亞當也因屈服在試探下，而陷入罪中 *(創三6)*。

2. 撒但在試探約伯之時 *(伯一8-二7)*，他奪走了約伯的財物、子女、僕婢、健康和在同輩間受尊敬的地位。這一切的試探都是針對肉體的情慾、眼目的情慾和今生的驕傲的。但約伯並沒有為這些試探所勝，因為他依靠神，沒有屈從以自我為中心的感覺和慾望 *(伯二三10-12，四二1-6)*。

3. 撒但在試探耶穌之時，也用這三種世上引誘人的事來試探我們的主。撒但用飢餓想要叫主把石頭變成餅（肉體的情慾），要耶穌從殿頂上跳下去（今生的驕傲），以及答應把世上的萬國都給耶穌（眼目的情慾），然而，耶穌順服神，並且用他的話勝過了試探 *(太四1-11)*。

IV 試探的三個階段

A 聖經記載人們屈從試探的例子，供我們參考 *(羅十五4)*（參考上文 **III 撒但以自我滿足來試探人的，B1**），例如：

1. 夏娃受到肉體情慾的試探（「見那棵樹的果子好作食物」，*創三6*），眼目情慾的試探（「也悅人的眼目」，*創三6*），及今生驕傲的試探（「且是可喜愛的，能使人有智慧」，*創三6*）。

注意她在「感覺」、「行為」和「內心」這幾方面未能抗拒試探。

- a. 當人把滿足肉體的情慾看得比順服神更重要的時候，他就在「感覺」層面上開始失敗了。向試探讓步之後，「感覺層面」自然就被恐懼所佔據（創三10）。
- b. 亞當和夏娃聽從了撒但，而不聽從神，吃了果子，想躲藏起來逃罪，並且互相推卸罪責，他們便在「行動」層面上失敗了（創三2-13）。
- c. 「感覺」和「行動」層面上的失敗，顯示其根源在於內心。他們要討自己歡喜而不是討神喜悅。他們不肯認罪，求主饒恕，也不肯彼此認罪，說明他們內心沒有悔改，仍是以自我為中心（創三8-24）。

2. 大衛受到眼目情慾的試探（「看見一個婦人沐浴，容貌甚美」，撒下十一2），肉體情慾和今生驕傲的試探（「是以連的女兒，赫人烏利亞的妻拔示巴。大衛差人去將婦人接來……」，（撒下十一3-4）。注意大衛對試探的反應，影響到他的「感覺」、「行為」和「內心」三個層面。

- a. 大衛受到拔示巴外貌的吸引，作出情慾上的反應，就在「感覺」層面上失敗了。
- b. 大衛蓄意觀看拔示巴沐浴，打聽她是誰，與她行淫，然後策劃殺死她丈夫，就在「行為」層面上失敗。
- c. 大衛已經有好幾個妻子，卻仍奪人之妻，又企圖掩飾這罪，表現出他以自我為中心的光景（撒下十二7-9）。雖然大衛後來在「內心」層面上悔改了（撒下十二13；詩三二3-5；詩五一），但他仍要承受罪的惡果（撒下十二10-12、14；西三25）。

B 聖經上記載了主耶穌勝過試探，打敗了撒但，主的得勝帶給你盼望（太四1-11），讓你知道有一位大祭司，他全然無罪，使你有得勝的信心（來四15-16）（參考第四頁**III. 撒但以自我滿足來試探人**的B3）。

1. 耶穌受到肉體情慾的試探（「你若是神的兒子，可以吩咐這些石頭變成食物」，太四3），耶穌也受到今生驕傲的試探（你若是神的兒子，可以跳下去，因為經上記著說：『主要為你吩咐他的使者，用手托著你，免得你的腳碰在石頭上。』，太四6）和眼目情慾的試探（「你若俯伏拜我，我就把這一切都賜給你。」）（太四9）。主耶穌在受試探時，在「感覺」、「行動」和「內心」三個層面上都大大得勝，為你留下可傚法的榜樣（太四11；來二18，四15-16）。

- a. 耶穌因為選擇遵照神的話而活，所以他可以不為自我中心的感覺所支配，專心一意討神喜悅。
- b. 在「行動」的層面上，耶穌以神的話來抵擋拒絕撒但一切的試探，所以能在凡事上得勝。請注意，耶穌得勝的關鍵

是他根本不和撒但討價還價，而是斷然地以經文來切斷撒但一切的試探，靠著神的話，他穩如泰山，堅如磐石。

   c. 在「內心」層面上，耶穌不給撒但任何攻入內心的機會。他能專心尊主為大，不受任何外力的動搖，充份顯示出他的聖潔。

 2. 由此可見，耶穌受盡了和你一樣的試探，卻沒有犯罪（*太四1-11；約壹二16-17*）。他知道你的軟弱，也知道試探的力量，他會給你及時的幫助（*來二18，四15-16*）。

V 你的試驗和試探（溫習後你可以得盼望）

A 神不能被惡試探，他也不試探你（*雅一13*）。

B 試探的目的是要引誘你討自己喜歡，而不聽從神和他的話語（*屈服於試探的例子：創三1-7；撒下十一；沒有屈服於試探的例子：太四3-11*）。撒但策動試探（*林後十一3；帖前三5*），使你順從肉體（滿足自己的慾望，全憑以自我為中心的感覺而生活）（*雅一14*）。然而決定要犯罪，還是要遵從神的話語，並戰勝試探的，則全在乎你自己（*書二四15；詩一一九101；羅六12-22；林前六18-20；加五16-17*）。

C 人在得救以前的特徵就是受感覺的支配，和屈從於滿足肉體。一旦離開了耶穌，人自然會無可避免的落入試探中（*弗二3；多三3*）。當耶穌來到你生命中，順從神和滿足肉體慾望之間就有了衝突，然而，你裡面的聖靈必賜你力量去勝過試探，使你能為他而活（*羅六16，八12-14；加五16-17；彼前一14-15，四1-2*）。

D 每一個跟隨耶穌的人都會遇到試驗和相關的苦難。這些試煉使你能與基督一同受苦，讓你能傚法他的順服和捨己（*羅八17；林後六4-11；腓一29；來五8；彼前二19-21，四12*）。試驗會帶來痛苦，但你所受的苦不能與認識耶穌基督（*腓三8-10*）和那將要顯現的榮耀相比（*羅八18；林後四16-18*）。任何苦難都只是暫時的，神要藉這些苦難使你完全（成熟），堅固你和賜你力量（*彼前五10*）。

E 在試煉（試驗或試探）中保持對主忠心的人，證明他們的信心是真實的（*雅一12；彼前一6-7*），主必獎賞他們（*雅一12；啟二10*）。

F 你不會遇到人不能承受的試探，不管怎麼樣，神已應許你不會受到過於你所能忍受的試探。他是信實的，必為你開一條逃離罪的出路（*林前十13；彼後二9*），不論你遭遇何種試探，神已應許要搭救你（*詩三四19*），因此，你可以藉耶穌基督得勝而有餘（*羅八35-39*）。

G 神用試煉來使你變得更像基督，你要歡喜的接受（*羅五3-5；雅一2-4*）。這些試煉，為的是要顯出神的大能和耶穌在你裡面的生命來（*林後四7-11*）。

H 耶穌是你的大祭司，和你一樣曾在各樣事上受試探，但他卻全然無罪。因此不論你的試煉有多久，他都能在困難中施憐憫和恩惠來幫助你（*來二18，四15-16*）。

獲得合乎聖經改變的實際步驟

> 根據聖經的教訓來改變是需要靠禱告和有目標的行動（根據太七24-25；羅六12-13；西三5-14；帖前五7；多二11-12；雅一22-25）。

I 當你需要靠聖經來改變時，要立即作出反應（詩三七27；箴三5-8；羅六1-4；弗四22-24；西三5-14；多二11-12；雅一22-25）。

A 向神求智慧（雅一5）。

B 順從（讓自己為聖靈所管轄）住在你裡面的聖靈（約十四15-18、26；羅八9-11；加五16；弗五18）。

C 作一次徹底的自我省察，列出一切不符聖經教訓的思想、言語和行為，這些是神要你「脫去」的東西（例如：羅六12-14；弗四25-31；西三8-9）。

D 向主承認這些不符聖經的思想、言行（根據太七1-5；林前十一31；約壹一9）。

E 列出並「穿上」合乎聖經的教訓，以此來取代你不符聖經教訓的思想、言行（根據羅六19；弗四25、28-29、32；西三10、12-17；彼後一5-8）。

F 定出改變生命的每日**基本計劃**，你的計劃應該列出具體的步驟。據此「穿上」合乎聖經的教訓，「脫去」有罪的思想和言行（根據弗二10，四1、25-32；西二6，三1-17）。其中應該包括：

1. 禱告（腓四6-7；西四2；帖前五17）。

2. 查考聖經，特別找出能幫你生命改變的相關經文（提後二15）。

3. 背誦經文，這些經文是針對你在試探中容易犯的罪，並幫助你找到神的答案（詩一一九11）。

4. 避免各樣的惡事（帖前五22）。

5. 在凡事上順從神（太七24；約十四15；約壹五3），不以滿足肉體的慾望來討自己歡喜（加五16-17；提後二22上；多二12）。

6. 持久忠心地與主內肢體交通、敬拜和事奉（來十24-25；彼前四10）。

7. 繼續根據聖經作自我省察（太七1-5；林前十一31），對付自己的思想（林後十5；腓四8-9；西三1-2）、言語（弗四29；西四6）和行為（太五16；弗二10；西一10）。在按聖經教訓自我省察時，應該把問題和經文都背下來。請回答以下問題：

a. 是否有益（換言之，是否對我在敬虔品格的發展上有益？是否對自己或他人在達成聖經所要求的生活上有幫助）*（林前六12，十23上）*？

b. 是否會使我受其轄制或受其控制*（林前六12）*？

c. 是否我靈性上某方面的弱點(絆腳石)*（太五29-30，十八8-9）*？

d. 是否會絆倒其他基督徒*（羅十四13；林前八9-13）*？

e. 是否造就（建立）別人？我的愛心是否合乎聖經*（羅十四19；林前十23-24）*？

f. 是否能榮耀神*（太五16；林前十31）*？

G 訂一個**應變計劃**，使你能即時應付眼前的試探*（彼前五8-9）*。要記住罪的權勢已對你無效*（羅六4-14）*，你能夠勝過試探，並過義人的生活*（林前十13；約壹五4-5、18）*。你的**應變計劃**應包括：

1. 禱告求神賜智慧、指引和恩典來抵擋試探*（腓四6-7；帖前五17；來四16；雅一5）*。

2. 合乎聖經的思想意念*（林後十5；腓四8-9；西三2）*。多運用經文背誦*（詩一一九11）*，記得要專心仰賴神*（雅四7）*。

   背熟F第七項內的問題和經文，能幫助你以神的觀點來面對任何的試探。

3. 合乎聖經的言語*（弗四29；西四6）*。別人問起時，要引用經文*（詩一一九11；太四3-10）*說出你心中盼望的緣由*（彼前三15）*。

4. 合乎聖經的行動。即時逃避試探*（創三九7-12；林前六18；提後二22上）*，如果一時躲不開，就要象耶穌在受試探時那樣謹守聖經上的話*（太四1-11）*。讓神賜你力量，給你開一條不犯罪的出路*（林前十13）*。

H 在可能和必要時，多求助於別人*（箴十一14，十五22；傳四9-10、12；林前十二25-27；加六1-2；提後二22）*。

*參考**得勝計劃表指引**（補充材料八）和**思想與行動表指引**（補充材料九）。訂立你過合乎聖經教訓的生活的**基本計劃**和勝過試探的**應變計劃**。*

*注意：你的**基本計劃**與**應變計劃**，要配合心意更新（第七課，第六頁）的五個步驟，也就是**II.心意更新與個人責任**的B。*

II 忠心不斷地操練合乎聖經模式的新生活*（加六9；腓四19；來五14；雅一25）*。

III 你若犯罪，要按聖經教訓來對付自己的失敗，相信神必看顧和托住你（*詩三七24，一四五14*），盡快回到順從基督的路上來（*箴二四16；約壹五4-5*）。

    A   若失敗，就要：

        1.   找出失敗之處（*太七1-5；林前十一31*），向神認罪（*詩五一1-4；約壹一9*）。

        2.   向你所得罪的人認罪（*雅五16*）。

        3.   顯出與改變相稱的悔改行為（*根據雅四7-10；啟二4-5*）。

        4.   重訂或修正你的**基本計劃**和**應變計劃**（*腓二12-13，三12-14*），記住神已經賜你反敗為勝的應許了（*箴二四16，林後二14；約壹五4-5、18*）。

    B   重新按照神的方式生活（*羅十二2；腓三13-14；啟二5*），不要老是想著過去的失敗（*腓三13-14*），因神已經完全赦免了你（*約壹一9*），而且繼續磨煉你成為精金（*腓一6，二13*）。

第八課：指定作業

> 本課要特別幫助你採取適當的步驟，遵守神的話語，使你在生活中成就合乎聖經的改變。要忠心努力地照著神話語的指引去改變（根據路六46；約十四23-24；林前四2-5；弗五15-16；提前四7；彼後一2-10）。

以✔表示作業完成

☐ A   *用自己的文字，寫出**希伯來書五章14節**和**雅各書四章17節**的意義，背**希伯來書五章14節**和**雅各書四章17節**，並開始背**路加福音九章23至24節**。

☐ B   *讀**聖經原則：依聖經操練使更新持久**（第八課，第二頁），將所列舉的經文在聖經中標識出來。

☐ C   重複讀**聖經對試驗和試探的看法**（第八課，第三頁至第七頁），注意「試驗」是針對使你決心遵行神的話語，而「試探」會引起你以自我為中心的感覺和肉體的情慾。特別注意陷入試探所引起的三個階段的問題（感覺、行為和內心）。找出參考經文來幫助你明白靈命成長的事。

☐ D   讀**獲得合乎聖經改變的實際步驟**（第八課，第八頁至第十頁）的大綱，在你需要根據聖經來改變或是要反敗為勝等的步驟上劃上的記號。

☐ E   *在你每日靈修時，填寫**得勝計劃表**（補充材料八，第一頁至第二頁），開始應用聖經方法，來解決神要你在學習本課程期間要對付的問題。填寫計劃表之前，先仔細研讀**得勝計劃表指引**（補充材料七），*可多印幾分得勝計劃表*（補充材料八，第一頁至第二頁）。

☐ F   *為了進一步明白如何做到合乎聖經的改變，請讀**思想與行動表指引**（補充材料九）和**思想與行動表（解釋）**（補充材料十，第二頁）。注意完成**思想與行動表（實例）**（補充材料十，第三頁）。*可多印幾分思想與行動表*（補充材料十，第一頁）備用。

☐ G   *回答與本課相關的**課程測驗**第十五題（第二十三課，第二頁）。

※   完成帶有＊記號的作業，是接受進一步聖經輔導訓練的先決條件。

靈修日引（包括經文背誦及指定作業）

> 本課是特別來幫助你採取適當的步驟，遵守神的話語，使你在生活中成就合乎聖經的改變。要忠心努力地照著神話語的指引去改變（根據路六46；約十四23-24；林前四2-15；弗五15-16；提前四7；彼後一2-10）。

經文背誦

1. *背誦*希伯來書五章14節*和*雅各書四章17節*；開始背*路加福音九章23至24節*。
2. 隨身帶著你前幾周背過的經文卡和本周要背的經文卡，有空就複習。

靈修日引

第一天

1. 以禱告開始。
2. ***讀聖經原則：依照聖經操練使更新持久**（第八課，第二頁）的*原則30*。將所列舉的經文在聖經中標識出來。
3. *在解決神要你克服的問題時，詳讀**得勝計劃表指引**（補充材料七）。
4. *用自己的文字，寫出*希伯來書五章14節*和*雅各書四章17節*的意義。
5. 以禱告結束。

第二天

1. 以禱告開始。
2. ***讀聖經原則：依照聖經操練使更新持久**（第八課，第二頁）的*原則31*。將所列舉的經文在聖經中標識出來。
3. *複習**得勝計劃表指引**（補充材料七），針對神要你克服的問題，填寫**得勝計劃表**（補充材料八，第一頁至第二頁）的第一欄和第二欄。
4. *讀**思想與行動表指引**（補充材料九），學習**思想與行動表（解釋）**（補充材料十，第二頁）。注意已完成的**思想與行動表（實例）**（補充材料十，第三頁）。
5. 以禱告結束。

第三天

1. 以禱告開始。
2. ***讀聖經原則：依聖經操練使更新持久**（第八課，第二頁）的*原則32*。將所列舉的經文在聖經中標識出來。
3. *繼續做**得勝計劃表**（補充材料八，第一頁至第二頁），完成第三欄。
4. 以禱告結束。

© Biblical Counseling Foundation

第四天

1. 以禱告開始。
2. **讀聖經對試驗和試探的看法**（第八課，第三頁至第七頁），請注意試驗是針對你要遵守神和他話語的心志，而試探是引起你以自我為中心的感覺和肉體的情慾。特別注意，落入試探在三個階段的影響（感覺、行為和內心）。找出參考經文來幫你明白這與屬靈長進息息相關，這是三天學習中的第一天。
3. *完成**得勝計劃表**的第四欄（補充材料八，第一頁至第二頁），擬定一個根據聖經來克服困難的計劃。
4. 以禱告結束。
5. 你是否忠心地背誦經文和複習已背過的經文？

第五天

1. 以禱告開始。
2. **讀獲得合乎聖經改變的實際步驟**（第八課，第八頁至第十頁），在要按聖經改變和反敗為勝的步驟畫上的記號，這些步驟在**得勝計劃表**中的第四欄（補充材料八，第一頁至第二頁）。
3. *複習**得勝計劃表**中第四欄內的合乎聖經的行動計劃（補充材料八，第一頁至第二頁），來克服你的困難。並要問：每一步驟都合乎聖經嗎？每一步驟都合宜嗎？有沒有記下防止舊罪重犯的步驟？**參看思想與行動表指引**（補充材料九），作為進一步的幫助。
4. 繼續查考聖經對試驗和試探的看法（第八課，第三頁至第七頁）。
5. 以禱告結束。

第六天

1. 以禱告開始。
2. *如有需要，可修訂**得勝計劃表**（補充材料八，第一頁至第二頁）第四欄下的行動計劃。如果你尚未如此做，就要開始行動，好克服你的困難。
3. **讀完聖經對試驗和試探的看法**（第八課，第三頁至第七頁）。
4. 以禱告結束。

第七天

1. 以禱告開始。
2. *繼續實行在**得勝計劃表**（補充材料八，第一頁至第二頁）第四欄中的合乎聖經的行動計劃。對意料之外的試探，你有沒有特別的聖經方法來應付呢？
3. *回答與本課有關的**課程測驗**第十五題（第二十三課，第二頁）。
4. 以禱告結束。
5. 複習本周所學的經文，有空的時候你有否複習經文呢？請人聽你背誦經文，解釋經文如何應用在你的生活中。

※ *完成有*記號的作業，是接受進一步聖經輔導訓練的先決條件。*

第九課

如何面對自己（上）

「耶穌又對眾人說：『若有人要跟從我，就當捨己，天天背起他的十字架，來跟從我。因為凡要救自己生命的，必喪掉生命，凡為我喪掉生命的，必救了生命。』」

路九23-24

第九課：如何面對自己（上）

> 要做到靠聖經來改變，使主得榮耀，最大的挑戰就是捨己。聖經對「自我」的看法和世界是完全相反的（根據箴十四12；賽五五8-9；耶十23；路九23-24；林前三19-20；約壹二15-17）。

I 本課宗旨

   A 用神話語中有關自我的真理，來對比人類自卑、自大和自憐的錯誤觀念。

   B 用神話語的真理為觀點，來對比人類有關嫉妒、忌恨、貪婪和貪心的哲學。

   C 說明你對問題如何反應，印證你是在討自己喜悅還是在討神喜悅。

   D 介紹一個持續查考的個案，這個案是根據聖經原則去面對和處理問題的。

   E 讓你有進一步的機會擬定一個符合聖經教訓的計劃來克服你生活中遇到的問題。

II 本課大綱

   A 面對自我

      1. **聖經原則：如何面對自己（上）**（第九課，第二頁至第三頁）

      2. **自貶、自高和自憐**（第九課，第四頁至第五頁）

      3. **嫉妒、忌恨、貪婪和貪心**（第九課，第六頁至第九頁）

      4. **討悅自己還是神**（第九課，第十頁至第十一頁）

   B 靈命成長步驟

      1. **第九課：指定作業**（第九課，第十四頁）

      2. **靈修日引**（第九課，第十五頁至第十六頁）

   C 聖經輔導

      1. **個案研討：美茵的丈夫離棄了她**（第九課，第十二頁至第十三頁）

      2. **關於聖經輔導的事實**（補充材料十一）

聖經原則：如何面對自己（上）

> 你會經常受到以自我為中心的試探，導致在思想、言行上，破壞主內肢體之間以及個人與主同行的親密關係，而這些後果也是你生命遠離主的徵兆，若你要成為一個成熟的神的兒女，就必須認這些罪並勝過它們（根據箴二八13；耶十七9；可七20-23；羅六12-13；林前三1-3；加五16-26；弗四1，五3-5；彼前一14-17，二11-12）。

I 神的觀點

(原則33)　事實上，沒有人恨自己，人都是愛護、珍惜和看顧自己（太二二39；弗五29）。人的問題在於對自己太關心（路九24；腓二19-21；提後三1-5）。

(原則34)　明白在基督裡你是何等樣的人，才是正確的對自我的看法（羅八14-17；弗一3-14；西二9-12；彼前二9-10）。身為神的兒女，你確知滿有恩典、憐憫的天父正積極地在你生命中作工（腓一6，二13；彼前二9-10；彼後一3-4）。雖然你靠自己的力量完全無法活出神的樣式（詩六二9；賽六四6；約十五4-5；林後三5），但神卻揀選你對世界見證他的大能（林前一26-31）。同時，你生活的目標就是變得更像基督（太五16；羅八28-29；林前一26-31；林後五17-20；弗二10）。

(原則35)　在任何情況下，凡事（思想、言語和行為）順服神，你才能得到滿足（創四7；詩一一九165；賽二六3；路十一28；約十五10-11；林後四7-10、16-18；腓四6-11）。在日常生活中遵從主的話，才能表明你對主耶穌基督的愛（約十四15、21、23-24；約壹二4-5），並讓他做你生命的主（太七21）。神不僅樂於見到你向他表明忠心（箴二十6；太七21；約壹二4）、向他悔罪（例如：撒上十五24-26）或做些無意義的好事（詩四十6，五一16-17，耶六20；來十一1-4），神更喜悅你出於信心的順服（撒上十五22；來十一6）。

II 你的盼望

(原則36) 你要感謝神，因你的受造是可畏和奇妙（*詩一一九73，一三九13-14*），即使你身體不健全或有疾病，神也會用這些事使你得益處和使他得榮耀（*羅五3-5，八28；林前十13；林後十二9-10*）。無論你有甚麼軟弱或不足，無論你有沒有功勞或配不配，他還是以完全的愛來愛你（*賽五三6；路十五4-7；約三16；羅五8；約壹四10*）。

(原則37) 只要你明白只顧自己是罪，你就能很快克服自貶、自高和自憐（*太二三12；路九23；羅十四7-8；林後五15；加二20；腓二3-4；雅四16-17*）。要承認你有這些違背聖經的觀點，並且立刻開始根據神的話去生活（*詩五一10；腓三12-14；約壹一9*）。

(原則38) 嫉妒、忌恨、貪婪和貪心，都是只顧自己的表現。你已經從一切罪的權勢下得到釋放（*羅六6，12-13，十二21；西三2-17*），靠主你能在任何景況下都可知足（*腓四11-13*），並能以基督的心為心（*腓二5*）。

注意：要記住天父是宇宙的大主宰，總是為你做最好的打算（*耶二九11；太六7-8；羅八28*），必在你生命中成就他的計劃（*賽四六9-11；羅八29；腓一6，二13*）。他應許要供給你一切所需（*詩三四10，15-18，三七23-25；太六33-34；腓四19*），就必充分地裝備你去行各樣的善事（*林前十二7；提後三16-17；彼前四9-10*），也隨時隨地與你同在（*詩二三1-6，一二一1-8；提後四18；約壹五18*）。

本大綱在*聖經原則：如何面對自己（下）*（第十課，第二頁至第三頁）的*III.你的改變*和*IV.你的實踐*中還會繼續論述。

自貶、自高和自憐

> 自貶、自高和自憐，都是只顧自己的表現。過分地注意「自己」是與愛神、愛人的誡命相違背的。只顧自己使人無法學習基督那樣作僕人的態度。你若想以專顧自己來救自己的生命，你不但救不了自己的生命，反而要失去生命（根據太十34-39，二二37-40；路九23-25）。

I　世人的觀點

屬世的智慧教導人說，你的許多問題，都是「自我形象欠佳」或「自卑」的緣故所造成的。人的智慧也說你必須先學會愛自己，才能愛別人，你必須提高自尊心，先滿足了眼前的需要才能去幫助別人，你要饒恕自己才會有平安，你裡面的「神」才能使你無限擴大，你必須先找到了自我的感覺，生活才能充實完滿。這些觀點都違反了神的真道，都是錯誤的。

II　世人對自卑的錯誤藉口

環境差	缺乏金錢	學習能力差
工作不滿意	教育程度低	沒有工作機會
身體上的缺陷	不受別人尊敬	配偶愛嘮叨
被別人小看	沒有溝通能力	年幼時被虐待
不被父母接納	被人誤解	關係不好

III　人重建自尊心的一些錯誤和無效的方法

接納自己	學會愛自己	維護自己
不要發怒，要討回公道	找到你裡面的「神」	多誇自己的成就
喜歡就去做	饒恕自己	堅持己見
一定要滿足眼前的需要	找到「自己」	自我肯定
力行自我實現	推卸責任	操練想像

IV　如今在某些教會中，有關「己」的一些不合聖經的教導

——你要先愛自己，才能去愛別人（忽視約十五12-13；約壹四7-8）。

——你是按神的形象所造的，故你生來就配得神的恩典。在他的眼中，你的價值無限（忽視羅五8、10；林前一26-31）。

——沒有良好的自尊心，就不能解決目前的問題，也不能與別人有良好的關係，因此靈命也無法長進（忽視林後三5-6；腓四13；雅四6）。

——世界上最嚴重的罪，就是說自己沒有價值。在現今這個世界上，人們最大的需要是『自我價值觀』（忽視耶九23-24；路十七10）。

——要作成任何有意義的事，必須先自我肯定（忽視約十五4-5；腓三7-14）。

——我們不該講到罪性、地獄或與神永隔等事，我們只應建立別人（忽視結三十三8-9；路三7，十二5）。

——你必須饒恕自己，才能在生活中得到平安和滿足，你若不饒恕自己，就不能明白耶穌死在十字架上的意義（忽視約十六33；林前一18-21，二14；西二8-14）。

——神要我們都對自己滿意，因為在人類歷史中，耶穌是最有自尊的人（忽視腓二3-8）。

——事實上，重生的意義就是從『自我否定』，轉化成『自我肯定』（忽視約三3-8；彼前一23）。

參考：注意聖經對自我的看法（第四課，第五頁至第十頁）與上述對屬靈真理的歪曲和錯誤的對比。

V 神的觀點

「驕傲來，羞恥也來……」（箴十一2）

「有一條路，人以為正，至終成為死亡之路。」（箴十四12）

「你若行事愚頑，自高自傲……就當用手摀口。」（箴三十32）

「禍哉，那些稱惡為善，稱善為惡，以暗為光，以光為暗，以苦為甜，以甜為苦的人。禍哉、那些自以為有智慧，自看為通達的人。」（賽五20-21）

「凡自高的必降為卑，自卑的必升為高。」（太二三12）

「凡要救自己生命的，必喪掉生命。」（路九24）

「智慧人在那裡？文士在那裡？這世上的辯士在那裡？神豈不是叫這世上的智慧變成愚拙麼？……因神的愚拙總比人智慧，神的軟弱總比人強壯……神卻揀選了世上愚拙的，叫有智慧的羞愧，又揀選了世上軟弱的，叫那些強壯的羞愧。」（林前一20、25、27）

「所以自己以為站得穩的，須要謹慎，免得跌倒。」（林前十12）

「因為那時人要專顧自己……被各樣的私慾引誘，常常學習，終久不能明白真道。」（提後三2、6-7）

「但他賜更多的恩典，所以經上說：神阻擋驕傲的人，賜恩給謙卑的人。」（雅四6）

「將來在你們中間，也必有假師傅，私自引進陷害人的異端，連買他們的主，他們也不承認，自取速速地滅亡。將有許多人隨從他們邪淫的行為，便叫真道因他們的緣故被毀謗。他們因有貪心，要用捏造的言語，在你們身上取利。他們的刑罰，自古以來並不遲延，他們的滅亡，也必速速來到。」（彼後二1-3）

「因為凡世界上的事……並今生的驕傲，都不是從父來的，乃是從世界來的。」（約壹二16）

嫉妒、忌恨、貪婪和貪心

> 嫉恨、忌恨、貪婪和貪心都是罪,而有這些罪,就顯明你專顧自己,對神在你身上的工作和供應有懷疑。你必須「脫去」這些罪,不應讓這些罪在你「立志為主而活」的生活中出現（根據羅六3-4,十三14；加五19-21；西三5-11；多三3；彼前二11-12）。

I　嫉恨、忌恨、貪婪和貪心的特點

A　當你在思想或言語上小看別人的時候,你就違反了聖經上的命令（根據弗四29；腓四8；雅三5-18,四11）。神的話語教導我們：

1. 不應在思想或言語上貶低他人的成就或能力。
2. 你在思想或言語上,不應懷疑別人的人格或動機。
3. 不應在思想、言語或行為上,表示凡物質豐富的人都是自私的。

B　當你把自己與那些讓你羨慕的,有錢財、有能力、有才華、有屬靈恩賜、或有尊榮的人相比,你就是懷疑神在你身上的主權（根據詩七五6-7；太二十1-16；林前十三5；林後十12；提前六6-8）,也就是犯罪,因為你：

1. 在思想意念中,不管自己是否配得,而老是妄想或妄求與別人有同等的利益。
2. 在言語和思想上,抱怨目前的生活狀況。
3. 竭力要累積或得到比別人更多的財富、榮譽、權力、名聲或知名度。

II　人在思想、言行上犯了嫉妒、忌恨、貪婪和貪心的罪,就會：

A　在與別人相比時,抱怨自己的處境,批評破壞別人（根據太十二34-37；路六45；羅十四10-13；弗四29；雅三3-6,四11）。以下是一些顯明的例子。若有這種情形,就要按聖經的教訓來省察自己,而不是論斷別人。

1. 「他又加官進爵了,我敢打賭,他一定是踩在別人頭上,才弄到那個職位的。」（*藐視別人的成就*）
2. 「算了吧！只要不是白癡都可以想得出來,她只不過是搶先一步罷了。」（*藐視別人的能力*）

3. 「有錢又怎麼樣？說不定發的是不義之財呢？我敢打賭，人家可不會像我們這樣犧牲自己去幫助別人。」（藐視別人的作為，將別人與自己比較）

4. 「你認為她漂亮？你可知道，她每天早上要花多少時間才能打扮成這個樣子？」（藐視別人的外貌）

5. 「我真不明白他憑甚麼可以當家作主？整個教會好像都是繞著他轉，大家都認為他是萬事通。看著瞧吧！爬得高也跌得重。」（藐視別人的成就和職權）

B 當你的思想和言行，表現出嫉妒、忌恨、貪婪或貪心時，你就對別人沒有愛心，只高抬自己而不討主喜悅。此外，你更顯出自己心中的光景，更顯出自私，自以為了不起（根據太十五19-20，二二39；羅十二9，十三8-10；林前十三1-8上；林後十17-18；加五14；腓二3-8）。下面的例子，可以幫助你根據聖經上的話來省察自己：

1. 表面上為別人的成就高興，私底下卻抱怨自己一無所有，老天不公平（違反羅十二3-9；林前十三1；腓二14，四13的教訓）。

2. 你總想高人一等，尋求更多的榮譽、財物或稱讚，認為至少也要和別人一樣（違反箴二五27，二七2；可十43-45；路十四8-11的教訓）。

3. 你計算或企圖奪走別人的東西，如友誼、榮譽、配偶、名譽等等（違反出二十17；申五21；弗四28的教訓）。

4. 你漠視或避開受別人尊重的人（違反羅十二10，15；彼前二17的教訓）。

5. 你抗議說某樣東西或榮譽應該屬於你；你抱怨別人「偷走」了你應得的東西；你怒氣衝天的要求重新評估；或要求得到同等的待遇（違反雅四11-12，五19；彼前二19-23的教訓）。

6. 你假裝不在乎別人的地位、榮譽或財富，裝出一副不在乎的樂天知命的樣子（違反詩三四13；箴二六24-28；彼前三10的教訓）。

7. 你批評別人為點小利就沾沾自喜，令別人覺得不安（違反太七1-5；羅二1-2；雅三13-18的教訓）。

8. 你為自己的成就誇口，特別是利用身邊的人以圖己利（違反箴二五27，二七2；林前一30-31；林後十一30的教訓）。

III 認清屬神的忌邪和屬罪惡的忌恨之差別

A 神是完全聖潔的（利十九2；詩九九3、5、9；賽六3；彼前一16），是慈愛的（約壹四8），是永不改變的（瑪三6；雅一17），是永不忌恨、貪婪和貪心的。

B 聖潔的神是忌邪的（出三四14），但神的忌邪卻與阻礙你靈命長進的嫉恨有明顯的不同（雅三13-16）。屬神的忌邪和屬罪惡的忌恨之不同，在於著重點不同：

1. 神的忌邪集中在他的尊榮、聖潔、配受敬拜，以及他百姓的聖潔上（出二十4-5；申四23-24，五8-9，六14-15；書二四16-21；結三九25；亞一14，八1-3）。嫉恨集中於討自己歡喜和損害別人上（羅十三12-14；林前三1-3；雅三13-18）。

2. 當神的僕人表現出屬神的忌邪時，是針對要討神的喜悅，並使其他人蒙福，而不是要滿足自己或損害別人（民二五11；林後十一2）。

IV 神對嫉妒、忌恨、貪婪和貪心的看法

A **嫉妒**（對別人的成就、財物或才能感到不快和憤恨，結果常常企圖要奪走別人所有的）和**忌恨**（帶有不滿、懷疑或害怕別人會奪走你認為是己物的一種私慾）兩者都是出於自我為中心的思想，都是沒有愛的表現，會造成破壞的（根據箴二七4；太二七15-18；徒五12-18，十三45；林前十三4-8上；多三3）。

1. 嫉妒是：
   a. 不能與主內的肢體和睦共處（腓一15；提前六3-5）。
   b. 屬肉體的行為之一（加五19-20）。
   c. 與神隔絕的生命的特徵（多三3）。
   d. 生命不受聖靈掌管（加五25-26）。
   e. 內心敗壞的明證（羅一28-32，特別是29節）。

2. 忌恨是：
   a. 暗昧的行為之一（羅十三12-14）。
   b. 屬肉體的，以致於引起愚昧的比較和爭競（林前三1-4，19）。
   c. 和屬天的智慧相反（雅三13-18）。
   d. 否定聖經中的愛（林前十三4）。
   e. 是混亂和邪惡的前奏（雅三16）。
   f. 與爭鬥相連（羅十三13；林後十二20）。
   g. 是屬肉體的行為之一（加五19-21）。

B **貪婪**（一種想要神應許以外的非分慾望，癡心妄想得到屬於別人的東西）和**貪心**（竭力想要得到超過神旨意以外的事物），這兩種罪行都顯示出人滿足自我的慾望（根據出二十17；傳五10-11；彌二1-2；路十二15-21；弗四17-19，特別是19節）。貪婪和貪心都與拜偶像有關係（弗五5；西三5）。

1. 貪婪：
   a. 神一向禁止（出二十17；申五21；羅十三9）。
   b. 是在神國中無分的人的特徵（林前六9-10）。

c. 對主內肢體極有害，神甚至禁止信徒與自稱是弟兄而心存貪婪的人相交（*林前五11-13*）。

2. 貪心：

   a. 要謹防它（*路十二15*）。

   b. 是假師傅的特徵（*彼後二1-3*），亦是棄絕主的人的特徵（*詩十3；彼後二9-16，特別是14節*）。

   c. 顯明人心思的敗壞（*羅一28-32，特別是29節*）。

   d. 生命與主隔絕的寫實（*詩十3-4；西三5-7*）。

   e. 不合聖經的體統（*弗五3*）。

討悅自己還是神

> 你生活的中心不是討自己喜悅就是討神喜悅，這從你對生活上所遇到的情況的反應就可看出你到底討誰喜悅（根據可七20-23，八34-35；林後五14-15；加五17-25；西一9-12；雅一14-15、22-25，四17）。在翻譯聖經時，譯者會使用不同的字詞來表達同一個原文的意義，為的是讓讀者更清楚作者的意思，以下舉例說明：

I 憂慮與關心的比較

    A 你**憂慮**或**焦慮**時便是犯了罪，因為兩者都是以自我為中心的一種反應，反映出你對神的看顧和神的主權缺乏信心（太六25-34，十16-20；路十二22-31；腓四6-7）。

    B 然而，當你**關心**別人的事和**看重**神的榮耀時，你就行在神的道路上（林前十二25；林後十一28；腓二20）（在牽涉到只顧自己時，新約聖經把「**關心**」或「**看重**」，翻譯成「**憂慮**」或「**焦慮**」）。

II 害怕與敬畏的比較

    A 你若老是**怕人**（怕別人會怎樣說你和怎樣待你），你就犯了把注意力集中在自己身上的罪（太十28；路十二4；彼前三13-14）。

    B 然而，當你**敬畏**神、過一個聖潔的生活時，就會討神喜悅（在新約聖經中，這同一個字也被譯為「**懼怕**」）（林後七1；彼前一14-17），且蒙神應許要賜厚福給你（詩一零三17，一一二1，一二八1、4；徒十34-35）。

III 貪婪、私慾與願望的比較

    A 你**貪心**就有罪了。神禁止人有貪心，因為貪心是出於自私，想擁有不屬於自己的東西（羅十三9）。新約聖經中的「**貪婪**」，也翻作「**私慾**」（滿足自己的慾望）（羅十三14；雅一14-15）。

    B 然而，當你**願望**或**非常渴望**討神喜悅和造就別人時，敬虔的心就顯出來了（腓一23；帖前二17；來六11）（人為了自私才榮神益人的話，翻譯聖經的人就把「**願望**」或「**非常渴望**」，翻譯為「**貪婪**」或「**私慾**」）。

IV 嫉妒與熱心的比較

A 你**嫉妒**就有罪了。**嫉妒**充滿了邪惡（雅三13-18），是暗昧的行為之一（羅十三12-14），對靈命成長是個阻礙（林前三1-3）。

B 然而你有**熱心**，熱切渴望要討神喜悅和造就別人，便能討主喜悅（在專顧自己的情形之下，這同一個字在新約聖經翻譯為「**嫉妒**」）（約二17；林前十二31，十四39；林後七6-7、11，九2）。

個案研討：美茵的丈夫離棄了她

> 我們到處可以見到心靈破碎和受傷的人，聖經叫我們隨時準備好幫助有需要的人。這準備工作必須按照神的話語去做，才能達到神的目的（根據太七1-5；羅十五14；林後一3-5，五18-19；加六1-2；提後二15，三16-17；雅一25）。以下的個案說明了神話語的實際和充足，不論困難有多大或多久，他的供應都是夠用的。在下面幾課中，我們還會繼續研討此個案。

美茵和她丈夫（國輝）在你隔壁住了六年。美茵自稱是基督徒，國輝似乎對屬靈的事沒有興趣。他們有三個孩子，兩個是青少年（男孩十四歲，女孩十三歲），一個是小女孩（三歲）。大約四個月以前，美茵開始參與當地信徒的聚會，但她總是一個人來。在主日崇拜後，你曾兩次和美茵作簡短的交談，可是仍沒有機會和她談到屬靈的事。往後三個星期你一直在找她，但卻沒有在聚會中見到她。

幾天前，你意外地在市場碰到美茵，並和她短短的聊了幾句。美茵把她的丈夫國輝介紹給你認識。當美茵提到教會時，國輝開玩笑地說，若他去教會，人們多會受不了！在交談中，你發現他們家和你家相隔只有半里路程。

幾天後的一個黃昏，美茵衣冠不整地出現在你家門口，她哭著說要和你私下談談。她激動的說，她和丈夫吵了一整夜，第二天又吵了，孩子們也都聽到他們爭吵，小女兒還哭了大半天，然後，沒料到國輝突然離家出走了。

大概一小時前，國輝收拾衣物，說他要離開她，永遠不回來了。她哭著說，她作夢也沒想到會到這種地步！

她說自己一向是個好妻子，真不明白為甚麼這種事會發生在她身上？丈夫怎能這麼無情，說走就走？現在她對丈夫心懷苦毒，揚言要和丈夫算撇棄她的賬。她接著又說她很痛苦，要求你幫助她。

根據上述情形，請回答以下問題：

1. 就目前而言，美茵對基本難題瞭解多少？

2. 從神的觀點來看，美茵問題的根源是甚麼？

3. 美茵若照此反應繼續下去，會引起甚麼別的問題（例如：沮喪、焦慮、自殺、殺人、過與世隔絕的生活、身體或精神崩潰、飲酒和吸毒等等）？還有甚麼？

4. 研討此個案後，除了能幫助已婚之人外，其原則是否也適用於不同年齡或不同婚姻狀況的人？

5. 你應如何運用**關於聖經輔導的事實**（補充材料十一）來讓美茵覺得有盼望呢？

第九課：指定作業

> 為了要討悅神而不是討悅自己，你必須有一個能影響你的思想、言行的聖經計劃。這計劃不但適用於你每天的生活，還能對任何緊急情況提供聖經上的準則（根據太十38-39，二二37-39；林後十5；西三2；來四12；雅一22；彼前五8）。

以✔表示作業完成

☐ A　＊用自己的文字，寫出*路加福音九章23至24節*的意義。本周背誦*路加福音九章23至24節*，並開始*背羅馬書六章12至13節*和複習以前的經節。

☐ B　＊讀完**聖經原則：如何面對自己（上）**（第九課，第二頁至第三頁），將所列舉的經文在聖經中標識出來。

☐ C　讀**自貶、自高和自憐**（第九課，第四頁至第五頁），把世人面對自己的方法和神的觀點作一比較。在接受神的觀點之前，你可能誤認一些話為真理，請在這些句子上畫上記號。

☐ D　讀**嫉妒、忌恨、貪婪和貪心**（第九課，第六頁至第九頁）。在指出你生命中有這種罪的句子上畫上記號。

☐ E　＊繼續填寫**得勝計劃表**（補充材料八，第一頁至第二頁）。運用聖經的方法解決在本課程中的問題。特別注意自我方面的問題（例如：自卑、自滿、自憐、自愛、自高、嫉妒、忌恨、貪婪或貪心），參看以上在C或D項中作過記號的句子，使你能按聖經教訓面對自我，必要時，參考你已經填寫的條子。

☐ F　讀**討悅自己還是神**（第九課，第十頁至第十一頁）。查考這課能顯明你是在討悅自己還是神。如果你的反應是討悅自己，就參看**心意更新**（第七課，第六頁至第七頁）。

☐ G　＊讀**關於聖經輔導的事實**（補充材料十一）。

☐ H　＊讀**個案研討：美茵的丈夫離棄了她**（第九課，第十二頁至第十三頁），並且回答個案後面的問題。使用**關於聖經輔導的事實**（補充材料十一），舉出至少三個聖經真理，和其相關的經節，使美茵重新有盼望，並幫助她開始用神的觀點來看與自己有關的問題。

☐ I　＊回答與本課有關的**課程測驗**第十六題（第二十三課，第二頁）。

※　*完成有＊記號的作業，是接受進一步聖經輔導訓練的先決條件。*

靈修日引（包括經文背誦及指定作業）

> 為了要討悅神而不是討悅自己，你必須有一個能影響你的思想、言行的聖經計劃。這計劃不但適用於你每天的生活，還能對任何緊急情況提供聖經上的準則（根據太十38-39，二二37-39；林後十5；西三2；來四12；雅一22；彼前五8）。

經文背誦

1. *背路加福音九章23至24節，並開始背羅馬書六章12至13節。
2. 帶著你上周所背的經文卡，以及本周要背的經文卡，一有空就複習。

靈修日引

第一天

1. 以禱告開始。
2. *讀**聖經原則：如何面對自己（上）**（第九課，第二頁至第三頁）的*原則33*。將所列舉的經文在聖經中標識出來。
3. 讀**自貶，自高和自憐**（第九課，第四頁至第五頁）。特別注意在對付自我時，人的方法和神的方法之間的對比。在明白和接受神的克服問題的計劃之前，你若誤把一些句子當成真理，在這些句子上畫上記號。
4. *用自己的文字，寫出*路加福音九章23至24節*的意義。
5. 以禱告結束。

第二天

1. 以禱告開始。
2. *讀**聖經原則：如何面對自己（上）**（第九課，第二頁至第三頁）的*原則34*，將所列舉的經文在聖經中標識出來。
3. 讀**嫉妒、忌恨、貪婪和貪心**（第九課，第六頁至第九頁）。在那些指出你生命中有這些罪的句子上畫上記號。這是兩天學習的第一天。
4. 以禱告結束。

第三天

1. 以禱告開始。
2. *讀**聖經原則：如何面對自己（上）**（第九課，第二頁至第三頁）的*原則35*，將所列舉的經文在聖經中標識出來。
3. 完成**得勝計劃表**（補充材料八，第一頁）中的前三欄，繼續克服神要你勝過的問題。特別注意有關自貶、自高、自憐、嫉妒、忌恨、貪婪或貪心方面的問題。有需要時，參考你已經填寫的條子。

4. 完成查考嫉妒、忌恨、貪婪和貪心（第九課，第六頁至第九頁）。
5. 以禱告結束。

第四天
1. 以禱告開始。
2. *讀**聖經原則：如何面對自己（上）**（第九課，第二頁至第三頁）的*原則36*，將所列舉的經文在聖經中標識出來。
3. *繼續完成昨天開始做的有關**得勝計劃表**中的前三欄（補充材料九，第一頁）。有需要的話，就使用空白的**思想與行動表**（補充材料十，第一頁）。
4. 以禱告結束。

第五天
1. 以禱告開始
2. *讀**聖經原則：如何面對自己（上）**（第九課，第二頁至第三頁）的*原則37*，將所列舉的經文在聖經中標識出來。
3. *繼續做**得勝計劃表**（補充材料八，第一頁）的前三欄。在評估第一欄時，在你一再重犯不合聖經思想、言行之處畫上記號。
4. 讀**討悅自己還是神**（第九課，第十頁至第十一頁）。是否能指出你活著是為了要討悅神，還是為了討悅自己？你的回答若是為了討悅自己，就要參考**心意更新**（第七課，第六頁至第七頁）。
5. 以禱告結束。

第六天
1. 以禱告開始。
2. *讀**聖經原則：如何面對自己（上）**（第九課，第二頁至第三頁）的*原則38*，將所列舉的經文在聖經中標識出來。
3. *繼續做**得勝計劃表**（補充材料八，第一頁至第二頁），可按需要增加任何一欄。
4. 讀**聖經關於輔導的事實**（補充材料十一）。
5. 讀**個案研討：美茵的丈夫離棄了她**（第九課，第十二頁至第十三頁）。根據**關於聖經輔導的事實**（補充材料十一），回答個案後面的問題，列出至少三個屬靈真理及其經節，幫助美茵重新有盼望和找出神對她問題的看法。
6. 以禱告結束。

第七天
1. 以禱告開始。
2. *複習你過去一周所做的**得勝計劃表**（補充材料八，第一頁至第二頁），若有任何其他的需要，今天就完成這個單子。
3. 回答與本課有關的**課程測驗**第十六題（第二十三課，第二頁）。
4. 以禱告結束。
5. 複習你所背的經節。請人聽你背經文，及其經文參考，講述對你生活上的應用。

※ *完成有*記號的作業，是接受進一步聖經輔導訓練的先決條件。*

第十課

如何面對自己（下）

「所以不要容罪在你們必死的身上作王，使你們順從身子的私慾；也不要將你們的肢體獻給罪作不義的器具；倒要象從死裡復活的人，將自己獻給神，並將肢體作義的器具獻給神。」

羅六12-13

第十課：如何面對自己（下）

> 你必須定意脫去專顧自己的作為，因為這是罪，應該穿上獻身基督、討主喜悅的生活（根據羅六12-14，十二9、21；加五19-21、25-26；弗四1-3、22-24，五5；西三5-10；多二11-14，三3；雅四17）。

I　本課宗旨：

A　提供經文上的基礎，讓你在生活中建立管家的樣式。

B　說明如何在神的事工上使用屬靈的恩賜，使基督得榮耀。

C　提供合符聖經的計劃來勝過自我中心。

D　繼續藉個案研討，展示聖經輔導的要素。

II　本課大綱：

A　面對自我

1.　**聖經原則：如何面對自己（下）**（第十課，第二頁至第三頁）

2.　**管家的聖經原則**（第十課，第四頁至第六頁）

3.　**捨己為人**（第十課，第七頁至第八頁）

B　靈命成長步驟

1.　**克服一意為己**（第十課，第九頁至第十二頁）

2.　**第十課：指定作業**（第十課，第十五頁）

3.　**靈修日引**（第十課，第十六頁至第十七頁）

C　聖經輔導

個案研討：美茵的丈夫離棄了她（第十課，第十三頁至第十四頁）

聖經原則：如何面對自己（下）

> 神強調人要改變一意為己，就必須要根據聖經。神要人捨己忘我來討他的喜悅，並使他人蒙福，而不是想辦法來只顧自己（根據傳七20；路九23-24；羅一20-21，三9-18，十二1-12；林前二14，三19-20；林後五17；加二20；弗五8-10；腓三8-9、12-14；來十三20-21）。

III 你的改變（接續第九課，第二頁至第三頁）

（原則39） 遵守神的誡命（太二二37-39），在日常生活和各種人際關係中捨己忘我（路九23-24；約三30，十二24-26；羅十二3，十四7-8；林後五15）。不因自卑、自大或自憐而犯罪，要看別人比自己強，要作神和眾人的僕人（太二十26-28；路四8；約十三3-17，特別是第14-15節；羅十五1-3；林前九19，十24、32-33；腓二3-8；西三23-24；彼前四10）。

（原則40） 當你遠離基督時，就會有嫉妒、忌恨、貪婪和貪心的罪，你要脫去這些罪。在主裡喜樂，將你的事交託給他，並耐心地等候他（詩三七1-9）。不要心懷忌恨和私慾，要內心清潔、和平、溫良柔順、滿有憐憫、多結善果、沒有偏見和假冒為善（雅三16-17）。

（原則41） 你既然是耶穌基督重價買來的，就不再屬自己了（林前六19-20；彼前一17-19），而是屬神的管家（僕人），管理主交託給你的一切。身為主的僕人，你有權利，也有責任忠心地看管他所交託給你的一切（太二五14-29；路十六10-13；林前四1-2；彼前四10）。身為主的僕人，就不應要求別人服事你（可十42-45）或得人的誇獎（西三23；帖前二4-6），而是要單討主的喜悅（林前十31；林後五9；來十三20-21）。

IV 你的實踐

（原則42） 經常不斷地按聖經原則自省（太七5；林前十一26-32），不要以與人相比（林後十12；加六3-4）來決定要取誰的喜悅（林後五9；加一10；西三23-24；帖前二4）。

(原則43) 你應為無法改變而看來是不完全的事感謝神（*林後十二7-10；弗五20；帖前五18*），但改正一切阻擾你事奉神和造就人的缺點（*太二二37-39；羅六19，十四12-13，林前十31-33；腓二12-16；西三2-15；來十二1-2；雅四8*）。

(原則44) 愛人不可虛假（做作）（*羅十二9*），要在你的思想、言語和行動上，結出彰顯基督生命的果子（*太五16；加五22-23；弗五1-2*）。

管家的聖經原則

> 嫉妒、忌恨、貪婪和貪心等罪行，只會顯出你一意為己。你要照聖經教訓來做管家，用神所賜物質上和屬靈上的財富來供應和照顧別人，以此討神喜悅，並使人蒙福（根據可十二41-44；路八16-18，十二15-21、35-48，十六10-13；徒二十35；羅十二1-2、6-8；林前四2，六12-20；林後八5、8、9、13-15，九6-15；弗四28；提前六6-19；彼前四10-11）。下列這些原則，能幫助你擬定一個合乎聖經的管家計劃，讓你學習主耶穌謙卑為僕的榜樣。

I 神是萬物的主宰，然而他卻施恩讓你做管家（僕人），讓你管理他所交託給你的事。

    A 要明白你所擁有的一切，包括你的身體、物質、時間、能力和屬靈的恩賜，都是神施恩賜給你的（根據申八18；代上二九12；詩二四1，五十12下，一三九16；林前六19-20，十二4-6、11）。

    B 作為管家，你要管理神交託給你的一切，在保管和使用神的供應上要忠心（根據太二五14-30；路十二13-48，十六10-13；林前四1-2；弗五15-17；彼前四10）。

II 做一個忠心管家的動機，是要把神放在首位，而不是只顧自己。

    A 做神恩典的管家，在行事為人上應彰顯出皓肖基督的模樣（林前四1-4），因為你必須持續不斷地把基督與人和好的信息傳給人（林後五17-20，特別是第19節）。

    B 你事奉的目標不應為了得人的尊重或一己的私慾，而應為了歸榮耀給神（根據太六1；林前六19-20，十31；後九12-13；西三17；帖前二1-6，特別是第4和第6節；彼前西10-11，特別是11節下）。操練屬靈的恩賜是為了建立基督的身體，與神一起完成他在世上的旨意，所以屬靈的恩賜絕不是為榮耀自己（根據羅十二3-8；林前十二4-27；弗四11-16）。**參看捨己為人**（第十課，第七頁至第八頁），你會對本題目有更全面的認識。

    C 凡做管家的，在時間支配上不應集中成就自己的慾望，而要：

        1. 承認神在你生命上的主權，並且把它顯明出來（箴十六1、3、9；太六25-33；雅四13-16）。

        2. 查考（提後二15）、背誦（詩一一九11）和默想神的話語（詩一1-3，一一九97）。

3. 盡量找機會，繼續不斷地以聖經原則來自省（太七1-5；弗五15-16）。
4. 找機會服事別人（加六10）。
5. 與其他信徒聚會，彼此鼓勵（來十23-25）。
6. 把試煉和屬靈的爭戰視為日常生活的一部分（太六34；弗五15-17）。
7. 反應出你對主耶穌基督快要再來的期盼和準備（路十二35-40；約九1-4，特別是第4節；林後五1-11；來十23-25，特別是第25節；彼前一14-19，特別是第17節；彼後三8-18，特別是第11-13節；約壹三1-3，特別是第3節）。

D 在照顧和操練身體上要：
1. 把身體獻給主用，而不是用來滿足肉體的情慾（羅六12-13；林前六13-20；帖前四3-7）。
2. 有不再屬自己，而是被重價買來的明證（林前六19-20）。
3. 表明你的身體是聖靈的殿，為要使神得榮耀（林前六19-20）。
4. 將身體當作活祭獻上，用心靈來敬拜和事奉主（羅十二1）。
5. 自我節制，為要得到屬天的獎賞（林前九24-27）。

E 你在理財上的態度，說明了你靈命成長的程度（路十六10-13，特別是第10節；林前六6-10）。
1. 最大屬靈爭戰之一就是選擇事奉宇宙之主，還是事奉世界的「神」或錢財，沒有中間路線可走（太六24；路十六13）。
    a. 你對物質和錢財的看法和使用，往往顯示出你真正的興趣和性向（根據太六19-21）。
    b. 該給神的不給，或只將剩餘的給神，都是掠奪了神的東西，保證會使你靈性貧乏（根據箴三9-10，十一24-25；瑪一7-8、10下，三8-9；路十六11-12）。
2. 奉獻應該是為了愛主和對主的委身（根據林後八5、7下-8；西三17）。
    a. 奉獻是把屬主的東西還給他（根據代上二九14）。
    b. 奉獻前應有準備（根據林後八11-12）。
    c. 奉獻是出於甘心樂意和慷慨（根據出三五5，三六6下；路十九8；林後八2下，九7）。
3. 要滿足於現狀。不論你的生活是富足或貧困、快樂或受苦，都要信靠他，因他繼續在你生命中作工（根據傳七14；羅八28-29；腓一6，四11-13；提前六6-8；來十三5-6）。
    a. 富足、貧窮或老想著錢財，都有潛在的危險（根據申六10下-12；箴三十8下-9；傳五10-11；提前六9-10）。

b. 你若在財物上尊崇神，神應許必照顧你的需要（根據箴三9-10；太六33-34；林後九6、8-11；腓四19）。

4. 奉獻不在乎多少，而是看你給自己留下多少（根據可十二43下-44）。

 a. 「給」是要犧牲的，甚至在極窮困的時候，也要捨得奉獻（根據林後八2-4）。

 b. 有錢的信徒應多奉獻，使神的事工得以開展，好使他人得福，而不是自私地把金錢花在自己的享樂上（根據路十二15、18-21；徒四34-35；林後八13-15，九8；提前六17-19）。

 c. 除了應付眼前的需要外，你應該有個固定奉獻的計劃（根據代上二九9；徒四34-35；林前十六2；林後八4）。

 d. 施比受更有福（徒二十35下）。

5. 以物質供給他人是你對耶穌基督大愛感恩的方式之一（根據林後八1-5，特別是第4節，八7-9，特別是第7節；約壹三14-17）。

 a. 要甘心樂意地供應屬靈教師和教會領袖的需要（加六6；提前五17-18）。

 b. 要多幫助那些無助的人，例如：囚犯（太二五36、39-40；來十三3）、陌生人、窮人、病人（太二五31-46，特別是第35-36節；來十三2）、寡婦、孤兒（提前五3、5、9-10；雅一27）和其他有困難的信徒（羅十二13；林後八3-5，特別是第4節，八13-15；約壹三16-18；約三5-6）。

 c. 盡量照聖經的教訓，來供應家中每一個人的需要（提前五4、8、16）。

 d. 甚至要照顧那些視你為敵的人（路六27-38；羅十二20-21）。

 e. 行善不要為了贏取人的稱讚，而是為了要把一切榮耀歸給神（根據詩一一五1；太六1-3；林前十31）。

捨己為人

> 身為神的兒女，你有榮耀的責任與基督身體內的其他肢體一同事奉。神已供給你所需的一切，使你在自己的崗位上完成事奉，建立起基督的身體，達成神在你身上的目標，使榮耀歸主名（根據詩一一九105；太二八18-20；約十六13；徒一8；羅十二4-8；林前十二7；弗四11-12、16；提後三16-17；雅一5；彼前四10-11；約壹五14-15）。

I 身為基督徒，神已將你事奉上所需用的一切都賜給你。

    A 神把他的兒子賜給了你，單靠他就能使你得到豐盛的生命和回到父神面前（約十10；弗二14-18）。

    參看你能根據聖經改變（上），（第一課，第三頁至第七頁）和你能根據聖經改變（下），（第二課，第三頁至第五頁）

    B 神賜下他的話語，就能使你在各方面都得到具體的指導（提後三16-17；彼後一3-4；來四12）。

    參看聖經是你的權威，（第三課，第三頁至第五頁）

    C 神差遣聖靈住在你裡面，使你得力量，在禱告時幫助你，並幫助你明白神的事（羅八9-11、26-27；林前二10、12；弗三16）。

    參看聖靈賜你力量解決問題，（第三課，第六頁至第八頁）

II 神有一個獨特的事奉計劃，要你和每一個信徒來完成。

    A 每一個信徒，除了他們本身的才幹之外，神還賜給他至少一樣屬靈的恩賜。這些恩賜並非讓你佔為己有，而是要用來事奉並造就主內肢體（林前十二7；弗四16；彼前四10）。每一樣屬靈的恩賜都是隨聖靈的意思分配給各人的（林前十二8-11）。

    B 神賜給他兒女各樣屬靈恩賜，為要使主內肢體團結一致，有效地、和諧地完成一些事工（羅十二6-8；林前十二4-6）。

    C 在教會歷史中，神曾揀選和賜屬靈恩賜給領袖（使徒、先知、布道家、牧師）來完成主身體內的各種工作（林前十二28；弗四11-12）。

    D 在教會的生活和歷史上，有些人得到屬靈的恩賜，是為使主的肢體得益處、使神得榮耀。有三段經文列出了這些屬靈恩賜，其內容如下：

1. 預言、執事、教導、勸化、施捨、治理、憐憫（羅十二6-8）。

2. 智慧的言語、知識的言語、信心、醫病的恩賜、行異能、作先知、分別諸靈、說方言、翻方言、教導、幫助、治理（林前十二8-10，28）。

3. 要按神的聖言講話，服事人（彼前四11）。

III 身為基督徒，你需要去事奉，而其他信徒的事奉也需要你。

A 身為信徒，你要用愛心來使用屬靈的恩賜（林前十二31-十三13）。當神的兒女都能忠心地服事時，整個基督的身體便在愛中得以建立（弗四16）。

B 以符合聖經的方式來使用屬靈的恩賜，促進彼此之間的關顧，消除主內肢體中的分裂（林前十二18-27；弗四16），使神得榮耀（彼前四11）。

C 用屬靈恩賜服事人的時候，你就是神恩典的好管家（彼前四10）。在事奉上忠心是理所當然的（路十七7-10；林前四2，十二7；弗四16；彼前四10），要渴慕屬靈的恩賜（林前十四1）。參考下列一些事奉的準則，能使你更有效地運用屬靈恩賜：

1. 不斷地將「與神相交」和「與主同行」放在最優先的地位（詩三七3-5；太二二37-38；弗四11）。

2. 以禱告的心衡量你的事奉動機，事奉應該是為了與神同工，完成他在世上的計劃，造就主的肢體和榮耀神（林前十二4-6；弗四11-12、16；彼前四11）。當求神賜你智慧，好知道參與那樣的事奉（腓四6；雅一5）。

3. 要明辨神賜給肢體的屬靈恩賜（林前十二1），小心在屬靈生活中可能會出現違反神話語的假教訓（彼後二1-3；約壹四1）。

4. 追求並抓住事奉的機會，特別是那些讓你能傚法以基督僕人的態度來服事別人的機會（太二十25-28；林前四2，十二22；腓二3-8）。

5. 在事奉之前，多向靈命成熟的信徒請教事奉之道，在你服事的期間繼續聽取使你的事奉更有效的輔導（箴十一14，十二15，二七17；弗五21；來十三17）。

6. 不斷用神的話語來自省和省察事奉的動機。不要與別人相比，也不要用感覺來衡量自己的事奉（根據約五41、44；林後四5，五15，十12、18；帖前二5-8；來四12）。在主內不要太自高或自卑，每個人都是主內的肢體，是彼此團結和互相照應的重要一環（羅十二3-6上；林前十二12、14、18、24下-25）。

克服一意為己

> 一意為己會阻礙你靈命的成長，必須要脫去這種想法，你才能在基督裡成熟。一意為己就和其他罪行一樣，必須經常以討神喜悅和使他人蒙福的決心來取代。不論你的感覺和願望為何，在各種情況下，都要滿足於神所賜下的一切，操練自己更加敬虔愛主，好遵行神的話語（根據太十38-39，二二37-39；羅六12-13，十三9-13；林後十5；加五16-26；提前四7，六6-8；來十三5；彼前一13-16）。

I　相互參照

自卑、自大、自憐、嫉妒、忌恨、貪婪、貪心等罪行，都是嚴重地以自我為中心的表現。要克服這種不合聖經的光景，請細讀下列各項：

A　改變的聖經基礎（第一課和第二課），認出以人的方法生活和以神的方法生活之間的不同（第三課和第四課）。

B　根據聖經改變的要素（第五課至第八課），向己死並為主活（第九課）。

C　根據聖經對忿怒的看法來對付忿怒（第十一課）。

D　在愛你的鄰舍（第十二課及第十三課）和家庭關係上（第十四課至第十七課）實踐克服一意為己。

E　懼怕、憂慮、沮喪和專顧自己的相互關係（第十八課和第十九課）。

F　轄制生命的罪的嚴重性和一意為己的相互關係（第二十課和第二十一課）。

G　建立起敬虔生活的具體準則，並忠心地持守（第二十二課）。

注意：在對付具體問題時（第九課至第二十一課），特別要相互參照以上所列舉的項目。因為根據聖經來對付問題時，不可能不牽涉到生活中的其他問題。例如：不能單獨解決「嫉妒」的問題，任何問題必須按聖經中有關生活的原則來解決。我們列出已學過的和未學過的課程，就是要強調以聖經的大原則來解決個別問題。

當你繼續接受聖經輔導訓練時，你會從本課程列舉的聖經原則中，找到神解決本手冊中沒有提到的問題之方法。

克服一意為己

II 列寫出你生活中遇到之問題的人物、地點、時間或環境，藉以認識一意為己的犯罪模式或試探。

III 按照得勝計劃表（補充材料七）的指示來填寫得勝計劃表（補充材料八）第一欄到第三欄。

IV 完成得勝計劃表（補充材料八）第四欄後，請：

A 擬出一個基本計劃來克服已承認的罪。這計劃包括思想、言語和行動，幫助你遵行下列準則，建立起象基督的樣式：

1. 思想符合聖經

   a. 向神承認所有犯罪的思想（約壹一9），並求他幫助你改變這犯罪的模式（帖前五17；來四15-16；雅一5）。

   b. 培養一種榮耀神和討他喜悅的思想，並在一切情況下都成為別人的祝福（根據太二二37-39；路九23-24；林後五9、15，十5；加五16-17；腓二3-4，四8；西三2）。

   c. 不再將自己與他人相比（林後十12）。

   d. 相反，要喜樂（腓四4；帖前五16）、凡事謝恩（弗五20；帖前五18）、事事滿足於神的供應（太六25-34；腓四11-13、19；提前六6-8），因為知道忍受試煉能幫助你傚法基督的形象（根據羅五3-5；雅一2-4）。

   e. 想辦法或提醒自己要使他人蒙福，先從那些你因嫉妒、忌恨、貪婪或貪心而得罪過的人開始著手（太五38-48；羅十二9-21）。

   f. 決心凡事討主喜悅，而不是為滿足自己的情慾而活（根據路九23-24；羅十三13-14；林後五15；加五16-17；西一10；彼前一14-16）。

   g. 不管當時的情況如何，要操練自己榮神益人（根據林後十5；腓四8；西三2）。

   h. 要明白神至少賜你一樣屬靈的恩賜，使你能以此服事其他人（羅十二3-8；林前十二12-13；弗四15-16；帖前五11；彼前四10-11）。

2. 言語符合聖經

   a. 言語要誠實、能造就人、恩待人（弗四15、25、29；西四6）。對周圍的人不可無禮或說不造就人的話（弗五4；西三8），在任何情形下不要抱怨或爭執（腓二14）。

   b. 不要講論過去的成就（箴二七2，三十32；林後十18）、憂傷或失意（腓三13-14）、對將來的擔憂（太六34）、不與別人比較（林後十12）或明日假定會有的個人成就（箴二七

1；雅四13-16），相反，要存著感恩的心述說神的美善和他在你身上所作的改變（路十20；來十三15；彼前三15）。

c. 向那些因你嫉妒、忌恨、貪婪、貪心而得罪過的人認罪（雅五16）。

3. 行動符合聖經

   a. 改正因缺乏自律或因疏忽而存在的缺點（林前十32-33；西三1-17；雅四17）。

   b. 盡量找機會去服事別人，尤其是那些叫你對其他人能顯出基督僕人之態度的機會（太二十25-28；林前四2；腓二3-8）。

   c. 以禱告的心擬訂一個合乎聖經的計劃，藉著具體地實踐聖經中的愛來使他人得益，並定下不斷地實現此計劃的時間表。這分計劃應該包括作為丈夫、妻子、父母、學生、室友、僱主、雇工等各種日常的職責（太七12；羅十二9-21，十三8-13；林前十三4-8上；弗四28；腓二3-8；提前六17-19；彼前三8-9）。參考**根據聖經所訂的時間表**（補充材料十五）。

   d. 多背經節和查考經文，特別是與克服一意為己有關的經文（根據詩一一九9、11、16；林後十5；腓四8；提後二15），背詩篇、聖詩及屬靈歌曲來幫助你專心思念主，並使人得福（根據弗五19-20；西三16）。

   e. 以純潔、和平、溫良、柔順、滿有憐憫、多結善果、沒有偏見、不虛偽來彰顯神的智慧（雅三13-18）。

   f. 根據聖經的教訓學習作管家，好榮神益人（參考**管家的聖經原則**，第十課，第四頁至第六頁和**捨己為人**，第十課，第七頁至第八頁）。

B 擬訂出一分思想與行動表（補充材料十），參考**思想與行動表指引**（補充材料九）

C 實行你的**基本計劃**（雅一22），並全心全意為主而做（西三23-24）。

D 意外情況會使你又犯一意為己的老毛病，要訂下**應變的計劃**。參考下列準則：

1. 立即向神求助（帖前五17；來四15-16；雅一5）。

2. 立即尋求神的看法。

   a. 把這情形視為使靈命更成熟的機會（雅一2-4）。

   b. 記得神是看你的內心，不是看外表（撒上十六7），不論別人知不知道，在他面前你的心思意念都要無可指責（根據徒二三1；二四16；羅十四12；弗四1；腓一9-11；西一21-22）。

c. 不斷信靠神，不論你的感覺或情況如何，他都會使萬事為你的益處而互相效力（詩三七；箴三5-12；羅八28-29；弗一3-14；腓一6）。

d. 提醒自己靠著基督的力量，凡事都能行（腓四11-13），因為你的能力來自神（林後三5）。要記住，離開了耶穌基督，你就不能作甚麼（約十五5）。

3. 如果你在意外的情況下產生了犯罪的念頭，你要向神認罪（約壹一9）。謹記：你不是以犯罪時間的長短或罪的嚴重性（以人的標準）來判斷自己。相反，你是否（即使是片刻）偏離了神的道路，才是重要（根據雅二10，四17）。

4. 為他的能力在你的軟弱上顯得完全而歸榮耀給他和稱頌他（林後十二9-10）。他必保守你不致跌倒，叫你無瑕無疵，歡歡喜喜地站在他榮耀之前（猶24-25）。

5. 為你現今能作神的僕人感謝他（弗五20；帖前五18）。要計劃如何把榮耀歸給神（林前十31；彼前四11），尋找服事造就他人之道（弗四29；腓二3-4）。

6. 複習那些指出你一意為己的有關經文（如：路九23-24）（根據詩一一九9、11、16）。

E 一旦發覺自己有一意為己的傾向時，就要切實執行你的**應變計劃**（根據帖前五22；提後二19-22），然後照基本計劃做（箴二四16；雅一22-25）。

個案研討：美茵的丈夫離棄了她

> 一個問題不論看來有多嚴重，都有基本的聖經原則可遵循，好讓神的旨意在你身上成就，並使你用聖經來輔導他人（根據太七1-5；羅八28，十五14；林前十13；林後一3-5；提後三16-17；來四15-16）。

美茵和她丈夫（國輝）住在你隔壁六年了。他們有三個孩子，兩個是青少年（男孩十四歲，女孩十三歲），一個是小女孩（三歲）。直到三周前，美茵每週都到你的教會聚會，而她的丈夫國輝則從未來過。你和國輝及美茵只是禮貌的點頭之交，從未有機會和他們談到屬靈的事。

有一天，美茵突然來到你家，很激動對你說，她的丈夫已經離開了她（參考第九課，第十二頁），並求你不要把這事告訴牧師。你向她解釋說，如果不把這難處告訴牧師，大家就沒法幫助她（箴十一14）。她同意讓你打電話給牧師，但自己卻拒絕和牧師交談。

你打電話給牧師，他要你隨時通知他有關這事的進展，並鼓勵你單靠神的話語去處理。他知道你正在參加面對自我的訓練課程，就給你幾個指示作為開始，牧師的指示是：

1. 馬上和美茵一同禱告。

2. 和美茵約定，明天再來。你和其他聖經輔導員可以一同討論她的問題（箴十一14，十五22），預定需要多少時間（例如：在一起討論一個小時，想想應怎樣做）。不要變成了社交聚會。告訴美茵你重視她的問題，要和她一起來解決問題（箴十七17，十八2、13、24）。她必須要做好準備，比如說：帶她的聖經，筆記簿和筆來參加這次會談。

3. 首次輔導會談先從禱告開始（路十八1；腓四6-7）。

4. 使用**關於聖經輔導的事實**（補充材料十二）向她指出：

    a. 唯有聖經能給人永遠無誤的指導（詩十九7-8；箴三十5-6；提後三16-17；來四12；彼後一3-4）。

    b. 只有聖靈能在她生命中作工（羅八5-11；加五22-23）。

    c. 每次輔導時，必須強調四個要素：**瞭解問題、盼望、改變**和**實踐**。
    參看甚麼輔導合乎聖經內的聖經輔導要素(補充材料一，第三頁)。
    第一：**瞭解問題**，照聖經原則提出問題，如「何事、何人、何時、何地和為何」等問題，但避免問「為甚麼」，要先問清楚事情的

真相（箴十八13；雅一19）。幫助美茵以神的觀點來看清問題是很重要的（箴三5-6；賽五五8-9；羅五3-5，八28-29；雅一2-4）。

第二：**有盼望**，神應許他的兒女必不會受到過於他們所能忍受的試煉或試探、壓力或焦慮、或面臨的任何問題。在任何情形下，他必為他們開出一條出路，好讓他們不至於犯罪（*根據林前十13；來四15-16*）。

第三：你必須學習**改變**。換言之，你必須學會如何撇開從前那種自私的作風、具破壞性的沮喪和舊的壞習慣，學習以新的聖經原則來思想和生活（*弗四22-24；腓四6-9；西三2-17*）。

第四：你必須**實踐**做個行道的人，聽了道而不根據聖經原則和教訓去改變，你便是自欺，問題也會更糟。然而，你若學習遵從他的話語，他應許要賜福給你，使你的日子在任何境況下，都能平安喜樂（*太七24-27；約十五10-12，十六33；雅一22-25；彼前三8-17*）。

　　得到牧師的這些指導原則之後，你要求美茵*讀哥林多前書第十三章第13節*，請她在你們明天見面之前，把這節經文背好。這節經文能使她看到神在此情形下的應許而得著盼望，並要美茵*讀哥林多前書第十三章第4至8節上、腓立比書第四章第六節至第九節和雅各書第一章22至25節*，並為明天的討論作好準備。因為美茵心神不定，為避免她忘記，你要她把這些參考經節寫下來。禱告後，和美茵約定明天在你家見面，也勸她打電話給教會中的一個姊妹，或是教會婦女會中的人幫忙她照顧兒女，好讓她明天能心無旁鶩地接受輔導。

　　特別注意聖經輔導的四個要律（瞭解問題、盼望、改變和實踐），並把與此四個要律有關的聖經基礎經文，在你的聖經中標識出來。

　　注意：在此階段，美茵雖在困難中，仍能夠靠著經文得到盼望。

第十課：指定作業

> 神願你凡事都能尊崇他。本周作業就是要幫助你克服一意為己的積習，好使你能在基督裡長大成熟（根據*可七20-23；羅十三9；林前十三4；加五26；弗五3；彼前二1-2*）。

以打✔表示作業完成

☐ A　＊用自己的文字，寫出*羅馬書六章12至13節*的意義。背*羅馬書六章12至13節*，開始背誦*以弗所書四章31至32節*和*雅各書一章19至20節*，經常複習所背過的經節。

☐ B　＊讀**聖經原則：如何面對自己（下）**（第十課，第二頁至第三頁），標記在沒有記號的經節上。

☐ C　＊完成上周開始的**得勝計劃表**中的第四欄（補充材料八，第二頁），讀**克服一意為己**（第十課，第九頁至第十二頁）。在做第四欄的時候，訂出具體計劃，讓那些你曾經得罪過的人受益（根據*羅十二9-21*和*雅三5-18*的計劃）。

☐ D　＊好好使用**得勝計劃表**（補充材料八，第二頁）中第四欄所訂的計劃（上面C項），每天至少祝福一個人。每完成一項就記下日期和時間。在已作過的事項前打號，並記錄下你祝福過人的名字。感謝神賜力量來完成這些祝福事項。

☐ E　＊讀**管家的聖經原則**（第十課，第四頁至第六頁）。在你生命中需要改變的地方打號，訂出計劃來改變自己，操練自己成為一個以聖經為原則的好管家。

☐ F　＊讀**捨己為人**（第十課，第七頁至第八頁）。注意神如何裝備你的事奉。你的行動是否顯示出你有一生服事別人討神喜悅的心意？若沒有的話，擬一個使你忠心事奉的計劃，把它列在**得勝計劃表**（補充材料八，第二頁）中第四欄的項目中。

☐ G　＊讀**個案研討：美茵的丈夫離棄了她**（第十課，第十三頁至第十四頁），特別注意聖經輔導的四項要律，把相關經文標識出來。注意美茵目前雖有困難，聖經仍可帶給她盼望。

☐ H　＊回答與本課有關的**課程測驗**第十七題（第二十三課，第二頁）。

※　完成有＊記號的作業，是接受進一步聖經輔導訓練的先決條件。

靈修日引（包括經文背誦及指定作業）

> 神願你凡事都能尊崇他。本周**靈修日引**就是要幫助你克服一意為己的積習，好使你能在基督裡長大成熟（*根據可七20-23；羅十三9；林前十三4；加五26；弗五3；彼前二1-2*）。

經文背誦

1. *背誦*羅馬書六章12至13節*，並開始背*以弗所書四章31至32節*和*雅各書一章19至20節*。
2. 隨身攜帶上周和本周的經文卡，一有空就複習。

靈修日引

第一天
1. 以禱告開始。
2. ***讀聖經原則：如何面對自己（下）**（第十課，第二頁至第三頁）的*原則39*，將所列舉的經文在聖經中標識出來。
3. *讀**克服一意為己**（第十課，第九頁至第十二頁）。
4. *用自己的文字，寫出*羅馬書六章12至13節*的意義。
5. 以禱告結束。

第二天
1. 以禱告開始。
2. ***讀聖經原則：如何面對自己（下）**（第十課，第二頁至第三頁）的*原則40*。標識你以前未作過記號的經文。
3. *繼續上周開始做的**得勝計劃表**（補充資料八，第二頁）第四欄，訂出具體的計劃來祝福你曾得罪過的人。
4. 以禱告結束。

第三天
1. 以禱告開始。
2. ***讀聖經原則：如何面對自己（下）**（第十課，第二頁至第三頁）的*原則41*。將所列舉的經文在聖經中標識出來。
3. *繼續做**得勝計劃表**（補充材料八，第二頁）第四欄，並做一樣使別人蒙福的事，感謝神賜你力量能為他人祈福。
4. 讀**管家的聖經原則**（第十課，第四頁至第六頁）。在你需要改變的地方打上記號，這是兩天學習中的第一天。
5. 以禱告結束。
6. 調整你一天的時間，利用空閒時間多複習和背誦經文。

© Biblical Counseling Foundation

第四天

1. 以禱告開始。
2. *讀**聖經原則：如何面對自己（下）**（第十課，第二頁至第三頁）的*原則42*。將所列舉的經文在聖經中標識出來。
3. *針對你在**得勝計劃表**（補充材料八，第二頁）第四欄中列出的事採取具體行動。把已做到的祝福記錄下來，不斷在第四欄中加添能使別人蒙福的事。
4. 完成**管家的聖經原則**的查考（第十課，第四頁至第六頁），在需要聖經教訓作管家的地方，訂出一個計劃表並開始實行。
5. 以禱告結束。

第五天

1. 以禱告開始。
2. *讀**聖經原則：如何面對自己（下）**（第十課，第二頁至第三頁）的*原則43*，將所列舉的經文在聖經中標識出來。
3. *繼續做**得勝計劃表**（補充材料八，第一頁至第二頁）。完成你克服自卑、自憐、嫉妒、忌恨的計劃。繼續為在得勝計劃表第四欄裡所列的人求福。
4. 讀**捨己為人**（第十課，第七頁至第八頁），如果你還沒開始服事別人，就要計劃去做。把此計劃列在**得勝計劃表**的第四欄內。
5. 以禱告結束。

第六天

1. 以禱告開始。
2. *讀**聖經原則：如何面對自己（下）**（第十課，第二頁至第三頁）的*原則44*，將所列舉的經文在聖經中標識出來。
3. *讀**個案研討：美茵的丈夫離棄了她**（第十課，第十三頁至第十四頁）。注意聖經輔導的基本要律。美茵目前雖有困難，聖經仍可帶給她盼望。
4. 貫徹執行克服自卑、自大、自憐、嫉妒、忌恨、貪婪、貪心的計劃，這幾項都記載在你得勝計劃表（補充材料八，第二頁）的第四欄內。
5. 以禱告結束。

第七天

1. 以禱告開始。
2. 回答與本課有關的**課程測驗**第十七題（第二十三課，第二頁）。
3. 以禱告結束。
4. 找一個人聽你背誦剛背熟的經文及經節。說說你如何把這些經文應用在生活中。

※ *完成有*記號的作業，是接受進一步聖經輔導訓練的先決條件。*

第十一課

忿怒和苦毒

「一切苦毒、惱恨、忿怒、嚷鬧、譭謗，並一切的惡毒，都當從你們中間除掉，並要以恩慈相待，存憐憫的心，彼此饒恕，正如神在基督裡饒恕了你們一樣。」

弗四31-32

「我親愛的弟兄們，這是你們所知道的；但你們各人要快快的聽，慢慢的說，慢慢的動怒。因為人的怒氣，並不成就神的義。」

雅一19-20

第十一課：忿怒和苦毒

> 我們的生命若常有忿怒與苦毒,就表示我們是以自我為中心,而不看重或信靠神的主權。你若真正相信萬事都互相效力,叫愛神的人得益處,那你即使在試煉中,也應有喜樂,而不是充滿忿怒與苦毒(根據約十四15;羅五3-5,八28-29;弗四31;雅一2-4;彼前一13-16;約壹五3)。

I 本課宗旨

    A 讓你知道聖經對忿怒與苦毒的看法。

    B 幫助你認識忿怒與苦毒是不合乎聖經的反應。

    C 幫助你擬定一個克服忿怒與苦毒的計劃。

    D 繼續提供個案研討的聖經輔導方針。

    E 介紹聖經輔導會談各階段的步驟。

II 本課大綱

    A 面對自我。

        1. **聖經原則:忿怒和苦毒**(第十一課,第二頁至第三頁)

        2. **對於忿怒和苦毒不合聖經的反應**(第十一課,第四頁至第五頁)

        3. **聖經對忿怒的看法**(第十一課,第六頁至第九頁)

        4. **聖經對苦毒的看法**(第十一課,第十頁至第十一頁)

    B 屬靈成長步驟

        1. **克服忿怒和苦毒**(第十一課,第十二頁至第十六頁)

        2. **第十一課:指定作業**(第十一課,第十八頁)

        3. **靈修日引**(第十一課,第十九頁至第二十一頁)

    C 聖經輔導

        1. **個案研討:美茵的丈夫離棄了她**(第十一課,第十七頁)

        2. **聖經輔導記錄**(補充材料十二)

        3. **聖經輔導摘要和計劃**(補充材料十三)

聖經原則：忿怒和苦毒

> 忿怒和苦毒對實踐聖經上所說的愛及和睦的關係，並個人在基督裡的成長都有極大的損害。若不除去忿怒和苦毒，聖靈便會擔憂，撒但便有機可乘，攔阻你向人作見證和破壞基督肢體間的團結。按聖經的教訓對付忿怒和苦毒，就需要在一切人際關係中，並在任何情況下，甚至在出現相反感受時，都一心遵守神的話語 *(根據太五16；羅十四19；林前十三4-5；林後二10-11，五14-15；加五17-26；弗四1-3、26-27、31-32，六11；西三8-15；來十二15)*。

I 神的觀點

(原則45) 當忿怒（不滿意、敵意）急速發作或表達出來，是因你遠離耶穌，這是老我的特徵，是與基督的性情相反，也是違反了聖經的教訓 *(加五19-20；西三8；雅一19-20)*。苦毒和忿怒有關係，乃是表示你對神掌管你生命中的主權極其不滿。苦毒是只為悅己，而不願悅神所安排的事情 *(徒八18-23；羅三10-18，特別是第14節)*，因此就產生出許多問題來 *(來十二15)*。

II 你的盼望

(原則46) 既然是神吩咐你「脫去」忿怒和苦毒 *(詩三七8；弗四31；西三8)*，你就有能力做到 *(林前十13；來二17-18，四15-16)*。

(原則47) 對於那些你認為是你「權利」的，你不必去捍衛或保留 *(根據詩三七23，八四11-12；彼前二19-25)*，因為神叫萬事都互相效力，叫愛他和屬於他的人得益處 *(羅八28-29)*。

III 你的改變

(原則48) 你要制伏自己的心 *(箴二五28)*，慢慢地動怒 *(雅一19)*，趕快對付忿怒 *(弗四26-27)*，你要「脫去」忿怒、震怒、苦毒、暴躁、分爭、出口傷人、爭鬥，記仇 *(太五21-22；林前十三5；弗四31；西三8；提前二8；多一7)*。你卻要「穿上」忍耐、良善、謙卑、彼此包容、存憐憫的心、彼此饒恕、愛人和自製 *(弗四31-32；西三12-14)*。

IV 你的實踐

(原則49) 列出現在（或曾經）使你忿怒或苦毒的情況和關係（*根據箴九6，十四16；太七1-5；加五16-21*），訂出一個在這些情況下克服忿怒或苦毒的聖經計劃，並制定一個應變計劃以對付突然或意外衍生的忿怒或苦毒（*根據箴二八13；弗四26-27；帖前五22；提後二15、22；雅一19；彼前一13-16*），同時你要依靠神的大能和供應（*約十五5；加五24-25；提後三16-17*），努力照你的計劃去做，避免再因忿怒或苦毒而犯罪（*雅一22-25，四17*）。

參考克服忿怒和苦毒（*第十一課，第十二頁至第十六頁*）去幫助你在克服忿怒和苦毒時，採取具體併合乎聖經教訓的步驟。

(原則50) 實行聖經上的愛（*箴十12；林前十三4-8上；彼前一22，四8；約壹四11*），以饒恕別人正如神饒恕你一樣去行（*可十一25；弗四32；西三13*），並要以恩慈和憐憫的心去對待惹你發怒的每一個人（*弗四32；彼前三8-9*）。

為了幫助你明白聖經對饒恕和愛的看法，請參閱：
饒恕（饒恕別人如同神饒恕了你）（*第十二課，第三頁至第五頁*），以及
聖經中的愛的意義（*第十三課，第四頁至第六頁*）。

對忿怒和苦毒不合聖經的反應

> 有時你可能想表示自己的忿怒是有理的，就說：「神也曾發怒（*民二五4*），耶穌也曾發怒（*可三5*），所以我也可以發怒。」然而神是全然聖潔的，你卻不然。他的聖潔、公義、愛和完美是一貫的，雖然他也是忌邪的（*出二十5*），曾發烈怒（*代下二八11*），為伸冤發怒（*羅十二19*），天天發怒（*詩七11*）。你與神不同，你肉體中常有善惡之爭（*羅七14-25；加五17*），因此你很難在情緒激動時能有不犯罪的反應。

I 聖經中因忿怒和苦毒所引起不合聖經反應的例子

   A 該隱在忿怒中殺死了他的兄弟，結果在地上流離飄蕩（*創四5-8、11-12*）。

   B 西緬和利未是任性的人，在暴怒中謀殺他人，結果使他們家人分散（*創四九5-7*）。

   C 掃羅王在怒中想要殺他的長子（*撒上二十30-33*）。

   D 乃縵在怒中拒絕服從一個使他的大麻瘋得醫治的簡單吩咐，然而當他終於照著去行後，就得到了醫治（*王下五10-14*）。

   E 當烏西雅因對耶和華不忠，受到眾祭司指責而發怒時，他就患大麻瘋一直到死（*代下二六16-23*）。

   F 約拿看見神憐憫尼尼微人，就極為不悅且發怒，神責備他使他謙卑下來（*拿四1-11*）。

   G 西門在苦毒之中想要買神的權柄，被彼得公開責備（*徒八14-24*）。

II 對付忿怒和苦毒的一些不合聖經的方式

   A 你在烈怒中大發脾氣，對人或物動口或動手（*忽視箴十六32；太七12；羅十四19；林前十三4-5；加五19-20、22-23；西三17的教訓*）。

   B 你以擊打枕頭（或其他無生命的東西）來發洩你的怒氣（怒氣發作），同時在想著（或說出）你心懷忿怒或苦毒的人（*忽視詩十九14；林後十5；腓二3-4，四8-9；西三2的教訓*）。

   C 你在工作時（在老闆面前）、在教堂裡（在基督徒前）對你的脾氣有約束，但是在家人面前（就是你所親愛的人）則少有或沒有約束（*忽視箴二五28；太五13-16，七12；羅十二9，十四13；林前十三4-5；加五19-20、22-23；弗四1-3的教訓*）。

D　你盡力發洩自己忿怒的情緒，卻未能對付你發怒的罪因（忽視撒上十六7；可七20-23；提前四8的教訓）。

E　你在擁擠的交通中，脾氣發作而按喇叭、扔東西、向別人嚷叫、出現壞的思想及口出污穢之言（忽視箴十六32；太五16，七12；林前十三4-5；加五19-20、22-23；弗四8-9；西三17的教訓）。

F　你內心激怒而變得心懷苦毒（忽視詩十九14；箴二五28；弗四8-9；來十二15之教訓）。

G　你出口攻擊或譭謗逼迫你或利用你的人（忽視太五10-12、38-48；羅十二17-21，十三10，十四19，十五2，弗四29、31-32；彼前二20-25，三8-9的教訓）。

H　為了使自己「感情得以表白」，你就與人講論自己的忿怒或苦毒，使壓抑的情緒得以釋放（精神發洩）（忽視太十五18；林後五17；加五17-25；弗二3-4，三13-14，四8-9的教訓）。

I　你否認（壓抑情緒）自己在發怒或心懷苦毒（忽視弗四15、25；雅三14，五16；約壹一8-10的教訓）。

J　你寫含報復心理的信以表達你的忿怒或苦毒，卻不寄出去（綜合「發洩怒氣」和「精神發洩」）（忽視太五22-24，44；可十一25-26；羅十二9-21，十四10-12；弗四29；弗二3-4，四8-9的教訓）。

K　你認為自己的忿怒是「義怒」，苦毒為「有理」，卻不以聖經來省察自己的忿怒和苦毒，也不作出適當的反應（忽視賽五20-21，五五7-9；太七1-5；弗四31；來十二15；雅一19-25，三13-四2的教訓）。

III　一些不合聖經的忿怒或苦毒的理由

A　你責怪別人或他們的行為，說那是你發怒和心懷苦毒的原因（忽視結十八20；可七20-23；林前十13；弗四31-32；西三12-14的教訓）。

B　你認為自己的忿怒或苦毒是因為過去、目前，甚至未來的事所造成的（忽視太十五18-19；羅五3-5，八28-29；雅一2-4的教訓）。

*注意：你對忿怒和苦毒的罪沒有按照聖經的教訓作出反應時，便是以自我為中心、為自己而活（複習**聖經對自我的看法**，第四課，第五頁至第十頁）。你若以自我為中心，就會想要「解決」忿怒或苦毒的問題，但是你「解決」的方法是基於人的智慧，而信靠人的智慧必導致進一步以自我為重（複習**解決個人問題的基本方向**，第四課，第十一頁）。若不單單依靠主和他的話，你便不能以榮耀神的方式來克服忿怒和苦毒。*

聖經對忿怒的看法

> 你若不能按聖經的教訓對付忿怒，就無法避免會越發不遵從聖經上的話 *（根據創四5-8；撒上十八7-9；詩三七8；箴十九19，二九22；弗四26-27）*。神豐盛的供應和應許使你能以聖經對付生活中忿怒的問題，且大大得勝 *（根據約十六13、23-24；羅八31-39，特別是第37節；林前十13；弗四31-32；腓一6，四13；提後三16-17；雅一5；約壹三22）*。

I 神的忿怒

A 聖經上描寫神雖會發怒 *（出四14，二二24；民十一33，二五4，三二10-15；申二九27-28，三二16、19-21；書二三16；王上十一9；王下二二13；詩七八49-50，九十7；賽三十27；但九16）*，但他仍保持聖潔 *（利十一45；彼前一16）* 和無罪 *（伯三四10；太五48；雅一13）*。

B 神不輕易發怒，同時又有憐憫、恩慈、同情、赦免、大有慈愛和真理 *（尼九17；詩八六15，一零三8，一四五8；鴻一3）*。

C 神的恩典是一生之久，他的怒氣不過是轉眼之間 *（詩三十5）*。神經常不發盡他的怒氣 *（詩七八38）*。

D 神的怒氣總是針對反叛或不遵守他命令的人，他的命令永遠是聖潔和公義的 *（申二九14-21、24-28；詩七八21-22；哀三42-43；番二2-3；羅二5；來三7-11）*。

II 耶穌的忿怒

A 耶穌因猶太教領袖的假冒偽善和墨守成規而發怒，同時也為他們心裡剛硬而憂愁。有一次，儘管他在怒中，仍醫好了一個人 *（可三5）*。

B 在那次，主潔淨聖殿時 *（約二13-16）*，聖經上並沒有記載主耶穌曾發怒，只說他為父的殿心裡焦急，如同火燒 *（約二17）*。這事之後，他仍回答宗教領袖們的問題 *（約二18-21）*。耶穌在第二次潔淨聖殿時，聖經上也沒有說他曾發怒 *（太二一12-13；可十一15-17；路十九45-46）*，事後，他醫治病人並回答宗教領袖的問題 *（太二一14-16；可十一17-18）*。

III 非罪惡的忿怒

A 在聖經中，一個敬畏神的人會發怒而不犯罪是極其少見的，這往往發生在獨特的情況下 *（例如：出十六20；利十16-20；撒上十一6，二十34；王下十三19；尼五6）*。

B 聖經上既然有神的兒女能生氣卻不犯罪的例子（*弗四26-27*），因此我們也能做到（*羅六12-13；林前十13；彼前一13-16*）。

C 為了要「生氣卻不犯罪」，你就必須絕無例外地遵守神的話語（*提後三16-17*），完全照父神的榜樣去行（*太五48；弗五1*）和照我主耶穌基督的榜樣去行（*彼前一14-16，二21-22*）。

IV 有罪的忿怒

A 聖經教導我們說，人的怒氣並不成就神的義（*雅一20*），你若要「穿上」基督的形象，就當「脫去」一切內含或暴燥的怒氣（*弗四31；西三8、10*）。

B 怒氣的發作屬於肉體行為的一部分（*加五19-21*），是愚妄人的特點（*箴二九11*），並顯示出缺乏聖靈的果子（*加五22-23*）。性情暴躁的人挑啟爭端（*箴二九22*），不適合擔任教會的領導職責（*多一7*）。

C 怒氣是犯罪的前奏，經常會令人罪上加罪（*創四5-8，四九6；撒上二十30-33；詩三七8；太二16*）、具有毀壞性（*箴二七4*）、紛爭（*箴十五18，二九22，三十33*）並和愚妄有關（*箴十四29，二九11；傳七9*）。

D 向別人動怒難免主會責備（*太五22*），這也顯出缺乏聖經上所描述的愛（*林前十三4-8上*）。

E 發怒顯出對神主權缺乏信任（*詩三七1-11，特別是7-9節*），也可能表示沒有跟從主耶穌基督（*根據彼前二19-24*）。

F 一個暴怒的人常常會為難別人（*箴十九19，二九22*），也給人不良的影響，應該避開他（*箴二二24-25*）。

G 當你有以下的表現，你的怒氣是有罪的：

1. 性情暴躁或怒氣爆發（*加五20；弗四31；雅一19*）。
2. 動怒卻無恩慈、憐憫和饒恕之心（*尼九17；詩八六15；弗四32*）。
3. 為自己伸冤，報復別人（*羅十二17-19；來十30*）。
4. 在忿怒中違反聖經上愛人的教訓（*林前十三4-8；彼前四8*）。
5. 在你的思想、言行上沒有顯出聖靈的果子來，就是仁愛、喜樂、和平、忍耐、恩慈、良善、信實、溫柔、節制（*加五22-23*）。
6. 說不造就人的話（*太十二36-37；弗四29；彼前三10*）。
7. 為了「保護自己的權益」或「堅持自己的意思行」而發怒（*路九23；林後五15；彼前二21-23*）。
8. 對別人長久（繼續不斷地）懷怒（*太五21-22*）或含怒到日落（沒有以聖經教訓對付你的忿怒，反而懷怒在心）（*弗四26*）。

9. 對忿怒作出不討主喜悅的反應（林後五9；西一10）。或不能使他名得尊崇（林前十31；西三17；彼前一6-7）。
10. 因發怒而忽略了你應有的喜樂、禱告或謝恩（帖前五16-18）。

H. 若聖經已經告訴你該如何行，但你仍忿怒，這也是罪。例如：
1. 仇敵──你必須設法尋求供給他的需要（羅十二20），和愛他（路六35）。
2. 執政掌權的──除非他們的要求與神的話語相牴觸使你犯罪（徒四19-20，五29），否則，你應順服他並將該納的奉上（羅十三1-8；彼前二13-15）。
3. 不講理的上司──要順服他（彼前二18），除非他叫你做違反聖經的事（創三九7-9）。
4. 你的處境──要信靠神，並知足（傳七14；羅八28-29；腓四11-13；提前六6-8）。
5. 試煉中──要與神合作，歡喜接受試煉，因神在你的生命中，把你鍛煉成有基督般的性情（羅五3-5；雅一2-4）。
6. 不公平的待遇──要耐心忍受，並討神的喜愛（彼前二19-20）。
7. 陷在罪中的信徒──要用溫柔的心把他挽回過來（加六1），不要以他為仇人（帖後三15）。
8. 你的父母──要按照聖經教訓，服在他們權柄下面，你要以討主喜悅的方式來順服他們（弗六1；西三20）。
9. 你的子女──不要惹他們的氣，而要照主的教訓和警戒養育他們（弗六4）。
10. 丈夫和妻子──要彼此順服（弗五21），並按聖經教訓不斷彼此相愛（林前十三4-8；弗五25；多二4）。
11. 合乎聖經條件的教會領袖──要服從他們（來十三17），並在愛中尊敬他們（帖前五12-13）。

V 忿怒和內在的人

A 由於你的思想、言行能顯出你的心意（太十二34-35，十五18-20；可七20-23；路六45），有罪的忿怒顯明你是為悅己而活著（根據林後五15；加五16-21；西一10）。

B 不輕易發怒的，大有聰明（箴十四29），勝過勇士（箴十六32），能止息分爭（箴十五18），並遵從神的道（雅一19-20）。

C 智慧人止息怒氣（箴二九8），並忍氣含怒（箴二九11）。

D 人常論斷那些和自己犯同樣罪的人，並向他們發怒，這就顯出他沒有按聖經教訓來對付怒氣（羅二1）。

E 輕易發怒的，顯明自己是愚妄人（箴十四17，二九11；傳七9）。

VI 有關忿怒的結論

A 你可能發怒卻不犯罪（*林前十13；弗四26*），然而，有罪的忿怒違反聖經教訓（*雅四17*），與基督性情不合（*在林前十三3-8上；加五22-23和彼前二20-25描述了基督部分的性情*）。有罪的忿怒特點為容易暴燥（*加五20；雅一19-20*），並經常讓怒氣一直存留不消失（*弗四26-27*）。

B 若跟隨父神和他兒子耶穌基督的榜樣，因人違反了神的道而惹你發怒，或發怒時仍不失去憐恤之心，仍算是對的（*尼九17；詩八六15，一零三8-14；可三5*）。

C 由於「為自己而活，不為神而活」的試探一直存在（*路九23；羅七14-25；加五16-17*），所以你必須遵守神的道（*詩一一九165；提後二15，三16-17；來四12*）。經常不斷地依靠神的靈（*約十四16，十六13*），不斷行道（*雅一22-25*），不住禱告（*路十八1；帖前五17；雅一5*），就能按聖經教訓對付忿怒（*根據羅十二2；來五14*）。

D 不要讓忿怒佔上風，並支配你的思想或行為，因為撒但用它影響你生命的成長（*弗四27*）。不論你的感覺如何，你必須過討主喜悅的生活（*根據林後五15；加五17；弗四31-32；西一10*）。

E 你的行為（思想、言語、行動）顯示出你是為悅己，還是為悅神而活（*可七20-23；路九23；羅六12-13、17-18*）。你若專顧自己並動怒，就會有以下的情形：

1. 按肉體情慾行，而不順從聖靈的帶領（*加五16-17*）。
2. 阻擾你的禱告生活（*詩六六18；約壹三22*）。
3. 損害你與他人的關係（*羅十二18*），因你變得愛論斷，並把絆腳石放在他們腳前（*羅十四13*）。
4. 不願寬恕人的過失（*箴十九11*），不饒恕人（*弗四31-32*）。
5. 有了不符合聖經教訓的思想（*林後十5；腓四8；西三2*），說不造就人的話（*弗四29*）。
6. 以惡報惡，不祝福人（*羅十二17-21；彼前三8-9*），觸動更多的怒氣和爭端（*箴十五1，二九22*）。
7. 損害你自己的分辨能力（*來五14；雅一22*）。
8. 落入愚妄的錯誤中（*箴十四29，十九19；傳七9*），不適合做屬靈領袖（*多一7*）。
9. 論斷與你犯同樣的罪的人（*羅二1*）。
10. 沒有按聖經教訓愛人（*林前十三4-5*）。

聖經對苦毒的看法

> 苦毒之罪阻礙你靈命長進,並損害你與別人的關係。它引起許多麻煩,必須趕快從你心中除掉,並代之以恩慈,憐憫和饒恕的心 *(根據弗四31-32;來十二14-15;雅三8-18,特別是第11節和14節)*。

I 在舊約和新約聖經中,苦毒這詞的原文字根是根據以下各字而來的:

    A 「銳利」「尖銳」(如箭之銳或氣味,口味之強烈)「味道不好」(與甜或新鮮相反)或「不可食的」 *(例如出十五23-25;箴二七7;賽五20;雅三11;啟八11)*

    B 「反叛的」 *(申二一18、20;賽三十9;耶五23;結二5-8,四四6)*

    C 「背叛」 *(申三一27上;撒上十五23;箴十七11)*

    D 「不滿」 *(撒上二二2)*

    E 「不順服」 *(王上十三20-26,特別是第21和26節;尼九26)*

    F 「苦膽」*(心懷怨恨)* 或「苦毒」 *(徒八23;羅三14;來十二15;雅三14)*

II 苦毒由不悔罪而來,與以下有關:

    A 對得罪你的人心懷怨恨 *(例如:創二七30-41,特別是第34和41節)*,或對你認為曾得罪你的人心懷怨恨 *(例如:撒上三十1-6,特別是第6節)*。

    B 行惡之人的言語 *(詩六四1-4;羅三10-18,特別是第14節)*。

    C 發烈怒之罪(陷入罪惡的激情),惱怒(被激起怒氣,受刺激),喧嚷(喊叫,大聲叫嚷大哭),譭謗(破壞名譽,褻瀆)心懷惡意(邪惡,特別的道德缺陷) *(弗四31)*。

III 為自己而活的結果,往往會傷害別人。若不按聖經對付,就會犯更多的罪。例如:

    A 失去神的恩典 *(來十二15上)*。

    B 給別人麻煩(擾亂別人) *(來十二15下)*。

    C 叫眾人沾染污穢 *(來十二15下)*。

    D 終於使你與不敬虔(甚至不信),和不道德的人結交 *(來十二15-17)*。

IV 在基督裡，苦毒不是你生命中應有的特性（新的你），應把它除掉。你若記住以下的幾點，並遵守聖經教訓，就可以脫離苦毒之罪。

    A 苦毒是罪，使許多人沾染污穢（來十二15），你必須向神認苦毒之罪來得到神的饒恕和潔淨（約壹一9）。

    B 不要對人心懷苦毒，而要以恩慈彼此相待，彼此饒恕，正如神在基督裡饒恕了你們一樣（弗四31-32）。

    C 對神在你生命中的作為，或在其他人身上的作為避免心懷苦毒，而要常常喜樂，不住的禱告，凡事奉主的名謝恩（弗五20；帖前五16-18）。要記住神以恩慈在你身上作工（詩一二一；羅八28-29；腓一6，二13），在他所行的一切事上，盡都滿有憐憫和公義（詩一四五8-9、17）。

    勝過心懷苦毒之罪的具體幫助，請參看克服忿怒和苦毒（第十一課，第十二頁至第十六頁）

克服忿怒和苦毒

> 當你的新生命離開了耶穌基督（也就是被你的老我轄制了）就常會表現出忿怒和苦毒，這些惡習慣不應是你在基督裡新生命的一部分。就算苦毒或忿怒多年來轄制了你的生命，只要你遵行神的方法，你就能改變這些屬血氣之人的犯罪行為（根據約十五3-5；羅六12-14；林後五17；弗四2-24、31-32；彼前一13-16）。

I 仔細複習下面的參考資料

    A 改變的聖經基礎（第一課及第二課），認出以人的方法生活和以神的方法生活之間的不同（第三課及第四課）。

    B 根據聖經改變的要素（第五課至第八課）向己死，並為主活（第九課至第十課）。

    C 在愛鄰舍（第十二課及第十三課），和家庭關係（第十四課至第十七課）上實踐克服忿怒和苦毒。

    D 忿怒和苦毒與沮喪、懼怕和憂慮之間可能的連繫（第十八課及第十九課）。

    E 轄制人生命的罪的嚴重性，以及這些罪忿怒和苦毒的關係（第二十課及第二十一課）。

    F 需要建立和忠心地保持神對你生活各方面的標準（第二十二課）。

注意：以上之參考資料，在對付這個特別的問題時，都很重要。你要根據聖經來對付這個問題，就必須先省察自己生活的各方面。例如：解決忿怒並不能單單用對付忿怒的方法，任何問題都必須使用屬靈的原則才能解決。以上參考資料中包括了過去的幾課，也包括了還未學到的課程。

II 列寫顯出你生活中的問題的人物、地點、時間或壞境，藉以認識忿怒或苦毒的試探或罪惡的模式。

III 按照得勝計劃表指引（補充材料七）的指示來填寫得勝計劃表（補充材料八）第一欄至第三欄。

IV 在完成了得勝計劃表（補充材料八）第四欄後，請：

    A 定出一個基本計劃勝過你已經知道的罪，在基本計劃中，要根據以下的指引，幫助你建立象基督般的行為（思想和言行）表現：

1. 思想合符聖經
   a. 要記住：不管在甚麼情況之下，也不論有多麼不安定，神應許要照顧我們 (詩二三1-6，三七5；箴三25-26；太十28-31；羅八28-29、36-39；林前十13)。
   b. 向神承認所有犯罪的思想 (約壹一9)，並求他幫助你改變這犯罪的模式 (帖前五17；來四15-16；雅一5)。
   c. 要常常喜樂 (帖前五16)、凡事謝恩 (弗五20；帖前五18)，要知道在試煉中所生出的忍耐能幫助你改變，使你有基督的形象 (根據羅五3-5；雅一2-4)。
   d. 要記住：神赦免了你，這是你饒恕別人的根據 (太十八21-35；弗四32；西三13)。
   e. 要記住：你對別人的愛就顯明你對神的愛 (約壹二9-11，三14-16，四7-11、20-21)。
   f. 集中你的思想去榮耀神、討神喜悅，並那些在任何情形下都使人得福的事上 (根據太二二37-39；路九23-24；林後五9、15，十5；加五16-17；腓二3-4，四8；西三2)。
   g. 落在和以前同樣的環境中，你不再想那些使你犯更多罪的事，反而思想討主喜悅的事 (腓四8；西三2)，並記得為逼迫你的人禱告 (太五44)。
   h. 對曾激怒過你的人，現在要以仁慈和溫柔去思想他們 (根據林前十三4-8上；弗四32)，集中思想面對或對付目前的問題 (根據腓四6-8；雅一5，三13-18)。
   i. 複習你已背會的詩篇、頌詞和靈歌 (根據弗五19-20；西三16)。
2. 言語符合聖經
   a. 向神承認你目前所犯的罪，也向那些你未能按聖經方式去愛的人認罪，包括了你未能完成職責的罪。也要向神認那些過去所忘記認的罪 (根據詩五一1-4；雅五16；約壹一9)。

   *關於如何向你得罪過的人認罪，請複習並參考：**得勝計劃表指引 (補充材料七) 的VI.和根據聖經改變的應用之D.項以及和好 (除去一切合一與和睦的障礙) (第十二課，第六頁至第八頁) 的II.認罪。***

   b. 不要談你過去的成就 (箴二七2，三十32；林後十18)、悲傷或失敗 (腓三13-14)、對將來的憂慮 (太六14)，不要自我相比或和別人相比 (林後十12)，不要為將來要做的事誇口或承諾 (箴二七1；雅四13-16)；反要為造就別人，存著感謝的心述說主的良善，並在這個情況中，察驗神近來在你身上所作的改變 (根據路十20；弗四29；西四6；來十三15；彼前三15)。
   c. 不要譭謗、說閒話、爭吵或說不造就人的話 (箴十18；弗四29、31，五4；西三8；提後二24；彼前二1)。相反，

你的言語要真誠、有愛心，並按各人當時的需要回答各人（弗四15、25、29；西四6）。

- d. 不論是對別人、對自己或對犯了罪的人，不要以指責或報復的心提出別人的罪（箴十18，十七9，二十19；弗四29、31；西三8；彼前二1）。
- e. 小心地根據聖經的指引來鼓勵自己與神、與人和好（太五9、23-24；羅十二18；林後二6-8，五18）。

參考和好（除去一切合一與和睦的障礙）（第十二課，第六頁至第八頁）。

3. 行為合聖經

- a. 饒恕別人如同神饒恕了你（弗四32；西三13）。
  參考饒恕（饒恕別人如同神饒恕了你）（第十二課，第三頁至第五頁）。看你是否照聖經上饒恕的教訓去行，在必要時有所改變。
- b. 背誦、查考與克服忿怒和苦毒有關的經節和經文（根據詩一一九9、11、16；林後十5；腓四8；提後二15），也要背誦詩章、頌詞和靈歌來幫助你思想主，並成為別人的祝福（根據弗五19-20；西三16）。
- c. 不住地禱告謝恩（腓四6；帖前五17-18），按神旨意禱告（約壹五14-15），把你一切的憂慮卸給主（彼前五7），為逼迫你的人禱告（太五44）。
- d. 要認清容易引起試探的危險信號。這些試探往往在某種情形、某地點或與某人接觸時會發生，你要立刻採取措施，消除、逃避或抵擋這試探（根據詩一1；箴二七12；林前十13，十五33；提後二22；雅四7；彼前五8-9）。
- e. 做錯了事要補償，並與你曾得罪過的人和好（根據太五23-24）。要記住：雖然你已認過罪（見2. a.），但仍需主動表示你是認真想改變的。
  參考和好（除去一切合一與和睦的障礙）（第十二課，第六頁至第八頁）的III.賠償和IV.和好的重要性。
- f. 藉具體和真誠地表達聖經中的愛與服事（包括你作為丈夫、妻子、父母、室友、學生、僱主、僱員等應有的責任）使別人得福（根據太七12；羅十二9-13、15-16，十三8-10；林前十三4-8上；腓二3-8；提前六17-19；彼前三8-9；約壹三18）。你要實行本段所述：
  1) 不論你的感覺如何（根據創四7；林後五14-15；加五16-17；腓四13；雅四17）。
  2) 特別是對你的仇敵或那些得罪你的人（根據太五23-24、43-48；可十一25-26；羅十二14、17-21）。
  3) 以恩慈及憐憫的心對待那些曾經或正在激怒你的人（弗四31-32）。

            4) 特別在那些能攔阻你以基督僕人的態度來對待別人的情況，趁機服事別人 *(根據太二十25-28；腓二3-8；彼前四10)*。
            5) 按聖經教訓作管家、尊崇主，並實際地幫助別人 *(根據詩二四1；太二五14-29；林前四1-2；弗五15-17；提前六17-19；彼前四10)*。
            參考管家的聖經原則（第十課，第四頁至第六頁），**捨己為人**（第十課，第七頁至第八頁）。
            如何及何時——在困難的情況下去表達聖經中的愛的具體實例，請參考**聖經中的愛的意義**（第十三課，第四頁至第六頁）。
    g. 必要時，使用**藉合乎聖經的溝通克服困難（藉會談復和）**舉行一次會談（第十五課，第六頁至第九頁）。
    h. 糾正那些因缺乏操練或因疏忽而引起的缺點 *(根據西三1-17；提前四7下；雅四17)*。
    i. 你若需要幫助，可邀請一位基督徒朋友督促你執行你的**基本和應變計劃**，直到你建立起新的敬虔生活方式為止 *(箴二七17；傳四9-10；來十23-25)*。必要時，向別人尋求合聖經的輔導 *(箴十一14，十五22)*。
    j. 不要和好生氣的人結交（不要與他交通或建立友情）*(箴二二24-25)*。

B 必要時使用**思想與行動表指引**（補充材料九），定一個**思想與行動表**（補充材料十）。

C 實行你的**基本計劃** *(雅一22)*，並全心全意為主而做 *(西三23-24)*。

D 定一個**應變計劃**來應付你在忿怒或苦毒情況下使你犯罪的試探。參考以下指引：

1. 立刻求神幫助 *(帖前五17；來四15-16；雅一5)*。
2. 複習你背過的，特別是有關忿怒和苦毒之罪的經節 *(根據詩一一九9、11、16)*。
3. 立刻尋求以下神的觀點
    a. 不論你的感覺或處境如何，把這情形視為靈命成長的機會 *(雅一2-4)*，因為神在你身上叫萬事都互相效力 *(根據詩三七；箴三5-12；羅八28-29；弗一3-14；腓一6)*。
        1) 提醒自己靠賜力量的基督，凡事都能作 *(腓四11-13)*，因為你的能力是來自神而不是出於任何屬血氣的內在力量 *(林後三5)*。記住，離開耶穌基督你就不能結果子 *(約十五5)*。
        2) 感謝和榮耀神，因在你的軟弱上，他仍是豐足的 *(林後十二9-10)*。他要保守你免於跌倒，在他榮耀的面前無可指責，並大有喜樂 *(猶一24-25)*。

b. 記住神看你的內心，不看你的外表（*撒上十六7*）。不論別人知不知道，你的思想應在他面前無可指責（*根據徒二三1，二四16；羅十四12；弗四1；腓一9-11；西一21-22*）。

   1) 如果在不可預料的情況下心懷惡念，就要向主認罪（*約壹一9*）。

   2) 謹記你不是以犯罪時間的長短或罪的嚴重性（以人的標準）來判斷自己。相反，你是否（即使是片刻）偏離了神的道路，才是重要（*根據雅二10，四17*）。

4. 感謝神，你在目前的光景中仍是他的僕人（*弗五20；帖前五18*）。你要決定如何將榮耀歸給神（*林前十31；彼前四11*），設法在此光景中藉服事人來造就他們（*弗四29；腓二3-4*）。

5. 特別在對付忿怒時，要以下列各項決心勝過眼前的試探，保持不犯罪：

   a. 快快的聽（*雅一19*），仔細聽，提問題，找出事實，不先下判斷或匆忙作決定（*箴十八13、15*）。

   b. 慢慢的說（*雅一19*），用聖經方法來解決問題，只說造就人的話，不說頂撞人的話（*根據箴十五1；弗四29*）。以溫和安靜的態度說誠實話（*弗四15；彼前三8-17*）。找出有關忿怒或苦毒在你裡面衍生的原因（*根據箴十八13；太七1-5*）。

   c. 慢慢的動怒（*箴十六32；雅一19*），應付問題本身而不是攻擊人：

   1) 對別人——只問行為的本身（言語、行動）而不問動機（*根據撒上十六7下；耶十七9；太十二36-37*）。

   2) 對自己——要對付自己的動機（*根據太七1-5，十二34-37，十五19；林前十一31*），改變你的行為（*根據伯四二5-6；西三8-10*）。

   為了「脫去」老我的行為，「穿上」新人的義行，繼續改善你的計劃（*弗四22、24；西三2-17*）。當你快快的聽、慢慢的說和慢慢的動怒，同時你又照勝過忿怒和苦毒的聖經計劃去行時，你的心意就更新了（*根據羅十二1-2；弗四23；西三10；來五14*）。

6. 當你發覺有忿怒和苦毒試探來臨時，立刻照你的**應變計劃**去行（*根據帖前五22；提後二19-22*），然後再開始照你的**基本計劃**去做（*根據箴二四16；雅一22-25*）。

個案研討：美茵的丈夫離棄了她

> 你可以依照一個具體屬靈的行動計劃來幫助別人渡過任何困難（根據箴三5-6，十一14；結十八20；太七1、5；羅十五14；林後一3-5，三5-6；加六1-5；帖前五16-18；提後三16-17；雅一2-7）。

美茵走後，你立刻禱告求神賜智慧（雅一5）。當你知道美茵心中的屬靈挑戰時（弗六12；彼前五8），就開始準備與美茵會面的具體工作。你打電話給教會的牧師，看看明天是否有聖經輔導員可以協助你（箴十一14，十五22）。他鼓勵你在會談中寫筆記，也提醒你溫習會談的內容，每次輔導後仔細地依照聖經為牧師預備資料作為參考，因他要照顧美茵的屬靈生命（來十三17）。他告訴你，教會的聖經輔導員正在進行輔導，就是與那些剛完成輔導課程的人在開門徒訓練班。但他推薦兩位姊妹（玉珍和翠珊）和一位弟兄（志明）來做你的助手，他們都沒有聖經輔導的經驗，但都已完成了「面對自我」的課程，而且表示願意接受訓練輔導別人。當你知道這些助理輔導員是神所挑選來做這件事的（箴十六9；羅八28），你便感謝神（帖前五16-18），並打電話通知他們，為第一次會談預習準則。

當你和被提議的助手聯絡時，他們都說沒有真正的輔導經驗，你提醒他們說，因他們是成熟的信徒，便有責任和特權去幫助有困難的人（羅十五14；加六1），你又說，不論一個人受過多少訓練都不能靠自己完成有屬靈意義的事，信徒的能力完全來自主（約十五5；林後三5-6）。你用聖經真理鼓勵他們要以神所賜的安慰去安慰別人（林後一3-5），你也提醒他們說，神的道是你的指導（提後三16-17），他的靈是你力量的泉源（林前二9-16），給一切參與的人有機會在基督裡成長（約十五5-7；羅八28-29）。他們聽後，都同意你所講的這些聖經真理，就與你一同禱告，求神的旨意成就在每一個人的身上。

參與輔導會談的人包括美茵家庭中所有成員，助手玉珍、翠珊和聖經輔導隊中的其他成員。除了你和你的助手之外，牧師不一定要參加每一次的會談，男性聖經輔導員可能輔導美茵的丈夫。聖經輔導隊中最重要的是聖靈。

禱告後，你和助手要依照聖經為將要有的輔導會談作計劃，並複習做筆記的重要性。每個人都同意所建議的四個輔導要律（認識問題、盼望、改變、實踐）。為了一起禱告和再一次研討上次為輔導美茵而依照聖經所作的計劃，你要求助手在和美茵見面前半小時到達（以上所說的要律，是從聖經觀點出發，大部分都附有參考經節）。

第十一課：指定作業

> 你必須用聖經上的話來對付忿怒和苦毒，你便能在基督裡繼續成長。本周的**作業**能幫助你明白神對忿怒和苦毒的看法，並為你提供機會去定出和執行一個克服這些問題的聖經計劃*（根據詩一一九105、165；太七5；林前十13；林後五17；加五16-25；弗四31-32；西三8-17；彼前一13-16；彼後一2-11）*，也說明聖經輔導的具體和實際步驟。

以✔表示作業完成

- ☐ A ＊寫出**以弗所書四章31至32節，雅各書一章19至20節**的意義。背誦**以弗所書四章31至32節**和**雅各書一章19至20節**，並開始背**馬太福音五章23至24節**。

- ☐ B ＊讀**聖經原則：忿怒和苦毒**（第十一課，第二頁至第三頁），將所列的經文在聖經中標識出來。

- ☐ C ＊就你課程初所挑選的問題，在表現出忿怒和苦毒的方面，填寫完成一分**得勝計劃表**（補充材料八，第一頁至第二頁），包括計劃表中第四欄的具體改變計劃，繼續克服忿怒和苦毒。

    研讀**克服忿怒和苦毒**（第十一課，第十二頁至第十六頁），列寫顯著表露出你忿怒和苦毒的生活方式。

- ☐ D ＊讀**對於忿怒和苦毒不合聖經的反應**（第十一課，第四頁至第五頁）。向主承認自己不合聖經的反應。

- ☐ E ＊**學習聖經對忿怒的看法**（第十一課，第六頁至第九頁）。其中描述了神、耶穌和聖經上值得注意之人無罪的忿怒，也讓你根據聖經的觀點來決定你的忿怒是否有罪。

- ☐ F ＊**學習聖經對苦毒的看法**（第十一課，第十頁至第十一頁），同時注意神為你所立來避免犯這罪的計劃。

- ☐ G ＊讀**個案研討，美茵的丈夫離棄了她**（第十一課，第十七頁）。列出一個聖經輔導員在這件事上應該學習的重要真理（這些個案中都附有參考經節）。

- ☐ H 研究**聖經輔導記錄**的表格（補充材料十二），注意其中的解釋（補充材料十二，第二頁），以及在聖經輔導中使用這工具的方法（補充材料十二，第三頁）。讀**聖經輔導摘要和計劃表**（補充材料十三），注意每次聖經輔導的摘要記錄，並研究為輔導組準備下次會談的具體計劃。

- ☐ I ＊回答與本課有關的**課程測驗**第十八題（第二十三課，第二頁）。

※ *完成有＊記號的作業，是接受進一步聖經輔導訓練的先決條件。*

靈修日引（包括經文背誦及指定作業）

> 為了使你能在基督裡繼續成長，你必須用聖經上的話來對付忿怒和苦毒。本周的**靈修日引**能幫助你明白神對忿怒和苦毒的看法，並為你提供機會訂出和執行一個克服這些問題的聖經計劃（根據*詩一一九105、165；太七5；林前十13；林後五17；加五16-25；弗四31-32；西三8-17；彼前一13-16；彼後一2-11*），也說明了學會聖經輔導的具體和實際步驟。

經文背誦

1. *背誦*以弗所書四章31至32節*和*雅各書一章19至20節*。開始背*馬太福音五章23至24節*。
2. 把前幾周和本周要背的經文卡帶著，在每天空閒的時候就複習。

靈修日引

第一天
1. 以禱告開始。
2. *讀**聖經原則：忿怒和苦毒**（第十一課，第二頁至第三頁）的*原則45*，將所列的經文在聖經中標識出來。
3. *繼續對付你所挑選的問題，讀完**克服忿怒和苦毒**（第十一課，第十二頁至十六頁）。開始就該問題表現出忿怒和苦毒問題的方面，做**得勝計劃表**（補充材料11，第一頁至第二頁）。
4. *用自己的文字，寫出*以弗所書四章31至32節*和*雅各書一章19至20節*的意義。
5. 開始列寫本周中你發覺自己品行上的忿怒和苦毒（思想、言語、行動）。
6. 以禱告結束。

第二天
1. 以禱告開始。
2. *讀**聖經原則：忿怒和苦毒**（第十一課，第二至三頁）的*原則46*，標識以前未作記號的經節。
3. *繼續做**得勝計劃表**（補充材料八，第一頁至第二頁），包括在第四欄中具體的改變計劃。
4. 讀**對忿怒和苦毒不合聖經的反應**（第十一課，第四頁至第五頁）。如果你發現自己有不合聖經的觀點，就向主認罪（重訂你的問題監察表）並重訂第一天所列寫的表。
5. 以禱告結束。

第三天

1. 以禱告開始。
2. ＊**讀聖經原則：忿怒和苦毒**（第十一課，第二頁至第三頁）的*原則47*，在聖經中將過去未作記號的經文標識出來。
3. ＊執行**得勝計劃表**中第四欄裡所列，按照聖經改變的第一步計劃（補充材料八，第一頁至第二頁）。
4. **讀聖經對忿怒的看法**（第十一課，第六頁至第九頁），這三天的學習能幫助你決定自己的忿怒是否有罪。
5. 重訂忿怒和苦毒表。
6. 以禱告結束。

第四天

1. 以禱告開始。
2. ＊**讀聖經原則：忿怒和苦毒**（第十一課，第二頁至第三頁）的*原則48*。在聖經中將過去未作記號的經文標識出來。
3. ＊進一步執行**得勝計劃表**（補充材料八，第一頁至第二頁）第四欄中所列的具體行動步驟。
4. 繼續查考聖經對忿怒的看法（第十一課，第六頁至第九頁）。重訂忿怒和苦毒表的回應。
5. **讀個案研討：美茵的丈夫離棄了她**（第十一課，第十七頁），以聖經觀點列出一個在這個案中，聖經輔導員應該學到的重要真理（在個案中有參考經節）。
6. 以禱告結束。

第五天

1. 以禱告開始。
2. **讀聖經原則：忿怒和苦毒**（第十一課，第二頁至第三頁）的*原則49*。將所列的經文，在聖經中標識出來。
3. ＊必要時調整你在**得勝計劃表**（補充材料八，第一頁至第二頁）第四欄所列之行動計劃，採取合乎聖經的順服步驟。
4. 完成查考聖經對忿怒的看法（第十一課，第六頁至第九頁），重訂忿怒和苦毒表。
5. 複習**聖經輔導記錄**（補充材料十二），注意其中的說明（補充材料十二，第二頁）及其用法（補充材料十二，第三頁）。同時複習**聖經輔導摘要和計劃表**（補充材料十三），其中有該次輔導會談的記錄結果和指引。注意輔導組要以禱告的心情，為下一次輔導作基本準備。
6. 以禱告結束。

第六天

1. 以禱告開始。
2. ＊**讀聖經原則：忿怒和苦毒**（第十一課，第二頁至第三頁）的*原則50*。在聖經中將過去未作記號的經文標識出來。

3. ＊認真執行**得勝計劃表**（補充材料八，第一頁至第二頁）第四欄所記的改變計劃。
4. **查考聖經對苦毒的看法**（第十一課，第十頁至第十一頁），注意神為幫助你逃避苦毒的計劃。這是兩天學習中的第一天。
5. 重訂忿怒和苦毒表。
6. 以禱告結束。

第七天

1. 以禱告開始。
2. 完成查考聖經對苦毒的看法（第十一課，第十頁至第十一頁）。
3. 完成填寫忿怒和苦毒表。
4. 評估你按聖經克服忿怒和苦毒的行動步驟，你是討悅自己還是神？
5. 回答與本課有關的**課程測驗**第18題（第二十三課，第二頁）。
6. 以禱告結束。
7. 複習一周所背的經節，請人聽你背誦。記住要解釋經文的意義，以及在你生活中的應用。

※ *完成有＊記號的作業，是接受進一步聖經輔導訓練的先決條件。*

第十二課

人際關係（上）
（學習如何愛你的鄰舍）

「所以你在祭壇上獻禮物的時候，若想起弟兄向你懷怨，就把禮物留在壇前，先去同弟兄和好，然後來獻禮物。」

太五23-24

第十二課：人際關係（上）
（學習如何愛你的鄰舍）

> 實踐基督的愛，就是主耶穌基督的門徒之明顯特徵。當你根據聖經去愛別人，且誠心一致的饒恕他們時，即表示你瞭解也感謝神的饒恕。這饒恕乃是神藉著他兒子耶穌從死裡復活賜給你的（根據太十八21-35；約十三35；弗四32）。

I 本課宗旨：

    A 從神對你的饒恕來學習如何根據聖經去饒恕別人。

    B 認識根據聖經與人和好的因素及步驟。

    C 探討根據聖經饒恕別人時常有的一些錯誤觀念。

    D 幫助你操練根據聖經去饒恕別人。

    E 進一步探討前一課聖經輔導中的個案。

II 本課大綱：

    A 面對自我

        1. **聖經原則：人際關係（上）（學習如何愛你的鄰舍）**（第十二課，第二頁）

        2. **饒恕（饒恕別人，如同神饒恕了你）**（第十二課，第三頁至第五頁）

        3. **和好（除去一切合一與和睦的障礙）**（第十二課，第六頁至第八頁）

        4. **根據聖經饒恕的問題與解答**（第十二課，第九頁至第十三頁）

    B 靈命成長步驟

        1. **第十二課：指定作業**（第十二課，第十六頁）

        2. **靈修日引**（第十二課，第十七頁至第十八頁）

    C 聖經輔導

        個案研討：美茵的丈夫離棄了她（第十二課，第十四頁至第十五頁）

聖經原則：人際關係（上）
（學習如何愛你的鄰舍）

> 最大也是最重要的誡命就是要盡心、盡性、盡意、盡力愛主你的神。第二大的誡命是要愛人如己。第一條似乎不難做，但真正愛神，是與按聖經去愛別人有直接的關係（根據太二二36-40；可十二30-31；約壹二10-11，四7-11、20-21）。

I 神的觀點

（原則51） 如果你不愛別人，就是不愛神（約壹四20-21）。如果你不根據聖經來饒恕別人，你也不會被神饒恕（太六14-15；十八21-35；可十一25-26）。你能饒恕別人，即顯出你順服神的話（弗四32；西三13），也顯示你是愛主的（約十四15；約壹五3；約貳一6）。當你饒恕別人時，就表示你感激神，感謝他藉著主耶穌基督饒恕了你（根據太十八21-35，特別是32-33節）。

（原則52） 不要用自己的標準、眼光或經驗來論斷別人（約七24；羅十四1-13；雅四11-12）。你如何論斷別人，也必同樣被論斷（太七1-2；路六36-38）。

（原則53） 當你在敬拜主時，若想起某人（配偶、弟兄、鄰舍、同事等）向你懷怨，你要暫時停止敬拜，去與那人和好，然後才回去敬拜（太五23-24）。你要奉主耶穌基督的名在信徒之間消除紛爭，因為在基督身子裡的合一是從聖靈而來的，也是靠聖靈而成的。在心意與目標上彼此一致是信徒的特徵（約十七20-23；林前一10，十二22-27；腓二1-2）。

II 你的盼望

（原則54） 神使你能饒恕別人（根據弗四32），你甚至能愛你的仇敵（太五43-48；路六27-35）。饒恕和實踐聖經的愛，兩者皆不是憑你自己的感覺（根據林前十三4-8上；西三13），而是為了回應神對你的愛（約壹四19）而付出的行動（約十四15；林後五14-15；約壹三18-24，四10-11、21）。

饒恕（饒恕別人，如同神饒恕了你）

> 神的饒恕是以他豐盛的慈悲及恩典使有罪的人得到赦免。雖然神的饒恕並不表示人可以不負犯罪的責任或後果，但卻能夠完全地使人從罪惡感中得到解脫。你若要根據聖經來饒恕別人，你必須瞭解和接受神對你慈悲的饒恕，也一定要照他的榜樣去饒恕別人（根據撒上十二13-14；詩一零三10-14；路二三39-43；羅五8，八1；弗四32；西三12-14、25）。

I 瞭解神的饒恕

    A 赦免罪惡乃是神的屬性（尼九16-17；詩八六5；賽四三22-25）。

        1. 神可以饒恕所有的罪行（出三四6-7，特別是第七節；詩一零三3、10-12），唯一不能饒恕的是褻瀆聖靈的罪行，就是把神的工作當成撒但的作為（太十二22-32，特別是31-32節；可三20-30，特別是28-29節）。

           a. 他饒恕「不義的行為」（不正直、不誠實或不公道）。

           b. 他饒恕「過錯」（越過對的一邊進入錯的一邊）。

           c. 他饒恕「罪惡」（達不到神完美的標準，無法逃避以自我為中心）。

        2. 當你還是他仇敵時他已願意饒恕你了（羅五10），甚至在你要求及獲得饒恕之前，他早已預備饒恕你了（詩八六5；羅五8）。

        3. 他饒恕你是出於他的憐憫及慈悲，並非因你的功勞（該得或贏得）而得到他的饒恕（羅五6-8；弗二4-7；西二13-14）。

    B 神的饒恕，是完全的饒恕（詩一零三10-12；耶五十20；羅五16-21，八1、33-34；約壹一9）。他完全的饒恕可從下列看出：

        1. 當神饒恕你時，你就被改變了。

           a. 在你重生時，神與你建立了一個新關係：他成為你的天父，也從你身上除去那定罪的審判。
複習你能根據聖經改變（上）（第一課，第三頁至第七頁）。

           b. 作為你的天父，當你向他認罪時，他就使你在一切的不義上得到潔淨（約壹一9）。

        2. 當神饒恕你時，他不再按著你的罪過對待你（詩一零三10），而是遮蓋你的罪（詩三二1），也將之塗抹（詩五一9；賽四三25，四四22）。

3. 當神饒恕你時，他就不再算你為有罪（不再定罪）（詩三二2；羅三24-25，四8，八1；林後五19）。

4. 當神饒恕你時，你的罪愆被他挪去，並在他的面前被除掉（詩一零三12；賽三八17；彌七19），也不再被他記念（來十14-18）。

C 你可白白得神的饒恕（弗二8-9），但神為了饒恕人卻付上了極大的代價（賽五三4-12；約三16；徒二十28；羅五8；林後五21；彼前一17-19，特別是第19節）。

D 當人懇切的、以符合聖經的方式向神認罪（任何過犯）時，神絕對不會不饒恕人的（約壹一9）。

II 回應神的饒恕

A 你應當饒恕別人，如同神藉著基督饒恕了你一樣（弗四32；西三13）（參考 **I.的瞭解神的饒恕**）。你應當做到以下的幾點：

1. 當人向你認罪時，你應當心甘情願饒恕他。
   參考和好（除去一切合一與和睦的障礙）（第十二課，第六頁至第八頁）的V.和好過程中的障礙的C。

2. 無論所犯的罪看起來有多嚴重，你都應當饒恕他。

3. 不是因為別人做了甚麼好事而饒恕他，卻是基於神的恩典而饒恕他。

4. 要期待和你所饒恕的人恢復你們之間的關係。

5. 要瞭解到，當你饒恕別人時，你可能要付出代價。

6. 要徹底饒恕別人，不要用譴責的口吻對被饒恕的人提起他以前的罪過。然而，他也不應當對所犯的過犯不負任何的責任（只有在使人回轉或教導的事上，才能以溫柔的心提他以前的過犯）。

B 在別人向你求饒恕之前，你就從心裡饒恕他（可十一25）。

III 複習饒恕人的原則

A 饒恕人是一個服從主的行為（路十七3-10；弗四32；西三13），必須要有誠意（太十八35）。

B 饒恕人是為了使人得到他真正所需，而非得到所應得的報應（詩一零三10；路二三39-43；羅五8）。

C 饒恕人是實行耶穌基督的愛。當你饒恕人時，就是答應要：

1. 不計算人的惡（林前十三5）；

2. 不與別人閒談人的罪（弗四29）；

3. 不思念別人的過犯（腓四8）；

4. 照著聖經，盡力與被饒恕的人恢復你們之間的交通（羅十二18；林後二6-8）。

為了明白你有責任根據聖經的教訓對待不肯悔罪的信徒,請參考:
挽回與管教(根據聖經對待信徒所犯的罪)(第十三課,第七頁至第八頁)及
挽回與管教步驟的指引(第十三課,第九頁至第十一頁)。
只有在某些情況之下,聖經教導你不可與他們交往,這樣你們之間也就不可能根據聖經和好了。

- D 你若不愛人,是不可能愛神的(約壹四20-21)。要饒恕人,就應當安慰那些犯罪後悔改的人,讓他們確知你的愛心(林後二6-8)。

- E 你應無止境地有饒恕之心,使人有求必得(太十八21-22;路十七3-4)。

- F 當你饒恕一位冒犯你的人時,你不應當向他要求賠償,而應當以恩慈及愛心與他和好(根據太十八21-35,特別是32-33節;路六27-38;林前六5-7,特別是第七節;林後二5-7)。

  切記你雖然不向他要求賠償,卻要用愛心讓他瞭解,賠償是和好過程中的一部分。

  參照***和好(除去一切合一與和睦的障礙)***(第十二課,第六頁至第八頁)的***III.賠償***。特別留意第十二課,第八頁的解說,***V.和好過程中的障礙***中的***D***的解說。

- G 你若念念不忘別人冒犯你的事,在你禱告的時候,你必須誠心地饒恕他(根據太十八35;可十一25)。

IV 拒絕饒恕人

- A 主命令你去饒恕別人(弗四32),所以當你拒絕饒恕人時,你即犯了罪(雅四17)。

- B 神以慈悲饒恕你。你若不饒恕別人,即是對他的饒恕不心存感謝(太十八21-35)。

- C 當你不饒恕別人時,你的天父也不饒恕你每天的過犯(太六14-15;可十一25-26)。

  要得知你饒恕人與神饒恕你之間的關係。參考***根據聖經饒恕的問題與解答***(第十二課,第九頁至第十三頁)中的***III.***。

和好（除去一切合一與和睦的障礙）

> 若想根據聖經的態度來向人求饒恕，就得承認你得罪了他們，希望得到他們的憐憫及赦免（而不是你所應得的）。求人饒恕是與人和好極重要的一步，也能夠改善你們的關係。但若要完全的和好，就必需根據聖經按步而作（根據太五23-24，十八21-35；羅十二18，十四19；林後五17-19；弗四32；西三12-14；雅五16；約壹一9）。

I 悔改（從討悅自己變成討悅神，你的生命也跟著聖經而改變）

A 根據聖經悔改，行為從不順從聖經轉變至順從聖經而行（詩五一12-13；太三8；路三8；徒二六20）。

B 根據聖經悔改是承認自己的罪，也承擔個人責任（詩五一1-6；約壹一8-10）。

C 根據聖經悔改的結果亦包含因向神、向人犯罪而有的憂傷（詩三八1-18，特別是第17節；林後七9-10）。

D 根據聖經悔改會帶來一顆破碎（為罪憂傷）及痛悔的心（完全的除去以前對自己的依靠）（詩五一16-17；雅四8-10）。

E 根據聖經悔改會使人不再記念以前的罪，人若記念前罪，便經常會被誘再去犯罪（根據王上十五12；耶四1；徒十九8-19，特別是第18到19節）。

II 認罪（在神面前把你得罪別人或得罪神的過犯交待清楚，也承諾將那些罪棄絕）。

A 你需要為一切思想、言行上的過犯向神認罪（根據詩五一1-4；約壹一9）。

B 向你所冒犯的人認罪（根據雅五16）。當你向他認罪時：

1. 不論斷他，也不歸咎於他或提他的過失（太七1-5；羅二1；林前十三5）。譬如：你應當說：「請原諒我對你態度不好」，而不要說：「請原諒我，因你罵我，所以我才對你的態度不好」（根據彼前三8-9）。

2. 不要找藉口。譬如：應說：「請原諒我講粗話」，而不要說：「請原諒我講粗話，我今天真倒霉極了！」。要記住：你是沒有任何理由或藉口去得罪人或絆倒人的（根據太十八7；羅十四13；林前十13）。

3. 不要單單講一句「對不起」就了事。「對不起」只表示「我感到難過」，卻無任何想要和好的意願。求人饒恕時，讓對方知道你向他所行的乃是罪（弗四15）。譬如，你可以說：「對不起，我對你這樣叫罵是我得罪你，請你原諒我」。

參考得勝計劃表指引（補充材料七）中的VI.根據聖經改變的應用的D。

III 賠償（歸還或償還因你的罪而造成的損失）

A 盡可能根據聖經來賠償（根據利六2-5；民五5-8；箴六30-31）。犯了姦淫，神可以赦免你（約壹一9），你所得罪的人也可以赦免你（路十七3；弗四32），但你卻不可能賠償他（箴六32-35）。

B 應當根據聖經教訓去賠償你所虧欠的人（根據出二二1-17；路十九8-9）。

C 根據聖經教訓賠償的目的是為了使雙方和好，你不可試著去「贖回」兩人的關係或「操縱」對方作出你所期望的反應（根據羅十二9上、18）。

IV 和好的重要性（除去仇恨，建立或恢復合一與和睦的關係）

A 人一定要先藉著耶穌基督與神和好之後，才能開始根據聖經與人和好（羅五10-11；林後五17-20；西一21-22）。

B 照著聖經的教導與人和好，乃是神所托付給我們的責任和權利（林後五17-20，特別是第18-19節）。

C 你若不先跟與你有嫌隙的人和好，就不能夠（不配）敬拜或服事主，可見根據聖經與人和好的重要性。若有人向你懷怨，你一定要在敬拜或服事主以前去照聖經的教導與他和好（太五23-24）。

V 和好過程中的障礙

A 若有一方不瞭解根據聖經饒恕別人的道理，或是缺乏饒恕之心，兩人即不易和好。

1. 你所冒犯的人可能不把你的過錯當一回事，且說「無所謂」或「沒關係的」，但你需要讓他瞭解這是你所犯的罪，在神和你看來是一件嚴重的事（雅二10，四17）。並讓他確知你有意與他完全地和好。你且要強調你無意忽視自己的過錯，也定意在那方面作出改善，遵行神的吩咐（太五23-24；羅十二18）。

2. 你所冒犯的人可能不饒恕你。若是如此，要記得你只需對神所吩咐你行的事情負責。對方的反應是他與神之間的事（箴十六7；結十八20；羅十二18），但為了尋求與人和好，你要讓他瞭解你真的渴望得到他的饒恕和決意改變。告訴他你作出改變的每

一步驟，這與你較親密的人（象配偶、家人、同事、上司、室友等）恢復和好關係時特別重要，因為他們以後可以在旁提醒你從前所作的承諾，幫助你活得更像主。

參考得勝計劃表指引（補充材料七）的VI.根據聖經改變的應用。

B　等待對方先主動饒恕你會延緩雙方的和好。無論是那一方錯，一個順服的信徒有責任主動去與人和好（根據太五23-24，十八15；可十一25-26）。

C　你不能要求一個人以後再也不犯罪，這會阻擋雙方的和好。要記得你饒恕他是因他向你認罪，而不是因為他以後絕不再犯罪（路十七4）。

如果一個信徒在得到饒恕之後還繼續犯罪，就必須用溫柔、禱告的心照著聖經施以教導（加六1-5）。
參考：
***聖經中的愛的意義**（第十三課，第四頁至第六頁），特別注意**IV.**中的**E**；*
***挽回與管教（根據聖經對待信徒所犯的罪）**（第十三課，第七頁至第八頁）。*
***挽回與管教的步驟指引**（第十三課，第九頁至第十一頁）；及*
***根據聖經的溝通**（第十三課，第十二頁至第十四頁）。*

D　若一個犯了罪的人沒有真正的悔改、認罪或賠償，與他和好將是不可能的事。如下例：

1. 有一人在公司偷東西，被同事看見並報告經理。這經理是位真信徒，當經理問起他時，他承認是自己偷竊，承諾以後不會再犯，並請求經理饒恕他的不忠實。經理饒恕了他，囑咐他不可再如此做（*若此人是信徒，經理就應與他交通，輔導他，說明他應如何「改邪歸正」，並勸告他不可再偷東西*）。經理把此事報告上司。（這原是他的責任之一）

2. 經過討論後，上司決定觀察這人一段時間。經理與上司決定兩件事：（1）把此人調到另一部門，給與適當的工作限制。（2）讓此人按時賠償他所偷的，直到付清。

3. 沒多久，這人再一次偷東西被抓。他再次向經理承認他偷竊，承諾以後不會再犯，並請求經理饒恕他，因他又對經理失信。經理再一次饒恕他，警告他如此行可能帶來的後果（*若這人是信徒，經理就警告他關於持續犯罪的後果*）。經理再一次把情況報告上司，向上司請示賠償的安排及控告他或解雇他的可能性。

根據聖經饒恕的問題與解答

> 雖然神饒恕人的計劃清楚的記載在經文裡，人卻自作聰明的使之混淆不清。只要記住：若某種觀點非出於經文，就不是從神來的，也必須將之棄絕。如此，你就不至於誤信有關饒恕的錯誤教導了（*根據箴二一30；賽五五8-9；耶十23；提後三16-17；來四12；彼後一3-4*）。

I 你是否可以饒恕自己？有這個必要嗎？

A 人靠著自己的智慧經常如此教導人：你必須「饒恕自己」才得享平安、喜樂。我們經常會聽到關於「饒恕自己」的話，「我真不能原諒自己」或「你要原諒自己才能脫離罪惡感」，甚至有些信徒也會錯誤的說，「神既然已原諒了我，我也要原諒自己」。

B 任何注重「饒恕自己」的教導，都是在信靠及高舉「自己」，而不是單單依靠神的應許和他完全的饒恕。你若相信在接受神饒恕之外，你仍需「饒恕自己」的話，就表示你認為神的救贖（*參考你能根據聖經改變（上），第一課，第三頁至第七頁*）和他每日潔淨、饒恕你（*約壹一9*）的計劃都不夠完美。要記住：

1. 你從神領受饒恕，不是在乎自己「感到被饒恕」，卻是在乎信靠神（*來十一6*）和他的應許（*例如羅五1-2；西一21-23；約壹一9*）。

2. 無論你自己感覺如何，神既然說你在基督耶穌裡不再被定罪（無罪，完全的饒恕），這就是事實（*羅八1*）。

3. 當神說他饒恕你也洗淨你一切的不義時（*約壹一9*），你絕對不可能（也不需要）幫神完成他的工作。

4. 「需要饒恕自己」的感覺表示你對以前的過犯仍有罪惡感。既然罪惡感來自罪，你要向主認罪、悔改（*約壹一9*），且於適當的時機向別人認罪（*根據箴十五23，二五11；雅五16*）。向神悔改，也需讓神更新你的心意

   （*參考心意更新，第七課，第六頁至第七頁*）。

5. 與其在神饒恕你之後，仍覺得需「饒恕自己」，倒不如忘記背後，努力面前的，向著標竿直跑，要得神在基督耶穌裡所召你去得的獎賞（*腓三13-14*）。

C 「饒恕自己」是毫無聖經根據的。聖經對饒恕只有兩種看法：

1. 你能夠也必須得神的饒恕（西一13-14；約壹一9）；

2. 你要誠心饒恕別人，如同神饒恕你一樣（太十八32-33；弗四32；西三13）。

II 當你得到饒恕時，一切因你犯罪而有的後果是否都被除去了？

A 當你承受神救恩的饒恕時，你是出死入生了（約五24），你罪過之最終審判及後果已被除去（羅六23）。神的兒女若能每一天都公正的省察自己，也即時對付罪行，就不會被主審判了（以致受懲罰）（根據林前十一31-32）。

B 然而，接受神的饒恕，並不保證你犯罪的一切後果都會被除去（西三25）。例如：

1. 神雖然饒恕了大衛與拔示巴所犯的姦淫罪（撒下十二13），從這不義的關係所生的小孩卻死了（撒下十二14-23）。

2. 在十字架上悔罪的犯人以信心回應耶穌基督，卻仍要為他所犯的罪而死（路二三39-43）。

3. 神可以饒恕你對人所犯的罪（約壹一9），但你仍有責任去與那人和好（太五23-24）。

III 「你饒恕人」與「神饒恕你」有何關係？

A 在你靈命重生之前（約三3），你最需要的是被神饒恕（羅五8-9；西二13-14）。這是神恩典至尊的工作，不是靠你的行為而可得到（弗二8-9；多三5）。

B 在你靈命重生之前，你不可能真誠的饒恕人，因為若不藉著基督：

1. 你不能瞭解屬神的事（林前二14）；

2. 你沒有能力服從他（羅八7）；

3. 你不能行出毫無認識亦無親身經歷的事（弗四32）。

C 在你領受靈命重生之後，神即保守你在基督裡永生的產業（彼前一3-5）。你天上的產業是靠神的旨意、慈悲及恩典才能繼承的，且有聖靈應許的印記（弗一3-14；提後一9）。

D 你若一直拒絕根據聖經饒恕別人，即顯出一顆不肯悔改的心，也表示靈命可能沒有重生過（約壹二3-4，三6、9-10）。然而，一位真信徒有可能在某種特殊情況下，因只注重自己，並未饒恕別人而犯罪。

1. 身為神的兒女，你若不能饒恕別人而犯罪，這表示：
    a. 你對神在基督耶穌裡所賜你的饒恕毫無感激 *(太十八21-33)*。
    b. 你沒有照著神藉耶穌基督所顯出犧牲之愛的榜樣去行 *(弗四32；約壹四10-11)*。
    c. 當你計算你的虧損（耿耿於懷）*(林前十三5)*，也拒絕饒恕別人時 *(弗四32)*，你就是定意不遵行神的話。
2. 身為神的兒女，你若不能饒恕別人而犯罪，就會有以下的結果：
    a. 神會不饒恕你的過犯 *(太六14-15；可十一25-26)*；
    b. 神會以慈愛和適當的方式來提醒並管教你 *(林前十一32；來十二5-11)*。
3. 你若反問：「約翰壹書一章9節不是說當我認罪時，就從神領受饒恕及潔淨嗎？」要記住，真正的認罪「不單是對神承認你的罪，還要答應神棄絕那罪」。
    a 你若只「認」一部分的罪，卻期待神饒恕及洗淨你一切的不義，你仍行在罪中不饒恕別人 *(可十一25)*，你就是欺哄自己 *(雅一22)*。
    b 當你順從神的話 *(約壹三22)*，也照著神的旨意求時 *(約壹五14-15)*，你的禱告即可得到應允（包括認罪的禱告）。你若不饒恕別人，就是不聽從神的話，也不會照著他的旨意而求。當你不饒恕別人時，你仍行在罪中 *(雅四17)*，因此，你不會從主得到此罪的潔淨。許多時候，痛苦的回憶還會不斷的消減你靈性的活力。你需要饒恕那人，從捆綁中解脫。

IV 除了要「饒恕」罪、神是否也要求你「忘記」罪？

A 經文說，神饒恕你，再也不記念你的罪 *(賽四三25；耶三一34；來十17)*，這表示他既藉著耶穌基督的寶血洗淨了你，就不再要求你為你的罪負責 *(羅三23-25；弗一7；來十19-22；約壹一7)*。
1. 他必審判每一件事及每一句不經心的說話（不論好壞）*(傳十二14；太十二36-37；林後五10；彼前一17)*。所以，既然神的性格及他的話語對我們保證了他會完全的饒恕，那麼他就不需要忘記罪過來饒恕罪過了。
參考饒恕（饒恕別人如同神饒恕你）（第十二課，第三頁至第五頁）的**I. 瞭解神的饒恕**及
行道的重要性（第五課，第六頁至第九頁）。
2. 你的責任是要饒恕別人，如同神饒恕你一樣 *(弗四32)*。饒恕人就是不再怪罪於人（也就是「不記念」），然後，你要將此人與他的罪都交託在主的手中，因神是最終的公義審判官 *(太十六27；提後四8；雅五9)*。

B　經文中「不要記念」是表示「不再提起或想到」或「不計算」的意思。例如，大衛求主「不要記念」（字面解釋為「不再提起」）他幼年的罪愆 *(詩二五7)*。

C　經文中「忘記」是表示「沒有注意到」。例如，使徒保羅會記起（想起）他從前的罪 *(提前一12-15)*，卻信心十足地宣告「要忘記」（「不注意」）背後的事而努力向前，為了得著神藉基督耶穌從天上所召他去領的獎賞 *(腓三13-14)*。

D　沒有一處經文要求你要完全忘記你的罪或別人向你犯的罪。其實，對某些罪有印象（雖然神已饒恕了那罪）在你行義的路上是重要的，為的是使你不重蹈覆轍 *(例如，大衛在撒下十二13-23及詩三十八篇裡記起他的罪)*。神所要的是：雖然你清楚記得別人得罪你，卻不再被這記憶影響，你願意饒恕別人，如同神在基督裡饒恕了你一樣 *(弗四32)*。

參考饒恕（饒恕別人如同神饒恕了你） *(第十二課，第三頁至第五頁)*

V　**是否有必要為你的遭遇「饒恕神」？**

A　神在他至高而聖潔 *(出十五11；賽六3；啟四8)* 公義的審判裡 *(詩七11，五十6)* 所做的都是恩慈，所行的都是公義 *(詩一四五17)*，也充滿著慈愛 *(詩一一八1-4；哀三22-23)*，並且是完全的 *(詩十八30)*。

B　需要「饒恕神」，好像是說：

1.　你可以取代神獨一審判的權力（其實你連你的鄰舍都不能論斷）*(雅四12)*；

2.　神犯了罪，其實神是不可能犯罪的 *(申三二3-4；詩一四五17；雅一17；約壹一5)*。

C　若不流血，罪就不得赦免 *(來九22)*。

1.　父神差遣他無罪的兒子耶穌基督為人流血 *(來九14)*，使你的罪得到永遠的饒恕，你也因此可以饒恕別人 *(弗一7；西三13)*。

2.　除了耶穌基督，沒有一人 *(羅三23)* 能夠藉流出無罪的血永遠的饒恕別人。

D　「饒恕神」的觀念不但不符合聖經，也是侮辱了神的聖潔，並他救贖計劃的神聖和他在生命中絕對的主權。這觀念也顯示出人在高抬自己，不肯除去自我。

注意：*人會有「饒恕神」的這種錯誤觀念，是因為人經常不用符合聖經的方法來對付他的怒氣或悲痛。參照****忿怒和苦毒****(第十一課，第二頁至第十六頁)。*

VI 你是否會有「不想」饒恕某人，或自己好像沒有被神饒恕的感覺？

    A   就算你「不想」饒恕別人，你也能夠，並且必須遵從聖經饒恕別人，就像神饒恕了你一樣*（弗四32；西三13）*。根據聖經來饒恕人經常要付代價，這是困難的，卻是可以做到的*（根據林後三5-6；腓二12-13）*。你不需要考慮你饒恕人是否「公平」或正當或感到公正。饒恕人不是基於你的感覺，乃是基於神對你慈悲的饒恕*（例如：羅五8）*。

        *參照**饒恕（饒恕別人如同神饒恕了你）***（第十二課，第三頁至第五頁）。

    B   身為神的兒女，在你誠心認罪後，就算沒有「感到被饒恕」，神的話仍然應許你已得到神（他是全然可靠、正直的）完全的饒恕及潔淨了*（約壹一9）*。不論你感覺如何，神饒恕之應許是你得饒恕的確據。

        1.   那些被神饒恕的罪不會妨礙你在主面前成為神兒女的地位*（羅八31-34；林前六9-11；弗二1-7）*。

        2.   不論你對那些被神饒恕的罪「感覺」如何，你必須努力向前，回應基督耶穌的呼召，忘記（不注意，不理會）那已在你背後的事*（腓三12-14）*。

個案研討：美茵的丈夫離棄了她

> 你若想根據聖經來幫助人解決問題，就需要處理那人與主之間的關係，並協助他順服主，在所有關係中實踐聖經中的愛（根據太二二37-39；約十三35，十四23-24；林前十三4-8上；林後二14；約壹四8、10-11、19，五3）。

在輔導會談之前，你與助理輔導員開會，複習在會談時作筆記的重要性。你們也要一起複習聖經輔導的四個要律（瞭解問題、希望、改變、實踐）。你知道美茵需要瞭解神對她的問題的看法，你要設計一個會談計劃（包括所引用的經文）。此計劃（a）探討美茵與主之間的關係和（b）使每位輔導員都能瞭解神對這困難的看法。你們在禱告中將此計劃交託給主。

當美茵到達時，你向她介紹輔導組的成員們。一起禱告後，你鼓勵每人寫筆記，也提醒在場的每一位：聖經是解決這個困難唯一的權威。美茵提起，自從你們昨晚的談話後，她已能背誦部分的*哥林多前書十章13節*，並且你為了會談所預備的其他經文都對她有幫助。在她解說經文如何幫助了她之後，你（輔導員）問起美茵得救的經歷。

（當你讀以下的短劇時，列出美茵不符合聖經的說話和行為）

輔導員：「美茵，請談談你認識耶穌基督的經過。」

美茵：「我十六歲時在一個基督徒夏令營接受了主。在主裡面有了真正的喜樂。在接著的幾年中，我固定地參加教會聚會及主日學。我也有許多信主的朋友。*（停頓）*

在大學裡我的屬靈生命開始每況愈下。我認識了國輝，他對基督徒的生活沒有興趣。雖然我知道不應該與非信徒結婚，但我還是嫁了給他。我以為他會改變，但他並沒有。已有許多年我們之間沒有溝通、友誼或愛情了。我感到好痛苦！生命中沒有平安與喜樂，我們的婚姻已面臨破裂，我已沒有任何指望。」

輔導員：「你和丈夫國輝之間的問題是何時開始的？」

美茵：「他漸漸不再寫情書或送禮物給我，叫我好失望。我想他不再愛我了。他還要求我每天早上起來為他準備早餐。」

輔導員：「你對這樣的要求如何反應呢？」

美茵：	「我叫他自己做早餐。我又不是他的廚子或傭人。我真的認為他侵犯了我的權利。（停頓）
	不但如此，他一點都不負責任，髒衣服到處亂扔，真惹我生氣。他也知道這會使我生氣，我肯定他丟髒衣服是故意要讓我生氣的。」
輔導員：	「當他把衣服丟在地上時，你是怎樣對他說話的呢？」
美茵：	「我一天至少跟他講十次，要他把衣服撿起來。他若仍不撿，我就向他吼叫。只有向他吼叫他才會聽。」
輔導員：	「還有別的問題嗎？」
美茵：	「我們從來不夠應付家裡的開支，他把錢都花在自己身上。連買菜的錢，我都得向他要。」
輔導員：	「你的反應又如何呢？」
美茵：	「我非常灰心，他從來不關心這些。我記得有好多次他忘了付一些帳單，結果我得去幫他解決這些事。我絕對不會忘記，這是多麼尷尬！我一再的提醒他，希望他不再犯這些毛病，不過我懷疑這是否有用？」
輔導員：	「還有別的事情嗎？」
美茵：	「怎麼會沒有？他毫無意願管教孩子。好像這都是我的事情。我們為這事吵的最凶。我一直跟他說父親應負的責任，但他卻把我的話當耳邊風。我跟孩子說若他們長大後人格敗壞，那將是他們父親的錯……因他們父親的人格已敗壞了。我曾嘗試使我們的婚姻美滿，但這需兩人的努力，但他偏偏又毫無意願。我不知為他花了多少心血！」

溫習你所列出那些美茵不符合聖經的說話和行為。以聖經為標準來看，美茵究竟是個怎麼樣的人？在這困難中，你應當讓她注意甚麼事情？美茵應當如何才能以神的方法來面對、處理這些問題？

參考：
你能根據聖經改變（下）（第二課，第三頁至第五頁）；
根據聖經面對自我：作門徒的基本條件（第二課，第六頁）；
根據聖經面對自我：根據聖經幫助別人的先決條件（第二課，第七頁至第八頁）；
每日靈修和經文背誦的聖經根據（第二課，第九頁至第十一頁）；以及
靈程步升：照神方法行（第五課，第五頁）。

第十二課：指定作業

> 從這一課的**作業**可看出神對饒恕的看法。當你根據聖經饒恕人時，就表明耶穌在你生命帶來了改變（根據太五16；約十三35；弗四32；西三13）。

以 ✔ 表示作業完成

- ☐ A *以自己的文字，寫出*馬太福音五章23至24節*的意義。在這個星期裡，背誦*馬太福音五章23至24節*，並開始背誦*以弗所書四章29節*及*腓立比書二章3至4節*。

- ☐ B *讀**聖經原則：人際關係（上）（學習如何愛你的鄰舍）**（第十二課，第二頁）。標識聖經中以前未作記號的參考經文。

- ☐ C *查考**饒恕（饒恕別人，如同神饒恕了你）**（第十二課，第三頁至第五頁）讀到指示你如何改變（好使你能根據聖經來饒恕人）的詞句時，可在旁作記號。用**得勝計劃表**（補充材料八，第一頁至第二頁）列出你要饒恕的對象，並針對每一個對像作饒恕的計劃（每人一張表格）。

- ☐ D *查考**和好（除去一切合一與和睦的障礙）**（第十二課，第六頁至第八頁）。讀到指示你應如何改變（好討主喜悅）的詞句時，可在旁作記號。用**得勝計劃表**（補充材料八，第一頁至第二頁）列出你要和好的對象，也思量如何逐步地與每一位對像和好（每人一張表格）。

- ☐ E *為了實習根據聖經饒恕，在計劃表上寫下你要求某人饒恕時所要講的每句話。你若需向某人求饒恕，即刻去作。（參考上列C）要記得，你只需為你是否遵行主命負責；你不需為別人的反應負責。

- ☐ F *讀**根據聖經饒恕的問題與解答**（第十二課，第九頁至第十三頁），看看如何解答根據聖經饒恕一些通常會有的問題。

- ☐ G *讀**個案研討：美茵的丈夫離棄了她**（第十二課，第十四頁至第十五頁）在列出美茵不符合聖經的言行之外，也回答在短劇中未了的問題。

- ☐ H *回答與本課有關的**課程測驗**第十九題與第二十題。（第二十三課，第二頁）

※ *完成有*記號的作業，是接受進一步聖經輔導訓練的先決條件。*

靈修日引（包括經文背誦及指定作業）

> 從這一課的**靈修日引**可看出神對於饒恕的看法。當你根據聖經饒恕人時，即表明耶穌在你生命帶來的改變（根據*太五16；約十三35；弗四32；西三13*）。

經文背誦

1. *背誦*馬太福音五章23至24節*，也開始背誦*以弗所書四章29節及腓立比書二章3至4節*。
2. 隨身攜帶本周與上周的背誦經文卡，利用一天中空閒的時間複習這些經文。

靈修日引

第一天
1. 以禱告開始。
2. *讀聖經原則：**人際關係（上）（學習如何愛你的鄰舍）**（第十二課，第二頁）的*原則51*。將所列舉的經文在聖經中標識出來。
3. *用自己的文字，寫出*馬太福音五章23至24節*的意義。
4. 以禱告結束。

第二天
1. 以禱告開始。
2. *讀聖經原則：**人際關係（上）（學習如何愛你的鄰舍）**（第十二課，第二頁）的*原則52*。將所列舉的經文在聖經中標識出來。
3. *查考**饒恕（饒恕別人，如同神饒恕了你）**（第十二課，第三頁至第五頁）。查考所列的經文，把這些真理牢記在心。這是兩天查考的第一天。
4. 以禱告結束。

第三天
1. 以禱告開始。
2. *讀聖經原則：**人際關係（上）（學習如何愛你的鄰舍）**（第十二課，第二頁）的*原則53*。將所列舉的經文在聖經中標識出來。
3. *完成你所查考的**饒恕（饒恕別人，如同神饒恕了你）**。第十二課，第三頁至第五頁）找出所列的經文之外，若讀到指示你應如何改變（好使你能根據聖經來饒恕人）的詞句時，可在旁作記號。用**得勝計劃表**（補充材料八，第一頁至第二頁）列出你要饒恕的對象，並針對每一個對像作饒恕的計劃（每人一張表格）。
4. 以禱告結束。
5. 每天有空時，你是否複習所背誦的經文（*詩一一九11；弗五15-16*）？

第四天

1. 以禱告開始。
2. *讀聖經原則：人際關係（上）（學習如何愛你的鄰舍）（第十二課，第二頁）的原則54。將所列舉的經文在聖經中標識出來。
3. *參考和好（除去一切合一與和睦的障礙）（第十二課，第六頁至第八頁）。讀到指示你應如何改變（好討主喜悅）的詞句時，可在旁作記號。這是兩天研習的第一天。
4. 以禱告結束。

第五天

1. 以禱告開始。
2. *完成你所查考的和好（除去一切合一與和睦的障礙）（第十二課，第六頁至第八頁）。記得標識那些指示你應如何改變的詞句。用得勝計劃表（補充材料八，第一頁至第二頁）列出那些你需要和好的對象，針對每一個對像做和好的計劃。
3. *寫下你求某人饒恕時所要講的每一句話。
4. 以禱告結束。

第六天

1. 禱告開始。
2. 開始查考根據聖經饒恕的問題與解答（第十二課，第九頁至第十三頁）。這是兩天研習的第一天。
3. 用第五天所寫你求某人饒恕時所講的話，去求那人的饒恕。要記得，你只需為你的行動負責，不要在乎別人的反應如何。
4. 以禱告結束。

第七天

1. 以禱告開始。
2. *讀個案研討：美茵的丈夫離棄了她（第十二課，第十四頁至第十五頁）。除了列出美茵不符合聖經的說話與行為之外，也回答在短劇中末了的問題。
3. 完成你所研讀的根據聖經饒恕的問題與解答（第十二課，第九頁至第十三頁）。
4. *回答與本課有關的課程測驗第十九題與第二十題（第二十三課，第二頁）。
5. 以禱告結束。
6. 評估你這一個星期背誦經文的效果。背誦給朋友聽，要記得向他們解釋經文的意思及它們在你生命中所起的作用。

※ 完成有＊記號的作業，是接受進一步聖經輔導訓練的先決條件。

第十三課

人際關係（下）
（學習如何愛你的鄰舍）

「污穢的言語，一句不可出口，只要隨事說造就人的好話，叫聽見的人得益處。」

弗四29

「凡事不可結黨，不可貪圖虛浮的榮耀；只要存心謙卑，各人看別人比自己強。各人不要單顧自己的事，也要顧別人的事。」

腓二3-4

第十三課：人際關係（下）（學習如何愛你的鄰舍）

> 要學習如何愛你的鄰舍，就必須立志向耶穌支取力量，向自己死，為他而活。若能用這種方式生活，不論在何種情況或心情之下，都能夠照著聖經去愛別人（根據太五38-48，二二37-39；路二三34；約十三35，十五5；林前十三4-8上；林後四7-10，五14-15；約壹四7-11）。

I **本課宗旨：**

A 根據聖經解釋愛人的意義，也教你如何付諸行動。

B 提出根據聖經與人溝通的方針。

C 解說神在他的話中，對一個不悔改的信徒所列出的挽回與管教的步驟。

D 解說應如何根據聖經操練基督肢體的相愛。

E 提供一個根據聖經克服人際關係問題的計劃。

F 繼續聖經輔導的個案研討。

II **本課大綱**

A 面對自我

1. **聖經原則：人際關係（下）（學習如何愛你的鄰舍）**（第十三課，第二頁至第三頁）
2. **聖經中的愛的意義**（第十三課，第四頁至第六頁）
3. **挽回與管教（根據聖經對待信徒所犯的罪）**（第十三課，第七頁至第八頁）
4. **挽回與管教的步驟指引**（第十三課，第九頁至第十一頁）
5. **根據聖經的溝通**（第十三課，第十二頁至第十四頁）
6. **根據聖經的人際關係（基督肢體的相愛）**（第十三課，第十五頁至第十八頁）
7. **克服人際問題**（第十三課，第十九頁至第二十三頁）

B 靈命成長步驟

1. **第十三課：指定作業**（第十三課，第二十六頁）
2. **靈修日引**（第十三課，第二十七頁至第二十八頁）

C 聖經輔導

個案研討：美茵的丈夫離棄了她（第十三課，第二十四頁至第二十五頁）

聖經原則：人際關係（下）

> 每個基督徒都應當盡本分與人建立及維持和睦的關係。主耶穌基督就是基督徒的模範。他在世上時，示範了如何藉著與父神的關係來與別人建立聖經中的愛的關係（根據太五23-24；可十一25-26；路二三34；羅十二18；林後五17-21；彼前三8-9；約壹三14、18，四7-8）。

III 你的改變（接續第十二課，第二頁之大綱）

（原則55）　你們願意人怎樣待你們，你們也要怎樣待人（太七12）。在人際關係中，你要留意，不要使你的生活成為別人的絆腳石（太十八7；羅十四13；林前八9、13）。

（原則56）　不爭執、吵架，也不要以惡報惡，但要祝福、說話親切及溫和（腓二14-16；西四6；帖前五15；提後二23-25；彼前三8-9）。

以下原則也適用在人際關係上：

（原則3，第二課，第二頁）若要在神的話語中操練自己，首先就必須從省察自己和除去生活中罪的阻礙開始（太七1-5；林前十一28-31）。然後，你才有權利和責任去使別人恢復得勝的生活（太七5；林後一3-4；加六1-5）。

（原則4，第三課，第二頁）既然神的話語是我們信仰和行為的唯一權威，也是我們生活各方面獨一而合法的衡量標準，那麼你就不應依靠其他的辦法。神的話語已給你盼望，並且提供了改變的方向（包括思想、言語和行動），足以裝備你去行各樣的善事（詩十九7-11；箴三十5-6；西二8；提後三16-17；來四12；彼後一4），並幫助你培養象基督的服事態度（根據太二十25-28；腓二5-8；帖前二13）。

（原則39，第十課，第二頁）遵守神的誡命（太二二37-39），在日常生活和各種人際關係中捨己忘我（路九23-24；約三30，十二24-26；羅十二3，十四7-8；林後五15）。不因自卑、自大或自憐而犯罪，要看別人比自己強，要作神和眾人的僕人（太二十25-28；路四8；約十三3-17，特別是14-15節；羅十五1-3；林前九19，十24、32-33；腓二3-8；西三23-24；彼前四10）。

（原則52，第十二課，第二頁）不要用自己的標準、眼光或經驗來論斷別人（約七24；羅十四1-13；雅四11-12）。你如何論斷別人，也必同樣被論斷（太七1-2；路六36-38）。

IV 你的應用

（原則57）向主承認你的罪（約壹一9），並完全根據聖經的原則向你所冒犯的人認罪（雅五16），要表達憂傷及痛悔的心（太三8；徒二六20；林後七9；雅四8-10）。根據聖經來設計一個明確的更新計劃，並開始實行（林後七9-11；弗四31-32；西三12-17；雅一25；彼前四8-11）。

（原則58）與別人溝通時，首先要養成聆聽的習慣（箴十八2、13；雅一19-20），接著要以愛心說誠實話，使對方得以蒙恩（弗四15、25、29；西四6）。遵行神對溝通的指示：要誠實、親切、用溫柔的心、不出污言，只說造就人並使人和諧的話（箴十二18，十五1；羅十四19；弗四25、29、32；西四6）。

（原則59）積極地去與別人和好（太五9、23-24，十八15-18；羅十二18；西三14-15）。

以下原則也可以幫助你：

（原則44，第十課，第三頁）愛人不可有虛假（做作）（羅十二9），要在你的思想、言語和行動上，彰顯基督生命的果子（太五16；加五22-23；弗五1-2）。

聖經之愛的意義

> 經文中「愛」最主要的意義是一個捨己為人的承諾。其實，愛神就是表現在遵行他的話上（約十四15、21、23-24；約壹五3；約貳一6）。聖經中的愛可能含有情感，但使愛堅定不移的卻是意志的承諾。感情可能改變，但一個根據聖經去愛人的承諾，卻能持久不變，也是耶穌基督門徒的印記（根據約三16，十三34-35；羅五8-11；林前十三4-8上、13）。

I 神對我們生活上的教導，都是根據聖經的原則去愛神和愛人（太二二36-40；可十二28-34）。

    A 你要盡心、盡性、盡力、盡意的愛神（申六5；太二二37；可十二30）。

    B 你要愛你的鄰舍，如同愛自己一樣（太七12；二二39；可十二31；弗五29）。

II 愛是付出，不是獲得（約三16），以屬神的愛作為你表達愛的基礎和榜樣（約壹四7-10）。

    A 神將他的獨生子賜給了我們（約三16）。

    B 主耶穌基督愛你，也為你捨了他自己（加一4，二20）。

    C 主耶穌基督以他自己來作你的贖價（賽五三4-12；提前二6）。

    D 主耶穌基督雖然貴為「主人」，卻以「服事」來表達他的愛（約十三3-17）。

III 愛的特徵就是聖潔的言行（思想、言語、行動）（林前十三4-8上）。尤其當你不心甘情願時，你的愛是否仍有下列的特徵（太五46-48）？

    A *愛是恆久忍耐。* 雖然你已忍無可忍，甚至想發洩，卻仍能承擔痛苦或試煉。受激怒或大壓力時仍有節制，遇見任何阻力、困難或逆境都堅定不移。

    B *愛是恩慈。* 就算當你極想以身體或言語來傷害別人時，仍然有同情心、體諒、溫柔和接納。

    C *愛是不嫉妒。* 尤其是有人比你更受重視時，是否仍與人無爭？對比你強的人不懷敵意，也無猜疑。愛是為別人的利益著想。

D *愛是不自誇*。雖然你真巴不得把自己的成就公諸於世，但你卻不會這麼做。愛是不自我炫耀和自我標榜，反而盡力造就別人。

E *愛是不張狂*。雖然你認為別人是錯的，而自己是對的，但愛是不下斷言，也不壓迫別人。

F *愛是不作害羞的事*。雖然自誇、傲慢、無禮可能會引起別人的注意而使你目的得逞，但愛會使你依情況中規中矩，好使神得到榮耀。

G *愛是不求自己的益處*。雖然你很想趁著機會把東西佔為己有，但愛是不求滿足自己的私慾，不執意而行，也不為自己求利益。愛是一股我為人人的意志力。

H *愛是不輕易發怒*。雖然別人想挑撥你，或你很看不慣某些人或事，但因著愛，仍是忠心的、溫柔的教導人行義，對失敗的人也是如此行。

I *愛是不計算別人的惡*。雖然人人都反對你，甚至公開的攻擊你，但因為有愛，就不會耿耿於懷。愛是寬恕，不會重提舊錯，加以指控。愛不會以惡報惡，也不沉溺於自憐。愛遮蓋許多罪。

J *愛是不喜歡不義*。雖然某人好像是罪有應得，但因為愛，你會為罪和其後果憂傷，也會因墮落所帶來的痛苦歎息。愛是讓他人與主和好。

K *愛是喜歡真理*。雖然撒個謊既方便又可佔便宜，但因為有愛，甚至在事情會對自己不利時，也在所不惜。

L *愛是凡事包容*。雖然沮喪到了極點，但有了愛，就接納那些不易瞭解或難於應付的人，用長遠寬闊的角度來看任何難處。愛是謹記著神要藉著困境來使人達到屬靈的成熟。

M *愛是凡事相信*。雖然別人的行動有可疑之處，而你也不想再信靠任何人，但因為愛，便在證明是非之前信靠別人。不論斷別人的動機，即使事實證明對方不值得信任，但為了愛，仍然幫助他成為一個可靠的人。

N *愛是凡事盼望*。雖然好像事事都不順利，但因為有愛，仍期待著神計劃的實現，也為別人作最好的打算。愛是有信心把別人交託給主，好讓主至高完美的旨意在他們生命中實現。

O *愛是凡事忍耐*。尤其是在無法忍受某些人或事時，有愛就能忍耐一切。在痛苦或難處中仍然堅定不移，在經歷試煉時尚心存感恩而不退縮。

P　　愛是永不止息。雖然你已感到不勝負荷，近乎絕望，但因為有愛，就不會在壓力或困境之下心力交瘁。愛是至死都保持無私的忠心。

IV　愛是基督門徒的生命特徵（約十三34-35；弗四1-3；西三14；約壹四7-8）。

A　忠心地彼此相愛（羅十二10），也能保持熱切的愛心（彼前四8），因為神已白白的把愛給了你（約壹四7、11、19）。不需要向神求更多的愛，因為他的愛已完全地澆灌在你的心裡了（羅五5）。

B　即使你不情願，也必須（也有能力）行出聖經中的愛（路六27-38；約壹三16-18，四18-21）。

C　即使因實行聖經原則而引起誤會或報復時，你仍行出聖經中的愛（林前十三8上；弗四15、25；約壹四18）。

D　神的愛既是信徒生命的最大特徵（林前十三13），又最能使人合一（西三14），信徒即使在日常生活的難處裡（家庭、公司、朋友間）也要表現出基督愛的特徵（林前十三8上）。

E　在那些不可忽視的嚴重情況中更要實行聖經中的愛。在以下的情況需要實行聖經中的愛：

1. 嚴厲警戒某些人（帖前五14-15），或以行動去指責正在犯罪的信徒時（太十八15-17）。
2. 要用堅定的態度來對待那自稱信徒，但仍不斷犯罪的人時（林前五11-13）。
3. 要避免與一個不守規矩的信徒交通時（帖後三6）。
4. 要拒絕（避開）一個在主內肢體之間分門結黨（離間）的人時（多三10-11）。
5. 要管教兒女時（弗六4）。
6. 要求助於警察或牽涉到打官司時（羅十三1-5）。

除了個人要以聖經中的愛來應付各種情況外，必要時，別的信徒也應在符合聖經的適當情況下給予協助。
複習挽回與管教（根據聖經對待信徒所犯的罪）（第十三課，第七頁至第八頁），和
挽回與管教的步驟指引（第十三課，第九頁至第十一頁）。

挽回與管教（根據聖經對待信徒所犯的罪）

> 當一個信徒犯了罪，需要挽回與管教時，每位信徒及整個教會都必須根據聖經的原則來勸導他，要以大愛及迫切不斷的禱告來進行挽回與管教 *(根據太十八15-17；約十三35；羅十五14；加六1-5；帖前五17；雅一5)*。

對待一個信徒的罪，你必需不斷地：(1)用聖經自省 (2)全心地饒恕犯罪的人 (3)溫和地指出這犯罪信徒的錯處，讓他有機會再與神及人和好 *(根據箴十七17，二十30，二十七5-6；太七1-5，十八15，21-35；可十一25-26；路十七3-4；羅十二16-19，十五14；加六1-2；弗四29，32；西四6；帖前五14-15；雅五19-20；彼前四8)*。

若一位主內的信徒犯了罪，私下去與他談，責備他 (使他看到自己的罪)。

他若悔改，你就：(1)全心地饒恕他 (2)以聖經輔導使他能與神及人和好 (3)儘量照著聖經所許可的，幫助他恢復在肢體中全面的交通及事奉 *(根據箴十一14，十五22，十七9；太七1-5，十八15，35；路十七3-4；羅十二18；林前十二25-27；加六1-2；西四6)*。

若他不願意悔改，你就應當：(1)繼續用聖經來自省 (2)全心地饒恕他 (3)心存溫柔 (4)與一兩位見證人同去勸他悔改 *(根據太七1-5，十八16，35；加六1-2)*。

他若悔改，你就要：(1)全心地饒恕他 (2)用聖經輔導使他能與神及人和好 (3)儘量照著聖所許可的，幫助他恢復在肢體中全面的交通及事奉 *(根據箴十一14，十五22，十七9；太七1-5，十八15，35；路十七3-4；羅十二18；林前十二25-27；加六1-2；西四6)*。

若他不願意悔改，你就應當：(1)繼續用聖經來自省 (2)全心地饒恕他 (3)心存溫柔 (4)告訴教會負責人，因他們負責對此信徒採取最後措施。由他們決定仍採取挽回的步驟還是要懲罰他 *(根據太七1-5，十八17，35；加六1-2)*。

(下頁繼續)

(接續上頁)

　　→ 他若悔改,你與每一位參與挽回與管教步驟的人就應當:(1)全心地饒恕他(2)以聖經輔導他去與　神及別人和好(3)安慰他,讓他確知你們對他的愛(4)儘量照著聖經所許可的,幫助他恢復全面的交通和事奉 *(根據箴十一14,十五22,十七9;太七1-5,十八15,35;路十七3-4;林前十二25-27;林後二6-8;加六1-2;西四6)*。

而另一方面:

- 對於那一直公然犯罪而不悔改的人,你不可與他交往或吃飯(不要與他交通) *(根據林前五11-13)*。
- 對於一個放蕩、故意不遵行神的話,也不悔改的人,你應該疏遠他(停止交通)。但你要特別注意他,在勸告他時,待他如弟兄,而不是敵人 *(根據帖後三6、14-15)*。
- 對於那不悔改又愛結黨(造成教會分裂)的人,在警誡過一兩次後你就要棄絕他,(避開他,不再與他交通),因他定了自己的罪 *(根據多三10-11)*。
- 如果那不悔改、繼續犯罪的人是教會長老的話,就要在眾信徒面前責備他,叫其餘的人也對罪有所警惕 *(根據提前五19-21)*。

　　→ 他若悔改,你與每一位參與挽回與管教過程的人就應當:(1)全心地饒恕他(2)用聖經輔導他去與　神及人和好(3)安慰他,讓他確知你們對他的愛(4)儘量照著聖經所許可的,幫助他恢復全面的交通和事奉 *(根據箴十一14,十五22,十七9;太七1-5,十八35;路十七3-4;林前十二25-27;林後二6-8;加六1-2;西四6)*。

如果在這本於誠心和禱告的挽回與管教步驟之後,他仍不悔改,就不能當他為　神家中的一份子 *(根據馬十八17;林前五13)*。

　　→ 他若悔改,你與每一位參與挽回與管教步驟的人就應當:(1)全心地饒恕他(2)用聖經輔導他去與　神及人和好(3)安慰他,讓他確知你們對他的愛(4)儘量照著聖經所許可的,幫助他恢復全面的交通和事奉 *(根據箴十一14,十五22,十七9;太七1-5,十八35;路十七3-4;林前十二25-27;林後二6-8;加六1-2;西四6)*。

如果這不悔改的人,在正式與教會停止交通之後,他又來到信徒聚會的場所(崇拜、查經等),教會的人要不斷地向他講明悔改的需要。那是唯一最適合他的信息,因為他已不是信徒裡的一份子 *(根據太十八17)*。

挽回與管教的步驟指引

> 當你按步驟挽回一位被罪勝過的信徒時，就表明了聖經中的愛。這不但鼓勵一位跌倒的信徒回到他對耶穌基督起初的愛，也讓參與這挽回步驟的人，有機會省察自己愛主的程度（根據太七1-5；約十四15；林前十三4-8上；加六1-2；西三12-13；帖前五14-15；來十23-25；啟二4-5）。

I   挽回一位犯罪弟兄的初步

     A   要記得，聖經的挽回步驟是為了違反神話語而犯罪的信徒而設，你不可用挽回與管教的步驟來「責備」那些與你意見不同的人。在個人意見或喜好的事上，神要你看別人比自己強（根據腓二3-4）和不可論斷別人（根據羅十四1-19，十五1-2）。

     B   每一個信徒都可以警戒（責備、輔導、教導）在主內犯罪的人（包括教會領袖）（羅十五14）。要記得你所能承擔的，乃是出於神（林後三5-6），他的聖靈及他的話能供應你一切所需，讓你在此事（及任何其他屬靈生命的經歷上）得以聽主命而行。
*複習聖經是你的權威（第三課，第三頁至第五頁）及
聖靈賜你力量解決問題（第三課，第六頁至第八頁）。*

     C   不要憑自己的「常理」或別人的「智慧」來勸告一個犯罪的信徒，要單單憑神的話（根據詩篇十九7-11，一一九49-50、92、104；箴六23；賽五五8-11；提後三16-17；來四12）。在試著去挽回一個跌倒的弟兄時（加六1-2），你應當：

         1. 私下向他指出他必須除去（脫去）的罪，引領他從經文中看到他所行的乃是罪（羅六1-2；西三1-9）；

         2. 隨時準備教導他神的挽回計劃，其中包括了悔改、認罪、和好及重新開始一個討主喜悅的生活（穿上）（根據羅十二18；西一9-12，三10-24；雅五16；約壹一9；啟二4-5）。此時，成熟的信徒可藉聖經輔導使這位跌倒的主內信徒得到完全的復興（根據箴十一14，十五22；加六1）。複習第五課至第八課關於根據聖經改變的課程。

     D   不論一個信徒對自己的過犯或對你有何反應，你都應當：

         1. 在與他談到他的過犯之前，以一個符合聖經的態度來自省（判斷），根據聖經的教訓來克服自己一切的罪，這樣不但討神喜悅，也不致成為偽君子（根據太七1-5；林前十一31；加六3-5）。

2. 你要在神面前全心饒恕你弟兄的罪（太十八35；可十一26），也隨時預備饒恕悔改的信徒（路十七3-4）。

3. 不斷用神的話自省（太七1-5），誠心挽回你的弟兄，恢復他與主及信徒應有的關係（太十八15；加六1-2）。

4. 心存溫柔對待那犯罪的弟兄。在挽回的步驟中，注意不要讓自己落在試探裡（根據加六1-2；雅四7；彼前五8）。要記住：受管教是痛苦的（來十二11）。

5. 根據當時的需要，說造就人的話，使聽者蒙恩（弗四29；西四6）。不與人閒談他人的罪（不與未參與挽回步驟者閒談他人的罪）（根據利十九16；詩十五1-3；箴十六28，十七9，二十19；彼前四8）。

E 在挽回過程中，當弟兄表示願意悔改時，你（和每位參與者）應當：

1. 全心（完全、徹底）饒恕他（太十八35；路十七3-4），仍以溫和的言語待他（西四6）。
複習饒恕（饒恕別人如同神饒恕了你）（第十二課，第三頁至第五頁）

2. 藉聖經教導幫助他克服目前的罪（通常需其他信徒幫助、支持及輔導），幫助他發展一個根據聖經生活的模式（根據箴十一14，十五22；提後三16-17）。

複習獲得合乎聖經改變的實際步驟（第八課，第八頁至第十頁）；得勝計劃表指引（補充材料七）；和好（除去一切合一與和睦的障礙）（第十二課，第六頁至第八頁）；和根據聖經饒恕的問題與解答（第十二課，第九頁至第十三頁）。

3. 盡可能根據聖經幫助他恢復主內全面的交通和事奉（根據林前十二25-27；弗四16；來十23-25；彼前四10）。

4. 不斷以聖經自省（太七1-5）。

II 當信主弟兄拒絕悔改時，應繼續採取的步驟

A 若一個信徒仍拒絕悔改（太十八15），就要帶一、兩個信徒同去，見證他的不是（太十八16）。

1. 見證人必須是成熟的信徒，並瞭解挽回步驟的聖經原則（*見本課的I. C*）。見證人應有「公平無私」的聲望，不致有「袒護任何一方」的嫌疑（根據利十九15；箴二四23；提前五21）。

2. 為了繼續挽回與管教的步驟，可能需要更多教會的人參與，所以在見證人中，應有一位教會負責人，以便決定挽回與管教的下一步驟（根據來十三17；彼前五1-7）。

3. 每一位見證人都應複習、實行以上**I. 挽回一位犯罪弟兄的初步**所列的指引。

B 若信徒堅拒不肯悔改而需要在會眾前解決時（乃指信徒而言，不包括非信徒），應重新複習根據聖經挽回步驟的每一步驟 *(根據太七1-5；提後三16-17；雅四17)*，然後在教會領袖的監督下，眾信徒鼓勵犯罪的人悔改 *(根據太十八17；加六1；來十三17；雅五19-20)*。

C 若你不得不與一位不悔改而自稱為信徒的人停止交通時 *(林前五11；帖後三6、14-15；多三10)*，要記住：

1. 停止交通（與之疏遠），並不表示要自以為義的避開、躲避或不理睬那不悔改的人。因在每天的生活裡，與不悔改的信徒談話仍可能發生。但從一個主內信徒的角度來看，你們的對話應限於：勸他遵行神的話，除去罪行回到主前 *(根據羅六1-2；西三3-14；啟二4-5)*。

2. 對那不悔改的人，特別要注意：參與挽回步驟的人（包括了整個教會），必須為了挽回弟兄而特別付出禱告，而不是與人談論此人不悔改的事 *(根據箴十七9)*。

D 當那不肯悔改而自稱為信徒者的人，已從神家裡除名時 *(太十八17)*，要記住：

1. 你和其他參與挽回與管教步驟的人，仍應理睬那不悔改的弟兄，卻要避免與他暢通無阻礙地交通（如同與別的主內信徒交通一般）。

2. 那不悔改的人可能仍舊揀選參加聚會（非信徒也如此），但他只能跟非信徒一樣，不可參與事奉，不可領聖餐，否則他便會以為自己沒有問題要對付了。

3. 教會的信徒應繼續勸告他。此時也應讓他重新思想他是否真正得救的問題，因為他一直選擇（如同非信徒）不遵行神的話 *(約壹二3-6，三6-9)*，也沒有活出使人勝過罪惡的大能來 *(羅八7)*。

E 要記住，受管教是愁苦的 *(來十二11上)*，不只那被管教的人，父神和聖靈也為那人的罪而哀傷 *(根據結十八23、30-32；弗四30)*。

F 若有信徒在對其他信徒的挽回與管教步驟中有懶散或不忠心的地方，他會受到主的管教，因為：

1. 神的話指示信徒挽回陷在罪中的弟兄，信徒若不遵行神的話，就等於自己犯了罪 *(根據加六1-2；雅四17)*。

2. 當他們把大罪化小罪或選擇不去對付罪時，就當是整體犯了罪 *(根據林前五1-13；雅四17)*。

根據聖經的溝通

> 你的說話和態度對人際關係的和諧有很大的影響。在你學習以愛心說誠實話時，你也要決定何時才說、如何說造就人的話和說話的對象。你的話是一股極大的力量，也顯示出你心中的狀況。在審判之日，甚至連閒話也要供出來（根據箴十二18，十八21，二一23；太十二34-37；弗四15、25、29；西四16）。

I　你的話表明甚麼？

    A　你的話表明你心裡的一切（路六45）。

    B　你的話表明你是存心治療還是傷害（箴十一9、11，十二18，十四25，十五4，十六24、28，十八21）。

    C　你的話表明你靈性上的成熟程度（根據傳十12-14；提後二16；雅一26，三1-6，特別是第二節）。

    D　你的話表明你是重視自己（咒詛人），還是重視神和別人（祝福人）（根據雅三9-12；彼前三8-10）。

II　你該與誰說話？

    A　為了知道神的看法，你應先與神說話（雅一5）。

    B　然後對自己說話，以決定自己應有何種改變（根據太七1-5；羅二21）。

    C　與有智慧的人說話，不要與嘲笑的人說話（箴九7-9，十九25，二三9）。

    D　與肯接納意見的人說話，而不是與愛爭吵的人說話（箴十七14，二十3）。

    E　只對那些需要知道的人說話（根據箴十一13-14）。

    F　與那些需要盼望、安慰、回轉、復興（靈性更新）的人說話（根據太二八19-20；林後一3-4，五18-20；彼前三15）。

III　你該何時發言？

    A　你知道事實之後才發言（箴十八13，二九20）。

        1.　留心聆聽，而不是光想你要說甚麼（箴十19，十五28，十八2）。

        2.　聽各方面的事實，不亂下結論（根據箴十八13、17）。

        3.　注意事實，而不是意見。要問一些如：何人、何事、何地、何時、如何（不問為何）等問題（根據箴十三10，十八15；提後二23）。

4. 提問能幫助你發掘內情的問題，不要光問一些答「是」或「不是」的問題（根據箴二十5）。

B 先思考再發言（根據箴十三3，十五28，十八13，二一23；雅一19）。

C 在適當的時機發言（箴十五23，二五11）。
1. 把握施恩造就別人的機會（弗四29；西四5-6）。
2. 在被侮辱或逼迫之下仍說祝福的話（根據箴二十22；羅十二14；彼前三8-9）。
3. 時機適合時，用勸告、糾正和挽回來幫助別人（羅十五14；加六1；西一28；提後二24-25）。

IV 你該如何說話？

A 用愛心說話（弗四15）。
1. 愛是忍耐、恩慈、不嫉妒、不自誇、不張狂、不輕易發怒、不計算人的惡（林前十三4-5）。
2. 愛能遮蓋罪惡，是符合聖經的（箴十12；彼前四8）。
（參考**聖經中的愛的意義**，第十三課，第四頁至第六頁，特別注意聖經中的愛的定義，見**III.愛的特徵就是聖潔的言行**）

B 說話時要自制，而不意氣用事（箴十五1，十六32，十七27；弗四25-27）。

C 說話時不與人爭吵（箴十七14，二十3；提後二24-25）。

D 說話要甜美、柔和、文雅、親切、尊敬（箴十五1，十六21、24，二五15；西四6；彼前三15），但仍不失自信及權威（多二15，三8）。

E 以祝福來回報侮辱（箴二十22；羅十二14；彼前三9）。

F 以神所悅納的態度來說話（詩十九14；帖前二4）。

V 你不該說甚麼？

A 你不該說謊（根據出二十16，二三1；申五20；詩三一18；箴四24，六12、16-19，八13，十二22，十九5；弗四25；西三9；啟二二15）。

B 你不該說污穢、誹謗、惡意或辱罵的話，因為這些都是老我的惡習（弗四29、31；西三8）。

C 你不該說懷恨或咒詛的話，因它們象徵邪惡及不義（詩十2-11，特別是第七節；羅三10-18，特別是第十四節）。

D 你不該說愚蠢、惡意開玩笑和粗魯的話，因為這些都不符合神兒女的身份（箴二六18-19；弗五4）。

E 你該避免屬世的虛談，因這些會導致進一步的不敬虔（提前六20；提後二16）。

F　你不該多語快言，因它會導致犯罪，如同無紀律的人一般 *（根據詩三九1，一四一3；箴十19；雅一19）*。

G　你不該為了利己而說恭維人的話，因這會敗壞美好的關係 *（根據箴二六28，二九5；帖前二3-7，特別是第五節；猶16）*。

H　你不該說閒話，因這不但顯出你喜愛紛爭，也會引起人與人之間的爭論 *（箴十八8，二十19，二六20）*。

    1.　生活中要除去一切的閒話，要與閒語毫無交葛。*箴二十19*說得很清楚，「往來傳舌的（造謠、傳流言的）洩漏密事，大張嘴的（口說恭維話的人）不可與他結交」。

    2.　當閒話停止時，爭競亦止息。如同*箴言二六20*所說，「火缺了柴，就必熄滅；無人傳舌（說閒話、造謠），爭競便止息」。

I　不該因為自己的成就或計劃自誇，因為過去和未來的成就，都是神的恩典。而且，自誇顯出你的驕傲，表示你忽視神的供應和他在你生命中絕對的主權 *（詩七五1-8；箴二七1；耶九23-24；雅四13-16）*。

VI　你該說甚麼？

A　你該說誠實話 *（弗四15、25）*。

B　你該說神的話，而不是自己的意見或別人的理論 *（根據箴三十5-6；賽五五8-11；彼前一24-25）*。不要自以為權威，說「我想」、「我相信」、「我不同意」等等。

    1.　所講的話總要合乎（適合）純正的道理 *（多二1）*。

    2.　用詩章、頌詞、靈歌來說話 *（弗五19；西三16）*。

C　用純正的話使聽者蒙恩 *（箴十五1；弗四29；西四6）*。

    1.　不說「你真笨」或是「你總是錯的」這種藐視、咒罵人的話，卻要留意去造就別人。

    2.　專注說當時情況所需的話。

D　說話是以使人與主和好為目的 *（根據林後五20）*。

E　說話時要見證主 *（彼前三15）*。

F　你言語中應向主表達感謝 *（詩九1；弗五4、20；西三17）* 及讚美 *（詩一四五1-7，一五零1-6）*。

G　要誇神的公義、慈悲、公正和他藉基督耶穌所賜給你的恩典 *（詩二十7；四四8；耶九23-24；林前一26-31）*。

根據聖經的人際關係（基督肢體的相愛）

> 你有了新生命後，就成為主內的一分子。信徒在主內有屬靈弟兄姐妹的關係，應當不斷的以聖經中的愛來互相扶持（根據約十三35；羅十二4-5；林前十17；弗一22-23，二11-22，四11-16；西二18-19）。

I　福音書所表達的聖經中的愛

    A　溫柔待人，必承受地土（太五5）。

    B　使人和睦，必稱為神的兒子（太五9）。

    C　與人和好才配得敬拜、事奉主（太五23-24）。

    D　有求你的，就給他（太五42上）。

    E　愛你的仇敵，為逼迫你的人禱告（太五44）。

    F　饒恕別人的過犯，天父也必饒恕你的過犯（太六14-15）。

    G　不要論斷人，免得你被論斷（太七1-2）。

    H　你願意人怎樣待你，你也要怎樣待人（太七12）。

    I　勸告得罪你的弟兄，好使他與主和好，也與人和好（太十八15-17）。

    J　照著基督的榜樣，彼此服事（太二十26-28；約十三13-17）。

    K　愛人如己，使人知道你是基督的門徒（太二二39；約十三34）。

II　使徒行傳與羅馬書所表達的聖經中的愛

    A　以神賜你的來供應別人的需要（徒四32-37）。

    B　照你屬靈的恩賜來供應人，成為一個成熟能造就人的主內肢體（羅十二3-8）。

    C　要以弟兄之愛相待，因你是藉著基督成為神家裡的一分子（羅十二10）。

    D　要彼此推讓，對主內弟兄表示恭敬（羅十二10）。

- E 要彼此同心,不要自以為是,而要因著你們的合一而榮耀主(羅十二16,十五5-6)。
- F 要彼此相愛,成就神的律法——「愛人如己」的精義(羅十三8-10)。
- G 不彼此論斷,要承認神在你們生命中的主權(羅十四1-13)。
- H 要追求彼此造就,成就和平的事,不要使人跌倒(羅十四14-19)。
- I 要彼此接納,如同基督接納我們一樣,使榮耀歸於神(羅十五7)。
- J 要彼此勸戒,主會賜你能力讓你如此做(羅十五14)。

III 哥林多前後書所表達的聖經中的愛

- A 要一心一意,在主內彼此相合(林前一10)。
- B 不可貪心,在吃飯的時候要彼此等候,顯出在主內的合一(林前十一17-22、33)。
- C 在主內不可分爭結黨,肢體總要彼此相顧(林前十二25)。
- D 先把自己獻給主,然後再服事別的信徒,好在供應他們需要的事上有分(林後八4-5)。

VI 加拉太書與以弗所書所表達的聖經中的愛

- A 用愛心互相服事(加五13)。
- B 靠聖靈而活、不自誇、不彼此惹氣、不相互嫉妒(加五24-26)。
- C 用溫柔的心挽回那被過犯所勝的人(加六1)。
- D 互相擔當各人的重擔,以此成全基督的律法(加六2)。
- E 用愛心互相寬容,用和平彼此聯絡,竭力保守聖靈所賜合而為一的心(弗四2-3)。
- F 要誠實,因為你們在主內互相為肢體(弗四25)。
- G 彼此饒恕,如同基督饒恕了你一樣(弗四32)。
- H 以恩慈憐憫的心相待,棄絕一切的苦毒、惱恨、忿怒、喧鬧和惡毒(弗四31-32)。
- I 以感恩的心,用詩章、頌詞、靈歌、彼此對說,口唱心和的讚美主(弗五18-20)。

J　在以聖靈為主的生命中，存敬畏基督的心，彼此順服（弗五18-21）。

V　腓立比書與歌羅西書所表達的聖經中的愛

　　A　要彼此意念相同，用慈悲憐憫在聖靈裡保持交通（腓二1-2）。

　　B　看別人比自己強，不以私心或虛浮待人（腓二3）。

　　C　用愛心彼此包容，因你們是神的選民（西三12-13）。

　　D　彼此饒恕，如同主饒恕了你一樣（西三13）。

　　E　當用各樣的智慧，藉著詩章、頌詞、靈歌，彼此教導，互相勸戒，心被恩感，歌頌神（西三16）。

VI　帖撒羅尼迦前書所表達的聖經中的愛

　　A　彼此相愛，使你們得以在他的愛中增長、豐足（帖前三12，四9）。

　　B　以主要再來的應許彼此安慰，你們就不會因憂傷而失了指望（帖前四13-18）。

　　C　在等待主耶穌基督的再來時，彼此勸慰（帖前五11）。

　　D　敬重在主裡治理你們的人，在一起要彼此和睦（帖前五12-13）。

　　E　要追求良善，不可以惡報惡（帖前五15）。

VII　希伯來書與雅各書所表達的聖經中的愛

　　A　彼此勸勉，免得你們被罪迷惑，心裡就剛硬了（來三13，十25）。

　　B　彼此激發愛心，勉勵行善，堅守你們所承認的指望（來十23-24）。

　　C　要在一起聚會，彼此勸勉，知道主耶穌基督再來的日子近了（來十25）。

　　D　彼此認罪，互相代求，使你們得以完全（雅五16）。

VIII　彼得前書所表達的聖經之愛

　　A　因順從真理而彼此相愛，即可遮蓋許多罪（彼前一22，四8）。

　　B　彼此祝福，你們在基督裡蒙召，是要叫你們承受福氣（彼前三9）。

- C 要彼此款待,不發怨言（*彼前四9*）。

- D 以愛心,照著所得的恩賜彼此服事（*彼前四10*）。

- E 以謙卑束腰,彼此順服,因為神阻擋驕傲的人,賜恩給謙卑的人（*彼前五5*）。

IX 約翰壹書與約翰貳書所表達的聖經中的愛

- A 藉著基督彼此相交,因你們行在他的光明中（*約壹一7*）。

- B 彼此相愛,遵行主命,回應神對你的大愛（*約壹三11、23,四7、11;約貳5*）。

- C 供應你弟兄的需要,因為神的大愛在你裡面（*約壹三17*）。

克服人際問題

> 即使你已經重生了，你仍需不斷地向老我而死，你才能為主而活，並有效地服事別人（根據太七12；可十43-45；路九23-24；約三30，十二24-26；羅十二3；腓二3-4，三7-8；來十二1-3）。

I 仔細複習下面的參考課文：

    A 改變的聖經基礎（第一課和第二課），認識以人的方法生活和以神的方法生活之間的不同（第三課和第四課）。

    B 根據聖經改變的要素（第五課至第八課），向己死並為主活（第九課及第十課）。

    C 根據聖經克服憤怒與苦毒的需要（第十一課）。

    D 克服人際問題在家庭關係上的實際應用（第十四課至第十七課）。

    E 懼怕、憂慮、沮喪在生活中的相互關係（第十八課至第十九課）及人際問題。

    F 轄制人生命的罪的嚴重性，以及這些罪與所有問題之關係（第二十課至第二十一課）。

    G 忠心地持守那些按照神的話而建立起的特定標準（第二十二課）。

注意：以上的參照課文，對解決問題是很重要的。根據聖經去克服問題時，你必須省察生命中的每一方面。例如，若只單單對付「嫉妒」，就不能徹底地克服這個問題。你要以聖經為生活的大原則，才能克服真正的問題。以上所列出的課程，有些是以前研討過的，也有些是未學過的。

當你接受聖經輔導訓練時，你會發現本課程所介紹的方法，可以應用於課程提到和沒有提到的問題上。

II 列寫一個人物、地點、時間或環境表，表露出你生活上遇到的顯著問題，藉以瞭解罪和試探在此特別問題的模式。

III 按照得勝計劃表指引（補充材料七）的指示，填寫得勝計劃表（補充材料八）第一欄至第三欄。

VI 在完成得勝計劃表（補充材料八）第四欄後，請：

    A 制訂一個基本計劃來克服你人際關係上所犯的罪。你的計劃應包括以下那些能使你更像基督的準則（思想、言語、行為）。

1. 思想符合聖經
    a. 要記住：不論情況多麼不安定，神曾應許在任何情況下照顧你 (詩二三1-6，三七5；箴三25-26；太十28-31；羅八28-29、36-39；林前十13)。
    b. 向神承認所有犯罪的思想 (約壹一9)，並求他幫助你改變這犯罪的模式 (帖前五17；來四15-16；雅一5)。
    c. 要喜樂 (帖前五16)，凡事謝恩 (弗五20；帖前五18)，能夠忍受試探的人會更有基督的樣式 (根據羅五3-5；雅一2-4)。
    d. 要記住：神赦免你，是你饒恕別人的根據 (太十八21-35；弗四32；西三13)。
    e. 要記住：你愛別人就顯出你對神的愛 (約壹二9-11，三14-16，四7-11、20-21)。
    f. 專心榮耀神，討他喜悅，凡事成為別人的祝福 (根據太二二37-39；路九23-24；林後五9、15，十5；加五16-17；腓二3-4，四8；西三2)。
    g. 在你所面臨的處境中，不要一直沉溺在使你犯更多罪的事上。要訓練自己多思想神所喜悅的事 (腓四8；西三2)。要記得為逼迫你的人禱告 (太五44)。
    h. 複習你背誦過的詩篇、詩歌和靈歌 (根據弗五19-20；西三16)。
    i. 思想能鼓勵其他信徒的方法，激勵他們去愛和行善 (來十23-25)。
2. 言語符合聖經
    a. 向主承認你目前所犯的罪，向你未能根據聖經去愛的人認罪 (包括未盡自己職責的罪)，也要認任何以前未認過的罪 (根據詩五一1-4；雅五16；約壹一9)。
       複習如何向你所冒犯的人認罪，參考：
       ***得勝計劃表指引**(補充材料七)的**VI.根據聖經改變的應用**的D及**和好 (除去一切合一與和睦的障礙)** (第十二課，第六至八頁) 的**II.認罪**。*
    b. 不要提你以往的成就 (箴二七2，三十32；林後十18)、憂愁或失敗 (腓三13-14)、對將來的憂慮 (太六34)。不要與自己或別人比較 (林後十12)，也不要對你未來要做的事誇口 (箴二七1；雅四13-16)。卻要以感恩的心，述說主的良善，以及他在你身上所作的改變來造就別人 (路十20；弗四29；西四6；來十三15；彼前三15)。
    c. 不要譭謗、說閒話、爭吵或講不造就人的話 (箴十18；弗四29、31，五4；西三8；提後二24；彼前二1)。要配合當時的需要，講誠實和藹的話，適當地回答各人 (弗四15、25、29；西四6)。

d. 不論是對別人，對自己或對那犯罪的人，都不要以責怪或報復的態度提起別人的罪過（箴十18，十七9，二十19；弗四29、31；西三8；彼前二1）。

e. 盡量在符合聖經的情況下，鼓勵人去與神及別人和好，並遵行聖經的準則（太五9、23-24；羅十二18；林後二6-8，五18）。
參考和好（除去一切合一與和睦的障礙）（第十二課，第六頁至第八頁）。

3. 行動符合聖經

a. 饒恕別人，如同神饒恕了你（弗四32；西三13）。
參考饒恕（饒恕別人如同神饒恕了你）（第十二課，第三頁至第五頁）來省察你是否根據聖經饒恕人，可視情況而作改變。

b. 背誦、查考那些與克服你人際關係之罪有關的經文。背誦那些教你如何照聖經中的愛去愛別人的經文（根據詩一一九9、11、16；林後十5；腓四8；提後二15）。背誦詩章、頌詞、靈歌，在合適的時候使用（根據弗五19-20；西三16）。

c. 總要以感恩的心禱告（腓四6；帖前五17-18）和按神的心意去祈求（約壹五14-15），將你一切的憂慮卸給主（彼前五7），並為逼迫你的人禱告（太五44）。

d. 要留意一切危險的信號。例如：對任何帶來試探的環境、狀況和人際關係，要立刻採取行動去除掉或抗拒（根據詩一1；箴二七12；林前十13，十五33；提後二22；雅四7；彼前五8-9）。

e. 有過則改，要與被你得罪過的人和好（根據太五23-24）。要記住：雖然你已認罪（見2.a），卻仍需主動表示你有願意改進的誠意。
見和好（除去一切合一與和睦的障礙）（第十二課，第六頁至第八頁）的III.賠償，和IV.和好的重要性。

f. 藉具體和真誠地表達聖經中的愛與服事（包括你作為丈夫、妻子、父母、室友、學生、僱主、僱員等應有的責任），使別人得福（根據太七12；羅十二9-13、15-16，十三8-10；林前十三4-8上；腓二3-8；提前六17-19；彼前三8-9；約壹三18）。你要實行本段所述：

1) 不論你心情好壞，都要行出聖經中的愛（根據創四7；林後五14-15；加五16-17；腓四13；雅四17）。

2) 特別是對你的仇敵或被你所冒犯的人（根據太五23-24、43-48；可十一25-26；羅十二14、17-21）。

3) 以恩慈及憐憫的心對待那些惹你發怒的人（根據弗四31-32）。

4) 利用機會來服事人，特別要有基督那樣服事人的態度（根據太二十25-28；腓二3-8；彼前四10）。

5) 作榮耀主的好管家，以實際行動去幫助別人（根據詩二四1；太二五14-29；林前四1-2；弗五15-17；提前六17-19；彼前四10）。
參考管家的聖經原則（第十課，第四頁至第六頁）和**捨己為人**（第十課，第七頁至第八頁）。
參考聖經中的愛的意義（第十三課，第四頁至第六頁），學習如何和何時表達聖經中的愛（尤其在困境之中）。

g. 在需要時可引用**藉合乎聖經的溝通克服困難（藉會談復和）**（第十五課，第六頁至第九頁）所列的指引來舉行一次會談。

h. 改正你因無紀律或疏忽所造成的錯失（根據西三1-17；提前四7下；雅四17）。

i. 若有需要，可請一位基督徒朋友幫忙，督促你執行你的**基本計劃及應變計劃**，一直到你建立起一套新的生活模式為止（箴二七17；傳四9-10；來十23-25）。必要時，接受別人給你的聖經輔導（箴十一14；十五22）。

j. 若因主內信徒不肯悔罪而無法解決人際問題時，要按步驟使他恢復與主和別人的關係（根據羅十二18；太十八15；加六1-2）。
查考挽回與管教（根據聖經對待信徒所犯的罪）（第十三課，第七頁至第八頁）和**挽回與管教的步驟指引**（第十三課，第九頁至第十一頁），藉此複習挽回一個不肯悔改的信徒所需採取的步驟。

B 必要時，可使用**思想與行動表指引**（補充材料九），列寫一張**思想與行動表**（補充材料十）。

C 實行你的**基本計劃**（雅一22），並全心全意為主而做（西三23-24）。

D 制訂一個**應變計劃**來應付某些會引誘你犯罪的人際關係，同時要考慮以下幾點：

1. 立即求神幫助（帖前五17；來四15-16；雅一5）。

2. 複習你背過的那些對付己罪的經文，以及那些教你如何根據聖經去愛人的經文（根據詩一一九9、11、16）。

3. 要立即求神的心意。

    a. 不論心情或環境如何，都視該情況為靈命長進的一個契會（雅一2-4），因為神使萬事互相效力，叫你得益處（根據詩三七；箴三5-12；羅八28-29；弗一3-14；腓一6）。

    1) 提醒自己，靠著那加給你力量的基督，凡事都能作（腓四11-13）。你之所以能行，是出於神，不是出於任何自然的潛力（林後三5）。要記住：你若離了耶穌基督，就不能成就甚麼（約十五5）。

2) 要讚美、榮耀神。即使在你軟弱的地方，他的恩典也足夠你用（*林後十二9-10*）。他使你不至絆跌，讓你能喜樂坦然的來到他榮耀的面前（*猶24-25*）。

b. 要記住：神看的是你的內心，不是你的外表（*撒上十六7*）。不論別人是否知道，在他面前，你的心思必須無可指責（*根據徒二三1，二四16；羅十四12；弗四1；腓一9-11；西一21-22*）。

1) 當你心裡一有惡念時，就要向主承認（*約壹一9*）。

2) 謹記，你不是以犯罪時間的長短或罪的嚴重性（以人的標準）來判斷自己。相反，你是否（即使是片刻）偏離了神的道路才是重要（*根據雅二10，四17*）。

4. 要感謝神在這情況下，仍讓你作他的僕人（*弗五20；帖前五18*）。要思想如何使榮耀歸於神（*林前十31；彼前四11*），並在此情況下服事人、造就人（*弗四29；腓二3-4*）。

5. 一發覺你在人際關係上出現了犯罪的試探時，就要馬上實施你的**應變計劃**（*根據帖前五22；提後二19-22*），重新開始實施**基本計劃**（*根據箴二四16；雅一22-25*）。

個案研討：美茵的丈夫離棄了她

> 不論情況如何糟糕，以聖經來對付困難的第一步驟，就是要省察自己，然後再用討主喜悅的方法來克服問題（根據太七1-5；林前十一31；林後五9、15；加五17；西三17）。

輔導員向美茵解釋要如何遵行聖經和榮耀神，並繼續輔導她：

輔導員： 「美茵，正如上次我提到，主為你生活上的問題提供了一些奇妙的答案，讓我們來看看他說些甚麼。首先，請你翻到馬太福音二二章37至39節，請你大聲讀出這段經文！」

美茵讀完後，輔導員解釋，一個愛神和愛人的人才能彰顯出基督的形象。輔導員指出美茵最嚴重的問題是她不愛神，這個已由她不順服聖經看出來了。

美茵： 「但我真是愛神的。」

輔導員： 「美茵，你對『愛』的定義是甚麼？」

美茵： 「神就是愛。」

輔導員： 「還有呢？」

美茵試著去解釋，卻找不到合適的答案。

輔導員： 「美茵，我們來看看神所說的『愛』是甚麼。請翻到哥林多前書十三章4至8節，請大聲讀出這些經文，在第八節的第一句之後停住。」

美茵念這些描述神對愛的定義的經文，輔導員藉著美茵前幾次的談話來提醒她是如何回應她的丈夫和孩子。輔導員指出美茵已違反了聖經中的愛的要素。美茵反駁，但因證據確實，她的反駁趨弱，神的話就藉著聖靈在她裡面動工（來四12）。

美茵： 「我明白你的意思了。在我偏離主之後，真是越過越糟，不能怪別人。」

輔導員隨即柔和地提醒美茵所犯的罪（違反林前十三4-8上所提愛的要素），這些罪是非常嚴重的，不但影響她，也累及她的家人。

輔導員： 「你看出是自己選擇在每件事上犯罪嗎？你本來可以用神的方法來處理，但你卻選擇偏行己路，把平安和喜樂建立在與國輝的關係上，而不是與主耶穌的關係上。國輝使你失望，但主耶穌卻絕對不會讓你失望。」

© Biblical Counseling Foundation

> 輔導員向美茵強調，**不論她願意與否**，都必須立志用神的方法來行事（林後五9、15；加五17；西三17）。

注意：小心不要介入美茵與神的關係之中。輔導員有可能為美茵抱不平，因而錯誤地助她脫離目前的情況，或為了讓她心裡舒服些，而替她所做的找藉口。不要這樣做，讓神的話動工！主耶穌是為了美茵而被釘十字架的，縱使在艱難的處境裡，他也差遣聖靈在她裡面工作。不要阻擋聖靈的工作。

國輝的行為是他自己的問題，除非他願意改變，否則是不能解決的。你將會看到神如何使國輝照聖經來面對自己的問題。

輔導員：「美茵，讓我們來看看主耶穌要你從那裡開始作出改變，請翻到馬太福音七章1至5節，請讀出這段經文。」

美茵念了經文之後，輔導員讓她瞭解她需要在主裡面對付自己。輔導員問美茵是否願意禱告，向主承認她的任性，也求主以他的方法來幫助她解決這個問題。美茵表示願意，就做了一個認罪的禱告，求主賜下智慧和力量讓她用符合聖經的方法來解決這個問題。

*為了下一次的會談，輔導員向美茵交待了指定作業。除了背誦經文、每日靈修和參加教會聚會之外，美茵也要開始作**得勝計劃表**（補充材料八）。*

美茵在她的**得勝計劃表**（補充材料八）上，至少可列出五個她需要「脫去」和「穿上」的事情，以便在主前重新調整她的生活。你可以列出這五項並相關的參考經文嗎？

第十三課：指定作業

> 根據聖經去愛別人，牽涉到你的思想和言行，也是你作基督門徒的一個標記。根據聖經去愛人，是決定於你對主耶穌基督的倚靠，並不是靠人、事或感覺（根據路六45；約十三35；林前十三4-8上；林後五14-15；腓四8；約壹四7-11）。

以 ✔ 表示作業完成

- ☐ A　＊用自己的文字，寫出*以弗所書四章29節和腓立比書二章3至4節*的意義。背誦*以弗所書四章29節和腓立比書二章3至4節*。開始背誦*以弗所書五章21至22節、25節*。複習上次背誦的經文。

- ☐ B　＊讀**聖經原則：人際關係（下）**（學習如何愛你的鄰舍）第十三課，第二頁至第三頁）。標識未做記號的參考經文。

- ☐ C　＊查考**聖經中的愛的意義**（第十三課，第四頁至第六頁）。在需要改正的事情旁邊做記號。

- ☐ D　＊讀**根據聖經的人際關係（基督肢體的相愛）**（第十三課，第十五頁至第十八頁）。在與信徒的關係需要改進的事情上做記號。

- ☐ E　＊完成**得勝計劃表**（補充材料八），為每一個你不能照聖經去愛的人，列一個計劃來開始對他實行聖經中的愛（參照上列C與D所指出你需改變的地方）。查考**克服人際問題**（第十三課，第十九頁至第二十三頁）來實施你的計劃。

- ☐ F　＊查考**挽回與管教（根據聖經對待信徒所犯的罪）**（第十三課，第七頁至第八頁）和**挽回與管教的步驟指引**（第十三課，第十九頁至第十一頁）。

- ☐ G　＊查考**根據聖經的溝通**（第十三課，第十二頁至第十四頁）。在聖經標識出參考的經文，並在指出你應作的改變的經文上打勾。

- ☐ H　＊研讀**個案研討：美茵的丈夫離棄了她**（第十三課，第二十四頁至第二十五頁）。注意克服問題的經文，都著重於學習省察自己和愛神、愛人。列出美茵在**得勝計劃表**（補充教材八）上她可以「脫去」「穿上」的行為，及相關的參考經文。

- ☐ I　＊回答與本課有關的**課程測驗**第二十一與二十二題（第二十三課，第三頁）。

※　*完成有＊記號的作業，是接受進一步聖經輔導訓練的先決條件。*

靈修日引（包括經文背誦和指定作業）

> 根據聖經去愛人，牽涉到你的思想和言行，也是你作基督門徒的一個標記。根據聖經去愛人，決定於你對主耶穌基督的倚靠，並不是靠人、事或感覺（根據路六45；約十三35；林前十三4-8上；林後五14-15；腓四8；約壹四7-11）。

經文背誦

1. 背誦*以弗所書四章29節*和*腓立比書二章3至4節*。開始背誦*以弗所書五章21至22節、25節*。
2. 可隨身攜帶經文卡，有空時複習你目前及以前所背誦的經文。

靈修日引

第一天
  1. 以禱告開始。
  2. *讀**聖經原則：人際關係（下）（學習如何愛你的鄰舍）**（第十三課，第二頁至第三頁）的*原則55*。將所列舉的經文在聖經中標識出來。
  3. *查考**聖經中的愛的意義**（第十三課，第四頁至第六頁）。在你應該做改變的詞句上打勾。
  4. *讀**根據聖經的人際關係（基督肢體的相愛）**（第十三課，第十五頁至第十八頁），在與別的信徒之關係上應改變的詞句上打勾。
  5. *用自己的文字，寫出*以弗所書四章29節*和*腓立比書二章3至4節*的意義。
  6. 以禱告結束。

第二天
  1. 以禱告開始。
  2. *讀**聖經原則：人際關係（下）（學習如何愛你的鄰舍）**（第十三課，第二頁至第三頁）的*原則56*。將所列舉的經文在聖經中標識出來。
  3. *為每一個你未能根據聖經去愛的人，開始做一個**得勝計劃表**（補充材料八），制訂一個根據聖經中的愛待他的計劃*（參照第一天的3.和4.所指出你需作改變的地方）*。這是一個六天作業的第一天。
  4. *查考**克服人際問題**（第十三課，第十九頁至第二十三頁），學習照聖經來愛別人的步驟。
  5. 以禱告結束。

第三天
  1. 以禱告開始。
  2. *讀**聖經原則：人際關係（下）（學習如何愛你的鄰舍）**（第十三課，第二頁至第三頁）的*原則57*。將所列舉的經文，在聖經中標識出來。

3. ＊繼續為每一個你未能根據聖經去愛的人做**得勝計劃表**（補充材料八）。
4. ＊查考**挽回與管教**（**根據聖經對待信徒所犯的罪**）（第十三課，第七頁至第八頁）。
5. 以禱告結束。

第四天
1. 以禱告開始。
2. ＊**讀聖經原則：人際關係（下）（學習如何愛你的鄰舍）**（第十三課，第二頁至第三頁）的*原則58*。將所列舉的經文在聖經中標識出來。
3. ＊繼續做**得勝計劃表**（補充材料八），要詳細列出照聖經去愛人的計劃。
4. ＊查考**挽回與管教的步驟指引**（第十三課，第九頁至第十一頁）
5. 以禱告結束。

第五天
1. 以禱告開始。
2. ＊**讀聖經原則：人際關係（下）（學習如何愛你的鄰舍）**（第十三課，第二頁至第三頁）的*原則59*。將所列舉的經文在聖經中標識出來。
3. ＊繼續做**得勝計劃表**（補充材料八）。你有否按計劃開始照聖經去愛那些你以前未能愛的人？
4. ＊查考**根據聖經的溝通**（第十三課，第十二頁至第十四頁）。在溝通上應做改變的詞句上打勾，並在聖經上為參考經文畫上記號。這是兩天研習的第一天。
5. 以禱告結束。

第六天
1. 以禱告開始。
2. ＊查完**根據聖經的溝通**（第十三課，第十二頁至第十四頁）。
3. ＊繼續為每個你要照聖經去愛的人做**得勝計劃表**（補充材料八）。
4. 讀**個案研討：美茵的丈夫離棄了她**（第十三課，第二十四頁至第二十五頁）。注意根據聖經克服問題的第一步，是要自省是否有愛神及愛人的心。列出美茵五個可以「脫去」、「穿上」的行為，及相關的參考經文。
5. 以禱告結束。

第七天
1. 以禱告開始。
2. ＊繼續實行你從**得勝計劃表**（補充材料八）所獲的心得，根據聖經去愛人。
3. ＊回答與本課有關的**課程測驗**第二十一與第二十二題（第二十三課，第三頁）。
4. 以禱告結束。
5. 複習你所背誦的經文，請人聽你背誦，也向他解釋經文的意義和在你生活上的應用。

※ *完成有＊記號的作業，是接受進一步聖經輔導訓練的先決條件。*

第十四課

婚姻關係（上）

「……當存敬畏基督的心，彼此順服。你們作妻子的，當順服自己的丈夫，如同順服主。」

「你們作丈夫的，要愛你們的妻子，正如基督愛教會，為教會捨己。」

弗五21-22、25

第十四課：婚姻關係（上）

> 婚姻關係要彰顯耶穌基督與教會之間的關係（根據弗五21-33）。

I **本課宗旨**

    A   介紹神對於婚姻關係的計劃。

    B   教導如何以一個討神喜悅的態度來處理婚姻問題。

    C   應用「盼望」的聖經原則，並藉個案來繼續研討婚姻問題。

II **本課大綱**

    A   面對自我

        1. **聖經原則：婚姻關係（上）**（第十四課，第二頁）

        2. **聖經中的婚姻模式**（第十四課，第三頁至第四頁）

        3. **婚姻上的衝突（人的方法和神的方法的比較）**（第十四課，第五頁至第六頁）

    B   靈命成長步驟

        1. **第十四課：指定作業**（第十四課，第八頁）

        2. **靈修日引**（第十四課，第九頁至第十頁）

    C   聖經輔導

        個案研討：美茵的丈夫離棄了她（第十四課，第七頁）

聖經原則：婚姻關係（上）

> 神視婚姻為男女在聖經中愛的原則下所許的一生承諾。耶穌基督與教會之間親密的愛的關係，是夫妻應該學習的最高榜樣（根據傳九9；瑪二14；太十九3-6；可十6-9；林前十三4-8上；弗五21-33）。

I **神的觀點**

(原則60) 婚姻不是為社交和同居的方便而設立的。婚姻是神所設立的一種相伴相輔的誓約（根據創二18、22-25；瑪二14；太十九3-6；林前七10-11），使夫妻之間有特殊的肉身關係（林前七2-5）。

(原則61) 婚姻是二人一體的永久結合（創二24；可十6-9；弗五31），並能彰顯基督與教會之間那種愛的關係（弗五21-33）。

II **你的盼望**

(原則62) 神指示已婚者要愛配偶（弗五25；多二4）。如果你是基督徒，神已賜你能力這樣做（羅五5），即使你的配偶從未行出聖經中的愛，你仍可有內心的平安（詩一一九165；約十四27，十六33；羅十二18；加五22-23），而且能努力地使家裡和諧（彼前三8-9）。要記住：改變別人的責任不在你（根據結十八20；腓一6，二13），但個人自省卻不可間斷（太七1-5；林前十一31）。

(原則63) 當你不斷實踐聖經中的教訓，並成為配偶的祝福時（根據羅十二9-21；弗五21-33；腓二3-4），神必定使你們夫妻在萬事上都得益處。任何配偶，甚至連那不信主、無愛心或存心反抗的配偶都不能阻止神的作為（根據羅八28-29）。

參考
人際關係（上）（學習如何愛你的鄰舍）（第十二課，第二頁）和
人際關係（下）（學習如何愛你的鄰舍）（第十三課，第二頁至第三頁）
　所列的原則。

聖經中的婚姻模式

> 雖然聖經裡只有幾處是針對婚姻關係的經文，但卻足以使我們瞭解神對婚姻神聖的看法（根據創一27-28，二18-25；瑪二14；太十九3-6；可十6-9；林前七2-5、10-16、27-40；弗五21-33；西三18-19；多二4-5；來十三4；彼前三1-9）。

I 神設立婚姻

A 當你結婚時，你在神面前立下誓約：要和配偶一生相守（瑪二14；箴二11-19，特別是第17-18節；可十6-9）。

1. 你相守的承諾是要雙方互相幫助（創二18），在生活的各方面都要和配偶同心、合一（創二24；可十8；弗五31）。

2. 婚姻的承諾乃是神所設立與規定的，絕對不能解除（創二18、23-24；箴十八22；可十9）。只有一方犯罪和內心剛硬，才可導致婚姻誓約的中斷（太十九8-9；可十2-11，特別是第4-5節）。

B 你和配偶的關係應當模仿主耶穌基督與教會的關係（弗五21-33，特別是第24節至第27節）。

II 神規定中的婚姻特質

A 對配偶的愛要建立在神對你的大愛上（根據約壹四7-11），實踐聖經中的愛，目的是討神喜悅（根據林後五9；西一9-12，三17）。

B 婚姻是二人一體的關係，不但在肉身上如此，在思想與目標上也應該如此（創二24；太十九5-6；可十7-8；弗五31）。

C 在神眼中，夫妻的價值相等（林前十一11-12；加三28），但責任不同（弗五23-25；多二3-5；彼前三1-7）。

D 夫妻應追求同心合意，如同其他任何合乎聖經的人際關係一樣（根據林前一10；腓二1-7）。

1. 一切的決定都要根據神話語的原則（詩十九7-11；賽五五8-11；提後三16-17；來四12；彼後一3-4）。

    a. 如果你配偶是非信徒，不要因為他（她）不完全照神的話作決定而喪志，因為（不信的）人本來就不瞭解屬神的事（林前二14），只要你尋求神的智慧（雅一5），在家裡保持基督服事人的態度（腓二3-4），你絕對不會毫無指望的（太十九26；羅八28-29；林前十13；腓四13）。

b. 一位信主的先生（妻子）有責任用榮耀神的言行，將神的真理帶給那不信的配偶 *（根據徒一8；弗四15、25、29；五21；彼前三1-9、15）*。

2. 經文裡有明確教導的地方，你要聽從，不可妥協 *（根據撒上十五22-23；徒五29）*。但在個人喜好與意見上，聽從你的配偶卻是出於愛配偶的表現 *（羅十二10；弗五21；腓二3-4；彼前三1、7）*。

E 夫妻要脫離雙方的父母，以便二人能彼此相連（永遠的契合）*（創二24；太十九5；弗五31）*。

F 婚姻是神聖的，是不能被污瀆的，應受每一個人的尊重 *（來十三4）*。

G 夫妻之間應以愛心彼此服侍 *（弗五21-33）*。

1. 要以愛心來服事配偶 *（林前七3-4；彼前三1-9）*，就如信徒在其它的關係上服事人一樣 *（約十三14-17；林前十三4-8上；弗五21；腓二3-4；約壹三18，四10-11）*。

2. 你要盡力成為配偶的好幫手 *（根據創二18；弗五24-25）*。

3. 以基督服事人的榜樣來對待配偶 *（可十43-45；弗五24-25）*。

III 神使婚姻關係成為社會的根基

A 婚姻是用來鞏固社會中人與人的關係和責任 *（根據創一28，二18、23-24；弗五21-33）*。

B 婚姻使孩子能在安定的環境中成長 *（根據創一28上；詩一二七3）*。

C 合乎聖經的婚姻是評估教會長老人選的屬靈程度的先決條件 *（根據提前三2上、4-5；多一5-6）*。

D 婚姻是地方教會生命的主幹 *（根據弗五21-33；提前三2、4-5；多一5-6，二3-5）*。

IV 神讓某些人接受獨身

A 如果你是獨身，因沒有已婚者的責任和分心的事纏身，就可有更多機會在教會裡幫助別人 *（根據林前七32-35）*。

B 神賜給某些人獨身的恩賜，他願目前獨身的人能安於現狀，多利用時間、精力、資財來使人蒙福，並好好把握每一個服事的機會 *（根據羅十二1-2、9-21；林前七32-35；弗五16；腓四11-13、19）*。

婚姻上的衝突（人的方法與神的方法的比較）

> 婚姻裡的許多衝突，起因是配偶為悅己，而非為悅神而生活。當你用符合聖經的態度去處理衝突時，不但能解決問題，甚至能成為靈命成長的機會（根據太五3-16；羅五3-5，八28-29；林後四7-10；腓二14-15，三12-14；雅一2-4、25；三16；四1-3；五16）。

I 當夫妻為滿足自己而活時，就算雙方明知有過錯，都會把責任推給對方（創三12-13；雅四1）。

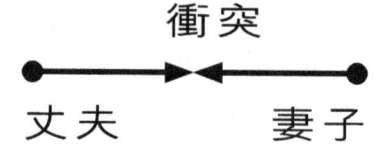

II 夫妻為自己而活時，經常會用人的方法來解決衝突：

    A 妥協聖經的原則來解決衝突。

    B 為了己意而斤斤計較，談交換條件。

    C 以世俗所謂的「自我肯定」與「愛自己」等錯誤觀念來決定行動。

    D 另外找一個「更合得來」的人。

    E 雖然生活在一起，卻貌合神離、互不相關、各有各的生活。

    F 學會大聲爭吵。

    G 找分手的藉口，也以此來威脅對方。

    H 期望嘗試另尋新歡或換新環境。

    I 任憑「感覺」或「情感」來支配他們的行動。

    J 以沉浸於工作、孩子、旅行、運動、藥物、酒或朋友來麻醉自己。

III 神願夫妻藉著解決婚姻問題而得到益處，因雙方在婚姻關係中是要尋求神的喜悅（根據詩十九7-11；一二七1；箴二6，三5-6；賽五五8-11；提後三16-17；來四12；雅一25）。

    A 神命令已信主的配偶要愛神（太二二37-38），並遵行他的話（路六46-49；約十四15；約壹五3；約貳6）。

B 因為感謝神藉主耶穌基督所顯明的大愛，信徒就能夠用合乎聖經的態度來愛配偶（太二二37-39；約壹四7-11、18-21）。

C 當信徒認為配偶比自己更重要時（根據弗五24-25；腓二3-4），就能以一個討主喜悅的態度來面對及解決問題（路九23-24；羅十四7-8；林後五9、14-15；彼前四1-2）。兩人會因同受耶穌基督的激勵而越來越同心（根據腓二1-2）。

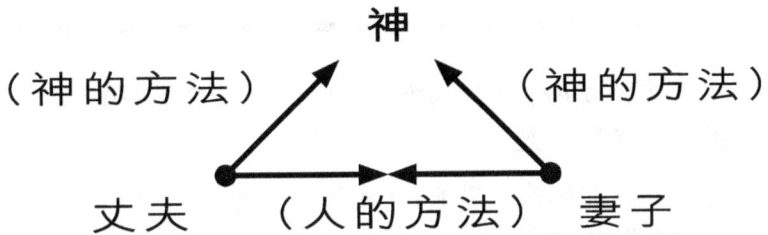

IV 在衝突時夫妻應更親近神

A 當信主的夫妻各自藉著主耶穌基督來親近父神時（約十四6；來四14-16），他們也會自然地更親近對方（根據弗四1-3，五1-2、21-33）。

B 甚至只有一方親近神，這仍是吸引對方親近主的最好方法（根據太五16；林前七16；彼前三1）。

個案研討：美茵的丈夫離棄了她

> 如果你在承諾要為主而活以後，又開始為自己而活，你就會被問題擊敗（比較下列章節：出十九3-8與出三二1-6；王上十八17-40與王上十九1-10；可十四27-29與可十四66-72；林前十12）。

美茵在上一次會談時曾向主認罪，也答應要照聖經的原則在目前的難處裡自省，但是這次面談時，她又改變了主意。

輔導員：「美茵，歡迎你來。我們一直為你禱告。聽說這星期你面對不少挑戰，我們想聽聽你如何以主喜悅的方法來處理。」

從助理輔導員與美茵在電話的談話，輔導員已得知這星期美茵所面對的挑戰。輔導組也注意到美茵雖來參加主日崇拜，但卻遲到早退，也不跟任何人交談。

輔導員：「美茵，在禱告之後，我們想聽聽你這星期的進展如何？」

在一位助理輔導員禱告後，美茵開始說話。

美茵：（激動地說）「我丈夫雖然留在家裡，但他只管自己的事，從來不關心其他人的事！他早上上班後，就剩下我一人照顧兩個孩子。孩子的朋友來搗亂，又吃光食物。我不知道下一回會怎麼樣，我覺得自己活像一個不受薪的女警察和家庭傭人！我那三歲的女兒更是頑皮搗蛋。我以為已經脫離帶小孩的苦海，想不到又生下了她！」

美茵：（滔滔不絕）「國輝從來不幫忙！一點也不感激我和我所作的一切！連小孩也不感激我。我覺得好累，作了那麼多事情，仍沒有人疼我，簡直把我當門口的擦腳墊，我真煩透了！」

美茵：（繼續說）「我受夠了！有甚麼用？他們一點也不尊重我！我真需要離開這些惱人的事情。」

你會用那些經文來幫助美茵認清她以自我為中心的罪？

你會用那些經文來讓美茵心存盼望？

美茵在饒恕人及與人和好方面需作何努力？

你應給她那些功課回家作？

第十四課：指定作業

> 本星期的指定作業會幫助你瞭解神對於婚姻的計劃，並讓你看到已婚信徒照著聖經來服事配偶得神喜悅的重要性（根據創一27-28，二18-25；弗五21-33；腓二3-4；西三17-19；彼前三1-12）。

以✔表示作業完成

- ☐ A ＊以自己的文字，寫出*以弗所書五章21至22節和25節*的意義。銘記*以弗所書五章21至22節和25節*，也開始背誦*彼得前書三章1和7節*，複習以前背誦的經文。

- ☐ B ＊讀聖經原則：**婚姻關係（上）**（第十四課，第二頁）。在聖經中將前幾課未作記號的參考經文標識出來。

- ☐ C ＊查考聖經中的婚姻模式（第十四課，第三頁至第四頁）。再將方框裡所列的經文，在你的聖經裡作上記號。

- ☐ D ＊讀婚姻上的衝突（人的方法和神的方法的比較）（第十四課，第五頁至第六頁）。注意：要克服婚姻問題，不應嘗試改變對方，卻應該以一個合聖經的態度活在主面前。許多以前所提到的聖經原則及經文，都能應用於婚姻關係上。列出你需改變的地方，及你要照聖經來改變自己的計劃（必要時，用**得勝計劃表**，補充材料八）。

- ☐ E 讀個案研討：美茵的丈夫離棄了她（第十四課，第七頁）。回答末後的問題。

- ☐ F ＊回答與本課有關的**課程測驗**第二十三題（第二十三課，第三頁）。

※ *完成有＊記號的作業，是接受進一步聖經輔導訓練的先決條件。*

靈修日引（包括經文背誦及指定作業）

> 本星期的**靈修日引**會幫助你瞭解神對婚姻的計劃，並讓你看到已婚信徒照聖經來服事配偶得神喜悅的重要性（根據*創一27-28，二18-25；弗五21-33；腓二3-4；西三17-19；彼前三1-12*）。

經文背誦

1. *背誦*以弗所書五章21至22節和25節。開始背誦*彼得前書三章1和7節*。
2. 隨身攜帶本周與上周的經文卡，一有空就複習。

靈修日引

第一天

1. 以禱告開始。
2. *讀聖經原則：**婚姻關係（上）**（第十四課，第二頁）的*原則60*。將所列舉的經文在聖經中標識出來。
3. *以你自己的話，寫出*以弗所書五章21至22節和25節*的意義。
4. 以禱告結束。

第二天

1. 以禱告開始。
2. *讀聖經原則:**婚姻關係（上）**（第十四課，第二頁）的*原則61*。將所列舉的經文在聖經中標識出來。
3. *查考聖經中的婚姻模式*（第十四課，第三頁至第四頁），這是三日查考的第一日。在聖經中標識第三頁方框所列的經文。
4. 以禱告結束。

第三天

1. 以禱告開始。
2. *讀聖經原則：**婚姻關係（上）**（第十四課，第二頁）的*原則62*。將所列舉的經文在聖經中標識出來。
3. *繼續查考聖經中的婚姻模式*（第十四課，第三頁至第四頁）。或許你很熟悉這裡大部分的經文，也在聖經中畫上記號。
4. 以禱告結束。
5. 你是否每天隨身攜帶經文卡？在空閒時是否背誦或複習這些經文？隨時改善有關這方面的靈修生活。

第四天

1. 以禱告開始。
2. *讀**聖經原則：婚姻關係（上）**（第十四課，第二頁）的*原則63*。將所列舉的經文在聖經中標識出來。
3. *讀完**聖經中的婚姻模式**（第十四課，第三頁至第四頁）。
4. *開始查考**婚姻上的衝突（人的方法和神的方法的比較）**（第十四課，第五頁至第六頁）。這是三日查考的第一日。許多以前所學的經文應用於婚姻關係上時，要注意：要照聖經來克服夫妻之間的問題，不要嘗試去改變對方，卻應為主而活。把你需要改變的地方列寫出來。
5. 以禱告結束。

第五天

1. 以禱告開始。
2. *繼續查考**婚姻上的衝突（人的方法和神的方法的比較）**（第十四課，第五頁至第六頁）。在列出你需改變的地方時，若有需要，可用**得勝計劃表**（補充材料八）來實施這些改變。
3. 以禱告結束。

第六天

1. 以禱告開始。
2. *讀完**婚姻上的衝突（人的方法和神的方法的比較）**（第十四課，第五頁至第六頁）。如果婚姻有應該改變的地方，就要付諸行動。
3. *讀**個案研討：美茵的丈夫離棄了她**（第十四課，第七頁）。開始回答個案後所列的問題。
4. 以禱告結束。

第七天

1. 以禱告開始。
2. *參考**個案研討：美茵的丈夫離棄了她**（第十四課，第七頁）。並回答剩下的問題，列出一個幫助美茵的計劃。
3. *回答與本課有關的**課程測驗**第二十三題（第二十三課，第三頁）。
4. 以禱告結束。
5. 評估你這一星期是否忠心地背誦經文（*詩一一九11、16；林前四2；弗五15-16*）。找時間複習背過的經文。請別人聽你背誦這星期的經文。要記得跟他解釋這些經文的意義及對你生命的影響。

※ *完成有＊記號的作業，是接受進一步聖經輔導訓練的先決條件。*

第十五課

婚姻關係（下）

「你們作妻子的，要順服自己的丈夫；這樣，若有不信從道理的丈夫，他們雖然不聽道，也可以因妻子的品行被感化過來。」

「你們作丈夫的，也要按情理和妻子同住；因她比你軟弱，與你一同承受生命之恩的，所以要敬重她，這樣便叫你們的禱告沒有阻礙。」

彼前三1、7

第十五課：婚姻關係（下）

> 婚姻關係既然彰顯耶穌基督與教會之間的關係，丈夫與妻子就當在任何處境下皆竭力照聖經來彼此相愛和順服 *（根據約十三12-17；林前十三4-8上；弗五21-33；西三19；多二4；約壹四7-8、20）*。

I **本課宗旨**

　A 展示神對夫婦在婚姻關係中作出合乎聖經的改變計劃。

　B 介定何謂根據聖經的順服。

　C 幫助你學習如何在各方面照聖經原則向配偶表達愛。

　D 幫助你藉著一個合乎聖經的溝通方式來克服婚姻問題。

　E 藉個案研討介紹一個合乎聖經的溝通方法。

II **本課大綱**

　A 面對自我

　　1. **聖經原則：婚姻關係（下）**（第十五課，第二頁）

　　2. **根據聖經的順服**（第十五課，第三頁）

　　3. **你能學會向配偶表達愛**（第十五課，第四頁至第五頁）

　B 靈命成長步驟

　　1. **藉合乎聖經的溝通克服困難（藉會談復和）**（第十五課，第六頁至第九頁）

　　2. **第十五課：指定作業**（第十五課，第十三頁）

　　3. **靈修日引**（第十五課，第十四頁至第十五頁）

　C 聖經輔導

　　　個案研討：美茵的丈夫離棄了她（第十五課，第十頁至第十二頁）

聖經原則：婚姻關係（下）

> 婚姻關係是主耶穌基督和教會之間關係的模式，因此，彼此相愛便成為極重要的誡命。要有這樣的愛心，就需要經常倚靠主，並忠心地學習主耶穌基督奴僕的樣式（根據太二十25-28；約十三12-17，十五5；弗五21-33；腓二3-8；約壹四7-8）。

III 你的改變（接續第十四課，第二頁的大綱）

（原則64） 丈夫不應用粗魯或怨恨的態度對待妻子，卻要充滿愛心和寬容，如同基督愛教會並為教會捨己（弗五25；西三19；彼前三7）。一位真領袖在態度和行動上都必須是一個忠心的僕人（太二十25-28；約十五11-13；弗五21、25-33；腓二3-8）。

（原則65） 妻子不應與丈夫吵架或鬧彆扭，卻要尊敬、順服他，對他有愛心（箴二一9；約十五11-13；弗五21-24、33；西三18；多二3-5；彼前三1-6）。

（原則66） 若要照神的命令愛配偶（約壹三23），就必須每天治死私慾（路九23-24），也要為討神喜悅及服侍配偶而活（太二二37-39；弗五21；腓二3-8）。

IV 你的實踐

（原則67） 倚靠主的力量及他話語的智慧，忠心地承擔你在婚姻中的責任，不要依靠自己的力量和聰明（根據箴三5-6；賽五五8-11；約十五1-5；提後三16-17；約壹二4-6，三23-24）。當你忠心地以愛心盡這些責任時，便表現出你對神的愛（太二二37-38；約壹五3），也表現出你對配偶的愛（林前十三4-8上；約壹三18，四7-8）。

（原則68） 以前你雖沒有盡責任愛配偶，但現在仍有機會可以恢復與主及配偶的和好關係（根據詩一四五14；箴二四16；太五23-24）。若要與主恢復和好，你必須向他認罪（詩五一1-4；約壹一9），並藉著以下步驟，恢復起初的承諾，為他而活：（A）思想你跌倒的原由（B）悔改（C）再行起初因愛神而有的好行為（約十四15；約壹五3；啟二4-5）。

（參照第十二課和第十三課來複習與配偶和好的步驟）

根據聖經的順服

> 聖經的順服是以一個「看別人比自己更重要」的態度來服事別人，這並不表示你讓別人控制你，或要向任何的權柄負責，你是直接向神負責的*(根據太二十26-28；徒五29；羅十四12；腓二3-4)*。

I 你應學習主耶穌基督的樣式*(太二十26-28；彼前二21)*，他是你根據聖經順服神的最好榜樣。他的樣式是：

   A 他順服了天父的旨意*(約五30；腓二5-8)*。

   B 他為你留下了榜樣，讓你看見別人的需要，並樂意服事他們*(約十三12-17)*。

   C 他所受的苦難是不公平的，但他不說威嚇的話，不報復，卻把自己交在那公義審判人的天父手中*(彼前二21-25)*。

II 神的話是要求你以一個「不與人爭執的心」來順服神*(箴十12，二八25；弗四31；腓二14)*：

   A 對於神：

      1. 繼續不斷讓神完全掌權*(弗五18-20；雅四7；約壹五3)*。

      2. 讓他的話成為你生活裡唯一的盼望、標準及最終的權威*(根據詩十九7-11，一一九49；提後三16-17；來四12；彼後一3-4)*。

      3. 倚靠聖靈的力量與帶領*(約十四26；羅八2-4、14；約壹四4)*。

   B 對於其他信徒*(弗五21；彼前五5下)*。

   C 對於配偶（丈夫有如僕人般順服妻子：*弗五21、25-27*；妻子也要順服丈夫：*弗五21-24；彼前三1-6*）。

   D 對於父母，特別在父母教導及管教之下，更要順服他們*(弗六1-2)*。

   E 對於兒女，不要激動他們，要照主的指示和管教撫養他們*(弗六4)*。

   F 對於上司，你要盡力為他們工作*(弗六5-7；彼前二18)*。

   G 對於僱員，不要威嚇他們*(弗六5-9，特別是第九節)*。

   H 對於教會設立的權柄*(來十三17；彼前五5上)*。

   I 對於政府的權威*(羅十三1-7；彼前二13-17)*。

你能學會向配偶示愛

> 許多婚姻之所以失敗或面臨瓦解,都是因為丈夫和妻子沒有照神的原則相愛。就算你從未聽過或實行過聖經中的愛,神仍慈愛地帶領你,讓你得到神完美之愛 *(約三16;林前十三4-8上;約壹四8-11)*。每個信徒都能實踐聖經中的愛 *(約十三34;約壹三23)*,如果你無法行出這愛,就應與主和好:首先思想你當初跌倒的原因,然後悔改,並行起初出自愛心的事 *(根據啟二4-5)*。

I 你的婚姻是在神面前的一個誓約,雙方應許一生相伴並彼此相助 *(根據箴二17;瑪二14;可十7-9)*。

    A 你對配偶的愛不應建立在感覺、環境或配偶的反應上 *(根據太五43-44;約十三34-35;加五16-17)*。相反,你要為順服主 *(根據約十四15)* 和回應他對你的愛 *(根據約壹四10-11)* 去愛你的配偶。要記住:神並沒有命令你要感覺愛,但他卻要你以愛的態度來思想、說話及行動 *(約壹三23)*:

        1. 當配偶只把你當成普通朋友或鄰居看待時,你仍然愛他 *(太二二39)*;

        2. 就算你的配偶好像已成為你的仇敵時,你仍能愛他 *(太五44;路六27、35)*;

        3. 不論你的配偶是信主 *(根據約十三34;來十三1;彼前四8;約壹四7-8)* 或是不信主 *(根據林前七12-16;弗五25、28;多二3-5)*,你都要一樣愛他。

    B 就算你心中可能有懼怕,你還是可以對配偶表達愛意 *(根據腓四13;約壹五4)*,因為在神完全的愛裡是沒有任何懼怕 *(根據約壹四12、18)*。雖然你不覺得你愛自己的配偶,但仍願愛他,這並不是虛偽 *(羅十二9)*。在不願意時仍愛你的配偶是忠心順服的表現 *(約十四15)*,是回應神對你的愛 *(約壹四10-11、19)*。

    (注意:做你不想做的事情並不表示你在裝假,你可能不想煮飯或不想上班,但仍然去做,因為你知道這是你的責任。唯有當你做了不想做的事情,口裡卻說你喜歡做,那才是裝假。)

II 神解決你婚姻問題的方法是:

    A 答應神在凡事上都願討他的喜悅 *(根據林後五9;弗四1;西一10,三17)*;

    B 根據聖經來察驗、衡量自己的失敗 *(詩一三九23-24;太七1-5;林前十一31)*;

C 向主認罪（詩五一1-4；約壹一9），也向配偶承認你在婚姻裡的過失是罪（太五23-24；雅五16）；

D 盡力按照聖經使配偶得益處，誠心去做，如同為主而作（箴二七17；羅十四19，十五1-2；弗四29；西三23-25）；

E 盡力化解衝突，與配偶和平相處（羅十二18，十四19；加六1-5）。若配偶拒絕用聖經的教訓來解決問題，你仍要繼續信靠基督耶穌，支取他的平安和喜樂（根據約十四27，十五11，十六22、33）。

III **慇勤不斷地實行聖經中的愛**（根據約十三*12-17*；林前十三*4-8*上；約壹三*18、23*，四*7-8、10-11、18-21*）。

A 向神和配偶承認所犯的罪，並悔改（雅五16；約壹一9）。藉下列的步驟，重新實行為他而活的承諾：（A）思想你跌倒的原因（B）悔改（C）重新開始行起初為了愛主而行的事（根據約十四15；約壹五3；啟二4-5）。若你要與配偶和好，必須先向配偶承認你的過失，然後才能開始這和好的過程（羅十二18；雅五16），同時開始照聖經中愛的態度來生活（林前十三4-8上）。

參考和好（除去一切合一與和睦的障礙）（第十二課，第六頁至第八頁）。

B 避免論斷或批評配偶（根據羅十四10、13；弗四29；腓二14-15），卻要用恩惠及有益的話來幫助配偶（根據羅十五7；弗四29-31；西四6）。

C 不要與配偶爭吵，卻要看他比你重要。用柔和的心不斷維持家庭的和諧（根據腓二3-4；提後二23-26；彼前三8-9）。

D 不要故意玩弄配偶（虛偽地表達的愛），卻要以尊敬與諒解的態度來克服惡行（羅十二9-21；彼前三1-9）。

E 不論配偶的行動怎樣，你都要向他顯出和睦、同情、慈愛、瞭解及謙卑的心。當你被侮辱的時候，不要以惡報惡，倒要以善報惡（彼前三1-9）。無論是那一方的錯，你都要主動去與對方和好（根據太五23-24；羅十二18，十四19）。

IV **你可以藉著聖經的教導，去面對一個煩擾你的配偶**（羅十二*10-18*；林前十三；林後三*4-5*；加五*16-17、25-26*；彼前三*8-9*）。

A 若你感到不耐煩，這就是你需要改變的信號（提後二23-26），因你心中的反應倏便顯露出你內心的狀況（太十二34-37，十五18-19；可七20-23）。

B 不被配偶的行為或態度影響你在主內的平安與喜樂（詩一一九165；賽二六3；約十四27，十五11，十六33）。

C 困難的環境、難於應付的人和事，反而給你有機會在基督裡成長（羅五3-5；雅一2-4）和在人前彰顯神的榮耀（太五13-16；彼前二12）。

藉合乎聖經的溝通來克服難處（藉會談復和）

> 每個人及每個家庭都必須要有一個基於聖經原則的計劃來化解溝通上的問題。你若在溝通和解決問題上聽從神的話，就會得到喜樂。反之，若無知或故意不聽從神的話語，你將遭遇災禍（根據創四7；箴十二15，十四12，十六20；西三25；來十二5-6；雅一25，四17）。

I　會談總體的宗旨

　A　給每人提供（個人、夫妻、家庭、室友、同工等）一個具有建設性的環境，彼此照著聖經溝通（根據弗四15-32）；

　B　幫助恢復人與人之間的良好關係，並建立一個彼此饒恕、和好的模式（根據太五23-24；可十一25-26；羅十二14、18，十四13、19；弗四32）；

　C　在意見不同的事上，尋求一個符合聖經的解決方法，也維持彼此的合一（根據詩一三三1；林前一10；弗四1-3；腓二1-4；雅一5）；

　D　養成根據聖經來作一切決定的習慣（例如：安排時間、財物花費、分配個人或家人的責任，設定靈命長進的目標等）（根據箴十六1、9；路十四28-30；羅十二9-13；弗五15-17）。

II　首次會談的事前準備

　A　先自省（詩一三九23-24；太七1-5；林前十一31），用**克服人際問題**（第十三課，第十九頁至第二十三頁）來自我評估。請記住為你所得罪的每一個人填寫**得勝計劃表**上所有的四欄（補充材料八）。

　B　請你家裡（或小組）的人與你一起制定一個用愛心與人溝通的方法。讓他們瞭解你是決心使別人得著益處，學習克服問題的溝通方法而不會用言語攻擊他們（根據弗四15、29、31-32；西四6；提後二24-25）。

　　必要時可複習根據聖經的溝通（第十三課，第十二頁至第十四頁）。

　C　即使其他參與會談的成員沒有要求你饒恕他們，你也應該饒恕他們（可十一25）。

　　請參照饒恕（饒恕別人如同神饒恕了你）（第十二課，第三頁至第五頁）。

D 在開始以前，要詳細對每位參與者解釋如何舉行會談：
1. 複習舉行會談的宗旨（見本課中**I.會談總體的宗旨**）。
2. 複習舉行會談時，必需注意的下列聖經原則：
    a. 要將一切都建立在神的話語上，因為聖經是一切行事為人的權威（*羅十五4；提後三16-17；來四12*）。
    b. 要真實（*弗四15、25*）。
    c. 說話要有愛心，避開那會引起爭吵的言語（*箴十五1；弗四15，五4；西四6；提後二23-24*）。
    d. 不講粗話，只講造就（建造）人的話（*羅十四19；弗四29*）。
    e. 不爭論，也不無事生非（*提後二23-24；多三9；雅四1-2*）。
    f. 注重改變自己，而不是改變別人（*結十八20；太七1-5*）。
    g. 要願意饒恕人（*太六14-15；弗四32；西三12-13*）。
    h. 你若希望人怎樣待你，你也要怎樣待人（*太七12*）。

III 首次會談的步驟

A 丈夫（若丈夫缺席時，則獲選為領導的）應主持會談（*弗五21-六9；提前三4-5*），而妻子（或另外一位選出來的人）可以記錄。
1. 會談應以禱告開始和結束（*西四2；帖前五17；雅一5*）。
2. 為了使決定或討論的事情合乎神的旨意，應有查經時間，所以每一位與會者都應帶備聖經。可多預備幾本聖經給沒有帶聖經的人使用（根據*書一8；詩十九7-11；箴十三13；提後二15；三16-17；來四12；彼後一3-4*）。

B 選定舉行會談的時間、聚會長短和每週舉行的次數（*弗五15-16*）。聚會時間最好能在一小時以內，使參與的人不致疲乏，能專注於重要的事情（根據*箴十19上，十五23，二五11-12*）。

C 選擇一個不被打擾的地方來進行嚴肅有效的溝通。
1. 使用一個最不易令人分心的房間。
2. 如可能，選用一張能容納各人，且空間足夠的桌子，可以打開聖經和作筆記。桌子是各人連接起來的好橋樑。
3. 安靜地坐下來（根據*箴十四17、29，十五28*）。坐定之後，不要隨便離開。
4. 當問題能夠有規律地照聖經來處理時，舉行這樣的會談便成為眾人的一個盼望。

D 定出一個計劃來應付不符合聖經的言行。
  1. 選擇一種無聲或安靜的信號（譬如舉手或站起）來表示某人有不符合聖經的言行。無聲的信號比較不易惹人發怒 *（根據箴十五1；傳三7下，八17；雅一19）*。
  2. 當那言行被人質疑的人願意悔改、認罪，並願意再度以符合聖經的態度講話時，會談即可繼續進行，不然，照聖經來溝通的時間被中止，會談也就結束。
  3. 何時能夠繼續進行會談？
     a. 當那言行不符合聖經的人面對他的罪，向主認罪 *（約壹一9）*，並且向人認罪 *（雅五16）* 時，會談即可繼續進行（可能就於當日）。
     b. 若當日不能繼續進行，就等到下次指定會談的時候再進行。
E 會談進行時，若有人不制服自己的心 *（箴二五28）*，這人就應當：
  1. 用預定的信號（舉手或站起）來表示他必須暫時不參與會談，直到他能制服自己的心，或
  2. 退出會談，直到他可根據聖經的態度來面對事情。
F 當任何人持續爭論，或拒絕說話，或不照聖經來溝通時，各人都應起來，安靜的站立，直到每人都預備好照聖經來面對事情為止。
G 第一次舉行會談時所作的特別事項：
  1. 第一次聚會時，讀*以弗所書四章17至32節*和*哥林多前書十三章4至8節上*。
  2. 每人都花時間，列出他對別人所犯的一切言行上的罪，特別是參與會談的人 *（太七1、5）*。
  3. 妻子（或是指定作記錄的）要將所討論的重點記錄下來（建議：將各人於不同時間所說的話分別放在一起，例如他所認的罪，或是他有心幫助別人，或是他所引用的經節等）。會談結束時，記錄的人要將個人（或團體）所作之決定或承諾當眾讀出。讀過會談記錄之後，任何人都可提議修改記錄不清楚的地方。適當的修正即可列入記錄 *（根據箴十一14，十五22，十六3；傳四9-10；腓二3-4）*。*會談記錄可在將來的聚會中，幫助各人提醒前次開會的結果。此記錄也提醒各人為某些事代禱，也可為每一位參與者在生命上的改變感謝主。*
H 彼此認罪要具體 *（太五23-24；雅五16）*。
  1. 丈夫（或是指定的領袖）應是第一位向參與者認罪的人，然後輪到妻子，然後是孩子（若參與會談的不是一家人，眾人應決定一個認罪的次序）。
  注意：在會談上向人認罪應出於自願。不可強迫別人認罪，因為定罪與勸導是聖靈的工作（約十四26，十六8）。願意對付他自己的罪是個

人的責任（結十八20），因為每人都要為自己的罪行負責（申二四16），所以在會談時不可有怪罪別人的事（根據創三12-13、19；羅十四12）。

2. 在三、四次有結果的聚會後，任何一位成員都可請其他成員提醒自己忽視的罪（根據箴二七6；太七1-5，十八15；加六1-2；弗四15、25）。

   a. 極重要的一點：在提醒別人所忽視的罪時，必須以一顆誠實的愛心和榮耀神的態度來表達（根據林前十三4-8上；弗四29；西四6）。

   b. 在成員被人提醒忽視的罪後，每人都應有機會認自己得罪別人的罪（根據太五9、23-24；七12；可十一25-26；羅十二18，十三8-10，十四19）。

   參考**得勝計劃表指引**（補充材料七）的**VI. D.**和**和好（除去一切合一與和睦的障礙）**（第十二課，第六頁至第八頁）中的**II.認罪**，複習如何向你所冒犯的人認罪。

I 在第一次會談結束後，每位成員應開始作自己的**得勝計劃表**（補充材料八），逐次對付每一個失敗，把四欄全部做完。

參考**克服人際問題**（第十三課，第十九頁至第二十三頁）。

1. 作此事要有恆心，在榮耀神的事上得以長進（根據加六9；弗四1）。

2. 當某成員要求時，整個家庭（或團體）在會談上可協助他按照根據聖經改變的原則下找出該「脫去」或「穿上」的事（加六1-2）。如此行能鼓勵大家多查考聖經及促使成員之間有長進（根據箴二七17；提後二15；來十24）。

J 竭力持久（林前十五58）。

1. 我們要瞭解每個問題不是在幾次會談後就可解決的。若有較多的問題，成員可列一張時間表，用較長的時間來解決（弗五15-16）。

2. 應當努力克服問題（根據林後七11-12），而不是針對人（羅十二18-19，十四19）。

K 在成員建立和好的模式後，衝突將能化解，目標得以設立，成員也能繼續照聖經的教導來作決定。會談最終的目的是讓各人在日常生活裡能藉聖經與人溝通。

個案研討：美茵的丈夫離棄了她

> 為了實行神的旨意，不論你的處境是多麼困難，仍要在各方面遵行神的話（賽五五8-11；提後三16-17）。

美茵為了照聖經克服自我中心的問題，好幾個星期以來，她對丈夫和孩子都以愛的態度盡上自己的責任，結果丈夫國輝問她有關接受輔導的事，又願意和她一同參與輔導會談。

當國輝和美茵一同來參加輔導會談時，輔導組熱誠地歡迎他，並謝謝他來協助美茵。輔導員也向國輝解釋，所有的輔導都是根據神的話，國輝若有問題也可以隨時發問。組長立刻針對美茵照聖經所作的改變提出幾項要點，美茵在回答組長的一些問題時，也向國輝見證她的改變是根據聖經而來。輔導組長提出有關下列事項：

美茵信靠耶穌基督的平安與喜樂；

她不再以自我為中心，而是照神的方法行事；

她立志列出「失敗表」和願意「脫去」舊行為，並照聖經「穿上」耶穌基督的新生命；

根據聖經去饒恕人及與人和好；

明白經文背誦及每日靈修對個人的益處。

第一次參加輔導時，國輝沒有發問，但他繼續陪美茵參加以後的幾次會談。在那幾次會談中，輔導組員與美茵討論她的**得勝計劃表**（補充材料八），而國輝很專心地聽，但沒有參與。

國輝第四次來時，他承認以前認為美茵絕不可能會改變，但現在她卻真的在改變中（雖然家裡仍有許多未解決的問題）。他也表示，願意讓神幫助他改變他的生命。

輔導組長向國輝解釋美茵所以能改變，乃是因為她有了靈命的更生，願意討主的喜悅及遵行神的話。輔導員隨即清楚地向國輝解釋神藉主耶穌基督所帶來的救恩計劃。國輝仔細聽過後，表示他願意信靠耶穌基督。國輝向神認罪，求神饒恕他，並請主耶穌基督進到他的生命中。國輝在禱告中，也求神幫助他在身為丈夫及父親的生活中有所改變。

結束時，輔導員給國輝一些作業，這些作業能幫助他瞭解在耶穌基督裡他是何等樣的人。國輝也開始做**得勝計劃表**（補充材料八）。接下來的幾個星期，他忠心地做了所有的作業，包括經文背誦、靈修日引和帶全家參加主日崇拜。在這段時間內，美茵也忠心地完成了她的指定作業。

雖然國輝和美茵明顯的在基督裡有長進，但他們家中仍有幾個問題未解決。所以，接下來的輔導就針對這些問題作了安排。輔導組長觀察他們所做的作業後，就向他們解說舉行會談的宗旨及步驟。

輔導員：	「國輝、美茵，要記得會談的目的是提供一個環境，使你們養成根據聖經處理問題的習慣，並幫助你們更能依照聖經的話，與人溝通並討主喜悅。國輝，你是一家之主，所以要負責在會談時作帶領。」
美茵：	「如果他帶領，那我作甚麼呢？」
輔導員：	「你要作記錄，這些記錄能幫助你們記得會談上所說過的話。現在我們來看第十五課，第六頁至第九頁，**藉合乎聖經的溝通克服困難**的大綱。你們都已知道要用一個根據聖經的態度自省，所以我們來看看舉行會談的原則，然後照本課第七頁的**III.首次會談的步驟**來進行。」
國輝：	（略停頓）「會談應當以禱告開始，所以現在我們來禱告，求主在我們學習會談的步驟時幫助我們。」
	輔導組長請一位組員禱告，大家都說了「阿門」之後，國輝就開始說話。
國輝：	「美茵，你覺得我們應何時在家裡舉行會談呢？」
美茵：	（以挖苦口吻）「你來決定啊！你不是應該帶領嗎？」
輔導員：	（介入）「對不起，美茵，要記住：愛是有恩慈。國輝既然徵求你的意見，你就應從旁以愛心協助他，也該溫柔地回答他。」
美茵：	（有點不好意思）「我想星期一和星期三晚上，小孩上床後，比較方便。」
國輝：	「你覺得那兩天晚上的九點半到十點半，在客廳舉行好嗎？」
美茵：	「好。」
	輔導員繼續解說會談的步驟，當談到若有不符合聖經的行為發生要如何應付時，國輝看著美茵，開始說話。
國輝：	「當我們其中一人生氣時，應有甚麼信號？」
美茵：	「舉起手來好嗎？」
國輝：	「好，我們試試看。在一張紙上分成兩行，一行寫上我的名字，另外一行寫上你的名字。」（略停頓）
國輝：	「現在我們應開始念以弗所書第四章第十七節至第三十二節。」
輔導員：	（介入）「讀經的目是為了提醒你們得罪對方的地方，以及複習舉行會談的基本聖經原則。我知道你們都作了**得勝計劃表**，美茵，你要不要先開始？」

美茵：	*（略遲疑）*「好吧，我希望講得對。*（看著國輝說）* 國輝，我沒有為你著想。」
輔導員：	*（介入）*「對不起，美茵，從你上次的作業中，你應記得這個回答太籠統了，要想有改變，就必須清楚據實的講。你在那些事上不為他著想呢？」
美茵：	*（猶豫地）*「我沒有給你煮早飯，因為你從來都不感激我為你作的事。」
輔導員：	「美茵，這次講的比較切實，但你不應責怪國輝。你只要說出*自己*的罪。」
國輝：	*（尖銳的語氣）* *「對啊！她一直在怪我……說我不體諒她……說我不是個好丈夫……不會好好地照顧小孩……雖然最近她的確有些改變，但不就等於十全十美了！」*

國輝越講越大聲，輔導員把手舉起，也示意美茵舉手。

輔導員：	*（在國輝注意到手舉起後）*「國輝、美茵，我們剛剛示範了如何迅速的停止一場爭吵。*（略停頓）* 美茵，我們從頭再來一次。這次，只要說出你得罪國輝的地方。」

美茵講出了自上次要求國輝饒恕後，又得罪他的每一件罪。國輝需要人從旁協助，才能切實的把他得罪美茵的罪講出來。國輝講出每一件罪之後，就求美茵饒恕他。他們一起禱告，答應主以後在家裡更要以一個根據聖經的態度來生活。輔導員把下星期的作業分給他們。

你若是輔導員，會給他們那些作業呢？

第十五課：指定作業

> 這星期的作業能幫助丈夫與妻子按照聖經彼此相愛。若其中一人不遵行聖經的要求，無法行出聖經中的愛時，那人必須照著神的計劃與神和好，並恢復他與主及配偶的關係（根據賽五五8-11；約十三35；彼前三1-9；約壹一9，四18-21；啟二4-5）。

以✔表示作業完成

☐ A　＊用自己的文字，寫出*彼得前書三章1和7節*的意義。背誦*彼得前書三章1和7節*，並開始背*以西結書十八章20節*和*以弗所書六章4節*。複習以前所背過的經文。

☐ B　＊讀**聖經原則：婚姻關係（下）**（第十五課，第二頁）。將所列出的經文，在聖經中標識出來。

☐ C　查考**根據聖經的順服**（第十五課，第三頁）。要注意根據聖經順服的定義，及適用於那些關係。

☐ D　讀**你能學會向配偶表達愛**（第十五課，第四頁至第五頁）。注意：聖經中丈夫與妻子之間的愛應建立於雙方對神的信靠，及彼此誓約的關係。當你不按照聖經去愛配偶時，不應把罪推卸給個人的感覺、環境或其他的人。其實，你不按照聖經愛配偶就是否認了神藉基督耶穌向你顯現的愛（根據太十八21-35，特別是32-33節；約壹四7-8）。在那些提醒你要在婚姻關係中有改變的句子上作記號。

☐ E　＊讀**藉合乎聖經的溝通方法克服困難（藉會談復合）**（第十五課，第六頁至第九頁）。為準備舉行第一次會談，請為每一個你所得罪的人作**得勝計劃表**（補充材料八）。

☐ F　＊在這星期中與家人（或其他關係親密的人）至少舉行一次會談。在**得勝計劃表**（補充材料八）上，在每項承認的罪旁作上記號。

☐ G　＊讀**個案研討：美茵的丈夫離棄了她**（第十五課，第十頁至第十二頁）。回答個案後面的問題。

☐ H　＊回答與本課有關的**課程測驗**第二十四題，開始起草大綱（第二十三課，第三頁）。

※　完成有＊記號的作業，是接受進一步聖經輔導訓練的先決條件。

靈修日引（包括經文背誦及指定作業）

> 這星期的**靈修日引**能幫助丈夫與妻子按照聖經彼此相愛。若其中一人不遵行聖經的要求，無法行出聖經中的愛時，那人必須照著神的計劃與神和好，並恢復他與主及配偶的關係（根據賽五五8-11；約十三35；彼前三1-9；約壹一9，四18-21；啟二4-5）。

經文背誦

1. ＊背誦*彼得前書三章1和7節*。開始背*以西結書十八章20節和以弗所書六章4節*。
2. 隨身攜帶本周與上周的經文卡，在每天空閒的時間複習。

靈修日引

第一天

1. 以禱告開始。
2. ＊**讀聖經原則：婚姻關係（下）**（第十五課，第二頁）的*原則64*。將所列出的經文在聖經中標識出來。
3. ＊用自己的文字，寫出*彼得前書三章1和7的節意義*。
4. 查考**根據聖經的順服**（第十五課，第三頁）。要注意根據聖經順服的定義，及適用於那些關係。
5. 以禱告結束。

第二天

1. 以禱告開始。
2. ＊**讀聖經原則：婚姻關係（下）**（第十五課，第二頁）的*原則65*。將所列出的經文在聖經中標識出來。
3. 查考**你能學會向配偶表達愛**（第十五課，第四頁至第五頁）。注意：聖經中丈夫與妻子之間的愛是建立於他們對神的信靠，及對彼此誓約的關係。不應將你不按照聖經愛配偶之事怪罪於個人感覺、環境，或其他的人。其實，你不按聖經愛配偶就是否認了神藉基督耶穌向你顯現的愛（根據太十八21-35，特別是32-33節；約壹四7-8）。在那些提醒你要在婚姻關係中有改變的句子上作記號。
4. 以禱告結束。

第三天

1. 以禱告開始。
2. ＊**讀聖經原則：婚姻關係（下）**（第十五課，第二頁）的*原則66*。將所列出的經文在聖經中標識出來。
3. ＊在準備第一次會談時，為你所得罪的每一個人開始作**得勝計劃表**（補充材料八）。

    4. 以禱告結束。

第四天

1. 以禱告開始。
2. ***讀聖經原則：婚姻關係（下）**（第十五課，第二頁）的*原則67*。將所列出的經文在聖經中標識出來。
3. *為每一個可能來參加第一次會談而你所得罪的人填寫**得勝計劃表**（補充材料八）。
4. 以禱告結束。

第五天

1. 以禱告開始。
2. **讀聖經原則：婚姻關係（下）**（第十五課，第二頁）的*原則68*。將所列出的經文在聖經中標識出來。
3. *為了籌劃你自己的會談，請查考**藉合乎聖經的溝通克服困難（藉會談復和）**（第十五課，第六頁至第九頁）。這是兩日查考的第一日。安排時間，與家人或關係親密的人，在這禮拜最少舉行一次會談。
4. 以禱告結束。
5. 這星期你是否忠心地背誦經文？有空時可複習以前所背的經文。

第六天

1. 以禱告開始。
2. *結束你所查考的**藉合乎聖經的溝通克服困難（藉會談復和）**（第十五課，第六頁至第九頁）。安排時間舉行第一次的會談。在向你得罪過的人認罪後，不要忘了標識你為會談準備的**得勝計劃表**（補充材料八）。
3. 以禱告結束。

第七天

1. 以禱告開始。
2. *以禱告的心態來檢討你第一次會談的結果。在下一個星期，最少安排一次會談的時間，讓你及每位參與者以一個討主喜悅的態度面對面處理問題。
3. ***讀個案研討：美茵的丈夫離棄了她**（第十五課，第十頁至第十二頁）。回答後面的問題。
4. *回答與本課有關的**課程測驗**第二十四題（第二十三課，第三頁），開始起草大綱。
5. 以禱告結束。
6. 檢討你這星期是否忠心地背誦經文（*詩一一九11、16；林前四2；弗五15-16*）。複習以前的經文，請別人聽你背這星期的經文，也向他們解釋經文在你生活裡的應用。

※ 完成＊記號的作業，是接受進一步聖經輔導訓練的先決條件。

第十六課

親子關係（上）

「唯有犯罪的，他必死亡，兒子必不擔當父親的罪孽，父親也不擔當兒子的罪孽，義人的善果必歸自己，惡人的惡報也必歸自己。」

結十八20

「你們作父親的，不要惹兒女的氣，只要照著主的教訓和警戒，養育他們。」

弗六4

第十六課：親子關係（上）

> 父母有神賜的特權及責任，在主面前以討神喜悅的態度來養育兒女，教導他們明白聖經的原則。用符合聖經的方式來養育與教導子女會帶來主的祝福；不按神的話來養育兒女，則會帶來痛苦及悲哀（根據申六6-7；箴十1，十三18，十七25，二二6，二九17；西一10；雅一25）。

I 本課宗旨

    A 說明神在親子關係上的安排。

    B 比較神與人在養育兒女上的觀念。

    C 以聖經的準則說明如何用主的管教來養育兒女。

    D 認識父母惹兒女生氣的基本原因。

    E 說明父母用聖經教導兒女的重要性。

II 本課大綱。

    A 面對自我

        1. **聖經原則：親子關係（上）**（第十六課，第二頁）

        2. **世人養育兒女的理論及方法**（第十六課，第三頁至第六頁）

        3. **教養兒女的準則**（第十六課，第七頁至第九頁）

        4. **惹兒女生氣的原因**（第十六課，第十頁至第十二頁）

        5. **明白合乎聖經教導兒女的原則**（第十六課，第十三頁至第十六頁）

    B 靈命成長步驟

        1. **第十六課：指定作業**（第十六課，第十七頁）

        2. **靈修日引**（第十六課，第十八頁至第十九頁）

    C 聖經輔導

        （個案研討在第十八課）

聖經原則：親子關係（上）

> 神的原則及命令對父母及兒女都同樣適用。父母要以討主喜悅的態度，同心以聖經教導兒女。同樣的，兒女也要遵守父母的教導，像遵守主的教導一般（根據申六6-7；詩十九7-11；箴二二6；林前一10；弗六1-4；西三20；提後三16-17；彼後一3-4）。

I 神的觀點

（原則69） 兒女是神所賜（從神承受）的禮物（詩一二七3）。父母要照神的話教養他們（根據詩十九7-11；提後三14-17），不應隨己意或按世人的哲理管教兒女（箴三5，十六2；賽五五8-11；林前三18-20），乃要按著主的教訓及指示管教兒女（申四9，六6-7、20-25；箴二二6；弗六4）。

（原則70） 兒女在主裡面要順服及遵行父母的教導，這是對的，是主所喜悅的（申五16；可七8-10；弗六1-2；西三20）。

II 你的盼望

（原則47；由第十一課，第二頁修正得來的） 神能使萬事互相效力，叫屬他和愛他的人得益處。沒有一人（包括你的兒女和父母）能阻止神在你生命裡要作的工（根據羅八28-29；腓一6）。

（原則71） 當你堅決不倚靠自己的聰明（箴三5，十四12，二八26上；林前三20）或過去的經驗，只單單查考聖經，並以神的話為教養兒女的原則（根據傳十二13-14；賽五五8-11；提後二15，三16-17），你就會得到作為敬虔父母的智慧與方向了（根據箴三5-6，十五33；雅一25）。

（原則72） 作兒女的，當你「脫去」違抗、固執或叛逆（根據申二一18-21；羅一28-32，特別是30節，二5-11；提後三1-5，特別是2節；多一6），「穿上」尊重、聽從主和父母的話時（弗六1-2；西三20），神一定會賜福給你（弗六2-3）。當你聽從父母的指示及教導，你就會得到智慧（根據箴十三1，十九20，二三19）。

世人養育兒女的理論及方法

> 許多人都倚靠個人的經驗養育兒女，甚至基督徒也依憑不敬虔的道理或「常識」，而不遵行聖經獨一的權威及全備的準則 *(根據申四9，六6-9、13-14、17、20-25；弗四11-20；提後三16-17；多一10-11；彼後一3-10)*。

I　世人養育兒女之理論及方法的特徵

現代人教導兒女的理論，是專注於高舉自我和強調情感的重要性。世界的智慧教導你高抬自己，要養成兒女有「良好的自我形象」，並且親子之間要彼此「接觸」心靈的感受（憑感覺行事）。

II　世人對親子關係出現問題的錯誤解釋

A　根據「世人的智慧」，對於父母未能好好養育兒女有許多「解釋」：

1. 父母缺乏「為人父母」的能力。
2. 父母缺乏「化解糾紛」的能力。
3. 父母本身沒有得到自己父母的愛及「好榜樣」，所以也不懂得如何愛和養育自己的兒女。
4. 以言語咒罵兒女及虐待兒女身體的父母會怪罪於自己的父母，認為自己作小孩時，也同樣被父母虐待。
5. 為兒女打算時，父母之間未能彼此「支持」。
6. 一個離了婚的父親或母親，得不到足夠的協助來好好教養兒女。
7. 因父母沒有錢，以致兒女得不到物質上的好處。
8. 父母在凡事上得不到兒女的尊敬。
9. 現代的父母實際上沒有足夠的「寶貴」時間來好好養育兒女。
10. 父母不瞭解兒女和年輕人在這世代所面臨的「壓力」。
11. 父母所以失敗，是因為自己有一個「不良的自我形象」。

B　自以為聰明的世人，為兒女的失敗找藉口，例如：

1. 他們的父母不完全。

2. 他們家裡沒有足夠「自我表達」的自由環境。
3. 他們承受了某些「性格上的問題」。
4. 他們缺乏金錢、教育或社交上的優勢。
5. 他們受不了同輩的壓力。
6. 他們年紀太小，不明白為何要順服，也不懂得為自己的行為負責。
7. 家族中，以往有許多人濫用毒品或酗酒（化學物倚賴性）。
8. 他們有一個「不良的自我形象」。

III 世人解決親子問題的徒然嘗試

A 以下是父母屬世的解決方法：
1. 從書本中尋找答案或參加「如何作父母」的講座。
2. 不為兒女定下規則，讓他們從自己的錯誤和經驗中去學習。
3. 以接受治療或心理輔導來處理上一代的父母未曾給他們足夠的愛。
4. 找一位能傾聽家庭問題的對象。
5. 與不合作的配偶離婚，如可能，再與一位可幫忙教養兒女的人結婚。
6. 找一位能夠給你「精神鼓勵」的人幫助。
7. 遠離兒女，多給自己一點時間。
8. 無論如何，不可傷害兒女的「自我形象」。
9. 不要太快教訓別人，甚麼時候告訴兒女神的標準要小心，使兒女不會覺得你用聖經壓制他們。
10. 兒女想作甚麼就讓他們作，因為你管也管不了，反正他們想要作的事還是會作的。
11. 與有相同問題的父母組織互助或治療團體。

B 世人給兒女解決問題的方法：
1. 找一位能「取代你父母」的人。
2. 在外表上聽話，但實際上卻我行我素，因為只有你才知道甚麼對你最好。
3. 不要理睬父母。
4. 若父母太嚴格就離家出走。
5. 要接受以後你也會面對和父母同樣問題的事實。
6. 要坦白和勇敢地向父母表達心中的感受。他們若對你好，你才需要尊敬他們。
7. 把你的感受寫在日記裡，利用「幻想境界」來逃避那不瞭解你的父母。
8. 提醒父母所犯的錯，證明他們不夠資格教訓你。

9. 想辦法使自己在某方面比別人強，或盡力達到一個目標以改善你的「自我形象」。
10. 專注自我發展，學習作一個「心裡渴想作的人」。
11. 與同年紀的年輕人組織互助或治療團體。

這些解決親子之間問題的方法都不符合聖經，請查考以下材料：
聖經對自我的看法（第四課，第五頁至第十頁）；
解決個人問題的基本方向（第四課，第十一頁）；
聖經原則：如何面對自己（上）（第九課，第二頁至第三頁）；
自貶、自高和自憐（第九課，第四頁至第五頁）；
聖經原則：如何面對自己（下）（第十課，第二頁至第三頁）；
克服一意為己（第十課，第九頁至第十二頁）。

IV 教會一些不合聖經的養育兒女觀點

A 以下許多給父母的「建議」和「輔導」都是不符合聖經的：
1. 向與你有相同經驗的人學習為人父母之道，因為只有他們才真正瞭解你的難處 *（忽視箴十四12；羅十五14）*。
2. 教導兒女先信靠和倚賴你，然後才教導他們倚賴主。在他們信靠神之前，應教導他們先信賴你 *（忽視箴三5-6）*。
3. 與兒女說話時不要經常引用聖經，引用太多經文，會使他們對聖經產生反感 *（忽視申六5-9；詩十九7-11；提後三16-17）*。
4. 在教養兒女的事上，只需有普通常識就夠了 *（忽視箴十四12；耶十七9）*。
5. 若兒女違規，你應嚴厲責罰他們，讓他們清楚知道，當他們觸犯你的規條時，你不會輕易放過他們 *（忽視弗六4）*。
6. 對你的兒女來說，你就是主的榜樣。兒女對父母的看法如何，對神也如何 *（忽視太十一27；約十四9；林後四3-6；西一15；來一1-3，特別是3節上）*。
7. 所有孩子都會作些壞事，都會經過這個階段，但不用擔心，他們過了那段時間就好了 *（忽視箴十九18，二十11）*。

B 許多給兒女的「建議」和「輔導」也是不符合聖經的：
1. 你的潛力能支配你將來的命運，沒有人（包括你的父母）有權支配你 *（忽視箴十六18；賽六四6；林前十12）*。
2. 神希望你滿意自己，做一些比別人強的事情 *（忽視箴二一2-4）*。
3. 你父母把他們自己的生活搞得一團糟，又怎麼懂得如何好好指導你 *（忽視箴二十9-10；太七1-5；羅十五14；林後三5）*？
4. 你一定會遇到與你父母意見不合的時候，要學習將心裡的感覺寫下來，把你所有的怒氣都記在紙上，像寫故事那樣寫出你打算如何面對你的父母。一旦你把怒氣發洩出來，就會覺得舒服多了 *（忽視箴十八17，二五28；弗四15；腓四6-9）*。

5. 向父母解釋：他們不把你想要的東西給你，或不讓你作你想作的事，都是徹底剝奪你的權利，告訴他們你受到了不公平的待遇（忽視腓二3-4、14，四11）。

6. 藉著一些消耗體力的活動來發洩你的怒氣（忽視箴十六32，二五28；弗四31-32）。

7. 在周圍會有比你父母更親切並瞭解你的人。在你教會或學校裡找一位同情你的人，將你的問題告訴他。必要時，可跟專業的輔導員談談。父母若不瞭解你，你不需要試著去與他們溝通（忽視弗四25，六2；西四6）。

8. 如果所有這些辦法都無法解決問題，那就可以離家出走。你不必待在家裡煩惱又吃苦頭（忽視羅八28-29；雅一2-4）。

9. 不一定要任何時刻都聽父母的話。你也有「表達自己的價值觀」的需要和為自己「判斷是非」的時候（忽視弗六1；西三20；提後三16-17）。

教養兒女的準則

> 教養兒女時，必須不斷察驗自己與主的關係。兒女出生前，就開始討論並計劃如何教導他們。為他們恆切禱告，也要學習應用聖經的原則教養兒女，並按照兒女的年齡及需要，以主的道教養他們（根據詩三七4-5；箴十六3，二二6；太七1-5；林前一10；弗四1-3，六4；帖前五17）。

I 父母對主應有的承諾

    A　父母必須是重生的基督徒，有主的生命，才能瞭解教養兒女的聖經原則（林前二14）。

    B　父母有愛主的決心，並以討他喜悅的方式來養育兒女（根據西一10，三17）。

II 父母對神的話語應有的承諾

    A　聖經是生活上唯一的權威，也是教養兒女討主喜悅的唯一依據（提後三14-17），人的方法是不完全的（箴十四12；賽五五8-11）。

    B　父母要不斷以聖經自省。聖經可幫助我們明白神的旨意（雅一22），也幫助我們避免以不合神心意的方法來管教兒女（太七1-5）。

III 父母之間彼此應有的承諾

    A　信主的父母要同心（根據林前一10；腓二2）。如果配偶不是信徒，你仍可藉著持守「一體」的婚姻關係與你的配偶合一，這種良好的關係會影響兒女，使他們有積極的人生觀（根據創二18、24；太十九5-6；可十6-8；林前七10-14，特別是14節；弗五31）。

    B　一對真正信靠基督的父母應彼此順服（弗五21），彼此相愛（弗五25、28；多二4），要看對方比自己強（腓二3-4）。雖然雙方在主裡都是平等（約十三14-16；腓二3-8），但作父親的是一家之主，應負起養育兒女的責任（弗五23，六4；西三21）。

IV 信主的父母對兒女應有的承諾

A 父母要照主耶穌基督的榜樣作神的僕人（太二十25-28；約十三12-17；腓二3-8）。

1. 一個信主的家庭是基督肢體的一個小單位，所以每一個人（父母與兒女）都要順服神的帶領。父母要作兒女敬虔的榜樣（根據申四9，六8-9；太十八5-7；林前四14-16，十一1；提前四12；多二7），也要教導他們耶穌基督是他們至高的榜樣（約十三12-17；腓二5-8；來十二1-3；彼前二21）。

2. 父母要看兒女比自己還重要，並要除去自我的私心。父母應以一個討主喜悅的方式，用愛心來照顧他們（林前十三4-8上；林後十二14；腓二3-4）。

3. 父母絕不可吵架，也不可與兒女吵架。對兒女要親切、溫柔、常存忍耐的心，教導他們在生活中應用神的話。若兒女違反聖經教導時，要適時糾正他們（根據箴十五10；提後二24-26）。

B 父母若得罪兒女，不但要向主認罪，也要向兒女認罪（根據雅五16；約壹一9）。

參考和好（除去一切合一與和睦的障礙）（第十二課，第六頁至第八頁）中的II. 認罪。

C 要避免惹兒女的氣，要靠主的教導養育兒女（弗六4；西三21），並要倚靠神的話教導、警戒及糾正兒女，裝備他們行各樣的善事（根據提後三16-17）。

1. 你要照以下主的原則教養兒女，讓他們瞭解神話語的重要性，讓他們知道聽從神的話以及不聽從神的話的後果：

    a. 以身作則，以自己的生活向兒女示範應如何忠心順服主（根據申六5-7；林前十一1；提前四12；提後一5）；

    b. 每天與兒女相處時，教導（指示）他們神的話及神的方法（申六6-7；提後三16）；

    c. 按著兒女信心及能力的成長，增加他們所負的責任（根據太二五14-29；路十六10）。

2. 你要按照主的教訓養育兒女，親切指導他們，給與他們適時的警戒與糾正：

    a. 要設立一些清楚有力的準則及犯規的後果，如同神在引導他子民時所作的一般（根據創二16-17；出二十3-17；申十一26-28）。清楚向兒女解釋這些根據聖經而來的行為規範，讓他們不致誤解或不瞭解（根據出三一18，三四1；申四13-14；太二二37-39；約十四15）。

      b. 用愛心管教兒女（根據箴六23，十五10，十九18，二二15，二三13；林前十三4-8上；來十二5-11；啟三19）。應立刻管教（傳八11），在仍有希望的時候就使他回轉過來（根據箴十九18，二三14；來十二11）。

      c. 要根據兒女是否願意回轉跟隨神來決定你管教的程度（根據箴十五10）。

         1) 若兒女堅決不肯回轉（不順服及不尊重人），就要以杖來使他回轉歸向神，而不是用杖來處罰他（箴二二15，二九15）。

         參考明白合乎聖經的管教（第十七課，第八頁至第十頁）中的**III. 如何及何時管教？**

         2) 兒女若肯悔改，就要以慈愛憐憫待他，就像神對待所有肯悔改的人一般（根據詩一零三10-14）。

V 兒女對主應有的承諾

A 每個兒女都需要重生，包括剛強具有思考能力的孩子。主憐愛每一個小孩（太十八2-6；可九35-37；路十七2）。

B 兒女要在態度、言語和行為上，表明他們對主的獻身（根據出二十12；箴二十11；弗六1-2；西三20；提前四12；提後三15）。

VI 兒女對父母應有的承諾

A 為了在一切事上討主的喜悅（林後五9；西一10），兒女不可藐視父母，要孝順父母（出二十12；箴二三22；可七10；弗六2）。

B 為了在一切事上討主喜悅，兒女要順服父母（箴六20；弗六1；西三20）。

惹兒女生氣的原因

> 父母所以會惹兒女生氣，乃是因為父母沒有行出聖經中的愛，也沒有看兒女比自己更重要，或未完全捨己作主耶穌基督的僕人（根據太五43-48；可十42-45；路九23-24；林前十三4-8上；加五14；弗六4；腓二3-4；西三21；彼前四8；約壹四7-8）。

I   當你在下列的事上不能向你的兒女表現出聖經中的愛（林前十三4-8上）時，你就會惹兒女生氣：

　　A　對他沒耐心（例如：不等兒女作完一件工作，或強迫他作一些超出他能力可行的事）（違反林前十三4；加五22；弗四1-2；西一9-12，三12）。

　　B　對他不親切（例如：只忙著自己的事，卻不關心他的需要）（違反林前十三4；加五22；弗四32；腓二3-4；提後二24；多二4-5）。

　　C　嫉妒他（例如：你要證明給兒女看你比他強）（違反林前十三4；加五19-20；雅三13-18）。

　　D　向他嘮叨（例如：說象「我在你這年紀的時候，苦頭吃的比你多呢！」這類說話）（違反箴二七2；羅一30；林前十三4；林後十18）。

　　E　自以為是（例如：說象「要照我的話作，因為我比你大，也比你聰明」的話）（違反羅一30；林前十三4）。

　　F　對他有失態的舉動（例如：當著別人面前，談兒女的短處或所犯的錯來故意貶低他，使他難堪）（違反林前十三5；弗四29）。

　　G　一意孤行（例如：堅持兒女或家人照你的意思行）（違反林前十三5；腓二3-4）。

　　H　向他重翻舊帳（例如：以責怪的口吻提醒兒女以前犯的錯，「我跟你講過幾百次了，你都不聽……」）（違反林前十三5；弗四32；西三12-13）。

　　I　贊同不義的行為（例如：當兒女受人欺負時，鼓勵他去報復）（違反林前十三6；帖後二12）。

　　J　不喜悅真理（例如：當兒女勝過難處，守住真道時，卻沒有稱讚他）（違反林前十三6；帖前五16；彼前四13；約貳4；約叄一3）。

　　K　不凡事包容（例如：當兒女不能達到你的標準時，你批評他、避開他、甚至不理他）（違反林前十三7；加六2）。

- L 不凡事相信，不凡事盼望（例如：在知道真相之前，一直懷疑兒女的話）（違反林前十三7）；
- M 不凡事忍耐（例如：因為太注重你個人的問題而向孩子生氣）（違反林前十三7；雅一2-4）。

II **當你沒有活出一個信徒的榜樣時，你會惹兒女生氣**（提前四12）：

- A 假冒為善（例如：當你沒有持續靠神的話自省，反而論斷兒女的行為）（違反太七1-5）。
- B 欺騙兒女或要他們為你說謊（違反羅十四13；弗四15、25）。
- C 與兒女爭吵，或是在兒女面前與配偶爭吵（違反箴二十3；腓二14-16；西四6；提後二24-25）。
- D 嘲弄兒女（例如：故意譏笑他，令他哭泣，當他覺得難堪或未能達到某個目標時，你卻取笑他）（違反弗六4；西三12）。
- E 與兒女說話時，態度惡劣（例如：發脾氣罵他或向他吼叫）（違反弗四29；西四6）。
- F 對兒女有偏心（違反箴二四23；也見創二五24-28，特別是28節，和創二七1-二八9，看了這些經文可瞭解父母偏愛一個兒女的不良後果）。

III **只想成為兒女生命中至高的權威，而不讓他瞭解跟隨主的重要性，你會惹他生氣**（根據結十八4-20，特別是4節，第20節；林後三5-6；提後三16-17；雅一22-25）。

- A 用雙重標準對他，要求他不斷服侍你，而你自己卻從來不服侍他或其他人（違反太二十25-28；可九35，十42-45）；
- B 把兒女當成自己的產業，或將個人理想灌輸給他（例如：你憑己意為他定出人生目標，並堅持他非達到此目標不可）（違反申六6-7；詩二四1，一二七3；弗六4）；
- C 因兒女沒有達到某個標準而用髒話罵他或用言語刺傷他（違反箴十二18，二十3；弗四15、29、31；西四6；雅三2-12）；
- D 將兒女跟自己或別人比較，指責他沒有達到你的標準（違反林後十12、17-18）。

IV **當你對兒女的態度不一致時，就會惹兒女生氣**：

- A 說話不算數，沒有信用（例如：本來答應要帶他出去，後來卻為了自私而改變計劃）（違反太五37；弗四15、25；西三9）；

B 沒有按照聖經管教（違反箴十三24，二三13；來十二7-8），在不必要時（被挑撥或生氣時）教訓兒女（違反林前十三5；弗四31）；

C 行為及言語上不一致（例如：有時候兒女不聽話，你不當一回事；有時卻很生氣，不但不規勸他，反而責罵他）（違反箴十五1；加六1；弗四15、29；西四6）；

D 得罪兒女，卻不認錯，或為自己錯誤的行為找藉口（違反太五23-24；羅十二18；雅五16）；

E 不肯原諒兒女（例如：說類似的話：「我絕對不會原諒你所作的事」），但同時又要求他饒恕冒犯他的人（違反太五23-24，十八21-22；可十一25-26；弗四32；西三12-13）。

V 若你忽略以下的事，就會惹兒女生氣：

A 沒有花時間指導兒女在日常生活中應用神的話（違反申六6-7）；

B 你老是「忙」著自己的事，沒有仔細耐心地聽孩子說話（違反林前十三4-5；腓二3-4；雅一19）；

C 在應按聖經原則管教兒女時，卻不想立刻管教而拖延，或等他犯了好幾次錯誤以後才管教（違反箴十三24，十九18；傳八11）。

明白合乎聖經教導兒女的原則

> 為了教導兒女神的道,就要決心每時每刻討主的歡喜。在教導兒女時,要考慮每個兒女的屬靈理解和能力 *(根據申六6-9;箴二二6;羅十二1-2;帖前二5-8,特別是7-8節;提前一5;約叁一4)*。

I 甚麼是合乎聖經的教導?

    A   舊約常用的「教導」這詞,也包含「教」、「管教」及「勸戒」的意思。

    B   在新約裡有不同的字來表達「教導」及「管教」,是針對父母教導兒女的。*以弗所書六章4節*的「教訓」可以翻譯成「訓練」或「勸戒」,它也有聖經輔導的意思,包括:

        1.   以聖經為基礎 *(根據林前十11;西三16)*;

        2.   一個良好的關係 *(根據徒二十31;林前四14;帖後三15)*;

        3.   有智慧 *(西一28,三16)* 及耐心的訓練 *(根據徒二十31;帖前五14)*;

        4.   一個盼望對方在基督裡完全的目標 *(西一28)*;

        5.   個人的關注 *(根據徒二十31;帖前五14;帖後三15)*;

        6.   一位屬靈領袖應負的責任 *(帖前五12)*。

    C   「教導」的觀念也是「教」廣義的一部分 *(西一28,三16)*,本課亦是基於此「教導」。

II 為何聖經的教導對父母及兒女都是必須呢?

    A   藉著瞭解聖經的教導使你產生敬畏神的心 *(箴九10)*,也啟發你認識真理 *(箴一2,四1)*。

    B   謹守聖經教導的人必得著生命 *(箴四13)*。

    C   聖經的教導使我們更有智慧、公義及公平 *(箴一3)*。

    D   聖經的教導讓清心的人明辨是非,也使年幼的得知識,學習慎思明辨 *(箴一4)*。

    E   聖經的教導使人得到謀略,增長學問 *(箴一5)*。

    F   聖經的教導避免愚妄 *(箴一7)*。

    G   聖經上的教導保守人行在正道上 *(詩二七11;箴十17)*,也幫助人尋到正道 *(箴八32-36,特別是35節)*。

H 聖經的教導裝備一個人去教導人（根據太二八19-20；羅十五14；提後二2，三16-17）。

I 聖經的教導幫助你判斷是非（有辨別能力）（詩一一九66；箴五1-2）。

J 聖經的教導帶來盼望（羅十五4）。

III 誰該照聖經教導人？誰該接受教導？

A 所有信徒都有責任：

1. 互相教導（太二八19-20；羅十五14）。

2. 教導那不順從神話語的人（提後二24-26）。

3. 把自己心中盼望的緣由教導不信的人（詩五一12-13；彼前三15）。

B 牧師、導師（羅十二6-8，特別是7節；弗四11-12）及長老（提前三2；多二1）要教導會眾。

C 年長的婦人應教導年輕的婦人（多二3-5）。

D 父母（父親要帶頭）應當教導兒女（申四9，六6-9；箴一8；弗六4）。

IV 你要教導兒女甚麼？

A 向他們宣講福音（講述主耶穌基督救恩的好消息），就像你跟所有未重生的人傳講一樣（太二八18-20）。

參考你能根據聖經改變（上）（第一課，第三頁至第七頁）來看神在重生上的計劃。

B 你要用聖經教導他們（申六6-9）。

1. 安排時間教兒女如何查考神的話（根據提後二15）。

2. 使用每一個機會教導他們神的話（申六7；箴二五11-12）。

3. 要教導他們信靠主（箴三1-12）、遵行神命令的重要性（太七24-27）。

參考行道的重要性（第五課，第六頁至第九頁）

C 你要幫助他們明白，藉主的管教來挽回並使人順服的重要性。當兒女違背聖經原則時，應對他們講解聖經的教導，並以慈愛的態度管教他們（箴三11-12，二二15；來十二11）。要記住：

1. 管教不但使被管教的人難過，連聖靈也會為他所犯的罪憂傷（根據結十八23、30-32；弗四30；來十二11）。

2. 你要不斷以符合聖經的態度來自省（太七1-5；加六4），也要真心饒恕兒女所有的罪（根據太十八21-22、35）。當兒女認罪悔改時，要立刻饒恕他（路十七3-4）。

> *參考明白合乎聖經的管教*（第十七課，第八頁至第十頁），
> *和好（除去一切合一與和睦的障礙）*（第十二課，第六頁至第八頁）
> *挽回與管教（根據聖經對待信徒所犯的罪）*（第十三課，第七頁至第八頁），和
> *挽回與管教的步驟指引*（第十三課，第九頁至第十一頁）。

    D   教導他們不但愛主，也要愛人（根據太二二37-39；林前十三4-8上），並教他們如何在生活中實行這真理（根據約十四15；林前十三4-8上；約壹四7-8，五3）。

> *參考捨己為人*（第十課，第七頁至第八頁）。
> *聖經中的愛的意義*（第十三課，第四頁至第六頁）。

V   身為信徒，應如何領受神的教導和作出回應？

    A   謙卑地領受神的話（雅一21）。

    B   抓緊生命之道（腓二12-16，注意第16節）。

    C   與教導你的人分享一切美善的事物（加六6）。

    D   對管教和教導你的人要非常尊敬（帖前五12-13）。

    E   將教導牢記在心，不容它離開你（箴四20-21）。

    F   遵行教導，不忽視它，就會得智慧及祝福（箴八32-35）。

    G   避開愚昧的人，因為他們不說知識的言語（箴十四7）。

    H   不要象無知的人（不敬畏神的人），要作一個有智慧的人，衡量每一步驟，也不隨便相信別人的話（詩十九7；箴十四15；約壹四1）。

    I   遵行神的話語，就能得主的祝福（太七24-27；雅一22-25）。

VI   你應當如何教導兒女？

    A   活出信徒的榜樣（根據林前十一1；弗四1-3；西二6-7；提前四12），不斷表現出聖經中的愛（根據林前十三4-8上；約十三34-35；約壹四7-8）。

    B   在任何情況、任何時間之下，都要慇勤地教導兒女（根據申六7，十一19）。

    C   在兒女面前應有僕人的態度（視他們比自己重要）（腓二3-8），不應高高在上地壓制他們（耶穌在約十三12-17為門徒洗腳；保羅在帖前二6-8關心並教導人）。

D 不可有虛假，也不能為了利己而誘導他們順從你（根據羅十二9；帖前二1-8，特別是第5節）。

E 在教導兒女時，不應存榮耀自己的心，卻要將榮耀歸於主（詩一一五1；林前十31）。

F 即使被兒女冒犯，也不可以與兒女爭吵，反而要恆久忍耐，並溫柔地糾正兒女（根據提後二24-25，四2），要象慈母一般，將自己的生命及神的話語都灌注在兒女身上（帖前二7-8）。

G 要教導兒女作一個結果子的門徒（根據太二八19-20；弗六4下）（要記住：所有你用來勉勵別人的經文，也可應用在兒女身上）。

1. 以神的方法養育兒女，唯一的權威就是神的話（提後三16-17；來四12；彼後一3-4），同時你也要跟隨主耶穌基督所立的榜樣（根據約十三12-17，特別是第15節；弗五1-2；來五8-9，十二1-3；彼前二21-24，特別是第21節）。

2. 在每件事情上，要教導兒女以下的原則：

    a. 以神的話語清楚教導兒女。把神對生命意義的觀點、如何向主回應和神能在人的生命裡成就甚麼都告訴他們（使他們瞭解為何應該順從）（見耶穌呼召門徒的榜樣，太四18-22，九9-13；可一16-17；路五1-10；約一35-51）。

    b. 要以身作則，讓兒女知道如何順服神的話。在遇上任何新的情況下繼續幫助他們（根據耶穌訓練門徒的例子，太八18-27；可三20-六6；約十三3-12）。

    c. 無論有甚麼活動，所計劃的都應以順服及應用神的話為主（根據耶穌要門徒先與他一起傳道，後來才差遣他們出去自行傳道的例子，太十1-十一1；可六7-13；路九1-6）。

    d. 在兒女開始作每一件事時在旁觀察，必要時幫助他們，鼓勵他們行在神的道上（根據耶穌針對門徒的問題和困難來幫助他們的例子，太十四13-21；可六45-52，七17-23，九14-29）。

    e. 在兒女建立起一個照聖經生活的模式後，鼓勵、教導、幫助他們找機會去幫助別人，使他們成為門徒（根據耶穌對門徒的命令及訓練，太二八19-20；可十六15-18；約二十21，二一14-22；徒一8）。

第十六課：指定作業

> 這星期的作業是展示神的計劃，這個計劃能幫助父母及兒女一同過一個討主喜悅的生活。此外，也特別指出父母在養育兒女時通常會犯的一些錯誤（根據申六6-7；箴六23，二二6；太七1-5；林前十三4-8上；弗六1-4；西三12-21）。

以✔表示作業完成

☐ A　＊用自己的文字，寫出*以西結書十八章20節*和*以弗所書六章4節*的意義。背誦*以西結書十八章20節*，和*以弗所書六章4節*，也開始背誦*以弗所書六章1至3節*。複習以前所背誦的經節。

☐ B　＊讀**聖經原則：親子關係（上）**（第十六課，第二頁）。注意以前所學的原則和經節在此課的應用。在聖經中標識新原則所列出的經文。

☐ C　＊查考**世人養育兒女的理論及方法**（第十六課，第三頁至第六頁）。給自己養育兒女的理論及方法作一個評估。在那些需要放棄的不符合聖經的理論及作法旁畫上記號。

☐ D　＊查考**教育兒女的準則**（第十六課，第七頁至第九頁）。注意所有符合聖經的親子關係，都是以對主及對彼此的承諾為根據。在需要照聖經改變的地方，可用**得勝計劃表**（補充材料八）。必要時可對照**得勝計劃表指引**（補充材料七）。

☐ E　＊讀**惹兒女生氣的原因**（第十六課，第十頁至第十二頁）。若果你是父母，在那些你曾失敗的地方畫上記號。向主承認這些過錯，然後，在適當的時機用**克服人際問題**（第十三課，第十九頁至第二十三頁）的教導向兒女認罪。

☐ F　＊讀**明白合乎聖經教導兒女的原則**（第十六課，第十三頁至第十六頁）。注意：聖經的教訓是用來教導我們遵行神的方法，不是跟隨人的方法。特別要查考耶穌訓練門徒的方法。為兒女選擇一項他們可長期擔任的職責（例如，背誦經文、做家務、幫助教會或社區中的人）。然後，列出一個訓練兒女的計劃，照耶穌訓練門徒的方式來教導他們。

☐ G　＊回答與本課有關的**課程測驗**的第二十五題（第二十三課，第三頁）。

※　完成有＊記號的作業，是接受進一步聖經輔導訓練的先決條件。

第十六課：靈修日引（包括經文背誦及指定作業）

> 這星期的**靈修日引**是展示神的計劃，這計劃能幫助父母及兒女一同過一個討主喜悅的生活。此外，也特別指出父母在教養兒女時通常會犯的一些錯誤（根據*申六6-7；箴六23，二二6；太七1-5；林前十三4-8上；弗六1-4；西三12-21*）。

經文背誦

1. *背誦*以西結書十八章20節和以弗所書六章4節*。開始背*以弗所書六章1-3節*。
2. 隨身攜帶本周與上周的經文卡，在每天的空閒時間複習你所背誦過的經句。

靈修日引

第一天
1. 以禱告開始。
2. *讀**聖經原則：親子關係（上）**（第十六課，第二頁）的*原則69*。將所列舉的經文在聖經中標識出來。
3. *讀**世人養育兒女的理論及方法**（第十六課，第三頁至第六頁）。評估自己養育兒女的理論及方法。在你應放棄的那些不符合聖經的理論及方法旁畫上記號。
4. *用自己的文字，寫出*以西結書十八章20節和以弗所書六章4節*的意義。
5. 以禱告結束。

第二天
1. 以禱告開始。
2. *讀**聖經原則：親子關係（上）**（第十六課，第二頁）的*原則70*。將所列舉的經文在聖經中標識出來。
3. *查考**教育兒女的準則**（第十六課，第七頁至第九頁），要注意，符合聖經的親子關係都是靠著對主及彼此的承諾。這是兩日查考的第一日。
4. 以禱告結束。

第三天
1. 以禱告開始。
2. *讀**聖經原則：親子關係（上）**（第十六課，第二頁）修正後的*原則47*。將所列舉的經文在聖經中標識出來。
3. *結束你所查考的**教育兒女的準則**（第十六課，第七頁至第九頁）。在需要照聖經改變的地方，可用**得勝計劃表**（補充材料八）。必要時可參考**得勝計劃表指引**（補充材料七）。
4. 以禱告結束。

© Biblical Counseling Foundation

第四天

1. 以禱告開始。
2. ***讀聖經原則：親子關係（上）**（第十六課，第二頁）的*原則71*。將所列舉的經文在聖經中標識出來。
3. ***讀惹兒女生氣的原因**（第十六課，第十頁至第十二頁）。若你是作父母的，就在那些曾失敗的地方畫上記號，向主承認這些過犯。然後，安排一個時間用**克服人際問題**（第十三課，第十九頁至第二十三頁）的教導向兒女認罪。
4. 以禱告結束。

第五天

1. 以禱告開始。
2. ***讀聖經原則：親子關係（上）**（第十六課，第二頁）的*原則72*。將所列舉的經文在聖經中標識出來。
3. ***查考明白合乎聖經教導兒女的原則**（第十六課，第十三頁至第十六頁）。這是兩日查考的第一日。注意：聖經的教訓是用來教導我們遵行神的方法，而不是人的方法。若你有兒女，就在那些描述你未曾照聖經教導兒女的字句旁畫上記號。
4. 以禱告結束。

第六天

1. 以禱告開始。
2. *結束你所查考的**明白合乎聖經教導兒女的原則**（第十六課，第十三頁至第十六頁）。溫習昨天在失敗的地方所作的記號，列出一個計劃來克服未曾照聖經教導兒女的問題。然後，安排出一段時間向兒女解釋你要照聖經教導他們的新計劃。
3. 以禱告結束。

第七天

1. 以禱告開始。
2. 查考*希伯來書十二章4–11節*，神管教的目的。
3. 為兒女選擇一項可以長期擔任的工作（例如，背誦經文、做家務、幫助教會或社區中的人）。然後，列出一個訓練兒女的計劃，照耶穌訓練門徒的方式來教導他們。
4. *回答與本課有關的**課程測驗**的第二十五題（第二十三課，第三頁）。
5. 以禱告結束。
6. 請一位朋友聽你背誦這星期的經節。向他解釋這些經節在你生命中的意義。

※ *完成有*記號的作業，是接受進一步聖經輔導訓練的先決條件。*

第十七課

親子關係（下）

「你們作兒女的，要在主裡聽從父母，這是理所當然的。要孝敬父母，使你得福，在世長壽，這是第一條帶應許的誡命。」

弗六1-3

第十七課：親子關係（下）

> 神已在聖經裡清楚和具體訂出了他的準則，你和家庭中每一個成員若能按照這些準則生活，就必蒙主祝福。相反，忽視或不遵照神的標準，就必會受到他的審判，結果是要受懲誡（根據傳十二13-14；太五2-12；路十一28；約十三12-17；林前十一31-32；來十二5-11；雅一22-25）。

I 本課宗旨

    A 提出在家中按聖經作門徒的原則。

    B 檢討父母按聖經方式管教子女的必要性。

    C 介紹家庭敬拜的準則和建議。

    D 以聖經的準則，說明如何用主的管教來養育兒女。

II 本課大綱

    A 面對自我

        1. **聖經原則：親子關係（下）**（第十七課，第二頁至第三頁）

        2. **訓練兒女對主忠心（家中的門徒訓練）**（第十七課，第四頁至第七頁）

        3. **明白合乎聖經的管教**（第十七課，第八頁至第十頁）

        4. **養育兒女的計劃**（第十七課，第十六頁至第二十一頁）

    B 靈命成長的步驟

        1. **家庭靈修和敬拜（準則和建議）**（第十七課，第十一頁至第十五頁）

        2. **第十七課：指定作業**（第十七課，第二十二頁）

        3. **靈修日引**（第十七課，第二十三頁至第二十四頁）

    C 聖經輔導

        （在第十八課中繼續有個案研討）

聖經原則：親子關係（下）

> 從聖經中可以得知，神對你和你兒女所定的準則和目標是一樣的，是為你和你家中所有成員能活出基督的樣式而設計的（根據賽五五8-11；路六40；羅八29；提後三16-17；彼前一14-16；彼後一3-10）。

III 你的改變（接續第十六課，第二頁）

（原則73） 作父母的不要惹兒女的氣（弗六4；西三21），而要照著主的教訓和警戒養育他們（申六6-7；弗六4）。繼續在生活中自省（太七1-5），同時也要教養兒女（箴二二6；弗六4）以神為樂，並忠心地行在主裡（根據詩一1-6；弗四1-3；提後三14-17）。

（原則74） 父母應以愛心服事兒女（根據腓二3-4），忠心地根據聖經的教導和訓戒（根據申四9，六4-9；林前四14-16，十一1；腓三15-17；帖後三7）來訓練他們行在主的旨意裡（根據箴四1-4，二二6；弗六4）。不要以父母的地位來要求兒女順服，也不要依靠自己的力量，而要象主耶穌基督的僕人來看顧兒女（根據約十三12-17；林後三5-6）。

（原則75） 作兒女的要樂意從父母領受神的教訓、原則和方法（箴一2-5，二1-9，六20-23）。兒女要聽從父母和屬靈長者的教導、責備和訓戒，如同聽從主一樣，如此行就必使你們得智慧，不致落入人的欺騙、邪惡、虛假的行為網羅裡（根據箴二10-15，三13-26，四10-27，五1-23，十三1，二十11；西一9-12）。不要自以為聰明（箴十二15，二一2），要遵從神的道而產生敬畏和愛主之心（詩一一一10；箴三5-7；約十四15、21；約壹五3）。不可忽視父母的教導與訓誨，要聽從他們（根據箴四1-6，十五32-33，十九26；弗六1；西三20）。

(原則4，第三課第二頁增訂) 不論你是為人父母還是兒女，神的話語是你信心和行為唯一的權威，也是你衡量的唯一標準。神的話語既然為你生活各方面（思想和言行）的改變提供了希望和方向，你就不要依靠其他任何的東西了。聖經足以裝備你成為合適的父母或兒女*（根據詩十九7-11；箴三十5-6；西二8；提後三16-17；來四12；彼後一3-4）*。當你聽從神的話語，你對家人和其他人便會顯露出象基督待人的態度了*（根據太二十25-28；約十三12-17；腓二3-8；帖前二13）*。

IV 你的實踐

(原則76) 身為父母，你要根據神話語的生活準則*（詩十九7-11，一一九105、160；提後三16-17；彼後一3-4）*，訂出你的責任和功課，以便引導你和兒女操練自己敬畏神*（根據提前四7-8；彼後一3-10）*，使神得榮耀*（根據詩二九1-2，一四五10-13；太五16；彼前一7）*。

(原則77) 雖然可能你還未成年，但也應在生活上討主喜悅，尋求成為信徒的榜樣*（根據箴二十11；西一10；提前四12）*。在尊敬和順從父母時，心中不可有固執及反叛的意念*（根據弗六1-2；腓二14-16；西三20）*。要作好管家，在年輕時就把主所交給你的一切管理好，以此顯明你對他的忠心*（根據林前四2；西三23-24）*。

訓練兒女對神忠心
（在家中根據聖經的門徒訓練）

> 父母可以很有信心地照神的話語養育兒女。在撫養過程中，你要記住，兒女不是你擁有的「財產」，而是主賜給你的。你要忠心在兒女成長的過程中養育管理他們（根據詩十九7-11，二四1，一二七3-5上；箴二二6；結十八4、20；林前四2；弗六4；帖前二3-13）。

I 訓練兒女對主忠心的原則

在養育兒女時，記住你是在教養他們行事為人合乎主的心意，並在各方面討主喜悅（箴二十11，二二6；弗六4；西一10）。為了訓練兒女對主忠心，你要：

A 必須教導和帶領他們按應有的方式生活，而不是讓他們按照本性去行（詩十四2-3；箴二二15上；耶十七9；羅三10-12）。因為每一個人生下來都有罪性（根據詩五一5；箴二十9；羅三23，五12-14），首先，你的兒女必須重生（有新生的靈命）（約一12，三16-18；徒四12；羅六23；約壹五11-13），然後靠著聖靈的大能，行在主道上（羅八1-10；西一10，二6-7；約壹二3-6）。這也就是說：

1. 不可按照屬世的方法教導兒女。你對神真道的信心不可動搖，因為聖經上已有如何教養兒女的真智慧（根據賽五五8-11；耶二九11-14上；提後三14-17；雅一5、22-25；約壹五1-4）。

2. 必須知道你不是兒女生命中的最高權威。兒女是主賜給你的禮物，你只是暫時管理他們而已（根據詩二四1，一二七3；結十八4）。幫助兒女認識得救的重要，使他們成為神的兒女（根據羅六23；林後五14-21），這樣才能引導他們過一個順服神話語的生活（根據路十一28；約十四23-24；林前二9-12；彼後一3-10）。

3. 不論你多愛自己的兒女，也必須認識到神更愛他們（根據約三16；羅五8）。對已信主的兒女：

   a. 神叫所有環境、關係和事物都互相效力，使他們得益處（根據耶二九11-14上；羅八28-29）。

   b. 不論你多麼不想他們遭遇苦難，你的責任是要教導子女準備接受試煉（彼前四12-13），並在其中歡喜快樂地忍受（雅一2-4），也藉著這些試煉，忠心學習順服，成長更像基督（羅五3-5；雅一2-4）。

   c. 提醒兒女，主不斷在堅固他們，並保守每個人都不犯罪（根據詩一二一；林前十13；帖後三3；彼前一3-9；猶24-25）。

B 你必須記住，兒女在母腹成形之時，神已按他的主權給每個兒女不同的能力和才能（根據詩一三九13-16）。一個重生的孩子至少得到一種屬靈的恩賜，使他能用在主的事工上（羅十二3-8；特別是第6節上；林前十二4-7、11）。你必須用以下的方法來教養每個兒女：
1. 依照神在每個孩子身上作工的方法（根據箴二二6）。
2. 帶領兒女重生得救（約一12，三36；彼前一3-5；約壹五11-13），你可以從他們願意遵行神話語，因而有愛心和忠心的表現，看出他們是否得救（根據撒上十五22-23上；詩一一二1；約十四15、21；雅一22；約壹五3）。

C 要教導兒女每天捨己（路九23-25），生活無私，為主的榮耀而活（根據太五16；約三27-36，特別是第30節；林前十31；西一10；彼前二12），為著別人的益處造就他們（根據太二八19-20；羅十四13、19，十五1-2；加五13-14，六2、10；弗四15-16；來十23-25）。這種根據聖經的訓練與世人的教導是相反的，世人乃是著重「愛自己」。因此：
1. 你必須儆醒，利用每一個機會教導兒女有關主的方法（申六6-9；箴二五11-12）。
2. 必須幫助他們在主裡堅強站穩，以抵擋世界（約壹二15-17）和撒但，因撒但要打敗他們，並且時常控告他們（弗六10-11；彼前五8-9；啟十二10）。

II 在根據聖經教導兒女上，有些方面你必須以自己的榜樣來教導和管教：
A 在他們私人生活中，你必須藉榜樣、教導、鼓勵、支持、責備和勸戒來訓練他們。
1. 在屬靈方面
a. 你是兒女接觸耶穌基督福音的首要橋樑，你要關懷他們是否得救（根據太二八19；徒一8；林後五14-21；弗六4）。
b. 要不斷教導他們照神的話語去行，使他們願象活祭獻給神，做個名副其實的基督徒（根據申六6-9；太二八20；羅十二1-2；弗四1；西一10）。你應教導兒女以下各項：
1) 每日有個人的靈修。
有關這方面的資料，請參考每日靈修和經文背誦的聖經根據（第二課，第九頁至第十一頁）。
2) 藉家庭靈修或崇拜時間教導兒女實行神的話語。
有關這方面的資料，請參考家庭靈修和敬拜（準則和建議）（第十七課，第十一頁至第十五頁）。
3) 幫助兒女培養背誦經文的習慣。
有關這方面的資料，請參考經文背誦的四個計劃（第二課，第十二頁至第十三頁）。
4) 吃早飯、臨睡前及日間有需要時，與兒女一起禱告，藉此教導他們經常禱告。

*請參考**祈禱使你與神交通**(第三課，第九頁至第十二頁)。*

5) 為了幫助兒女在聖經知識上有根有基，應以身作則教導他們如何查經。

*請參考**查經和應用表**（補充材料三），和**如何使用經文彙編**（補充材料五）。*

6) 可藉崇拜、家庭聚會、查經班、關懷小組等來教導兒女有關與其他信徒一同聚會聽道、團契、查經和禱告的重要性。

*請參考**管家的聖經原則**（第十課，第四頁至第六頁）和**捨己為人**（第十課，第七頁至第八頁）。*

2. 在日常生活中，教導兒女不論他們感覺如何都應負起責任，並忠心地完成任務。教導已信主的兒女，要討主喜悅並榮耀主*(詩一一五1；林後五9)*，而不是討人（父母）的歡心*(根據加一10；弗六6-8；帖前二4)*。用以下的例子來幫助、指導、訓練和引導他們完成責任。他們必須學會：

a. 勤奮工作（如做家務或學校作業）的重要性*（根據帖前四10下-12；帖後三10-13）*。

b. 參照以下方法，在受托的事上作好管家：

1) 在完成應做的工作上、安排娛樂活動上和享受與家人及朋友之間的交通和團契上，有智慧地使用時間*（根據弗五15-16）*。

2) 在照顧和操練他們的身體上，有適當的營養、休息、運動、清潔、衣著整齊和聖潔（遠避淫行）*（根據林前六12-20；帖前四3-7）*。

3) 在處理和看顧他們的東西上無私（如玩具、工具、家用器具、金錢及其他個人和家庭物件）*（根據路十六10-13；林後八1-5；腓二3-4，四11-13；提前六6、17-19；雅二15-16）*

*有關這方面的資料，請參考**管家的聖經原則**（第十課，第四頁至第六頁）。*

4) 在使用他們的能力（如幫助父母或為他人做事）、才幹（如有關彈奏樂器、歌唱、演講、體育等）和屬靈恩賜上（如幫助、憐憫、施捨、教導等），要使人得益處和造就他人，而不是追求自己的利益或滿足自己的慾望*（根據太二五14-30；路九23-24，十二13-48，十六10-13；羅十四19，十五1-2；林前四1-2；弗五15-17；彼前四10）*。

*請參考**討悅己還是神**（第九課，第十頁至第十一頁）和**捨己為人**（第十課，第七頁至第八頁）。*

B 在人際關係上，要教導他們：

1. 順服和尊敬父母*（弗六1-3；西三20）*。

2. 不論在學校、教會或任何地方，要服從和尊敬一切權柄（根據羅十三1-5；弗六1-8；彼前二11-25）。

3. 照顧和幫助弟妹（根據太二二37-39，特別是第39節；羅十二9-21，十四19，十五1-2；林前十三4-8上；腓二3-4；提後二24-26）。

4. 處理人際關係的問題時應先自省，然後饒恕人，與人和好（根據太五23-24，七1-5；可十一25-26）。

5. 在家裡和教會裡服事別人（根據加六10；腓二3-8）。

6. 在眾人面前活出耶穌基督的樣式來（林後五20），因為他們的生命要如鹽和光（太五13-16），並且對每個人都要發出耶穌基督的馨香之氣（林後二14-17）。

7. 若是能行要盡力與眾人和睦（根據羅十二18）。

明白合符聖經的管教

> 忠心地管教（訓練、教育、糾正）兒女，以討主喜悅的方式去教導是聖經中愛的表現，也是作為父母跨出順服的第一步，這樣也為兒女提供了敬虔的指導 *（根據箴十三24，十九18，二三13；來十二5-13）*。

I 管教的意義是甚麼？

神的話強調，根據聖經管教的目的是要教導人跟從神的方法，而不是隨從人的方法 *(來十二9-11)*。在舊約聖經中，原文譯「管教」的字通常有「指導」的意思。在新約聖經中，原文譯「管教」的字，也與「訓練」或「糾正」有同樣意義。

II 為甚麼需要管教？

A 管教和責備是神使你和你的兒女不致進一步犯罪和不聽神的話之方法 *(詩一一九67；箴五23，六23，十17)*。

B 神的管教經常藉著父母施於兒女身上，這是為了個人的益處 *（根據來十二10）*，使他們不致和世人一樣被定罪 *(林前十一32)*，並且使受管教的人產生出公義的性情 *(來十二10-11)*。

C 既然神吩咐父母去管教兒女 *(箴二三13；弗六4)*，若父母不如此行便是罪 *(雅四17)*。

D 若不管教，孩子的愚昧必使他貧窮、羞辱，且過著自我中心的生活，使父母蒙羞 *(箴十三18，二二15，二九15)*。

III 如何及何時管教？

父母的管教要在愛中執行 *（根據箴十三24；林前十三4-8上）*，有如神用愛來管教他的兒女一般。由於根據聖經管教的目的是要使人有基督的性情 *(來十二10-11)*，故父母要實踐下列各項：

A 向神求智慧，並努力學習他的話語，然後決定具體管教的事項 *（根據提後二15，三16-17；雅一5）*。像神引導他的百姓那樣，定出簡單、清楚的準則 *（根據創二16-17；出二十3-17；申十一26-28）*。

B 清楚解釋這些以聖經為根據的行為標準，避免誤解或混淆 *（根據出三一18，三四1；申四13-14；太二二37-39；約十四15）*。

C 解釋順從的祝福 *（根據詩十八20-36；太五3-12；來五14，十二11；雅一25）* 和不順從的管教和後果 *（根據申十一26-28；箴三12；太七*

26-27；林前十一31-32；西三25；來十二5-11）。提醒兒女，神會在生活中用試煉去培養他們有基督的性格（雅一2-4）。

D 既然管教的目的是重建（根據來十二4-13），當兒女不順從時，就應以愛心解釋他們在何事上沒有遵照聖經的教訓，並應該如何行才對（根據申六6-7；林前十三4-8上；加六1-2；西三5-17；提後三16-17）。

   1. 根據孩子生命的成熟程度，鼓勵他們去為目前的失敗尋求神的解決方法和行道（根據林前十一31；弗六4；提後二15；雅一22-25），同時，教導他們向主認罪（約壹一9），也要教導他們向曾得罪的人認罪（雅五16上）。

   2. 只有為了使不肯悔改的孩子能脫離最終的滅亡，父母才會加緊嚴厲的施行管教（根據箴十五10，二三13-14）。在仍有希望時要施行管教（箴十九18），並且要快快地行（傳八11）。

注意：如果孩子揀選「不悔改」，你管教的步驟是：（1）根據聖經自省（2）從心裡饒恕他（3）以溫柔的心責備他。

     a. 嚴格的管教是特別為那些表現愚昧的孩子而設的（根據箴十四3，二二15，二六3）。一個表現愚昧的孩子是因為他無知，所以才會：

        1) 說出爭吵（箴二十3）、乖謬（箴十九1）、敗壞（箴十14）和讒謗（箴十18）的話語。

        2) 張揚和反覆行愚昧的事（箴十三16，二六11），並以犯罪（箴十四9）和行惡為戲耍（箴十23）。

        3) 輕易發怒（箴十四17，二九11）和心裡急燥惱怒（傳七9）。

        4) 以自己為權威的根據（箴十二15，二八26）。

        5) 藐視智慧和訓誨（箴一7）、恨惡知識（箴一22）、不喜愛明哲、只喜愛顯露心意（箴十八2）。

        6) 狂傲自恃（箴十四16），顯出羞辱（箴三35）及詭詐（箴十四8）。

        7) 藐視母親（箴十五20）和父母的管教（箴十五5），且使父母擔憂（箴十1，十七25）。

     b. 父母管教最嚴厲的是用「杖」（箴二三13-14），要施用於無知（根據箴十13）和需要智慧的孩子身上（根據箴二九15）。

     c. 由於管教產生愁苦（來十二11），在管教後要向子女重申你的愛。如果孩子悔過，就要像神用慈愛憐恤待那些犯了罪後認罪悔改的人那樣（根據詩一零三10-14）。這種憐恤是神對待他兒女的榜樣（哀三32；林後一3-4），也是聖經對回轉的人的範例（林後二6-8）。

E 評估你對每個孩子管教的效果，並按情形改進你的計劃（根據箴三5-6，十六9；提後二15，三16-17；雅一5）。

F　既然父母管教兒女不能帶著怒氣（弗四31-32，六4；西三8），父母若犯了這方面的罪就必須向子女承認（雅五16）。認罪之後，父母必須按聖經教訓，採取與子女和好的必要步驟（太五23-24；可十一25-26；羅十二18）。即使為過去不當的管教方式向兒女尋求和解，父母仍須照目前的需要管教兒女。

參考和好（除去一切合一與和睦的障礙）（第十二課，第六頁至第八頁）中的 II. 認罪。

IV 管教顯示甚麼？

A　喜愛管教的就顯示喜愛真知識（箴十二1）。愚妄人藐視管教（箴一7，十五5）。

B　神對他兒女的管教顯示出深切的愛，因神主動挽回他們（箴三12；哀三32；來十二6-8；啟三19）。同樣，父母按聖經原則管教孩子，也顯示出他們對神和孩子的愛。父母按著聖經的原則來管教，可以給孩子一個以愛心挽回他們的榜樣（箴三12，十三24；來十二5-11）。

C　不管教自己兒女的父母，乃是恨惡兒女（箴十三24）。

V 管教能成就何事？

A　對按聖經執行管教的父母：
　1.　使悖逆的兒女見到父母對他們的愛和關懷（箴十三24，十九18，二五3-14）。
　2.　能不管個人的感覺如何，仍顯出愛主和悅主的心意（根據約十四15、21；弗六4；西一9-10）。
　3.　孩子受到管教，會讓你得到喜悅和安慰（箴二九17）。

B　對有反應和願被挽回的孩子：
　1.　使他結出平安的果子——就是義（來十二11）
　2.　使他在聖潔上有分（來十二10）
　3.　除去他心裡的愚昧（箴二二15）
　4.　引導他謙卑得知識（箴十五5、32）
　5.　引導他尊敬父母（來十二9）

VI 誰該受管教？

A　一切不忠於神方法的兒女都應受主管教（詩一一九75；林前十一29-32；來十二5）。

B　悖逆的兒女必須受父母的管教，這是為了他們的益處，免得他們滅亡（箴十三24，十九18，二三13-14）。

家庭靈修和敬拜（準則和建議）

> 一天中除了教導子女外，一家人必須具體地安排時間一起敬拜神和查考他的話語。家庭靈修需要有計劃和努力，那麼，敬虔的習慣才能在你家中發展和維持（根據申四9；詩九五6-7上，一四五1-7；太二八20上；約四23-24；弗五15-17；西三16；提後二1-2，三14-15）。

I 計劃家庭靈修要考慮的事：

    A 由於參加靈修的家庭成員可能年齡差別很大，求主幫助你決定如何使所有參加的家人都得到造就（根據申六6-7；詩一一一1-2，一一九30；箴一2-9；羅十五1-2；弗四29；西四6；提後三14-15；雅一5）。

    B 在家庭靈修時，應該有教導、頌讚、禱告、感恩、交通和鼓勵（根據詩三十4，三三1-3；西三16；帖前五16-18；來十24-25）。

    C 在家庭靈修時，要教導家庭成員愛主和彼此同心（就如同在使徒行傳記載的家庭中聚會的情形）（徒二42-47，四32，五42）。

II 家庭靈修應包含基督徒成長和表現的各方面

    A 頌讚（詩六三3-4）和禱告（西四2）

        1. 要有時間歌唱敬拜主（根據弗五19；西三16），並講到他的工作和良善（根據詩九五67上，一零三，一零四，一四七）。

        2. 要用部分時間，在主前為個人或整個家庭的事感恩代禱（根據詩九1-2，一四二；弗五19-20；腓四6-7；西四2；帖前五16-18；雅五13）。

        3. 花時間為別人禱告（政府領袖、朋友、學校教師、鄰居、同事、教會領袖、同教會的會友、社區的信徒、其他國家的信徒、宣教士等）（根據路十2；弗六18；腓四6-7；提前二1-4；來十三17-18）。

    B 聖經指導（提後三14-17）

        1. 要查考全家適用的經節（根據箴一2-5；提後二15）。

        關於這方面的資料，參考明白合乎聖經教導兒女的原則（第十六課，第十三頁至第十六頁）

2. 鼓勵並示範背誦經文，特別強調該背誦的經文對個人或家庭靈命增長的需要 *（根據詩一一九11、16）*。

3. 在必要和適當時互相教導和勸誡 *（根據太七1-5；加六1-2；西三16）*。

C 交通 *（約壹一7）* 和服事 *（彼前四10）*

1. 作為耶穌基督的僕人 *（太二十25-28；約十三12-17）*，要用時間彼此鼓勵 *（來十23-25）*、彼此造就 *（羅十四19，十五1-2；弗四29）*、彼此認罪 *（雅五16上）*、彼此饒恕 *（可十一25-26；弗四32）*。

2. 定出計劃並照著計劃幫助有需要的人 *（根據林後八1-5，十二15；雅一27，二15-17）*。

3. 決定家庭成員如何個別地參與國內和國外向人傳講耶穌基督福音的事工 *（根據太二八18-20；路十2；徒一8；彼前三15）*。

4. 計劃每一個人的事工和為人服務的事項，並全家一同事奉的計劃 *（根據羅十二3-6上，十四19；弗五15-17；來十24-25；彼前四10）*。

III 家庭靈修應在何時進行？

A 找出一個固定的時間，讓所有家庭成員的計劃、活動、和職責等不與此段時間衝突 *（根據路十四28-30；弗五15-17）*。下面的幾項建議，可以幫助你計劃家庭靈修和敬拜：

1. 把家庭靈修時間放在飯後，使家庭成員中大部分人都可參加（通常在早餐或晚餐後最好）。

2. 把家庭靈修放在所有成員都精神好，也沒有其他事情做的時間進行（例如避免在小孩很睏倦要上床睡覺的時候進行）。

3. 安排充分的時間進行家庭靈修和敬拜，最好留下足夠的時間讓有需要時可加插額外的項目（例如，唱詩、見證或禱告，有時可能會比靈修內容的時間更長）。

4. 挑一個不忙於其他事情的日子和時間，使所有的人都能專心而不受攪擾。

5. 在散步、爬山或郊遊時進行家庭靈修和敬拜，利用神的創造來教導家人認識神的尊貴和榮美。

B 家庭靈修有時難以持久，在某種情形下可能無法進行（例如生病、緊急事務、其他服事機會、不信主的家庭成員禁止等）。要記住家庭靈修，並非靈命增長必須墨守成規的步驟 *（根據林後三6）*。家庭靈修只是為信主的家庭成員提供進一步以心靈誠實敬拜神的機會 *（根據約四23-24）*，在愛中彼此造就 *（弗四14-16，特別是第16節）*，也是藉著彼此服事而事奉主的機會 *（根據羅十二9-13）*。

IV 家庭靈修和敬拜的主題建議

A 家庭靈修的中心要以神的話語為主，要適合各家庭成員，也要與主最近在你身上的作為有關 *（根據詩一四五14；腓一6、9-11，二12-13；西一9-12；彼前三15）*。舉例如下：

1. 查考神在聖經中如何對待面臨不同困難的人（逼迫、危險、試探等）和那些必須作困難決定的人（如要順從神還是要得威望；要對神忠心還是要順從肉體情慾；要信靠神還是要依靠自己的聰明智慧和力量等）。當家人有類似問題時，這類的查考特別有效用。

2. 使用*面對自我*課程手冊為依據，定出有關勝過難處的主題查考。

3. 查考聖經對各種主題的看法，例如：靠主恩得救、洗禮、聖餐、天堂或查考主耶穌基督的降生、生活、釘十架、復活和再來。如果合適，你也可照著孩子的年齡和成熟程度，學習聖經對那件事情所定的觀點（如：墮胎、離婚、同性戀、貧窮、屬靈恩賜、邪教）。若使用和配合目前或將來的事為主題，會對整個家庭有很大的幫助。

B 背誦經文是你們家庭靈修和敬拜時間中主要的一部分 *（根據詩一一九11、16）*，互背經文可使彼此得鼓勵 *（根據箴二七17；來十24-25）*。在一同背經文的時間，可以做以下幾件事：

1. 能針對家庭成員的特別需要和成長而選擇一些有幫助的經文一起背誦，這是家庭靈修的有效工具。

2. 在家庭成員養成背誦經文的習慣後，讓每一個人挑選要背的經節，在家庭靈修時間中背給大家聽，然後解釋該經文的意義。

3. 讓每位成員背誦他們在不同的訓練課程或活動中所學過的經文（如兒童節目，面對自我課程，布道課程等），然後在家庭靈修時間向其他成員背誦。

C 在家庭靈修和敬拜中，盡量包括稱頌、禱告和謝恩等項目 *（根據弗五19-20；西三16）*。下面的建議可成為你們家庭靈修的固定部分：

1. 一周中挑選一天作為稱頌讚美日，各家庭成員提出代禱事項，然後一同禱告。你們可以預備一本家庭讚美和禱告記錄簿。

2. 選出一天來為所發生的事，或為主在每個家庭成員身上所成就的事感恩。為了多樣化，可以在感恩的時間內進行有創造性和有意義的活動。例如：你們可以為該晚決定一個主題，唱感恩詩歌或者一同寫一首讚美詩。如果有訪客和你們在一起，他們也可以參加這個家庭靈修和敬拜時間。

3. 安排一天一起唱詩、讚美詩和靈歌。你們可以挑選不同的成員來帶領，或是挑一天來唱特別喜愛的歌和詩歌。也可以挑一篇詩篇，用啟應的方式來讀，父母念一節，兒女念一節，這是個讓客人參與的好活動。

D 家庭靈修和敬拜往往忽略了宣教事工，但傳福音卻是信徒生活在一起的主要目的 *(根據太二八18-20；路十2；徒一8)*。下面是一些建議：

1. 安排一周中的一天，在家庭靈修時，把重點放在宣教事工上。讀出你們家庭在經濟上或禱告中支持的宣教士來信，如果你們還未支持宣教士，就要花時間決定為那一個禱告，若是可能，整個家庭在經濟上可給予宣教士支持。為你們自己的宣教士和其他教會的宣教士禱告，也為在本國及外國的宣教士禱告，策劃一個宣教禱告表，為你們家庭或教會支持的宣教士禱告。

2. 以家庭為單位，為你們的宣教士訂一個計劃、寫一封信、收集一袋好吃的東西，或開始為宣教士收集「禮品」。

3. 以家庭為單位，列出你們可以服事他人的事項，如為有病或傷殘的人煮飯、做雜務、給別人寫鼓勵的短信、探訪不能出門的人等。每星期在所列的名單上增加項目，並以禱告的心，每週這樣服事人。

E 與教會其他家庭一起有家庭崇拜可以造就你家中每一個成員 *(根據來十23-25)*。除了與其他信徒一同敬拜之外，定期的家庭敬拜時間也可延長。

1. 在教會崇拜後，安排時間給每一個家庭成員分享領受，同時讓大家說出如何回應。

2. 讓不同的家庭成員計劃擔任家庭敬拜中不同的部分。訂出聚會的次序，包括讀經、唱詩、為某種需要奉獻、一同禱告、甚至由家庭成員短講等(孩子們特別喜歡帶領聚會或作招待)。家庭敬拜若有其他家庭參加則更理想，因為家庭敬拜可以容納和鼓勵不同年齡的人參與。

V 家庭靈修中敬拜的計劃和內容建議

A *建議一：每週經常性計劃*
第一天——著重宣教事工
第二天——背誦經文
第三天——讚美、禱告和唱詩
第四天——查考神的話語
第五天——感恩見證
第六天——事工計劃和實行時間
第七天——敬拜日，在家中有敬拜聚會

B *建議二*：安排一段較長時間，根據聖經的觀點來研究特殊之需要或問題，例如：

1. 第一周——查考已挑選的主題，並一起學習神的話語。
2. 第二周——擬定一個計劃，忠心地執行。
3. 第三周——讓每一個成員報告他實行此計劃的進展。背出有意義和合用的經節，並分享這些經節對個人的意義。
4. 第四周——恢復經常的家庭靈修敬拜程序。在讚美和禱告日，著重於每個家庭成員所學到的事情。在背聖經日背出經文。

C *建議三*：配合當時的時事，定一個短時期的專門查經（一周或幾周），然後記錄所學到的事情。

D *建議四*：花一周的時間查考一個聖經人物，特別注重一個具體問題或這個聖經人物敬虔的榜樣，然後在下一周排練，並演出聖經人物的故事，鼓勵家庭中每一個人都參與。

E *建議五*：定出自己的家庭靈修計劃。

VI 家庭靈修和敬拜總結

A 家庭靈修和敬拜的時間，能成為全家人一同查考和實踐聖經真理的好機會（*根據申六6-7；詩一一一1-2；來十23-25*）。

B 事奉和門徒訓練，與家庭靈修和敬拜時間不可分開（*根據耶穌在他門徒身上所做的工作*）。

養育兒女的全面計劃

> 由於神的話語適用於不同年齡的人，家庭中每一個人都必須認識聖經是個人生活的準則。單憑聖經就能完全指導生活中的一切事，包括親子關係。沒有其他權威能代替它的位置或增加它的教訓 *（根據申六5-7；詩十九7-11，一一九89、105、130；箴三十5-6；賽五五6-11；林前三19-20；提後三14-17；來四12；彼後一3-4）*。

I　仔細複習下列參考課文

    A　根據聖經改變的基礎要求（第一課和第二課），認出以人的方法生活和以神的方法生活之間的不同（第三課和第四課）。

    B　根據聖經改變的要素（第五課至第八課），向己死並為主活（第九課至第十課）。

    C　根據聖經克服忿怒和苦毒的必要（第十一課）。

    D　實踐聖經原則去愛你的鄰舍（第十二課和第十三課），在家中的一切關係上榮耀基督（第十四課至第十七課）。

    E　生活中的懼怕、憂慮或沮喪（第十八課和第十九課）與親子關係的問題之間的連繫。

    F　轄制人生命的罪的嚴重性，及它們與親子之間問題的關係（第二十課和第二十一課）。

    G　你和你家人在生活各方面以神的話語建立和保持具體標準的必要性（第二十二課）。

注意：以上參考資料對親子關係是很重要的。根據聖經來處理問題時，你必須自省。例如：任何親子問題，不能單針對它本身來解決，必須要用聖經的原則來解決，這樣才能使你可以根據聖經改變而更像基督。從上面所列出的課程，（有些你已學過，有些還未學到），你就可以明白神解決問題的辦法。你越多查考聖經輔導課程，就越明白這一點。

你若進一步接受聖經輔導訓練，就會發現本課中所展示的神的辦法是適用於解決一切問題，包括那些本課程手冊中未有提及的。

II　**幫助兒女警覺生活各方面的罪和試探人犯罪的模式，向他們解釋列寫顯出他們生活中遇到的問題之人物、地點、時間或環境的重要。只有在年幼的孩子主動提供他們按聖經自省的資料時，父母才為他們寫下記錄。**

III 使用得勝計劃表（補充材料八）。根據得勝計劃表指引（補充材料七）的指示，填寫第一欄至第三欄。*父母必須在教導兒女時，不斷按聖經的教訓自省（根據太七1-5；羅二21上；提後二15；雅三1）。*

IV 當你完成得勝計劃表（補充材料八，第一至二頁）第四欄時：
   A 你和每個孩子都要定一個**基本計劃**來勝過個人的罪行，尤其是與「家庭關係」有關的罪行。在每人的計劃中，要在行為（思想、言語、行為）上實行以下的準則，使你更像基督。*注意：下列準則只適合於已重生的家庭成員（根據林前二9-14）。*
     1. 思想符合聖經
       a. 記住：神已應許，不論在任何情況下，環境有多動盪，他要看顧你和其他信徒*（詩二三1-6，三七5；箴三25-26；太十28-31；羅八36-39；林前十13）。*
       b. 向神承認一切罪惡的念頭*（約壹一9）*，求他幫助你改變這種犯罪的惡習*（根據帖前五17；來四15-16；雅一5）。*
       c. 喜樂*（帖前五16）*、凡事謝恩*（弗五20；帖前五18）*，知道忍受試煉能幫助你改變，使你能成為有耶穌基督形象的人*（羅五3-5；雅一2-4）。*
       d. 記住：神赦免你，是你饒恕別人的根據*（太十八21-35；弗四32；西三13）。*
       e. 記住：你對別人的愛是表明你對神的愛*（約壹二9-11，三14-16，四7-11、20-21）。*
       f. 集中思想討神喜悅並榮耀他，在凡事上使別人得福*（根據太二二37-39；路九23-24；林後五9、15，十5；加五16-17；腓二3-4，四8；西三2）。*
       g. 在所處的環境中，不要思想那些促使你進一步犯罪的事，而要操練去思想有關神所喜悅的事*（腓四8；西三2）*。記住要為逼迫你的人禱告*（太五44）。*
       h. 複習背過的詩篇、詩歌和靈歌*（根據弗五19-20；西三16）。*
       i. 想出方法來鼓勵其他信主的家庭成員有愛心並行善*（根據來十23-25）。*
     2. 言語符合聖經
       a. 向未能按聖經方式去愛的人承認所犯的罪，包括不能完成職責的罪。也要承認其他在過去未認而現在想起的罪*（根據詩五一1-4；雅五16；約壹一9）。*
複習如何向你得罪過的人認罪，溫習得勝計劃表指引（補充材料七）中的VI.根據聖經改變的應用的D及和好（除去一切合一與和睦的障礙）（第十二課，第六頁至第八頁）中的II.認罪。

b. 不要談過去的成就（箴二七2，三十32；林後十18）、哀痛、失敗（腓三13-14）或對將來的擔憂（太六34）。不要自我比較或與其他人比較（林後十12），也不要誇口應許將來要做甚麼事（箴二七1；雅四13-16）。只要存感恩的心述說神的善良來造就別人，特別是在你遇到困難時他在你生命中所作的改變（路十20；弗四29；西四6；來十三15；彼前三15）。

c. 不要誹謗、說閒言、爭吵或說不造就人的話（箴十18；弗四29、31，五4；西三8；提後二24；彼前二1）。說話要誠實，有恩慈，按各人當時的需要回答各人（弗四15、25、29；西四6）。

d. 不要指責或以報復的方式指出別人的罪，不論對別人、對自己或對犯了罪的人都不該如此（箴十18，十七9，二十19；弗四29、31；西三8；彼前二1）。

e. 小心照著聖經的指示，鼓勵人與神並與他人和好（太五9、23-24；羅十二18；林後二6-8，五18）。
參考和好（除去一切合一與和睦的障礙）（第十二課，第六頁至第八頁）

f. 教導每一位家庭成員有關聖經的指導和管教原則（根據申六5-7；弗六4）。
請參考：**明白合乎聖經教導兒女的原則**（第十六課，第十三頁至第十六頁），和**明白合乎聖經的管教**（第十七課，第八頁至第十頁）。
父母們：也要向子女承認，在養育他們時曾用過那種不符合聖經的方法或說話，向他們解釋為甚麼這些事不符合聖經，並請他們饒恕。
參考世人養育兒女的理論及方法（第十六課，第三頁至第六頁），同時與孩子們一同複習**教育兒女的準則**（第十六課，第七頁至第九頁）。

3. 行動符合聖經

a. 饒恕別人如同神饒恕了你（弗四32；西三13）。
參考饒恕（饒恕別人如同神饒恕了你）（第十二課，第三頁至第五頁），並決定你是否照聖經上饒恕的原則去行，必要時應作改進。

b. 背經文，並查考與解決你家庭具體問題有關的經文（根據詩一一九9、11、16；林後十5；腓四8；提後二15）。背誦詩篇、詩詞、靈歌，使你將來在適當的場合可以使用（根據弗五19-20；西三16）。

c. 不住的禱告謝恩（腓四6，帖前五17-18），按神的旨意禱告（約壹五14-15），將你一切的憂慮交給神（彼前五7），並為逼迫你的人禱告（太五44）。

d. 識別一切危險信號，如：環境、地方和與某些人交往以致帶來試探等，立刻採取行動逃避、抵擋和消除試探（根據詩一1；

箴二七12；林前十五33；提後二22；雅四7；彼前五8-9）。

  e. 做錯了事要彌補，要與你得罪過的人和好（根據太五23-24）。記住：雖然你已認罪（請看上2a），但仍需要表明你改變的決心。
見和好（除去一切合一與和睦的障礙）（第十二課，第六頁至第八頁）中III.賠償及IV.和好之重要性。
父母們：複習惹兒女生氣的原因（第十六課，第十頁至第十二頁），察看是否得罪神或兒女，並向主和兒女認這方面的罪。

  f. 以實際和真誠的愛和服事（包括你身為家庭中的一分子、學生、僱員、僱主、室友等應完成的職責），使他人蒙福（根據太七12；羅十二9-13、15-16，十三8-10；林前十三4-8上；腓二3-8；提前六17-19；彼前三8-9；約壹三18）。
如何以及何時，甚至在困難中，表現出聖經中的愛，參考**聖經中的愛的意義（第十三課，第四頁至第六頁）。**
表現聖經中的愛應該：

   1) 不論你的感受如何（根據創四7；林後五14-15；加五16-17；腓四13；雅四17）。

   2) 特別向那些似乎是你仇敵的人或曾得罪過你的人表達出來（根據太五23-24、43-48；可十一25-26；羅十二14、17-21）。

   3) 用恩慈和溫和的心對待激怒你的人（弗四31-32）。

   4) 抓住機會服事人，尤其要保持象基督服侍人那樣的態度來對待人（根據太二十25-28；腓二3-8；彼前四10）。

   5) 根據聖經來作管家，使主得榮耀，也給人實際的幫助（根據詩二四1；太二五14-29；林前四1-2；弗五15-17；提前六17-19；彼前四10）。

   參考管家的聖經原則（第十課，第四頁至第六頁）和捨己為人（第十課，第七頁至第八頁）。

  g. 必要時舉行一次會談，使用**藉合乎聖經的溝通克服困難（藉會談復和）（第十五課，第六頁至第九頁）。**

  h. 糾正你因缺乏管教或疏忽而引起的缺點（根據西三1-17；雅四17；提前四7下）。

  i. 忠心地建立和維持家庭靈修和敬拜時間（根據弗五15-17）。
參考家庭靈修和敬拜（準則和建議）（第十七課，第十一頁至十五頁）。

  j. 在兒女要完成的每一項任務上，特別是那些長期要做的事，用耶穌訓練門徒的步驟適當的訓練他們。
參考明白合乎聖經教導兒女的原則（第十六課，第十三頁至第十六頁）中的VI. G。

k. 必要時,請一位基督徒朋友幫助你督促你的孩子,執行**基本計劃和應變計劃**,直到他建立起敬虔的生活為止(箴二七17;傳四9-10;來十23-25),必要時請別人用聖經來輔導他(箴十一14,十五22)。

l. 忠心執行合乎聖經的管教
參考**明白合乎聖經的管教**(第十七課,第八頁至第十頁)

m. 如果一個信主的家人犯了罪,告誡後他仍對聖經挽回的方法毫無反應,你要繼續照**挽回與管教(根據聖經對待信徒所犯的罪)**(第十三課,第七頁至第八頁)的大綱進行挽回。
複習**挽回與管教的步驟指引**(第十三課,第九頁至第十一頁)。

B 若需要,使用**思想與行動表的指引**(補充材料九),教導兒女如何訂一個**思想與行動表**(補充材料十)。

C 鼓勵並幫助你每一個孩子實行自己的**基本計劃**(雅一22),像是為主做的(西三23-24)。

D 幫助你每一個孩子訂一個**應變計劃**,應付在不能預料的情況下而引起試探犯罪的事,尤其在家庭關係方面。

注意以下準則:

1. 立刻向神求助(帖前五17;來四15-16;雅一5)。
2. 複習背過的經文,尤其是關於對付你身上已知的罪(根據詩一一九9、11、16)。
3. 立刻尋求神的觀點。
   a. 不論你的感覺或情況如何,視之為靈命進深的機會(雅一2-4),因為神要叫萬事互相效力,使你得益處(根據詩三七;箴三5-12;羅八28-29;弗一3-14;腓一6)。
      1) 提醒自己,只要靠著那加給你力量的基督,凡事都能作(腓四11-13),因為能力來自神,而不是來自任何天然的「內在力量」(林後三5),記住:離了耶穌基督,你就不能作甚麼(約十五5)。
      2) 當讚美和榮耀神,因他在你軟弱時,使你有足夠的力量,不致跌倒(林後十二9-10),他必保守你不致跌倒,並使你在他榮耀的面前,無可指責,大有喜樂(猶24-25)。
   b. 記住神是看你的內心,不是你的外表(撒上十六7),不論別人知不知道,你的思想在他的面前必須無可指責(根據徒二三1,二四16;羅十四12;弗一4,四1;腓一9-11;西一21-22)。
      1) 若你在不知不覺中開始有罪惡的意念,就向主認罪(約壹一9)。

2) 記住：不要以犯罪時間的長短或犯了多大的罪（以人的標準）來判斷自己，要知道你雖片刻不照神的意思去行也是不可以的 *(雅二10，四17)*。

4. 為目前的光景，神仍稱你是他的僕人而感謝他 *(弗五20；帖前五18)*，並把榮耀歸給神 *(林前十31；彼前四11)*。要設法在這情況下，以服事別人來造就他們 *(弗四29；腓二3-4)*。

5. 在生活中，當你發現有試探引誘你去犯罪時，就馬上照**應變計劃**去行 *(根據帖前五22；提後二19-22)*。然後，開始實行**基本計劃** *(根據箴二四16；雅一22-25)*。

第十七課：指定作業

> 本課的作業是要幫助每個家庭成員表現他對耶穌基督的信心，並遵照聖經處理親子關係（根據申四9，六6-7；詩一一九105；約十四15；弗六1-4；西三20-21，提後三16-17；雅一22-25）。

以 ✔ 表示作業完成

- ☐ A ＊用自己的文字，寫出*以弗所書六章1至3節*的意義。背誦以弗所書六章1至3節，並開始背誦*創世記四章7節*和*雅各書一章22節*。複習以前所背過的經句。

- ☐ B ＊讀**聖經原則：親子關係（下）**（第十七課，第二頁至第三頁），將所列舉的經文在聖經中標識出來。

- ☐ C 查考**訓練兒女對主忠心（家中的門徒訓練）**（第十七課，第四頁至第七頁）當你辨別出那些是神在你和家庭成員所作的門徒訓練時，就把這些事寫在讚美事項上，同時，把在你應該改變的事上畫記號，並在靈修與敬拜時分享（根據詩三四1-3，一一五1；林前一26-31）。使用**得勝計劃表**（補充材料八），訂一個計劃來完成這些改變。

- ☐ D 學習明白**合乎聖經的管教**（第十七課，第八頁至第十頁），訂出一個你會在家中忠心去實行的聖經管教計劃。安排一段時間，向兒女解釋你要在家中執行神的管教計劃。若在按聖經管教兒女上失敗，你要向主和兒女承認（根據約壹一9；雅五16），然後，進行必要的聖經和好步驟。參考**和好（除去一切合一與和睦的障礙）**（第十二課，第六頁至第八頁）。

- ☐ E 讀**家庭靈修和敬拜（準則和建議）**（第十七課，第十一頁至第十五頁），著重你在家庭靈修和敬拜中要使用的部分，然後定計劃開始為家庭靈修和敬拜安排固定的時間。

- ☐ F 學習**養育兒女的計劃**（第十七課，第十六頁至第二十一頁）。注意這些準則與其他信徒生命中靈命長進的基本步驟之間的共同特點。標識任何指出你在養育兒女時需要改進的句子，制定計劃，開始進行並保持這些改變。

- ☐ G ＊回答與本課有關的**課程測驗**的第二十五和第二十六題（第二十三課，第三頁）。

※ 完成有＊記號的作業，是接受進一步聖經輔導訓練的先決條件。

靈修日引（包括經文背誦及指定作業）

> 本課的**靈修日引**是要幫助每個家庭成員表現他對耶穌基督的信心，並遵照聖經處理親子關係（根據申四9，六6-7；詩一一九105；約十四15；弗六1-4；西三20-21；提後三16-17；雅一22-25）。

經文背誦

1. *背誦*以弗所書六章1至3節*。開始背*創世記四章7節*和*雅各書一章22節*。
2. 隨身攜帶本周和上周的經文卡，在每天空閒時複習經文。

靈修日引

第一天

1. 以禱告開始。
2. ***讀聖經原則：親子關係（下）**（第十七課，第二頁至第三頁）的*原則73*。將所列舉的經文在聖經中標識出來。
3. *用自己的文字，寫出*以弗所書六章1至3節*的意義。
4. 查考**訓練兒女對主忠心（家中的門徒訓練）**（第十七課，第四頁至第七頁）。著重在具體的門徒訓練的事上，當你看到神在你和家庭成員身上的工作時，把這些歸在讚美事項中，並在靈修時間與家人分享（詩三四1-3，一一五1；林前一26-31）。也要標識指出你需要改進的句子，這是兩天查考的第一天。
5. 使用一分**得勝計劃表**（補充材料八），並開始訂一個完成這些改變的計劃。
6. 以禱告結束。

第二天

1. 以禱告開始。
2. ***讀聖經原則：親子關係（下）**（第十七課，第二頁至第三頁）的*原則74*，將所列舉的經文在聖經中標識出來。
3. 完成查考**訓練兒女對主忠心（家中的門徒訓練）**（第十七課，第四頁至第七頁）。
4. 完成**得勝計劃表**（補充材料八），列出你需要改變的要點。
5. 以禱告結束。

第三天

1. 以禱告開始。
2. ***讀聖經原則：親子關係（下）**（第十七課，第二頁至第三頁）的*原則75*。將所列舉的經文在聖經中標識出來。

3. 查考**明白合乎聖經的管教**（第十七課，第八頁至第十頁）。訂出一個你會在家中忠心去實行的聖經管教計劃。你若在根據聖經管教兒女上失敗，就向主和向兒女承認（*根據約壹一9；雅五6*），必要時，與兒女採取聖經和好步驟。**參考和好（除去一切合一與和睦的障礙）**（*第十二課，第六頁至第八頁*）。
4. 以禱告結束。

第四天

1. 以禱告開始。
2. ＊**讀聖經原則：親子關係（下）**（第十七課，第二頁至第三頁）的*第三課修訂之原則4*。
3. 完成查考**明白合乎聖經的管教**（第十七課，第八頁至第十頁），安排時間教導子女有關神的管教計劃，向他們解釋你在家中要施行的聖經管教計劃。
4. 以禱告結束。

第五天

1. 以禱告開始。
2. ＊**讀聖經原則：親子關係（下）**（第十七課，第二頁至第三頁）的*原則76*。將所列舉的經文在聖經中標識出來。
3. 讀**家庭靈修和敬拜（準則和建議）**（第十七課，第十一頁至第十五頁）。並選出這次查考的資料，用在你家庭靈修和敬拜中。你若沒有安排固定的家庭靈修和敬拜，就擬定一個計劃開始實行。
4. 以禱告結束。

第六天

1. 以禱告開始。
2. ＊**讀聖經原則：親子關係（下）**（第十七課，第二頁至第三頁）的*原則77*，將所列舉的經文在聖經中標識出來。
3. 查考**養育兒女的計劃**（第十七課，第十六頁至第二十一頁）。在指出你教養兒女時需要改進的句子上畫記號，這是兩天查考中的第一天。
4. 以禱告結束。

第七天

1. 以禱告開始。
2. 完成你對**養育兒女的計劃**的查考（第十七課，第十六頁至第二十一頁），制定計劃，開始並維持身為父母所要作出的改變。
3. ＊回答與本課有關的**課程測驗**第二十五和第二十六題（第二十三課，第三頁）。
4. 以禱告結束。
5. 複習背過的經節，向朋友或家庭成員背誦。要記得解釋經節的意義，以及你本身的應用。

※ *完成有＊記號的作業，是接受進一步聖經輔導訓練的先決條件。*

第十八課

沮喪

「你若行得好,豈不蒙悅納,你若行得不好,罪就伏在門前,他必戀慕你,你卻要制伏他。」

創四7

「只是你們要行道,不要單單聽道,自己欺哄自己。」

雅一22

第十八課：沮喪

> 沮喪並非一種疾病，但有些身體的疾病，可能引起沮喪的感覺。大多數被視為沮喪的症狀和疾病（不論是短暫或慢性的），都是源自不符合聖經原則的習慣，或是對環境、對人事作出犯罪的反應。當我們定意過討主喜悅的生活，就可以克服那些因違反聖經而產生的沮喪了（根據創四3-7，特別是第7節；詩三二1-5，四二11，五五22，一一九28、50、75-77、143、165；約十五10-11；林後一3-6；雅一22-25）。

I **本課宗旨**

　　A 幫助你明白不能因有沮喪就不根據聖經的原則生活。

　　B 提醒你任何人都會經歷沮喪，但必須用神的方法來克服它，而不是用自己或任何人的哲理來解決。

　　C 展示一個符合聖經的計劃來克服沮喪。

　　D 藉個案研討去幫助別人克服沮喪。

II **本課大綱**

　　A 面對自我

　　　　1. **聖經原則：沮喪**（第十八課，第二頁至第三頁）

　　　　2. **認識沮喪**（第十八課，第四頁至第七頁）

　　B 靈命成長步驟

　　　　1. **克服沮喪**（第十八課，第八頁至第十三頁）

　　　　2. **我目前的時間表**（補充材料十四）

　　　　3. **根據聖經所訂的時間表**（補充材料十五）

　　　　4. **第十八課：指定作業**（第十八課，第十五頁）

　　　　5. **靈修日引**（第十八課，第十六頁至第十七頁）

　　C 聖經輔導

　　　　個案研討：美茵的丈夫離棄了她（第十八課，第十四頁）

聖經原則：沮喪

> 就算感到沮喪，你仍必須根據聖經的原則生活（根據詩十九7-11，一一九92-93、143；約十五8-12、16-17；林前十三4-8上；腓四13；西三17；雅一22-25；約壹二6）。要時刻在思想和言行上造就別人和榮耀神，而不是只在高興時才遵行神的話（根據林前十31；林後十5；弗四29；腓二3-4，四8-9；西四6）。

I 神的觀點

（原則78） 被稱為「沮喪」的症狀有時是罪所促成的（根據創四3-14；詩三二3-5，三八1-10），這表示你是為討自己喜悅，不是為討神喜悅而活。你若不悔改，承認你以自我為中心，並回轉根據聖經的原則生活，你將會面對更多的困難（根據詩三二3-4，三八1-4；西三25；來十二5-11）。

（原則79） 要愛生命、享美福，就必須不再行惡，並遵行神的話語（彼前三10-12）。因神的恩典賜給你屬天的能力，能使你不致沮喪，反能根據聖經的原則生活（根據詩十九7-11，三四18-19，一一九28、105、143，一四五14；太十一28-30；羅八11-14、26；林後十二9-10；腓四6-7、13；來四15-16）。

同樣適用的有：

（原則16，取自第六課第二頁） 你的感覺、你對自己的看法、你與他人的關係以及你對環境的看法，常能顯示你是為自己而活還是為討神的喜悅而活（創四6-7；詩一一九165；約十四27，十五10-11；羅十四17-18；林後七10；腓四6-7；約壹四18-21）。

II 你的盼望

（原則80） 不論遇到多困難的情況，主耶穌基督都已得勝（約十六33）。神不會讓你遭遇到他不能控制的事，或讓你遭遇你所不能忍受的事（根據創五十20；耶二九11；羅八28-29；林前十13；林後十二9-10；腓四13）。試煉是對你有益的（羅五3-5；雅一2-4；彼前一6-7），你若根據聖經的原則作反應，神的大能就有機會在你生命中彰顯出來了（林後四7-18，十二9-10）。

（原則81） 在困難中，神必安慰（詩一一九50；林後一3-5，七6上）、眷顧和扶持你（詩三四8，四二11，四六1-3，五五22，一四五14；哀三32；太十一28-30；來四15-16）。

III 你的改變

(原則82) 「脫去」違背神的心，「穿上」一個律己順服的心（創四7；羅六11-13，19；提前四7-11），決意討神喜悅，不為自己而活（林後五14-15；加五16-17）。

同樣適用的有：

(原則28，取自第七課第二頁) 要除去犯罪的習慣，首先你必須以神的話語省察自己的生活和找出問題的癥結（太七1-5；林前十一28-31；提後三16-17；來四12）。一旦知道自己的罪，就必須悔罪（箴二八13；林後七9-10；啟二5）、認罪（約壹一9），並立即離棄罪惡（羅六12-13上；林後十5；弗四25、29、31，五4；西三2、5-9）。

(原則29，取自第七課第二頁) 你若行義（多二11-12）和靠聖靈的大能（加五16；弗三16-21，五18）就必榮耀神（林前十31；彼前四11），並顯出你對他的愛（申十12；太二二37；約壹五3；約貳6），也凡事討主喜悅（林後五9；西一10）。

IV 你的實踐

(原則83) 訂下一個合乎聖經的時間表。無論在甚麼情形下，都要堅持實行這時間表所訂下的（弗五15-17；雅四17），盡自己的責任，甘心樂意地為榮耀神而做（太五16；林前十31；西三17、23-24）。你若犯罪就要向主認罪（約壹一9），並根據聖經的準則向你所得罪過的人認罪（雅五16）。

同樣適用的有：

(原則14，修訂自第五課第二頁) 根據聖經慇勤自省（太七1-5；林前十一31），不斷遵行神的話語（約壹二3-6），不斷長進以致成聖（提前四7-8；彼後一3-11），這樣，你就會明白甚麼是真正的平安和喜樂了（詩一一九165；約十六33，十五10-11）。

(原則39，修訂自第十課第二頁) 在生活、職責和關係中不再討自己喜悅（路九23-24；約三30，十二24-26；羅十二3，十四7-8；林後五15），而是遵行神的誡命（太二二37-39）；也不再為自己而活，卻看別人比自己強，並要作神和人的僕人（太二十26-28；路四8；約十三3-17，特別是14-15節；羅十五1-3；林前九19；十24，32-33；腓二3-7；西三23-24；彼前四10）。

認識沮喪

> 感到沮喪並不是一種新的現象，聖經上有些人也有這種被稱為「沮喪」的症狀。神的話不僅能幫助你面對這問題，也能指示你在沮喪時如何可以得勝有餘（根據詩十九7-14，一一九165；箴十六25；林前一25，三18-20，十13；提後三16-17；彼後一2-10；約壹五4-5）。

I 甚麼是沮喪？

A 許多人定義「沮喪」為情緒低落或感到罪疚。沮喪的後果是絕望和停止活動。醫學界將它列為某種疾病，然而，雖然沮喪很普遍，但是醫學界承認大部分的引發原因至今仍不明。

B 聖經中記述有關沮喪的情緒是變了臉色（創四7）、憂傷的靈（箴十七22，十八14）、憂愁（箴十五13）、絕望（詩四二11）、傷心（詩一四七3）、被罪重擔所壓（詩三八4）、哀痛（詩三八6）、大大拳曲（詩三八6）、愁苦（詩一一九28）、喪膽（變得軟弱無力）（弗三13；來十二3）。

C 大衛在詩篇第三十八篇裡描寫沮喪的症狀時說「……因你的惱怒，我的肉無一完全；因我的罪過，我的骨頭也不安寧……我疼痛，大大拳曲，終日哀痛……我被壓傷，身體疲倦；因心裡不安，我就唉哼……我心跳動，我力衰微，連我眼中的光也沒有了……我幾乎跌倒，我的痛苦常在我面前。」（節錄自詩三八3-17）。

II 誰會沮喪？

A 每個人都會沮喪（根據林前十12-13）。聖經裡有些人也曾沮喪。在以下的例子中，你會看到導致沮喪的原因是由於「以自我為中心」：

1. 以利亞因耶洗別的威脅就害怕，以致絕望而逃走。請注意，他的沮喪是在他取得大勝利之後產生的（王上十九1-4）。

2. 大衛犯罪，卻不肯悔改，以致失去了盼望（詩三八）。

3. 約拿不滿意神的作為，向神生氣，結果產生了想死的念頭（拿四1-11）。

4. 彼得因說謊發誓不認識主，引發他痛哭（太二六69-75）。

5. 猶大出賣耶穌便後悔，並把賣主所得的三十塊銀錢丟在聖殿，便出去吊死了（太二七1-5）。

B 你可能因犯罪而感到沮喪，聖經上所記載的例子能保守你，使你站立得住（聽從神的話），並獲得希望（根據羅十五4）。

III 導致「沮喪」的可能因素是甚麼？

許多因素都會使你沮喪。有許多身體上的毛病，不一定與罪有關，然而，當身體有問題時，你必須防止有不符合聖經的反應。以下的因素並非全面，卻能指出根據聖經自省之重要性，並看到主耶穌要你如何作出改變（箴十一14，十八13；賽五五8-11；太七1-5；林前十一31；腓四6-7；雅一5、22-25）。

A **身體上的因素有**：疾病、生孩子、動手術及康復過程、荷爾蒙或化學物不平衡、器官機能失調、不健康的飲食、疲倦、月經週期或身體上的慢性疾病（如：低血糖、糖尿病、腺體病變）。

若有以上種種情形，你必須要讓醫生診斷、觀察及診治。同時，你必須根據聖經作出改變，使你學會在身體有需要時和治療中根據聖經去生活。要記住，神有主權，他決不容許身體上的問題使你無法遵從他的話。

B **對實際生活發生的某些事情，若不以聖經的教訓來處理，也會造成沮喪**，如：身體上的殘障（如癱瘓、喪失肢體、失明、耳聾）、失業、離婚、喪親、失去友誼、經濟困難、意外、人與人之間的衝突、孩子長大後離家、退休、受逼迫、察覺的危機、創傷、自己或所愛的人接受醫療。

C **在以下事項上不遵從聖經的教訓，也會產生沮喪**：飲食失調、工作過度、休息不足、不良的睡眠習慣、濫用藥物（毒品、酒、處方藥物）、缺乏運動、不能完成分內的事（如家務、打掃院子、工作任務、照顧孩子）、缺乏靈修、禱告不忠心、不肯饒恕人或不願恢復與人的關係、缺乏與其他肢體的交通、不願參與事奉、不真誠地向主和向人認罪。

D **不符合聖經教導的想法及思想方式**，包括：苦毒、擔憂、焦慮、妒忌、自憐、不饒恕人、沒有耐心、做事拖延、慾念、心懷怨恨、心中驕傲、怒氣、或自認比別人強。

若不克服以上各種沮喪的因素，靈性就會繼續走下坡，也會因此而產生沮喪（見本課中**I.B**中有關此情況的聖經教訓）。

欲獲得進一步的參考資料，請參看靈性的下坡路：
 忽視或拒絕神的方法（第五課，第三頁）和
 靈程步升：照神的方法行（第五課，第五頁）。

IV 聖經對促成「沮喪」的因素的看法

A 身體上的因素

1. 你的身體受造奇妙可畏（詩一三九14）。作為一個信徒，你是重價買贖回來的，你要高舉基督，並在身子上榮耀神（林前六20；腓一20）。要完成神在你身上的旨意，就要適當地照顧身體。為了敬拜和事奉神，你要把身體作聖潔的活祭獻上給神（羅十二1）。

2. 一些身體上的狀況（如荷爾蒙不平衡、器官和腺體機能失常）會使你感到沮喪。若有這種狀況發生，或有懷疑，就要作體檢並適當護理。然而，無論如何，你仍要遵行聖經的教訓（如耶利米在哀三31-32、38-40；或如使徒保羅在林後十二7-10所做的那樣）。

3. 當身體不適時，你要負起照顧自己的責任（包括尋求適當的治療），一切事要根據聖經中愛的教訓去行，那麼，你必討神的喜悅，也必得到他的力量和慈愛的眷顧（根據創四7；詩三四19，三七23-24，一一九143，一四七3、6上；林後十二9-10；腓二3-8，四13、19；雅一25）。

同樣適用的有：

（原則34，修訂自第九課第二頁）要記得你在基督耶穌裡的地位（羅八14-17；弗一3-14；西二9-12；彼前二9-10）。在生活中，神的兒女必能得到天父的恩典和憐憫。他會幫助你（腓一6，二13；彼前二9-10；彼後一3-4），不論你有甚麼不足之處（詩六二9；賽六四6；約十五4-5；林後三5），怎樣地完全不配，但在神恩典之下，你卻蒙了揀選，在世上為主作大能的見證（太五16；林前一26-31），傚法主耶穌基督的榜樣（羅八28-29；林後三18）。

（原則43，修訂自第十課第三頁）為你無法改變的情況或身體狀況感謝神（根據林後十二7-10；弗五20；帖前五18），並要克服一切生命中阻礙你事奉神和造就人的缺點（根據太二二37-39；羅六19，十四12-13；林前十31-33；腓二12-16；西三2-15；來十二1-2；雅四8、17）。

B 其它因素

1. 萬事都互相效力，叫愛神的人得益處，就是按他旨意被召的人（羅八28）。神既在你心裡動了善工，他必成全這工（腓一6）。要仰賴他（箴三5-6），因他預先定下你傚法他兒子的模樣（羅八29）。他用生活中的試煉來成就這事（羅五3-5，雅一2-4），也證實你有真信心（彼前一6-7）。

2. 不論生活上有何遭遇，你若用愛心遵行神的話（約十四15），就有機會治死老我，為基督而活（路九23-24；加二20）。神

已應許，你若先求他的國和他的義，定睛在耶穌基督身上（來十二1-2），跟隨他的腳蹤行（太十一29；約十三12-17；彼前二21-25），他就必供給你一切所需（太六33）。

注意：神的話從未命令你改變自己的感覺，他要的是你遵從聖經，改變自己的行為（思想和言行）。我們並非在壓力下遵行神的話（約壹五3），也不是靠無法預測的感情，而是因為愛主耶穌基督的緣故（根據約十四21、23；林後五14-15；加五16-17；約壹五3）。

3. 在你生活的每個範圍裡，根據聖經作自我評估是必要的（太七1-5；林前十一31），包括你的行為（太七24-27；林前十三4-8上）、你與其他人的關係（弗五21；腓二3-4）、你的言語（太十二36-37；弗四29；西四6) 和你的思想（林後十5；西三2）。當你在生活各方面都遵行神的話語時，就必蒙神賜福（雅一25）；你若不遵守神的話，就必受到主管教（林前十一32；來十二5-11）。特別要注意的是：

   a. 常常向主認罪（約壹一9），並在適當的時間向你所得罪過的人認罪（雅五16）；

   b. 忠心地禱告（西四2；帖前五17）；

   c. 勤讀聖經（提後二15）、默想神的話（書一8；詩一2）和背誦神的話（詩一一九11、16）；

   d. 與其他主內弟兄姊妹交通（來十23-25）；

   e. 作主耶穌基督的僕人，經常事奉他（彼前四10）。

   請看根據聖經面對自我：作門徒的基本條件（第二課，第六頁）。

克服沮喪

> 其中一個引起沮喪的因素是那些可被診斷及藥物治療的疾病,但也有許多其他因素可能導致沮喪。不論原因是甚麼,你不要根據自己的感覺行事(思想和言行),而要敬畏神,操練自己在一切情形下遵行聖經上的教導(根據太五16,二十26-28;林後五14-15;弗五15-16;腓二3-4、14-15,四8-9、11;西一9-12,二6,三17;帖前五15-18;提前四7-8;雅一2-4)。

I 仔細複習下面的參考課文:

A 根據聖經改變的基礎(第一課和第二課),認出以人的方法生活和以神的方法生活之間的不同(第三課和第四課)。

B 根據聖經改變的要素(第五課至第八課),向已死並為主活(第九課和第十課)。

C 需要根據聖經克服生命中的忿怒和苦毒(第十一課)。

D 在愛鄰舍(第十二課和第十三課)和家庭關係上(第十四課至第十七課)實踐克服沮喪的問題。

E 明白沮喪、懼怕和憂愁之間可能存在的關係(第十九課)。

F 轄制人生命的罪的嚴重性和這些罪與沮喪之間的關係(第二十課和第二十一課)。

G 在你生活各範圍裡,建立並保持神話語的準則(第二十二課)。

注意:如果醫生診斷出你患病,那麼,要讓醫生知道,你在接受醫藥治療的同時,希望按照**克服沮喪**的計劃去做。

以上所引用的參考資料,在克服這個問題上是很重要的。若以聖經克服問題,必須省察自己生活的各個方面。例如:不可能單單看「沮喪」這個問題,必須根據聖經的原則去克服生活中任何的情緒問題。本課除了告訴你以前課文中的參考資料外,也從還未學到的課程裡列出一些資料供你參考。

你若接受聖經輔導訓練,就會發現神所提供的解決方法是適用於任何問題,甚至包括本課程手冊中未提及的問題。

II 列出顯明你生活中遇到的問題之人物、地點、時間或環境,幫助你找出在何時及何種情況下會感到沮喪。

III 按照得勝計劃表指引（補充材料七）的指示，填寫得勝計劃表（補充材料八）第一欄至第三欄。

IV 在完成了得勝計劃表（補充材料八）第四欄之後，請：

  A 訂一個基本計劃來勝過你已知道的罪。在計劃中要包括言行。以下準則能幫助你改變得更像基督。

    1. 思想符合聖經

      a. 不論環境看來多麼令人不安，要記住：神應許他必看顧你（詩二三1-6，三七5；箴三25-26；太十28-31；林前十13；羅八36-39）。

      b. 向神承認一切罪惡的念頭（約壹一9），並求他幫助你改變這種惡習（根據帖前五17；來四15-16；雅一5）。要知道，若你真心向主認罪，他必會赦免你所認的一切罪（詩一零三10-14；約壹一9）。

      c. 要喜樂（帖前五16），凡事謝恩（弗五20；帖前五18），要明白忍受試煉能幫助你傚法耶穌基督的樣式（根據羅五3-5；雅一2-4）。

      d. 要記住：神赦免你，是你饒恕別人的根據（太十八21-35；弗四32；西三13）。

      e. 要記住：你愛人的心正顯示出你愛神的心（約壹二9-11，三14-16，四7-11、20-21）。

      f. 凡事全心全意地榮耀神，討神喜悅以及使人得福（根據太二二37-39；路九23-24；林前十31；林後五9、15，十5；加五16-17；腓二3-4，四8；西三1-2）。制訂一些服事別人的方法來表明你是耶穌基督的僕人（太五16，七12，二十26-28；彼前四10）。

      g. 在任何環境中，不要思想那些引人犯罪的事，而要操練自己去思想討神喜悅的事（腓四8；西三2），並要為那些逼迫你的人禱告（太五44）。

      h. 溫習你所背誦的詩篇、詩歌和靈歌（根據弗五19-20；西三16）。

      i. 設法鼓勵其他信徒，激起他們的愛心和切實行善（來十23-25）。

      j. 要記住，當你不能根據聖經盡責時，便會有罪惡感（創三1-8，特別是第7-8節；羅七18-24）。如果不以聖經去面對，就可能有更深的罪惡感，並可能導致沮喪（詩三二3-4）。

    2. 言語符合聖經

      a. 向那些你未能根據聖經去愛的人認罪，承認你未盡責的罪，包括承認那些未認而又已知的罪（根據詩五一1-4；雅四17，五16；約壹一9）。

對於如何向那些你得罪過的人認罪，請參考：
***得勝計劃表指引**（補充材料七）中**VI.根據聖經改變的應用**的D與**和好（除去一切合一與和睦的障礙）**（第十二課，第六頁至第八頁）的**II.認罪**。*

- b. 不要為目前的處境感到沮喪（*腓二14-15*）。不要提過去的成就（*箴二七2，三十32；林後十18*）、憂傷或失敗（*腓三13-14*）、對將來的憂慮（*太六34*）、不要與自己或他人相比（*林後十12*）、不要誇口答應將來會做些甚麼事（*箴二七1；雅四13-16*）。相反，要帶著感恩的心，常常提說神的美善，以及他最近如何在這處境中改變了你的生命。你如此行就能造就別人（*路十20；弗四29；西四6；來十三15；彼前三15*）。

- c. 不要譭謗人、說閒言、爭吵或說不能造就人的話（*箴十18；弗四29、31，五4；西三8；提後二24；彼前二1*），相反，你的言語要真實和有恩慈，按當時的需要回答各人（*弗四15、25、29；西四6*）。

- d. 不論是對自己、別人或犯了罪的人，不要以譴責或報復的心態來提及別人的罪（*箴十18，十七9，二十19；弗四28、31；西三8；彼前二1*）。

- e. 小心地照著聖經上的引導，帶領並鼓勵人與神及與你和好（*太五9、23-24；羅十二18；林後二6-8，五18*）。
  ***參考和好（除去一切合一與和睦的障礙）**（第十二課，第六頁至第八頁）。*

3. 行動符合聖經

   a. 由於任何原因都可能引起沮喪，因此要收集資料，以便找出造成你目前狀況的原因（*箴十八15；林前十一31；雅一5*）。下列各項請參考**神對你的標準**（第二十二課，第四頁至第六頁）的**III.將神的標準用在生活中**。

      1) 讀**認識沮喪**（第十八課，第四頁至第七頁）。使用**我目前的時間表**（補充材料十四）觀察本周所作的事。在一周的完結時，評估你的活動，然後決定那些需要停止。

      2) 也要找出那些你忽略了的使命和責任，並安排在下周去做。

      3) 使用**根據聖經所訂的時間表**（補充材料十五）來定出你下周的計劃。

   b. 饒恕別人如同神饒恕了你一樣（*弗四32；西三13*）。
      ***參考饒恕（饒恕別人如同神饒恕了你）**（第十二課，第三頁至第五頁）。確定你是否根據聖經的教導饒恕人，必要時作出改變。*

   c. 背誦和研讀經文，特別注意與沮喪、你的責任、自律的生活、神的眷顧以及神在你生命的計劃有關的經文（*根據詩一一九9、11、16；林後十5；腓四8；提後二15*）。關於要背誦的特別經文，請參考**聖經原則：沮喪**（第十八課，第二頁至第三頁）。

d. 背詩篇、頌詞和靈歌，在你感到沮喪的時候，它們特別能幫助你（根據弗五19-20；西三16）。

e. 按神的旨意（約壹五14-15），不住地禱告與謝恩（腓四6；帖前五17-18），要一無掛慮（腓四6-7），要將一切的憂慮卸給神（彼前五7），為逼迫你的人禱告（太五44）。經常禱告能幫助你不致灰心（路十八1）。

   請參考祈禱使你與神交通（第三課，第九頁至第十二頁）。

f. 認出一切容易受試探的危險信號，如：環境、地點、和接觸到的人，要立即採取措施抵抗或逃避受試探（根據詩一1；箴二七12；林前十13，十五33；提後二22；雅四7；彼前五8-9）。

g. 做錯了事要補償，與你曾得罪的人和好（根據太五23-24）。記住：雖然你已認罪，但仍要表達出你有改過更新的誠意（見上面2a）。

   見和好（除去一切合一與和睦的障礙）（第十二課，第六頁至第八頁）中的III.賠償和IV.和好的重要性。

h. 藉具體和真誠表達聖經中的愛與服事（包括你作為丈夫、妻子、父母、室友、學生、僱員、僱主、僱員應有的責任），使別人得福（根據太七12；羅十二9-13、15-16；十三8-10；林前十三4-8上；腓二3-8；提前六17-19；彼前三8-9；約壹三18）。你要實行以上所述：

   1) 不管自己的感覺如何（根據創四7；林後五14-15；加五16-17；腓四13；雅四17）。

   2) 特別是對那些似乎是你的敵人或你曾得罪過的人（根據太五23-24、43-48；可十一25-26；羅十二14、17-21）。

   3) 以溫柔良善的心來對待現在或過去曾激怒你的人（弗四31-32）；

   4) 以基督服侍人的態度，找機會服事別人（根據太二十25-28；腓二3-8；彼前四10）；

   5) 照聖經教導作管家，使主得榮耀，並以實際行動幫助別人（根據詩二四1；太二五14-29；林前四1-2；弗五15；提前六17-19；彼前四10）。

   請參看：管家的聖經原則（第十課，第四頁至第六頁），和捨己為人（第十課，第七頁至第八頁）。
   要知道在困難的處境中，如何及何時表達出聖經中愛的具體例子，請參考*聖經中的愛的意義（第十三課，第四頁至第六頁）。*

i. 必要時舉行一次會談，使用**藉合乎聖經的溝通克服困難（藉會談復和）**（第十五課，第六頁至第九頁）。

j. 糾正你生命中因缺乏操練或疏忽而出現的缺失（根據西三1-17；提前四7下；雅四17）。

k. 不論你願意與否，你要開始實行神想你去做的事，以討他的喜悅（創四6-7；弗四1；西一10；雅四17）。溫習**根據聖經所訂的時間表**（補充材料十五）中的聖經功課和責任。在未來一周中，努力按這時間表去做（根據弗五15-17；西三17、23-24）。

注意：神必因你遵守他的話而賜福你（雅一25）。不管你是否能感覺自己的熱誠，你仍要順服主。你若等到感覺熱誠時才做，可能永遠不會開始，更不可能完成應完成的職責。此外，不要企圖改變自己的感覺，因你不能改變自己的感覺，神也從未命令你要如何感覺，他只要你遵照聖經的話去生活（約十四15、21；約壹五3；約貳6）。

l. 你若需要幫助，請一位信主的朋友督促你執行**基本計劃**和**應變計劃**，直到你建立了聖潔生活的新模樣（箴二七17；傳四9-10；來十23-25）。必要時，向別人尋求聖經輔導（箴十一14，十五22）。

B **使用思想與行動表指引**（補充材料九）。必要時，訂一個思想與行動表（補充材料十）。

C 實行你的**基本計劃**（雅一22），並全心全意為主而做（西三23-24）。

D 訂一個**應變計劃**來處理不尋常的情況。這種情況會引誘你犯罪，如：不能盡責，或不向神及你曾得罪的人認罪（根據詩一1；箴二七12；提後二22；雅四17，五16；約壹一9）。注意以下準則：

1. 立刻求神幫助（帖前五17；來四15-16；雅一5）。

2. 複習背過的經節，特別是有關神在這種情況下為你預備，避免你再犯「專顧自己」的罪的方法（根據詩一一九9、11、16）。

3. 立刻尋求神對這件事的觀點。

   a. 你的平安和喜樂必須建立在主裡面，不應依賴別人或環境（詩一一九165；賽二六3；約十四27，十五11，十六33；羅十四17）。

   b. 不論你的感覺或環境如何，要把這情況看作是靈命進深的機會（雅一2-4），因為神叫萬事都互相效力，使你的生命得益處（根據詩三七；箴三5-12；羅八28-29；弗一3-14；腓一6）。

   1) 提醒自己，靠著那加給你力量的基督，凡事都能作（腓四11-13），因為你的能力來自神，而不是出於甚麼天然的「內在力量」（林後三5）。記住：你若離開耶穌基督，便不能作甚麼（約十五5）。

   2) 感謝讚美神，因他的能力在你的軟弱上顯得完全（林後十二9-10），他必保守你免於跌倒，並在他榮耀中大有喜樂、無可指責（猶24-25）。

   c. 要記住：神是看你的內心，而不是看你的外表（撒上十六7）。不管別人知不知道你的思想，你在他面前必須無可

指責（根據徒二三1，二四16；羅十四12；弗一4，四1；腓一9-11；西一21-22）。

  1) 在難以預測的情形下，若開始有犯罪的念頭（如：懷疑神慈愛的看顧或把時間花在自憐上），便要向主認罪（約壹一9）。

  2) 記謹，你不是以犯罪時間的長短或罪的嚴重性（以人的標準）來判斷自己。相反，你是否（即使是片刻）偏離了神的道路才是重要（根據雅二10，四17）。

4. 感謝神，在目前的環境中，你是他的僕人（根據弗五20；帖前五18）。你要立志把榮耀歸給神（林前十31；彼前四11）。不論你自己感覺如何，都要服事人，說鼓勵造就別人的話，並使別人得造就（弗四29；腓二3-4）。

5. 必要時按應變計劃去行。然後才開始做基本計劃（根據箴二四16；雅一22-25）。

個案研討：美茵的丈夫離棄了她

美茵進來接受這一次輔導的時候低著頭，比前幾周走得慢。

輔導員：「美茵，怎麼你今天臉色有點蒼白？看來你沒有上次見面時那麼快樂。國輝怎麼沒來？」

美茵：「國輝生我的氣，所以他不來……但這是我的錯嗎？這星期我發高燒，病了四天。在床上躺了很久，沒時間做家務。後來我能下床了，但一看，似乎經過了一場大災難似的，孩子和國輝差點把房子拆了！到處都是食物，客廳地板上都是衣服和紙張……更不用提國輝平時要燙的衣服了！整個房子亂七八糟的，我甚麼也找不到。」

輔導員：「那你的反應如何呢？」

美茵：「我無法面對這一團糟，所以我就回到床上去了。以前為了按計劃列出做事的優先次序，我的確做了好多，但現在我真得不能重頭再開始了。過去兩晚我都沒睡好，老是想著該怎樣把東西恢復原狀，但早上醒來的時候，我簡直不想動手。今早我到廚房去喝杯茶，屋裡連一隻乾淨的杯子也沒有。洗滌槽裡堆滿了碟子。小女兒把垃圾箱打翻了，地板上全是垃圾。我整個上午都躺著，沒力氣打掃房子。我做不了這些事，我不知應從甚麼地方開始執拾，也沒有動力促使自己開始。我害怕回到那亂七八糟的地方去。我下了課後也不想回家。我只想回到床上，希望這一切會消失。這簡直是場惡夢！」

你要怎樣幫助美茵並輔導她：（1）要讓她知道她那種以自我為中心的罪？（2）使她看到犯罪的後果——她將遇到更多不可避免的困難？（3）用聖經的教導指出美茵的家庭成員沒有愛心的行為和沒有忠心地完成自己的責任？

在這種情形下，那一節聖經可以幫助美茵，使她得到根據聖經而有的盼望？

你要給美茵甚麼指定作業，使她能採取必要的措施完成根據聖經的改變？

對於國輝，你如何能按著聖經的教導幫助他？

第十八課：指定作業

> 本課的**指定作業**能幫助你明白在任何情況下都有盼望（甚至在沮喪的時候），只要你是為了討神的喜悅，而不是為了自己而活（根據詩一四五14；約十六33；林後四16-18；弗五15-17；西一9-12；提前四7-11；來四15-16；雅一2-4，二22-25）。

以打✔表示作業完成

☐ A　＊用自己的文字，寫出*創世記四章7節*和*雅各書一章22節*的意義。背*創世記四章7節*和*雅各書一章22節*。並開始背*馬太福音六章33至34節*和*約翰壹書四章18節*。複習以前背過的經節。

☐ B　＊讀**聖經原則：沮喪**（第十八課，第二頁至第三頁）。把未作記號的參考經文在聖經中標識出來。

☐ C　＊查考**認識沮喪**（第十八課，第四頁至第七頁）。注意神的話怎樣給你盼望，並在沮喪時給你方向。只要遵行神的話，即使在醫療中仍可照聖經教導去做（不論你感覺如何）。在適用於克服沮喪的經文上畫上記號。

☐ D　＊學習**克服沮喪**（第十八課，第八頁至第十三頁）。若合用，可使用**得勝計劃表**（補充材料八），並開始採取必須的步驟來勝過沮喪（特別在學習本課程時，主耶穌要你克服的有關問題）。

☐ E　＊讀**個案研討：美茵的丈夫離棄了她**（第十八課，第十四頁）。

☐ F　＊回答與本課有關的**課程測驗**第二十七題（第二十三課，第三頁）。

※　完成有＊記號的作業，是進一步聖經輔導訓練的先決條件。

靈修日引（包括經文背誦和指定作業）

> 本周的**靈修日引**能幫助你明白在任何情況下都有盼望（甚至在沮喪的時候），只要你是為了討神的喜悅，而不是為了自己而活（根據詩一四五14；約十六33；林後四16-18；弗五15-17；西一9-12；提前四7-11；來四15-16；雅一2-4，二22-25）。

經文背誦

1. *背誦*創世記四章7節*和*雅各書一章22節*。開始背*馬太福音六章33至34節*和*約翰壹書四章18節*。
2. 帶著過去幾周和本周的經文背誦卡片。利用一天中空閒的時間來複習背過的經節。

靈修日引

第一天
1. 以禱告開始。
2. ***讀聖經原則：沮喪**（第十八課，第二頁至第三頁）的*原則78*。將所列舉的經文在聖經中標識出來。
3. *用自己的文字，寫出*創世記四章7節*和*雅各書一章22節*的意義。
4. 以禱告結束。

第二天
1. 以禱告開始。
2. ***讀聖經原則：沮喪**（第十八課，第二頁至第三頁）的*原則79*。將所列舉的經文在聖經中標識出來。*同時複習和注意原則16（第六課，第二頁）對此問題的適用性。*
3. ***查考認識沮喪**（第十八課，第四頁至第七頁）。這是兩天查考中的第一天。在生命中需要改變的事上畫上記號。在任何對你特別適用的經文上畫上記號。
4. 以禱告結束。

第三天
1. 以禱告開始。
2. ***讀聖經原則：沮喪**（第十八課，第二頁至第三頁）的*原則80*。將所列舉的經文在聖經中標識出來。
3. *完成對**認識沮喪**的查考（第十八課，第四頁至第七頁）。
4. 以禱告結束。

第四天

1. 以禱告開始。
2. *讀聖經原則：沮喪（第十八課，第二頁至第三頁）的原則81。將所列舉的經文在聖經中標識出來。
3. 查考克服沮喪（第十八課，第八頁至第十三頁）。若合用，就使用得勝計劃表（補充材料八），並開始採取必須的步驟來克服沮喪（特別是學習本課程時，神要你下功夫的問題）。這是三天查考的第一天。
4. 以禱告結束。

第五天

1. 以禱告開始。
2. *讀聖經原則：沮喪（第十八課，第二頁至第三頁）的原則82。將所列舉的經文在聖經中標識出來。同時複習原則28和29（第七課，第二頁），並注意在你生活中如何應用它們。
3. *繼續學習克服沮喪（第十八課，第八頁至第十三頁）。
4. 以禱告結束。

第六天

1. 以禱告開始。
2. *讀聖經原則：沮喪（第十八課，第二頁至第三頁）的原則83。將所列舉的經文在聖經中標識出來。
3. *完成你對克服沮喪的查考（第十八課，第八頁至第十三頁）。
4. 以禱告結束。

第七天

1. 以禱告開始。
2. *溫習由第五課第二頁修訂之原則14，和由第十課第二頁修訂的原則39。這兩處修訂的原則都可以在第十八課第三頁找到。
3. *讀個案研討：美茵的丈夫離棄了她（第十八課，第十四頁）。回答尾隨的問題。
4. *回答與本課有關的課程測驗第二十七題（第二十三課，第三頁）。
5. 結束禱告。
6. 請一位朋友聽你背誦本周要背的經文，並解釋這些經節對你生活中的應用。

※ 完成有＊記號的作業是接受進一步聖經輔導訓練的先決條件。

第十九課

懼怕和憂慮

「你們要先求他的國和他的義,這些東西都要加給你們了。所以不要為明天憂慮,因為明天自有明天的憂慮,一天的難處一天當就夠了。」

太六33-34

「愛裡沒有懼怕,愛既完全,就把懼怕除去,因為懼怕裡含著刑罰。懼怕的人在愛裡未得完全。」

約壹四18

第十九課：懼怕和憂慮

> 懼怕和憂慮的試探是常見的，但只要在凡事上和在任何情況下都信靠神便可以克服了。你若持守遵行聖經上的話，就不會被懼怕和憂慮挫敗，反能得到神藉主耶穌基督為你預備的平安和喜樂（根據詩三七1-5，五六11；太六33-34；約十四27，十五10-11，十六33；林前十13、31；羅八28-29；腓四6-9；彼前三13-16；約壹四18，五4-5）。

I **本課宗旨**

   A 提醒你神的能力足以幫助你克服懼怕和憂慮。

   B 使你對有機會受到懼怕和憂慮試探的情況產生警惕。

   C 展示基督愛和順服的生活和有目的禱告，能如何幫助你克服懼怕和憂慮。

   D 給你提供一個克服懼怕和憂慮的聖經計劃。

   E 讓你有機會繼續以個案研討來幫助別人克服懼怕和憂慮。

II **本課大綱**

   A 面對自我

   1. **聖經原則：懼怕和憂慮**（第十九課，第二頁至第三頁）

   2. **懼怕和憂慮的試探**（第十九課，第四頁至第五頁）

   3. **愛與懼怕的比較**（人的方法和神的方法比較）（第十九課，第六頁至第七頁）

   B 靈命成長步驟

   1. **克服懼怕和憂慮**（第十九課，第八頁至第十二頁）

   2. **第十九課：指定作業**（第十九課，第十四頁）

   3. **靈修日引**（第十九課，第十五頁至第十六頁）

   4. **從憂慮中得釋放的指引**（根據聖經的行動和祈禱計劃）（補充材料十六）

   5. **從憂慮中得釋放**（根據聖經的行動和祈禱計劃）（補充材料十七）

   C 聖經輔導

   個案研討：美茵的丈夫離棄了她（第十九課，第十三頁）

聖經原則：懼怕和憂慮

> 懼怕、憂慮和焦急都是罪。它們能使你思想癱瘓、身體動彈不得，並阻礙你在基督裡長進。亞當和夏娃當初在伊甸園中因相信撒但的謊言而犯罪，選擇了不遵守神的命令。阻礙人靈命成長的障礙不是神，而是撒但。因神的恩慈，他為我們預備了勝過這些試探的方法（根據創三9-10；太六25-34；腓四6-9；提後一7；約壹四18，五4-5）。

I 神的觀點

（原則84） 過分的懼怕和憂慮是討自己而不是討神喜悅的結果（根據太六25-34，二五14-30，特別是25-26節；路十二4；彼前三13-16；約壹四15-19）。你要敬畏神，就不應活在專顧自己的罪中（申五29，十三4；詩二五14，三三8，一四七11；箴十27；路一50，十二5；林後七1；彼前二17），同時，你也要敏銳的關心別人（根據林前十二25；林後十一24-30，特別是第28節；腓四10）。

II 你的盼望

（原則85） 神沒有給你一個膽怯（害怕）的心，他賜給你的乃是剛強、仁愛、謹守的心（健全判斷力）（提後一7）。

（原則86） 神已應許，你若尋求討他喜悅，他必供給你一切所需（箴三5-10；路十二22-34；腓四19）。神隨時隨地願意幫助你（詩五五22，九四17-19，一四五14），他也穩固地掌管著你生活的每一方面（根據詩一三九1-18；耶十七7-8，二九11；哀三32；羅八28-29、35-39）。

III 你的改變

（原則87） 脫去膽怯、害怕和不安的思想。穿上聖靈大能的愛和正確的判斷力（根據提後一7；約壹四9-19，特別是第18節），並要知道，在基督耶穌裡你有平安（約十四27，十六33）。

（原則88） 脫去以自我為中心、為未來而擔憂的心（太六25、34；路十二22-34，特別是22-23節），穿上「行道」（根據詩一一九165；太六33-34；腓四9；來五14；雅一22-25）。特別要着重禱告和謝恩（腓四6-7；帖前五17-18），思念神的事（腓四8；西三2）。

IV 你的實踐

(原則89)　為了要以聖經的原則來克服懼怕,你必須向主承認「以自我為中心」的罪（約壹一9）,不論你的感覺如何（根據林後五14-15；腓四6-9；約壹四18）,你應在基督的愛中完成你的職責（林前十三4-8上；西三12-14）。

(原則90)　要克服憂慮,就要訂一個計劃來完成今天的工作。凡事要盡心去做,像是為主做一樣（箴十六9；弗五15-17；腓四6-9；西三17、23-24）。

懼怕和憂慮的試探

> 當你為悅己而活時，那些本來是神為要教導你信靠順服他的環境，便成了使你懼怕和憂慮的試探了（根據詩三一1-5、13-15，五六4、11；賽十二2；哀三22-24；路十二29-31；腓四6-9；雅一2-4；彼前五5-7）。

I　試探你產生懼怕和憂慮的情況（例子——往下讀）

生活中的事情	精神／心靈上
面對死亡	拒絕接受耶穌基督的救恩
料想不到的開支	計劃要犯罪或隱藏過去的罪
收入減少或損失	做事拖延、無決斷力
受傷殘缺、久病	缺乏禱告
面臨動手術	不知未來如何
失去友情	一心要改變別人
找尋新教會、工作等	不能用聖經的原則來對待別人的罪
受逼迫、被威脅	不肯饒恕別人
孩子離家	一意孤行
工作上或家裡的難處	對別人要求過高

II　對於使你懼怕和憂慮的試探，你要根據聖經作出反應如下：

A　你敬畏神（詩三三8；箴二三17；傳十二13；太十28），結果會使你：

1. 得救（詩八五9）。
2. 得智慧和知識（詩一一一10；箴一7，二5；賽三三6）。
3. 得以堅定（詩一一二7）。
4. 健康得以改善（箴三7-8）。
5. 得長壽（箴十27）。
6. 得活力（生命之泉）（箴十四27）。
7. 得神以慈愛待你（詩三一19，一零三11、13、17）。
8. 得永遠的獎賞（啟十一18）。
9. 得神的看顧和保護你的生命（詩三三18-22，三四7、9）。
10. 得神的祝福（詩一一五13）；

11. 得到順服的心和事奉神的動力 *(申十12；林後七1)* ；

12. 得以睡得甘甜 *(箴十九23)* ；

13. 得到堅強的信心 *(箴十四26)* 。

B 不必怕人如何對待你 *(民十四9；申一16-17；詩四六1-3；箴三25-26；太十24-28)* ，反而應信靠神 *(詩二三4，五六11，一一八6)* ，以關懷愛心為行動的出發點 *(例如撒上十七11、24、32；斯四11-五2；徒十六19-32；後十一23-29，特別是28-29節)* 。

C 不要憂慮（焦急），因憂慮表示你對神缺乏信心，這會阻礙你結出屬靈的果子來 *(根據太六25-34；路八14)* 。

參考討悅自己還是神 *(第九課，第十頁至第十一頁)* 。要記住：情緒的高低並不能決定情緒本身的正確性，關鍵是在於你的反應，你是為自己而活還是為主而活。

愛與懼怕的比較（人的方法與神的方法之比較）

> 人經常懼怕自己行為的結果和生活中的「懲罰」，因為他在神的愛中尚不完美（成熟完全）。但當你真心信主耶穌基督、持守神的話、愛基督的肢體時，神的愛在你裡面就得以完全了。愛既得以完全，就除去了一切的懼怕（根據羅八35-39；林前十三4-8上；約壹二3-5，四7-8、12、15-21）。

I　愛和懼怕的比較（實例）

神的方法（愛）	人的方法（懼怕）
A　找機會付出愛（約三16；約壹三16-18）	因怕受牽連而擔心。
B　為愛別人捨棄生命（約壹三16）	因懼怕而不願冒險去幫助別人。
C　愛是凡事相信（林前十三7）	因懼怕而極為多疑。
D　愛是永不止息的（林前十三8上）	因懼怕而引起更大的懼怕，不負責任帶來後果將導致更加懼怕。

複習聖經中的愛的意義（第十三課，第四頁至第六頁）。注意聖經中有關愛的每個部分，若只顧自己的懼怕，會使你做出與聖經中的愛相反的事。

II　耶穌基督大能的愛能解除懼怕

A　主耶穌戰勝了死亡，把一切信靠（相信）他的人從懼怕死亡中拯救出來，並且粉碎了罪惡和撒但的奴役，使人得自由（根據羅六5-7；來二14-15）。

B　神對你的愛，顯明在他兒子為你的罪死在十字架上，藉主耶穌基督帶你進入他永恆的家中，也因此使你脫離懼怕（羅五8，八15）。

C　因你在信心上操練自己，完全信靠他（約壹五4-5），主就用他的愛，使你在生命中任何一方面都得勝有餘（羅八35-39）。

D　既然神藉耶穌基督已賜你剛強、仁愛和謹守的心（健全的判斷），那麼懼怕就不容許存在了（提後一7）。

III　愛既完全就把懼怕除去

A　這完全的愛，就藉神賜下他的獨生子耶穌基督顯明了（根據約三16-17；羅五8；約壹三1、16，四9-10）。

1. 你能愛別人是基於神藉主耶穌基督對你的愛（*約十三34-35，十五12；約壹四7-11、19-21*）。

2. 你要以天父為榜樣，實行以完全的愛對待人，甚至在困難的情況下也該如此（*根據太五43-48*）。

3. 回應神藉耶穌向你顯明的大愛，就要在凡事上遵行他的話（*約十四15、21、23-24；約壹五3；約貳一6*），也要愛人（*約壹三10-18，四7-8、20-21*）。

B 當你在基督裡（*約壹四15-17*），他的愛就在你裡面，使你得以完全（成熟完全）。依據下列情形，就能確知你已在他裡面了：

1. 承認耶穌為神的兒子（*約壹二22-25，四9、14-15*）。

2. 遵守神的道（*約壹二5，三24*）。

3. 以聖經中的愛去愛人（*約壹四12*）。

   參考聖經中的愛的意義（第十三課，第四頁至第六頁）。

C 神的愛既在你裡面得以完全（見以上III.B），你就能克服懼怕了（*根據約壹四18*）。

克服懼怕和憂慮

> 在生活的各種處境中，你可以選擇跟隨人的方法（信靠自己和天生的智慧）或神的方法（信靠神和他的智慧）。要克服難處，包括懼怕和憂慮，你就必須為敬虔而操練自己（根據林前三19-20；腓四6-9；提前四7-8；提後一7；雅一22-25，四17；約壹四18）。

I 仔細複習下面的參考課文：

A 根據聖經改變的基礎（第一課和第二課），認出以人的方法和以神的方法生活之間的不同（第三課和第四課）。

B 根據聖經改變的要素（第五課至第八課），向己死並為主活（第九課和第十課）。

C 根據聖經克服忿怒和苦毒的必要性（第十一課）。

D 在愛鄰舍（第十二課和第十三課）和家庭關係上（第十四課至第十七課）實踐克服懼怕和憂慮。

E 沮喪（第十八課）和懼怕及憂慮之間可能的關係。

F 控制人生命的罪的嚴重性，以及這些罪和懼怕、憂慮之間的關係（第二十課和第二十一課）。

G 你需要在生活各範圍裡，建立並忠心地保持以神的話為準則（第二十二課）。

注意：以上所列之參考資料對克服懼怕和憂慮是重要的。要以聖經的教訓來解決問題，你必須省察自己生活的每一方面。例如：對付懼怕的問題不能單以針對「懼怕」來解決，任何具體問題都必須以聖經的原則來處理。你可以看到，前幾課的參考資料及將要學的幾課中的資料都列在內。

你若繼續接受聖經輔導訓練，就會發現在本課中所說神的解決方法是適用於任何問題，包括本課程手冊中未提及的。

II 要明白有關懼怕和憂慮之罪或試探的模式，請列出顯明你生活中遇到的問題之人物、地點、時間或環境。

III 按照得勝計劃表指引（補充材料七）的指示，填寫得勝計劃表（補充材料八）第一欄至第三欄。

IV 在完成得勝計劃表（補充材料八）第四欄後，請：

A 訂一個**基本計劃**來克服那些你已知道的罪。在此計劃中,要包括行為(思想、言行),使它能幫助你依循下列準則,建立基督的樣式:

1. 思想符合聖經

    a. 要記住:不論情況多麼令人不安,神已應許在任何情況下都會看顧你(*詩二三1-6,三七5;箴三25-26;太十28-31;林前十13;羅八36-39*)。

    b. 向神承認一切有罪的念頭(*約壹一9*),並求他幫助你改變這犯罪的模樣(*根據帖前五17;來四15-16;雅一5*)。

    c. 常常喜樂(*帖前五16*),凡事謝恩(*弗五20;帖前五18*)。要知道,忍受試煉能幫助你傚法耶穌基督的樣式(*根據羅五3-5;雅一2-4*)。

    d. 記住:神赦免你,是你饒恕別人的依據(*太十八21-35;弗四32;西三13*)。

    e. 記住:你對別人的愛就顯明你對神的愛(*約壹二9-11,三14-16,四7-11、20-21*)。

    f. 凡事全心全意地榮耀神和討神喜悅,在任何情況下都要使他人得福(*根據太二二37-39;路九23-24;林後五9、15,十5;加五16-17;腓二3-4,四8;西三1-2*)。

    g. 在任何環境中,不思想那些引你犯罪的事,而是操練自己去思想討主喜悅的事(*腓四8;西三2*)。要為那些逼迫你的人禱告(*太五44*)。

    h. 複習你曾背過的詩篇、詩歌和靈歌(*根據弗五19-20;西三16*)。

    i. 設法鼓勵其他信徒,激起他們的愛心並切實行善(*來十23-25*)。

2. 言語符合聖經

    a. 向神認你懼怕和憂慮的罪。向那些你未能按照聖經原則去愛的人認罪,包括你未能完成職責的罪。承認你以前未認過而現在想起來的罪(*根據詩五一1-4;雅五16;約壹一9*)。
    複習如何向你曾得罪過的人認罪,請參考:
    ***得勝計劃表指引(補充材料七)**中**VI.**項根據聖經改變的應用的**D.**,以及**和好(除去一切合一與和睦的障礙)**(第十二課,第六頁至第八頁)中**II.**認罪*。

    b. 不要提你過去的成就(*箴二七2,三十32;林後十18*)、悲傷、失敗(特別是與懼怕和憂慮有關係的事)(*腓三13-14*)、對將來的憂慮(*太六34*)。不要自我比較或與別人相比(*林後十12*),更不要誇口應許你在將來要做甚麼事(*箴二七1;雅四13-16*)。要帶著感恩的心提說神的良善,並他在你身上所作的改變來造就人(*路十20;弗四29;西四6;來十三15;彼前三15*)。

- c. 不要譭謗、說閒言、爭吵或使用不能造就人的言語*(箴十18；弗四29、31，五4；西三8；提後二24；彼前二1)*。你的話語要真實和有恩慈，按當時的需要回答各人*(弗四15、25、29；西四6)*。
- d. 不論是對別人、對自己或是對犯了罪的人，不要以指責或報復的態度提及人的罪*(箴十18，十七9，二十19；弗四29、31；西三8；彼前二1)*。
- e. 鼓勵人與神及與人和好。根據聖經的準則在合適的時候實行*(太五9、23-24；羅十二18；林後二6-8，五18)*。
  參考和好（除去一切合一與和睦的障礙）（第十二課，第六頁至第八頁）。

3. 行動符合聖經
   - a. 饒恕別人如同神饒恕了你*(弗四32；西三13)*。
     參考饒恕(饒恕別人如同神饒恕了你)（第十二課，第三頁至第五頁）。確定你是否根據聖經饒恕人，必要時作出改變。
   - b. 背誦經句和學習經文，特別注意與懼怕、憂慮、聖經中的愛、在神裡面和信靠他的經文*(根據詩一一九9、11、16；林後十5；腓四8；提後二15)*。在你受到懼怕和憂慮的試探時，可用詩篇、頌詞和靈歌幫助你*(根據弗五19-20；西三16)*。選其中有幫助的經文背誦，經文中有許多適合用於沮喪的應許，對克服懼怕和憂慮也有益處。
     請參考聖經原則：沮喪（第十八課，第二頁至第三頁），和聖經原則：懼怕和憂慮（第十九課，第二頁至第三頁）中所列出的經節。
   - c. 禱告時要帶著感恩的心*(腓四6；帖前五17-18)*，要按神的旨意禱告*(約壹五14-15)*，要謙卑地順服其他信徒*(彼前五5)*，要順服神*(彼前五6)*，要把你一切掛慮卸給他*(彼前五7)*，要為逼迫你的人禱告*(太五44)*。
     參考從憂慮中得釋放的指引（根據聖經的行動和禱告計劃）（補充材料十六），和從憂慮中得釋放（根據聖經的行動和禱告計劃）（補充材料十七）。
   - d. 認出一切危險的信號，包括：會帶來試探的環境、地方和個人關係，並立即採取措施來消除、避開或抵擋試探*(根據詩一1；箴二七12；林前十五33；提後二22；雅四7；彼前五8-9)*。
   - e. 彌補錯誤的行為，與你得罪過的人和好*(根據太五23-24)*。記住：你雖然已認罪*(見上2a)*，但你仍要表達出改過更新的誠意。
     參閱和好（除去一切合一與和睦的障礙）（第十二課，第六頁至第八頁）中的III.賠償和IV.和好的重要性。
   - f. 藉具體和真誠地表達聖經中的愛與服事（包括你作為丈夫、妻子、父母、室友、學生、僱主等應有的責任）使別人得福*(根據太七12；羅十二9-13、15-16，十三8-10；林*

前十三4-8上；腓二3-8；提前六17-19；彼前三8-9；約壹三18）。你要實行本段所述：

1) 不管你的感覺如何，仍要實行聖經中的愛（根據創四7；林後五14-15；加五16-17；腓四13；雅四17）；
2) 特別是對那些似乎是你敵人的人和那些你曾得罪過的人（根據太五23-24、43-48；可十一25-26；羅十二14、17-21）；
3) 以溫柔和仁慈的心對待那些現在或過去曾激怒你的人（弗四31-32）；
4) 利用機會，以基督僕人的態度服事別人（根據太二十25-28；腓二3-8；彼前四10）；
5) 操練根據聖經的教訓作管家，尊主為大，並給予別人實際的幫助（根據詩二四1；太二五14-29；林前四1-2；弗五15-17；提前六17-19；彼前四10）。

參考管家的聖經原則（第十課，第四頁至第六頁）和**捨己為人**（第十課，第七頁至第八頁）。

在困難的情況下，應如何及何時表達出合乎聖經教訓的愛，**參考聖經中的愛的意義**（第十三課，第四頁至第六頁）。

    g. 必要時舉行一次會談，使用**藉合乎聖經的溝通克服困難（籍會談復和）**（第十五課，第六頁至第九頁）。

    h. 糾正生活中因缺乏操練或疏忽而出現的缺點（根據西三1-17；提前四7下；雅四17）。

    i. 若需要幫助，請一位基督徒朋友負責督促你執行**基本計劃**和**應變計劃**，直到你建立了新的敬虔生活為止（箴二七17；傳四9-10；來十23-25）。必要時，向別人尋求聖經輔導（箴十一14，十五22）。

    j. 盡快填滿因脫去懼怕和憂慮所造成的空虛感。多花些時間與信徒在一起，過一個充實有力和公義的生活（提後二22；來十23-25）。

以下三點請參看**神對你的標準**（第二十二課，第四頁至第六頁）中的**III. 將神的標準用在生活中**。

    k. 用**我目前的時間表**（補充材料十四）來記錄你本周所作的一切事。一周後評估你的活動，然後決定那一些需要刪除。

    l. 找出被疏忽的聖經使命和職責，然後加到你下周的時間表中。

    m. 使用**根據聖經所訂的時間表**（補充材料十五）來為下周訂出你的計劃，一切要像是為主作的。

B   按需要使用**思想與行動表指引**（補充材料九），訂出一個**思想與行動表**（補充材料十）。

C   實行你的**基本計劃**（雅一22），並全心全意為主而做（西三23-24）。

D 訂一個**應變計劃**來處理一些使你懼怕和憂慮的不尋常情況。注意下列準則：

1. 立刻求神幫助 *(來四15-16；雅一5)*。

2. 複習背過的經節，特別是與懼怕和憂慮有關的 *(根據詩一一九9、11、16)*。

3. 立刻尋求神的旨意。

    a. 不論你的感覺或情況如何，把這情形看作是靈命進深的機會 *(雅一2-4)*，因為神必使萬事都互相效力，叫你得益處 *(根據詩三七；箴三5-12；羅八28-29；弗一3-14；腓一6)*。

       1) 提醒自己，靠著加給你力量的基督，凡事都能做 *(腓四11-13)*。要記住：你的能力來自神，而非來自任何自然的「內在力量」*(林後三5)*，因為離開了耶穌基督，你甚麼也做不成 *(約十五5)*。

       2) 要榮耀和稱頌神，因他給你夠用的能力勝過你的軟弱 *(林後十二9-10)*。他必保守你不致跌倒，並使你在他面前無可指責，大有喜樂 *(猶24-25)*。

    b. 要記得：神是看你內心，而不是看你的外表 *(撒上十六7)*。不論別人知不知道，你的心思意念必須在他面前無可指責（包括懼怕和憂慮的思念）*(根據徒二三1，二四16；羅十四12；弗一4，四1；腓一9-11；西一21-22)*。

       1) 在未能預料的情況中，你若有罪惡的意念（特別是有關懼怕和憂慮的），就要向主認罪 *(約壹一9)*。

       2) 記住：你不要以犯罪時間的長短或罪的嚴重性（以人的標準）來判斷自己。相反，你是否（即使是片刻）偏離了神的道路才是重要 *(根據雅二10，四17)*。

4. 感謝神，即使在目前這種情況下，你仍是他的僕人 *(根據弗五20；帖前五18)*。你要決心把榮耀歸給神，不再懼怕 *(根據林前十31；彼前四11)*，要設法造就服事別人，特別是那些你在受試探時懼怕和憂慮的人 *(弗四29；腓二3-4)*。

5. 當發現懼怕和憂慮的試探來到，立即照你的**應變計劃**去行，然後再照你的**基本計劃**去做 *(根據箴二四16；雅一22-25)*。

個案研討：美茵的丈夫離棄了她

> 每當你未能遵行他的道，要記住：神的信實和赦罪的（提後二11-13，特別是第13節；約壹一9）。

這星期美茵和她丈夫國輝都出席了輔導會談。他們進房間後，國輝便開始說話了。

國輝：**「我已經請求主和美茵饒恕我，因我不守信用，沒有和她一同來參加上一次的輔導會談。他們都原諒了我。現在，請求你饒恕我這種以自我為中心而沒來上課的表現。」**

每一位輔導員都說他們原諒國輝。主領輔導會談的人繼續說：

輔導員：「你向主和向別人認罪，表示你已採納了聖經的原則。讓我們用一些時間來看你與主及美茵和好採取了甚麼步驟。」

輔導員和他們複習了和好的步驟，顯明國輝有討主喜悅的決心，並願為主而活。國輝非常激動地表示他在這方面如何順從了神的話語，美茵也證實他的見證。她抑制著情緒，低下頭，斷斷續續地說：

美茵：**「為了我們能有個基督化的家庭，我已經禱告了很久‧‧我真不知道，如果這種情形不能持久會怎麼樣？國輝現在是一個有愛心的丈夫，但如果有一天，他又回復到老樣子，我怎麼辦？如果他以後繼續犯罪，然後像現在這樣認罪，那是不是表示他沒有真的改變呢？我害怕，我也不曉得我們的家將來會怎樣？」**

這時你要怎樣輔導美茵？

你要如何幫助美茵看到，是她那種以自我為中心的態度使她產生懼怕？

那節聖經可為美茵帶來希望？

要給美茵那些作業？

第十九課：指定作業

> 本周的作業是教導你如何按照聖經的原則克服懼怕和憂慮（根據*詩一一八6；箴三7；哀三22-24、32-33；太六25-34；腓四6-9；提後一7；彼前五6-7；約壹四18，五4-5*）。

以✔表示作業完成

☐ A ＊用自己的文字，寫出*馬太福音六章33至34節*和*約翰壹書四章18節*的意義。背出*馬太福音六章33至34節*和*約翰壹書四章18節*，並開始背*羅馬書六章22節*和*以弗所書六章10至11節*。

☐ B ＊讀**聖經原則：懼怕和憂慮**（第十九課，第二頁至第三頁）。在你的聖經裡，標識以前沒有做記號的參考經文。

☐ C ＊學習**克服懼怕和憂慮**（第十九課，第八頁至第十二頁）。合宜的話，就使用**得勝計劃表**（補充材料八），並開始採取必要步驟來克服懼怕和憂慮（特別是關於你要在本課程中克服的問題）。

☐ D 讀**懼怕和憂慮的試探**（第十九課，第四頁至第五頁）。在描寫使你受懼怕和憂慮試探的句子旁打勾。寫下你經歷過的懼怕和憂慮的事情，並訂出一個聖經計劃來克服這些事。必要時複習**克服懼怕和憂慮**（*第十九課，第八頁至第十二頁*）。

☐ E 學習**愛與懼怕的比較（人的方法和神的方法的比較）**（第十九課，第六頁至第七頁）。當你複習聖經中的愛與懼怕之間的區別時，特別注意完全的愛如何將懼怕除去，以及在基督裡與克服懼怕有甚麼關係？

☐ F 學習**從憂慮中得釋放的指引（根據聖經的行動和禱告計劃）**（補充材料十六）。必要時，開始使用**從憂慮中得釋放（根據聖經的行動和禱告計劃）**（補充材料十七）所列出的計劃，以此作為你每日靈修的一部分。

☐ G ＊讀**個案研討：美茵的丈夫離棄了她**（第十九課，第十三頁）。回答尾隨的問題。

☐ H ＊回答與本課有關的**課程測驗**第二十八題（第二十三課，第三頁）。

※ *完成有＊記號的作業是接受進一步聖經輔導訓練的先決條件。*

第十九課：靈修日引（包括經文背誦和指定作業）

> 本周的**靈修日引**教導你如何根據聖經的原則克服懼怕和憂慮（根據*詩一一八6；箴三7；哀三22-24、32-33；太六25-34；腓四6-9；提後一7；彼前五6-7；約壹四18，五4-5*）。

經文背誦

1. *背*馬太福音六章33至34節*和*約翰壹書四章18節*。開始背*羅馬書六章22節*和*以弗所書六章10至11節*。
2. *帶著前幾周和本周要背的經文卡片，空閒時就複習要背的經節。

靈修日引

第一天

1. 以禱告開始。
2. ***讀聖經原則：懼怕和憂慮**（第十九課，第二頁至第三頁）的*原則84*。將所列舉的經文在聖經中標識出來。
3. *用自己的文字，寫出*馬太福音六章33至34節*和*約翰壹書四章18節*的意思。
4. 以禱告結束。

第二天

1. 以禱告開始。
2. ***讀聖經原則：懼怕和憂慮**（第十九課，第二頁至第三頁）的*原則85*。將所列舉的經文在聖經中標識出來。
3. *查考**克服懼怕和憂慮**（第十九課，第八頁至第十二頁）。合宜的話，使用**得勝計劃表**（補充材料八）。開始採取必要步驟來克服懼怕和憂慮（特別針對學習本課程時所發現的問題，或有關的問題下功夫）。這是三天學習中的第一天。
4. 以禱告結束。

第三天

1. 以禱告開始。
2. **讀聖經原則：懼怕和憂慮**（第十九課，第二頁至第三頁）的*原則86*。將所列舉的經文在聖經中標識出來。
3. *繼續查考**克服懼怕和憂慮**（第十九課，第八頁至第十二頁）。訂出一個幫助你克服這些生活問題的聖經計劃。
4. 以禱告結束。
5. 你仍忠心地背誦經文嗎？按需要來調整安排你的時間表嗎？使用***根據聖經所訂的時間表***（補充材料十五）來幫助你在靈命長進方面，得到更多的操練。

第四天
1. 以禱告開始。
2. ＊讀聖經原則：**懼怕和憂慮**（第十九課，第二頁至第三頁）的*原則87*。將所列舉的經文在聖經中標識出來。
3. ＊完成對**克服懼怕和憂慮**的查考（第十九課，第八頁至第十二頁）。在複習聖經計劃時，你要帶著禱告的心，來決定採取那些步驟克服懼怕和憂慮。
4. 以禱告結束。

第五天
1. 以禱告開始。
2. ＊讀聖經原則：**懼怕和憂慮**（第十九課，第二頁至第三頁）的*原則88*。將所列舉的經文在聖經中標識出來。
3. 讀**懼怕和憂慮的試探**（第十九課，第四頁至第五頁）。在任何描述試探你、使你產生懼怕和憂慮的情況的句子上打勾。把你曾經懼怕或憂慮的經歷加添進去。訂出聖經計劃來克服這些問題。*複習**克服懼怕和憂慮**（第十九課，第八頁至第十二頁）*。
4. 以禱告結束。

第六天
1. 以禱告開始。
2. ＊讀聖經原則：**懼怕和憂慮**（第十九課，第二頁至第三頁）的*原則89*。將所列舉的經文在聖經中標識出來。
3. 學習**愛與懼怕的比較（人的方法和神的方法的比較）**（第十九課，第六頁至第七頁）。你在複習聖經中的愛與懼怕之間的比較時，要特別注意完全的愛如何除去懼怕，以及在基督裡和克服懼怕有何關係？
4. 以禱告結束。

第七天
1. 以禱告開始。
2. ＊讀聖經原則：**懼怕和憂慮**（第十九課，第二頁至第三頁）的*原則90*。將所列舉的經文在聖經中標識出來。
3. ＊**個案研討：美茵的丈夫離棄了她**（第十九課，第十三頁）。回答尾隨的問題。
4. 學習**從憂慮中得釋放的指引（根據聖經的行動和禱告計劃）**（補充材料十六）。有需要的話，就開始使用**從憂慮中得釋放（根據聖經的行動和禱告計劃）**（補充材料十七），作為你每日靈修的一部分。
5. ＊回答與本課有關的**課程測驗**第二十八題（第二十三課，第三頁）。
6. 以禱告結束。
7. 請一位朋友聽你背本周要背的經文，並解釋這些經節在生活中的應用。

※ *完成有＊記號的作業是接受進一步聖經輔導訓練的先決條件。*

第二十課

轄制人生命的罪（上）

「但現今你們既從罪裡得了釋放，作了神的奴僕，就有成聖的果子，那結局就是永生。」

羅六22

「我還有末了的話，你們要靠著主，倚賴他的大能大力，作剛強的人。要穿戴神所賜的全副軍裝，就能抵擋魔鬼的詭計。」

弗六10-11

第二十課：轄制人生命的罪（上）

> 當你自願或不知不覺的被聖靈以外的力量控制時（例如：毒品、酒精、色情、他人、同伴、假宗教、自我中心、以自我為中心的習慣等等，如：說閒話或懶惰，或是自己對權勢、食物或錢財的慾望），你就在罪的捆綁下。然而神已因主耶穌基督粉碎了罪的權勢，你能靠著他的力量和遵行他的道勝過那些惡習（根據約八34-36；羅六1-7，11-12，八11-15；加五16；彼後二19下；約壹三23-24，五1-5）。

I 本課宗旨

A 幫助你認識轄制人生命的罪。

B 例舉用來對付轄制人生命的罪的一些錯誤理論和解決方法。

C 說明轄制人生命的罪如何影響生活的每一方面。

D 比較神勝過罪的能力和撒但嘗試奴役你、使你犯罪的息微權勢。

II 本課大綱

A 面對自我

1. **聖經原則：轄制人生命的罪（上）**（第二十課，第二頁）
2. **認識轄制人生命的罪**（第二十課，第三頁至第七頁）
3. **轄制人生命的罪的影向**（生活循環）（第二十課，第八頁）
4. **神已經粉碎撒但的權勢**（第二十課，第九頁至第十一頁）

B 靈命成長步驟

1. **第二十課：指定作業**（第二十課，第十二頁）
2. **靈修日引**（第二十課，第十三頁至第十四頁）

C 聖經輔導

（個案研討見第二十一課）

聖經原則：轄制人生命的罪（上）

> 當你習慣了犯一種罪，你就是受它的控制，當你被該罪轄制，就不能說是全心跟隨耶穌基督。如果你堅持繼續犯罪，也不照著聖經的教導克服它，你就有理由懷疑自己是否真心的接受了救恩。儘管你自己無法克服轄制你生命的罪，神已經為你這個在基督裡的真實信徒，預備了能克服任何罪的恩典、憐憫和力量。不但如此，當你靠神的幫助克服罪的權勢時，基督的性情就漸漸地在你生命中培養出來 *（根據詩一一九9-11；羅六1-4，八2；林前六9-20；弗二1-10；提後二22；來十26-27；彼後一2-10；約壹一6-二6，三4-10，四4，五5）*。

I 神的觀點

（原則91） 神要你對自己的一切（思想、言行）負責，包括那些會轄制人生命的，或是所謂遺傳的，或使人上癮的行為 *（根據傳十二13-14；結十八2-20，特別是第20節；太十二35-37；羅二1-11；林前三8；林後五10；西三23-25；彼前一17；啟二二12）*。無論是甚麼控制了你，你就成了它的奴隸 *（羅六16-18；彼後二19下）*。

II 你的盼望

（原則92） 不論你的罪有多嚴重或持續了多久，只要順從神在你生命中的計劃，就可以在短時間內克服它 *（根據羅六17-18；林前六9-11，特別是第11節，十13；林後五17；提後三16-17；約壹五3-5）*。

同樣適用的有：

在聖經原則：改變的聖經根據中的原則20-26（第六課，第二頁至第三頁）中的II.你在受試煉時的盼望。

（注意：根據第九課第三頁） 要記住：天父是宇宙的主宰，總是為你做最好的打算 *（耶二九11；太六7-8；羅八28）*，必在你生命中成就他的計劃 *（賽四六9-11；羅八28；腓一6，二13）*。他應許要供給你一切所需，就必充分地裝備你去行各樣的善事 *（林前十二7；提後三16-17；彼前四9-10）*，也必隨時與你同在 *（詩二三1-6，一二一1-8；提後四18；約壹五18）*。

認識轄制人生命的罪

> 只有在經歷了靈裡的重生，且繼續遵行聖經教訓，你才能識別並且勝過轄制人生命的罪，也能討主的喜悅和榮耀他（根據羅六6-7、11、16-18，八8；林前二14，六9-12、19-20；帖前四1-8；來五14，十三20-21；雅一21-25；彼前二2-3、12；彼後一2-11）。

I 轄制人生命的罪之特徵

    A 縱然屢次想不犯，但還是一直犯的罪（忽略了羅六1-2、6-7、11-13；林前六12、19-20；加五16-17）。

    B 怪罪別人或環境使你無法停止犯罪（忽略了結十八4、20；可七20-23；羅十四12；林後五10）。

    C 否認自己所行的是罪（忽略了彼前一16；約壹一8）。

    D 雖然一直犯罪，卻自認能隨時停止，說服自己不會受這罪的捆綁（忽略了約八34；羅六1-2、16；提後二22；雅二10，四17；約壹三3）。

    E 說服自己這個罪已不再控制你，因為犯的次數已比從前少（忽略了約十四15；羅六12-16；林前六12；帖前四7，五22；提後二22）。

    F 雖然知道這罪令自己和別人受到長久莫大的傷害，而且只能得到暫時的滿足，但還是要犯（忽略羅六16、21，十四7-8、19，十五2；林前六19-20；林後五15；加五16-17；雅一14-15；彼前四3-6）。

    G 企圖藉以下方式來掩飾你的罪（忽略了詩三二1-5；約三19-21；弗五8-17；雅五16）：

        1. 朋友之外，另有一批朋友（也就是說你過著「雙重生活」），不叫一方知道另一方（忽略了太五13-16；羅十二9；林前十五33；林後六14-18；弗五11）。

        2. 經常撒謊來掩飾你的罪（忽略了箴六16-19，十二22，二八13；西三9-10）。

        3. 讓人以為你過著敬虔的生活（忽略了箴六12-15；可七20-23，特別是22節；提後三13；雅三17；彼前二1-3）。

        4. 當別人發現你生活與信仰不一致而懷疑你有問題時，你表現出一副憤慨或驚訝的樣子（忽略了箴十四8，二七6上，二九9；雅一22-24）。

        5. 為了利己的緣故，藉機煽動信徒紛爭結黨，造成主內肢體敵對（忽略了羅十六17-18；弗四1-3；來十二14）。

- H 辱罵或譭謗那些設法幫你與主、與人和好的人 *(忽略了詩十五1-3；箴十16-17，十六28；太十五19；可七20-23，尤其是22節；弗四31-32；雅五9；彼前二1-3)*。

- I 即使你明知不造就人，卻繼續犯罪 *(忽略了羅十五2；林前六12，十23-24)*。

- J 即使你知道會使生活失去見證，並成為別人的絆腳石，卻繼續犯罪 *(忽略了太五16；羅十四13；彼前二11-12、24，三15-16)*。

- K 儘管你從神的話知道要停止犯罪，也知道他能將你從捆綁中釋放出來，仍繼續犯罪 *(忽略了羅六5-7、12-14、22；林前十13；加五16-17；提後三16-17；雅四17；約壹四4)*。

- L 雖然你知道既不討主的喜悅又不榮耀神，卻仍然一犯再犯 *(忽略了林前六20，十31；林後五9；西一10；彼前二11-12)*。

- M 即使你明白行為(包括思想、言行)與基督的性情不合，卻繼續活在罪中 *(忽略了林後十5；加二20，五22-24；西三1-11；彼前一14-16；約壹三2-3)*。

II 世人對轄制人生命的罪的看法

- A 世上的哲理告訴我們，「不良的行為」(聖經所謂的罪)是出於「病」或「性向」，我們必須學著去應付它。通常幫助你「應付」的方法不外乎藥物、心理分析、甚至鼓勵你接受所謂的「另一種生活方式」。如此一來，人用自己的智慧，重新為罪下定義，並且(或者)鼓勵接受罪，認為這是解決生活上問題的方法。結果，人不再視神的話為生活的權威，因而導致更多的麻煩、不幸和困惑。

- B 世人知道有些轄制人的問題(比如犯罪行為、耽延、偷懶和「恐懼症」)對人的生活有害，便鼓勵人用屬世的智慧去克服這些難處，卻忽略了神的大能和他話語的引導。這些所謂的「解答」只會高舉人，卻不能教導人要在各方面討主的喜悅。

III 人對轄制生命的罪之誤解：

- A 有些人的某種「癖好」是天生的，沒法自我控制，所以對這種行為不須負責 *(通常作為同性戀的托辭)*。

- B 有些控制人的問題是「疾病」，應當作病來處理 *(通常是對沮喪、害怕或「恐懼症」、濫用毒品或酒、「人格分裂」等的解釋)*。

- C 一個人會因為他的「個性」，而有某些行動，認為這不過是他獨特的性格 *(通常用來解釋極端忿怒、沮喪、憂慮、害怕、情緒不穩定)*。

- D 被問題轄制只是一個人「自尊心」極度低落的表現（通常用來解釋厭食症、沮喪、姦淫、群毆、搶劫、謀殺、黃色書籍、賣淫或性變態所顯露的淫亂）。

- E 一個人被問題所束縛，可能是受到他小時候的遭遇影響。若父母親或監護人以某種方式對待他，他便會以同樣的方式對待別人（通常用來解釋暴力、生氣、謾罵、說謊、偷竊、虐待兒童、任意破壞別人的東西）。

- F 因他過去受到虐待而產生的反應或報復（通常用來解釋謀殺、強暴、姦淫、對兒童性虐待、表現出小孩子的行為或逃避生活上的責任，如：「緊張症」、賴在床上、拖延工作）。

IV 對於這種「被罪奴役」的問題，人們嘗試以下面的方法去解決：

- A 「病」人住進專治這種「病」的治療中心（治療過程通常包括廣泛的心理治療、公開反對神的話、不合聖經的交談、及用許多不合聖經、注重高舉人的智慧過於神的智慧的方法）。

    注意：有些專門治療某種特別「病」的機構，確實幫助人不再降服於那種罪（例如濫用毒品或酗酒）。然而，生活上某一部分的自我控制並不能解決人心在神面前的問題，因此，也不能幫助一個人在各方面過一個討神喜悅的生活（參考第一課及第二課）。

- B 一些治療過程，也使用神話語裡的屬靈原則來幫助人不再受「轄制人生命的罪」所控制，但為了不冒犯人，他們便不承認這些原則取自聖經。

    注意：其實一些讓人不再受生活中某些問題或習慣（罪）轄制的多種治療方法或復原過程，都是遵從了神話語中的原則（只是常不為人知罷了）。治療用的術語在聖經中都可找到，比如「無能力」、「寬恕別人」、「認錯」、「賠償」和「與人交通」。然而，主張這些「心靈治療方法」的人，並不承認聖經是人生問題的權威，並且讓接受治療者選擇他們自己的神（他們的「更大的能力」）。結果，這些復原計劃貶低了或反對人要藉著主耶穌基督與神恢復親密關係的重大需要，因此就不能教導人在各方面順服神的話。若一個人想法子解決問題，是因著自私的目的而不是為了討神的喜悅，那麼，他就得不到神的幫助和隨之而來的平安與喜樂了（參考第一課至第四課）。

- C 開一些可以改變情緒的藥，幫助人對他的問題「覺得好過些」（也就是減輕症狀），同時給予「專業輔導」，幫助人「瞭解他的問題」，並學習「減少壓力」和過一個「更有益」的生活方式。

    注意：有些生理官能（器官和腺體的）紊亂是必須用藥物治療的，有些可能用到在主治醫生的監督下所開的藥方。無論如何，任何思想和生活的引導若是出於人的智慧，而不是出於藉耶穌基督和神的話語所顯明的智慧都是不足夠的，也應盡量避免（參考第三課至第八課）。

D　加入一個由有共同經驗的人所組成的屬世「互助會」。他們認為這些「互助會」的人比別人更能瞭解所經歷的問題。

注意：這些不屬於基督教的「互助會」會員，通常都知道他們不良（犯罪）行為的後果，也以此警告別人。這些「瞭解」和隨之而來的「幫助」，是來自這個團體裡的人，而不是來自耶穌基督（參來四15-16）和神的話語（參提後三16-17；來四12）。這些團體不根據聖經的指導，他們的「交談」通常是犯罪式的情緒發洩、憤怒的對抗、對舊罪的回憶、閒話、誹謗和對問題不符合聖經的「解答」。此外，作為屬世「互助會」的一員，認為自我中心對「進步」是很重要的（複習第四課至第十三課）。

E　教導人去欣賞自己，並成為自己的摯友（也就是建立一個「良好的自我形象」）。如此一來，就會幫助他以利己為出發點來處理問題了（複習第四課，第九課和第十課）。

F　人對同樣的問題，找到其他情緒上的「發洩」方法。這類「治療」多靠「專業輔導」和（或者）「賞」「罰」辦法來完成。

注意：這種「治療」至少能暫時改變行為，減輕對一個人或他週遭的人的損害，但是卻無法解決基本的問題，就是沒有全心將自己藉著主耶穌獻給神。與神沒有個人的關係，就不可能順服聖經，而對問題的「新指引或解釋」本身就是罪。這種處理問題的方法，無法面對更大的挑戰，就是凡事都討神喜悅而捨己，並藉著聖經中的愛去表達和服事造就他人（複習第四課至第十課）。

G　教導人說，雖然他的「病」或「遺傳傾向」永不會變，但是他可以停止各種有關的活動。

注意：這種強調個人責任的看法是符合聖經的。縱然它與聖經的連繫通常不為人所知或被故意忽略。對他人負責任常常與這種處理問題的方法扯上關係，這也是根據聖經的原則，但神話語的基礎卻常被忽略或否認。這個看法強調，人靠自己是沒有足夠的力量（這也符合聖經），但問題是他們不倚靠神而尋找人或其他被視為「神」作支持。雖然人能暫時不犯罪，這是一件好事，但焦點卻放在人身上，而不在神身上。一般人卻不明白只有靠耶穌的力量才能有完全的、徹底的改變（參林後五17），因為人若沒有重生，就得不到聖靈的幫助去瞭解神的話語，也就沒有辦法改變了（複習第一課至第八課）。

H　學習如何脫離別人轄制生命的問題（也就是不再做「互相依賴」的人）。

注意：專為「互相依賴者」所設計的計劃，的確能正確指出參與者的「病態」。這些「病態」（罪惡）是受到「轄制人生命的罪」所控制而產生的。凡與「互相依賴者」有關係的人，若繼續與有「病

態」的人保持關係，他本身也是有「病」的。世人一般強調，雖然可以與有「病態」的人保持關係，但應盡量保持潔身自守，不和有「病態」的人同流合污。有了罪也不遮掩，似乎是合乎聖經真理，但實際上他們只是靠人的智慧，並不倚靠神，是違背聖經原則的。例如，大部分「互相依賴者」的屬世計劃的重心都強調「己」（也就是「這麼做是為自己而不是為其他人」）。這些計劃鼓勵會員互相「支持」，不許諉過，計劃雖值得讚許，可是它們不注重學習為主而活，也不根據聖經造就別人（參林前二14），同時，它們允許不少明顯違反聖經教訓的行為，有時甚至鼓勵這些行為（如：發怒、回憶過去的罪、說閒話、鼓勵婚姻分裂、發洩心中的苦悶、缺乏根據聖經的寬恕、不實行聖經中的愛）（複習所有的課程）。

V 受罪轄制的後果

A 神不保證他會聽或回答你的禱告（根據詩六六18；箴十五29，二八9；賽五九1-2；彼前三12）。

B 你要承擔對靈性和肉身帶來的後果（根據詩三二3-5，三八1-10，五一3；林前五3-5，十一28-30；西三25；來十二5-11）。

C 你會失去救恩之樂（根據詩五一8-12；約壹一4），也可能懷疑你是否與主之間有更新的關係（即你是否一個信徒）（根據林前六9-10；約壹二4，三4-10）。

D 你會越來越糟，生活也會更困難（根據箴一24-32，十三15、21上，二八13-14），因為你在生活裡給撒但留了地步（根據林後二10-11，十5；弗四26-27，特別是第27節；彼後二19下-22；約壹三4-9）。

E 被主管教（來十二5-11），為了使你重建與主及別人的關係，主的管教將更嚴厲（根據箴十五10；太十八15-20）。

F 你的行為將妨礙與主內其他肢體真誠的交通（根據林前五9-11；帖後三11-15）。

G 你欺哄自己，因為你是個單單聽道而不行道的人（根據雅一22-24），也無法分辨善惡（根據來五14）。

轄制人生命的罪的影響（生活循環）

若要衡量轄制人生命的罪的影響，你得看看它在人生活中各方面的份量。如果你被轄制人生命的罪所控制，最終會影響到你所有的關係和責任。你也會跟著產生其他轄制人生命的罪，以「遮掩」（企圖欺騙）那主要的轄制人生命的罪（根據詩三六1-4；箴一24-32，二11-15，四19，五22-23，十二20上，十三6，十四14上；羅六16；加五16-21；雅一22-24；彼後二20-22；約壹三4-9）。

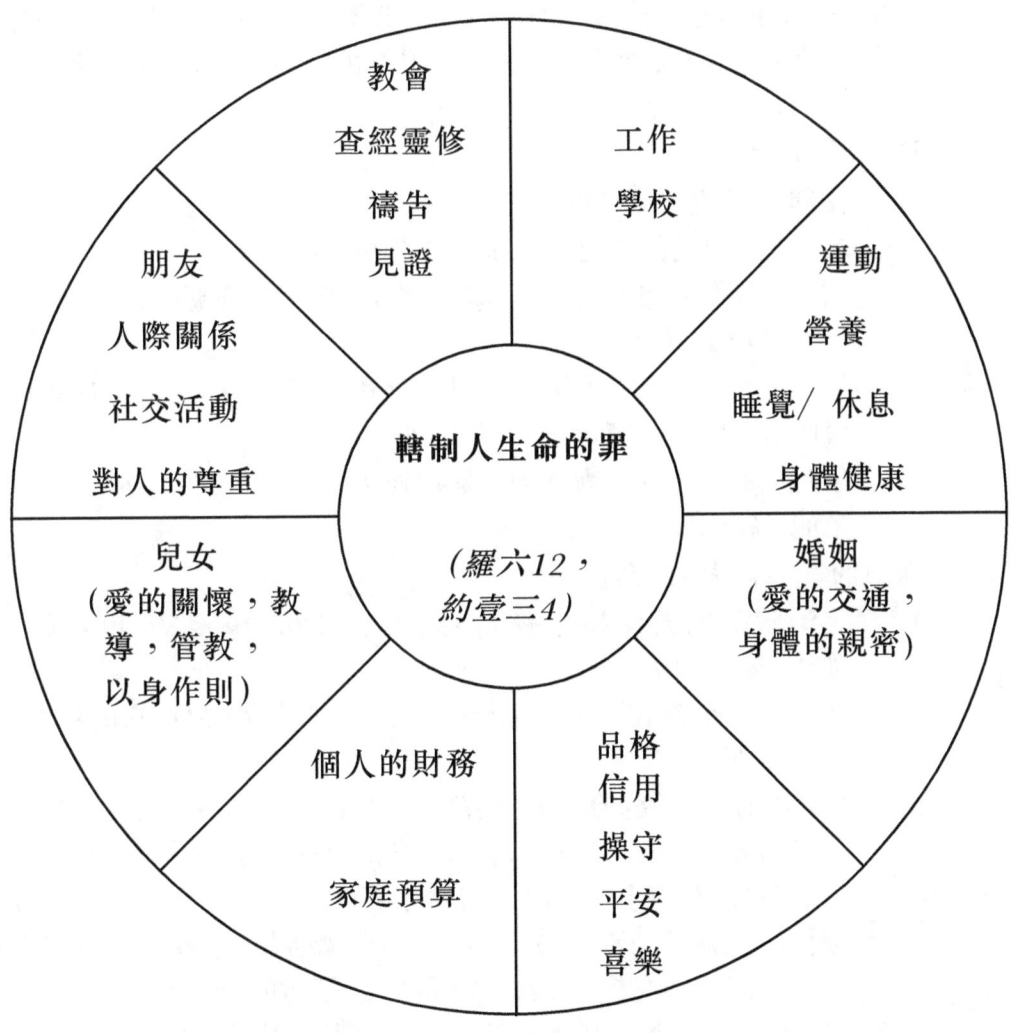

神已經粉碎撒但的權勢

> 撒但——神與人的大仇敵，是世上的王，有著巨大的邪惡勢力。他殘酷計劃的其中一部分是要欺騙所有人類、在主耶穌面前控告信徒、教唆神的兒女跌倒犯罪。然而，藉著耶穌基督死的代贖和得勝的復活，他已勝過撒但的權勢。這個勝利已賜給在基督裡的信徒，叫他們可以隨時勝過撒但 *(根據羅六5-6；林後四4；弗二2，六12；帖前三5；來二14-15；彼前五8；約壹三8，四4，五4-5、18-19；啟十二10)*。

I **撒但的特性和權勢**

   A 撒但（聖經中也稱為魔鬼、仇敵、敵人、破壞者、龍、控訴者、蛇、誘惑者）是墮落天使之首，是神與人的大敵 *(根據伯一6-11，二1-7；亞三1；太二五41；弗六11-12；彼前五8；啟十二7-9)*。

   B 聖經所描述的撒但是：

     1. 從起初就犯罪的 *(約壹三8)*。
     2. 殺人的，也是說謊之人的父 *(約八44)*。
     3. 騙子、裝作光明的天使 *(林後十一14)*、滿了邪惡 *(約十七15；約壹二13-14，五18-19)*。
     4. 誘惑人的 *(太四3；帖前三5)*，也是殘酷狡猾的 *(林後十一3；弗六11)*；
     5. 教唆者，是使人墮落的 *(創三1-6)*；
     6. 象吼叫的獅子 *(彼前五8)*，是毒蛇 *(創三1-4；啟十二9，二十2)*，也是龍 *(啟十二3、7、9)*。

   C 撒但的權勢極大，因為它：

     1. 統治墮落的天使和邪靈 *(根據太十二26-29，二五41；弗六12；啟十二4、7、9)*。
     2. 是空中掌權者 *(弗二2)*，全世界（系統或秩序）都在它的勢力下 *(約壹五19下)*。
     3. 是世界的神、是統治者 *(林後四4)*、王 *(約十二31，十四30，十六11)*、是迷惑人的 *(啟十二9，二十3)*，它欺哄全世界的人。
     4. 凡不在「基督裡」（信徒）的都成了惡者之子 *(太十三24-30、36-42，特別是第38節；弗二2-3；約壹三7-10，特別是第10節)*，並在它權勢之下 *(弗二2-3；提後二24-26，特別是第26節)*。
     5. 它一直對抗，也將繼續用以下的方法對抗神的工作：
        a. 為了使人不信主耶穌基督以致得救，就從未信者的心裡把神的話奪去 *(路八11-12)*；

b. 弄瞎不信之人的心眼，讓他們不能看到來自耶穌基督福音的真光 *(林後四4)*。
c. 利用能行大神跡奇事的假報信者(假先知、假使徒、假教師、假彌賽亞) *(根據太七15-23；太二四4-5、11、23-24；可十三6、21-22；林後十一13-15；帖後二8-10；彼後二1-3、12-22；約壹四1)*。
d. 曲解神的話 *(根據創三1-5；太四3、6；彼後一20-二1)*。
e. 利用邪惡的勢力在虛假的崇拜裡奴役未信者 *(根據詩一零六34-39，特別是第37節；林前十19-20；提前四1；啟九20)*，並且使他們肉身受痛苦 *(根據太九32，十二22，十七15-18；可五1-5，九17-22)*。
f. 將稗子(假信徒)撒在主內肢體當中 *(根據太十三24-30、36-43)*。
g. 引誘信徒犯罪 *(根據徒五3；林前七5；帖前三5)*。
h. 在神面前不斷控告信徒 *(啟十二10)*。
i. 敵對並誤導神的兒女 *(根據太二四24；林後十一3；弗六11；帖前二18)*。
j. 給神兒女的生活帶來痛苦(不過總在神的限制之內) *(根據伯一8-12，特別是第12節，二3-6，特別是第6節；路二二31-32；啟二10)*。

II 撒但的限制與審判

A 由於撒但是被造的，他的權力和能力不能與神相比 *(根據西一13-17，特別是第16節)*。凡受造之物，不論有多大的能力，都受制於復活的主耶穌基督的權力 *(太二八18；弗一19-23，特別是第21至22節；西一16，二9-10，特別是第10節)*。

B 撒但只能做神所容許的事 *(根據伯一7-12，二1-7；路四6，二二31-32；帖後二1-12，特別是第7節；啟二10)*。

C 撒但受到神的咒詛 *(創三14-15)*，也已被審判 *(約十二31，十六7-11，特別是第11節)*，最後會與它的使者 *(太二五41)*、騙人的 *(啟二十10)* 和不信的人 *(啟二十15)* 一同被丟入永火裡。

D 耶穌降世為要公開摧毀(使不能運作、鬆綁或化解)撒但的工作 *(根據創三15；約壹三8)*，並且解除受撒但控制的統治者和掌權者的權力 *(根據路十17-19；西二13-15，特別是第15節)*。
  1. 耶穌全然勝過了撒但的試探 *(太四1-11；路四1-13)*。
  2. 耶穌在世時，擊敗了撒但 *(根據可三22-27，特別是第27節)*，他對鬼魔行使能力 *(太九32-33，十二22，十七14-18；可五1-13，特別是第8節和13節，九17-27，特別是第25節；路十一14、20)*，因鬼魔認出他勝過它們的權柄 *(可五7-12，特別是第7、10、12節)*。

E 耶穌藉著他的代死奪走了撒但使人致死的權柄，解救了被撒但捆綁的人（徒二六14-18，特別是第18節；來二14-15），赦免他們的罪債（西二13-14），賜給他們永生，並將他們歸入自己的保護下（約十27-29）。

F 雖然撒但能引誘信徒犯罪（林前七5；帖前三5），然而在信徒裡面有耶穌基督復活的大能，這是攻克不了的（約壹四4），所以信徒能在每一個試探中不犯罪，擊退撒但（羅六6-14、17-18，八9-18；林前十13；彼前二24-25）。

   1. 雖然撒但確有能力，但是倚靠主的大能、幫助和已經建立並擊敗撒但的勝利，信徒就能知道魔鬼的陰謀（林後二11），並能抵擋仇敵（弗六10-18）。

   2. 一位順服神的信徒，不但能抵擋魔鬼，而且能在基督耶穌裡成為得勝者（羅八31-39；雅四7；彼前五8-10；啟十二10-11，特別是11節）。

G 耶穌基督的門徒會受到撒但的攻擊，尤其是在他們宣揚耶穌基督使人得自由的大好信息時。然而，即使他們面對魔鬼的頑抗，基督已將他管轄撒但的權柄賜給真門徒（根據太十1；可九38-40，十六15-18；路十17-20；徒五12-16，特別是第16節，八4-8，十六16-18；羅六16-19，八35-39；林後十二7-10；約壹四4）。

III 摒除生活上與撒但的連繫

A 拜撒但或參與任何有關的邪惡行徑都是悖逆神的，也是為他所禁止的（根據利十七7，十九31，二十6；申十八9-14；王下二一1-6，特別是第6節；代上十13-14；詩一零六34-40；太四8-10；林前十19-21；提前四1；啟二一8）。

   1. 你當毀掉所有拜撒但、拜鬼、招魂和邪術的符籙、飾物、書本、工具及圖片（根據王上十五12；王下十18-31，特別是第25-28節，二三4-20；耶四1；徒十九18-20，特別是第19節；林前十14、19-20、23；腓四8；西三2）。

   2. 不要與拜撒但的人來往（根據林前十五33；林後六15-18；弗五11-12；約貳7-11）。

B 與撒但教沒有任何牽連並不等於你能不犯罪或生活上有改變。能力的源頭完全來自靈裡的重生（約三3），並時常倚靠耶穌基督（約十五5；約壹四4）和忠心順服神的話（詩十九7-11；提後三16-17；彼後一2-11）（參上述II）。

也可參考：
聖經對試驗和試探的看法（第八課，第三頁至第七頁），
獲得合乎聖經改變的實際步驟（第八課，第八頁至第十頁），
穿戴神所賜的全副軍裝（第二十一課，第四頁至第十二頁），和
克服轄制人生命的罪（第二十一課，第十三頁至第十九頁）。

第二十課：指定作業

> 本星期的作業鼓勵並提醒你，藉著主耶穌基督，神已給你夠用的資源和能力，使你可以勝過任何轄制人生命的罪（根據羅六1-7，八11-18；提後三16-17；來二14-15；彼後一2-11；約壹四4，五4-5、18）。

以 ✔ 表示作業完成

☐ A ＊用自己的文字，寫出*羅馬書六章22節*和*以弗所書六章10至11節*的意義。背*羅馬書六章22節*和*以弗所書六章10至11節*，並且開始背誦*以弗所書五章18節、六章12至13節*。複習前面背過的經文。

☐ B ＊讀*聖經原則：轄制人生命的罪（上）*（第二十課，第二頁）。將所列舉的經文在聖經中標識出來。

☐ C ＊讀*認識轄制人生命的罪*（第二十課，第三頁至第七頁）。複習轄制人生命的罪之特徵，並在禱告中省察自己。注意人用來處理轄制人的生命的問題（罪）的解釋與嘗試。在那些你接受為「真理」的句子上打勾。特別注意，當一個人繼續犯轄制人生命的罪時所產生的後果。

若在自己的生活裡，發現有轄制人生命的罪，雖這些罪沒列入本課裡，但仍應首先為此向主認罪，並且立刻採取聖經的步驟勝過它。*複習第五課至第八課*。

☐ D ＊複習*轄制人生命的罪的影響（生活循環）*（第二十課，第八頁）。若你發現任何影向你生活某些方面的罪，採取必要的聖經步驟與主、和有關的人和好。

也可參考：
靈程步升：照神的方法行（第五課，第五頁），
獲得合乎聖經改變的實際步驟（第八課，第八頁至第十頁），
人際關係（上）（下）（第十二和十三課），以及
得勝計劃表指引（補充材料七）。

☐ E ＊查考*神已經粉碎撒但的權勢*（第二十課，第九頁至第十一頁）。注意撒但企圖阻礙神工作的方法。仔細複習那些列出撒但的限制及審判的經文。在那些描述神如何在信徒的生活裡完全擊敗撒但權勢的經文上畫上記號。

☐ F ＊回答與本課有關的*課程測驗*第二十九題（第二十三課，第三頁）。

※　*完成有＊號的作業，是接受進一步聖經輔導訓練的先決條件。*

靈修日引（包括經文背誦和指定作業）

> 本星期的**靈修日引**給你鼓勵，並提醒你神已藉著主耶穌基督，給你夠用的資源和能力，使你可以勝過任何轄制你生命的罪 *(根據羅六1-7，八11-18；提後三16-17；來二14-15；彼後一2-11；約壹四4，五4-5、18)*。

經文背誦

1. *背*羅馬書六章22節*和*以弗所書六章10至11節*，並且開始背*以弗所書五章18節，六章12至13節*。複習前面背過的經文。
2. 攜帶本周和上周背誦的經文卡，有空時就複習所背的經文。

靈修日引

第一天
1. 以禱告開始。
2. ***讀聖經原則：轄制人生命的罪（上）**（第二十課，第二頁）裡的*原則91*。將所列舉的經文在聖經中標識出來。
3. *用自己的文字，寫出*羅馬書六章22節*和*以弗所書六章10至11節*的意義。
4. 以禱告結束。

第二天
1. 以禱告開始。
2. ***讀聖經原則：轄制人生命的罪（上）**（第二十課，第二頁）裡的*原則92*。將所列舉的經文在聖經中標識出來。
3. *開始查考**認識轄制人生命的罪**（第二十課，第三頁至第七頁）。今天複習轄制人生命的罪之特徵，並且在禱告中自省。這是一連三天查考的第一天。
4. 以禱告結束。

第三天
1. 以禱告開始。
2. ***複習聖經原則：改變的聖經根據**（第六課，第二頁至第三頁）的*原則20-26*。
3. *繼續查考**認識轄制人生命的罪**（第二十課，第三頁至第七頁）。注意人用來處理轄制人生命的問題（罪）的解釋與嘗試，在那些你接受為「真理」的句子旁打勾。特別注意當一個人繼續犯轄制人生命的罪時所產生的後果。若在自己的生活裡發現有轄制人生命的罪，而該罪是沒有列入本課裡屬於主要你要勝過的問題，為此向主認罪，並且立刻採取步驟勝過它。*複習第五課至第八課*。
4. 以禱告結束。
5. 你這星期是否忠心地背誦神的話？

第四天
1. 以禱告開始。
2. *複習*第九課*，第三頁的「*注意*」部分。該部分重複出現在**聖經原則：轄制人生命的罪（上）**（第二十課，第二頁）。
3. *查考**認識轄制人生命的罪**（第二十課，第三頁至第七頁）。合宜的話，繼續採取聖經的步驟勝過所有轄制人生命的罪。
4. 以禱告結束。

第五天
1. 以禱告開始。
2. *複習**轄制人生命的罪的影向（生活循環）**（第二十課，第八頁）。若發現任何已經影響你生活某方面的罪，採取必要的聖經步驟與主及有關的人和好。
   也可參考：
   靈程步升：照神的方法行（第五課，第五頁），
   獲得合乎聖經改變的實際步驟（第八課，第八頁至第十頁），
   人際關係（上）（下）（第十二課和第十三課），和
   得勝計劃表指引（補充材料七）。
3. *開始查考**神已經粉碎撒但的權勢**（第二十課，第九頁至第十一頁）。這是三天查考的第一天。在今天的查考裡，特別注意本課第九頁的**I.C5.撒但企圖對抗神工作的方法**。
4. 以禱告結束。

第六天
1. 以禱告開始。
2. *繼續查考**神已經粉碎撒但的權勢**（第二十課，第九頁至第十一頁）。仔細複習本課第十頁中的**II**內所列出神對撒但的限制與審判有關的經文。在你的聖經裡將那些講述神如何在信徒生活裡，全然勝過撒但權勢的經文上畫上記號。
3. 繼續採取必要的聖經步驟勝過生活上所有轄制人生命的罪。
4. 以禱告結束。

第七天
1. 以禱告開始。
2. *查考完**神已經粉碎撒但的權勢**（第二十課，第九頁至第十一頁）。複習本課第十一頁**III**內關於摒除與撒但的連繫聯合的事或人的重要性。
3. 繼續採取必要的聖經步驟勝過生活上所有轄制人生命的罪。
4. *回答與本課有關的**課程測驗**第二十九題（第二十三課，第三頁）。
5. 以禱告結束。
6. 請一位朋友聽你背誦本周的經文，並說明如何將這些經文應用在你的生活裡。

※ *完成有*號的作業，是接受進一步聖經輔導訓練的先決條件。*

© Biblical Counseling Foundation

第二十一課

轄制人生命的罪（下）

「不要醉酒，酒能使人放蕩，乃要被聖靈充滿。」

弗五18

「因我們並不是與屬血氣的爭戰，乃是與那些執政的、掌權的、管轄這幽暗世界的、以及天空屬靈氣的惡魔爭戰，所以要拿起神所賜的全副軍裝，好在磨難的日子，抵擋仇敵，並且成就了一切，還能站立得住。」

弗六12-13

第二十一課：轄制人生命的罪（下）

> 如果你已經歷靈裡重生，在主耶穌基督裡成為信徒，那麼你就不再受撒但的捆綁，耶穌已給你永生，並且看顧你。你既然藉著耶穌基督的死、埋葬和復活，勝過了撒但，就當用神所賜的各種方法在基督裡成為得勝者 *(參約八34-36，十27-29；羅八31-39；弗六10-18；來二14-15；雅四7；約壹三8，五1-5)*。

I 本課宗旨

    A 溫習神所供應解決困難的方法，讓你在生活各方面都能克服撒但。

    B 讓你知道神所賜全副軍裝的各部分，及如何運用在你的生活上。

    C 提供聖經上的計劃，克服轄制人生命的罪。

    D 提供聖經上的準則，給予正在犯轄制人生命的罪的人。

    E 繼續按照聖經輔導進行個案研討。

II 本課大綱

    A 面對自我

        1. **聖經原則：轄制人生命的罪（下）**（第二十一課，第二頁至第三頁）

        2. **穿戴神所賜的全副軍裝**（第二十一課，第四頁至第十二頁）

        3. **克服轄制人生命的罪**（第二十一課，第十三頁至第十九頁）

        4. **根據聖經對待被罪轄制的人**（第二十一課，第二十頁至第二十三頁）

    B 靈命成長步驟

        1. **第二十一課：指定作業**（第二十一課，第二十六頁）

        2. **靈修日引**（第二十一課，第二十七頁至第二十八頁）

    C 聖經輔導

        個案研討：美茵的丈夫離棄了她（第二十一課，第二十四頁至第二十五頁）

聖經原則：轄制人生命的罪（下）

> 神藉主耶穌基督的死及復活已經擊敗了撒但，因他全然的勝利，神已給你能力克服犯罪的引誘，並給你方法按著聖經面對生活中的任何難處。若你依靠神的能力和遵守他的話，你便能在任何情況下都能成為一位得勝者（參羅六1-7，八31-39，特別是第37節；林前十13；西一13、19-23，二9-15；提後三16-17；來二13-14，四15-16；彼後一2-11；約壹四4，五4-5）。

III 你的改變（接第二十課，第二頁）

(原則93) 你應立刻停止（除掉）屈服或受制於奴役你的罪，並決定讓聖靈的大能管治你，在生活各方面全心地（穿上）遵守神的話（羅六11-18、22，八2-16，特別是第2節、5-6節、14節；加五16-17；弗五18；提後三16-17；彼前二11；彼後一2-11）。

IV 你的實踐

(原則94) 既然神的話告訴我們，沉溺在罪中的人不可能承受神的國（林前六9-10；加五19-21；約壹三6-9），那你當仔細省察自己是否仍信仰堅定（也就是說，你在耶穌基督裡是否一個真信徒）（參約三3、16-21、36；羅十8-11；林後十三5；約壹二3-6，三4-9，五11-13）。

參考：你能根據聖經改變（上）（第一課，第三頁至第七頁）。

(原則95) 按著聖經自省，在何時、何地、如何及與誰犯了至今仍轄制你的罪（參詩一三九23-24；太七1-5；林前十一31），然後訂出一套聖經計劃，並穿上神的全副軍裝，以便在任何情況下都成為得勝者（參羅六12-13；林前六9-12；弗二10，四1-3、25-32，六10-18；西二6，三1-17）。

同樣適用的有：

(原則13，從第五課，第二頁修訂的) 若想以神豐富的智慧來面對和處理問題，就必須憑信心求（來四16；雅一5-8），也要按神的話（雅一22-25），並依靠他的大能而活（林後三4-5；腓四13）。

(原則27-29) 在聖經原則：根據改變的聖經模式（第七課，第二頁）之中請參考：
你能根據聖經改變（下）（第二課，第二頁至第五頁）；
聖經是你的權威（第三課，第三頁至第五頁）；
聖靈賜你力量解決問題（第三課，第六頁至第八頁）；
祈禱使你與神交通（第三課，第九頁至第十二頁）；
聖經對自我的看法（第四課，第五頁至第十頁）*IV、V、VI*；和
根據聖經改變是個過程（第七課，第三頁至第四頁）。

(原則96) 面對出人意外的試探，尤其是屬於轄制你生命的罪時，要立刻採取步驟除掉、抗拒或逃離它（根據詩一1；箴四14-19，二七12；林前十五33；提後二22；雅四7；彼前8-9）。

(原則97) 在生活各方面繼續做個忠心的行道者。尤其要努力遵行你的聖經計劃，克服轄制你生命的罪，要長大成熟，所有的行為（思想、言行）要有基督的形象（根據詩十九7-11；提後三16-17；來五14；雅一22-25；彼前一13-22；彼後一2-11）。

記住：作為神的兒女，你不再屬於自己，乃是被耶穌基督的重大犧牲買贖回來的，是聖靈的殿（林前六19-20；弗一7；彼前一17-19）。因此，你當在所有行為（思想，言行）上討神喜悅並榮耀神（根據太五16；羅十二1-2；林前十31；林後五9；西一10；來九14；彼前一13-16，二9-12）。

也請參考：
靈程步升：照神方法行（第五課，第五頁）；
行道的重要性（第五課，第六頁至第九頁）；
聖經對試煉和試探的看法（第八課，第三頁至第七頁）；
獲得合乎聖經改變的實際步驟（第八課，第八頁至第十頁）的
   I.當你需要靠聖經來改變時，要立即作出反應；和
克服轄制人生命的罪（第二十一課，第十三頁至第十九頁）。

穿戴神所賜的全副軍裝

> 作為一個順服的信徒,你要靠主的力量站穩,保守自己在靈裡儆醒謹守,以抵抗魔鬼的詭計。因你在生活各方面不能靠自己的力量,也沒有足夠的資源來克服撒但的詭計和試探,所以你必須穿上神所賜的全副軍裝,在與魔鬼的屬靈爭戰中成為得勝者(根據弗六10-18;雅四7;彼前五8-10;啟十二11)。

I 穿戴神所賜的全副軍裝的目的

    A 穿戴神所賜的全副軍裝,就能抵擋魔鬼的詭計(弗六11)。

    B 穿戴神所賜的全副軍裝,就能在主的大能力裡站立得穩(弗六10-11、13)。

    C 有神全副軍裝的保護,可使你有所裝備,每天都能信心十足地行在主的道中(弗六13-17)。

II 為何必須穿戴神所賜的全副軍裝?

    A 身為基督徒,你的爭戰不僅限於肉身,還得在廣闊的屬靈戰場上抵擋執政的、掌權的、管轄這幽暗世界的,以及天空屬靈氣的惡魔(弗六12)。

    B 你的仇敵——魔鬼,會引誘你犯罪,使你不能成為主的精兵(根據帖前三5;彼前五8-10)。

    C 撒但——世界的王和欺騙者(約十二31;啟十二9),正極力施展它的詭計欺騙你和所有的基督徒(根據林後二11)。

    D 撒但藉著假的使徒,不斷地誤導基督徒(根據太二四24;林後十一3-4;多一10-16;約壹二21-26)。

也請參看神已粉碎撒但的權勢(第二十課,第九頁至第十一頁)中的I.撒但的特性與權勢。

III 在屬靈爭戰中的信心

    A 身為信徒,你是一個新造的人(林後五17),在基督裡有新地位(羅八14-17;林前一30;加四4-7;弗二5-7;腓三20;西二9-10)。

    參考:
    你能根據聖經改變(上)(第一課,第三頁至第七頁)**VII. C.**和*你能根據聖經改變(下)*(第二課,第三頁至第五頁)**I.A.**。

© Biblical Counseling Foundation

B 由於主耶穌基督的死和復活，作為信徒的你，實在是得勝有餘（*羅八31-39，特別是第37節；約壹四4，五4-5*），因為你不再是罪的奴僕（*羅六5-14、17-18；來二14-15*）。
參考：
你能根據聖經改變（上）（*第一課，第三頁至第七頁*）的**III.** 和
神已經粉碎撒但的權勢（*第二十課，第九頁至第十一頁*）的**II. D、E**和**F**。

C 身為信徒，你可以藉著禱告，自由支取神在耶穌基督裡的憐憫、恩典、智慧及能力（*根據太二六41；路二二40；約十六23-24；帖後三1-3；來四15-16；雅一5；約壹五14-15*）。
參考**祈禱使你與神交通**（*第三課，第九頁至第十二頁*）。

D 藉著居住在心裡的聖靈（*根據約十四16-17；羅八9、14；林前三16，六19；加四6-7；提後一14*），你能分辨真理與謬誤（*約壹二18-27，特別是第20和27節*），能接受神的引導（*林前二9-13*）。而且，聖靈能幫助你不順從肉體的情慾（*加五16-17*）。
參考：
你能根據聖經改變（下）（*第二課，第三頁至第五頁*）的**I. B**和
聖靈賜你力量解決問題（*第三課，第六頁至第八頁*）。

E 神已經把他的話（聖經）賜給你，作為你生活各方面唯一的權威準則（*根據詩十九7-11，一一九11、105；提後三16-17；來四12；彼後一2-11*）。
參考：
你能根據聖經改變（下）（*第二課，第三頁至第五頁*）的**I. B、C、D**和
聖經是你的權威（*第三課，第三頁至第五頁*）。

IV 穿戴神所賜的全副軍裝的責任

A 既然神的軍裝每一部分都是為了要在屬靈爭戰裡特別保護你，如果你只穿一部分甲冑，疏忽了其他的部分，你仍會容易受到攻擊的。記住：神的軍裝全然足夠你抵擋魔鬼並與它對抗，但你的責任是穿戴神所賜的全副軍裝（*根據弗六10-17*）。

1. 「……用真理當作帶子束腰……」（*弗六14*）

    a. 正如羅馬兵丁以腰帶束住外衣，使他便於在戰場上行動，你也當用聖經的真理束腰，以便能在每日的生活中自由活動，不受罪的阻礙和纏累，準備好參與屬靈的爭戰。

    b. 出自神話語的真理（*詩一一九160；約十七17*），強調對主耶穌基督的正確認識（*約十四6*）及與他的關係（*約八31-32、36*）。聖經真理也強調，當你按著聖經面對自我（*根據詩五一6；太七1-5；路六39-45*）及你與別人的關係時（*約十三35；羅十二9；林前十三4-8上；弗四15、25*），你必須真誠。有一點十分重要，便是要認清那些是你最容易受撒但攻擊的地方。制訂一個聖經計劃，以堅定真實的決心克服這些特別軟弱或易受試探的方面，

並且隨時儆醒（根據詩一一九11；林前十一31；帖前五6；來十二1-2；彼前五8）。

2. 「……用公義當作護心鏡遮胸」（弗六14）

   a. 正如護心鏡在肉搏戰中保護羅馬兵丁不致受到嚴重傷害，你的所有作為（思想、言行）若能順服神，將助你在日常生活中能站穩，而且，任何撒但殘酷的攻擊或狡猾的計謀都不能勝過你。

   b. 你像基督思想和言行的「公義護心鏡」，不能與你在耶穌基督裡的信心分開（羅一17，三21-22；林後五7；腓三7-11，特別是第9節）。
   注意：在基督裡的信心和隨時表現出有基督的愛也可以當作「護心鏡」（帖前五8上）。

   c. 作為信徒，因你有屬靈的新生，神就給你「穿上」基督的公義（林前一30；林後五21）。這公義是在你生活各方面不討自己喜悅，不靠自己的聰明，只在討主喜悅上表現出來的（根據林前三18-20；林後五9、14-15）。換言之，在你每日操練公義上（即在思想和言行方面活出對神話語的順服），是否能顯示出你是在基督裡的稱義地位？
   注意：雖然神以前、現在和永遠都是公義的（詩一一六5，一四五17），但聖經中卻描寫他「穿上」公義為盔甲以回應一個特別的情況（賽五九9-21，特別是第17節）。

3. 「又用平安的福音，當作預備走路的鞋穿在腳上」（弗六15）

   a. 正如羅馬兵丁的「草鞋」是用來保護腳部不致受傷，在崎嶇艱難的地勢上可長途跋涉，並且不會滑跌。在屬靈上，你也應當以耶穌基督使人得自由的信息來裝備自己。

   b. 作為耶穌基督的信徒，穿上和平福音的鞋（預備）給你極大的鼓勵與確據，你藉著基督已與神和好，他是我們的平安（弗二11-18，特別是第14-15、17節；西一19-23），不論有何苦難，由於基督耶穌已勝過世界，你可以在他裡面有平安（約十六33）。因知道基督耶穌已經擊敗撒但，不論你面對任何屬靈爭戰，都可以滿有平安地確信終必得勝（羅十六20）。

   c. 身為信徒，你當預備好告訴別人，就是他們也能與神和好（有平安）（林後五18-20；西四5-6；彼前三15）。

4. 「此外又拿著信德當作籐牌，可以滅盡那惡者一切的火箭」。（弗六16）。

   a. 正如一個羅馬兵丁，即使當火箭如雨般射向他，他深信那巨大的「護身盾牌」足以保護他。所以，你也當在生活中任何情況下，充分相信神藉基督耶穌給你的保護，並對神的話滿有信心。

b. 記住，靠你自己的力量，是永遠不足以在屬靈爭戰中得勝撒但的，你之所以得勝完全因依靠耶和華 *(箴三十5；林後三5-6)*。

c. 你在神裡的信心（信靠），是由穩固的根基主耶穌基督支持著的 *(加二20)*。這根基勝過世界 *(約壹五4-5)*。然而，「信」不只是信正確的事實，乃是要根據聖經相信。根據聖經的信會產生與神話語一致的行動，並且歸榮耀與神 *(根據帖前一2-3；帖後一11-12；來十一1-十二3；雅二14-26；彼前一6-7；彼後一5-8)*。

注意： 羅馬兵丁受到猛烈攻擊時，把他們自己包圍在重疊的盾牌後面，彼此保護成為一體。既然撒但從不止息地攻擊基督的身體，因此基督身體的成員，也當在主耶穌基督的共同信念裡彼此聯合，順服神的話語 *(參看箴二四6；傳四9-12；弗四16；來十23-25)*。

5. 「並戴上救恩的頭盔……」*(弗六17)*

   a. 正如羅馬兵丁的頭盔可保護他的頭免受敵人致命的攻擊，你也當倚靠全備的救恩，免去阻礙你變更像耶穌基督的意念。

   b. 要明白你的罪債已被償還 *(西二13-14；來十10-14；彼前三18)*，神正在改變你、磨練你，使你傚法他兒子耶穌基督的性情 *(根據羅八28-29；林後三18；腓一6，三12-14)*。在期待與基督面對面的時候，因你順服神的話，就不必害怕 *(根據帖前二13；多二11-14；彼前一13；約壹三3)*。

   c. 因著在耶穌基督裡的救恩，你的思想就能降服在主裡，並且專心順服基督 *(根據林後十5；西三2)*。神不斷更新你的心思，改變你有基督的形象 *(羅十二1-2，特別是第2節；林後三18；弗四22-24，特別是第23節；西三10)*。

6. 「……拿著聖靈的寶劍，就是神的道。」*(弗六17)*

   a. 正如羅馬兵丁知道在肉博戰中如何有效地運用他的刀劍，你也應當知道如何有效地運用神的話來擊敗罪的引誘和其他來自撒但的攻擊。

   b. 聖經使你有得救的智慧 *(提後三15)*。在靈裡重生後，聖經繼續使你得到屬靈的果效 *(來四12)*，是大有能力的 *(耶二三29)*，足以應付生活上的各種情況 *(詩十九7-11；提後三16-17；彼後一3-4)*。你要忠心不斷地行道 *(根據提後二15)*，使你清楚分辨善惡，才能免去屬靈上的迷惑 *(雅一22-25；來五14)*。若你常渴慕（順服）神的話，你就能得著很大的平安，沒有甚麼能使你跌倒了 *(詩一一九165；彼後一2-10，特別是第10節)*。

   c. 聖經足以使撒但逃跑，但要運用得當才能有效地抵擋試探 *(根據詩一一九11、24、41-42、133；太四1-11，特別是4、7、10節；提後二15，三16-17；來四12)*。

B 穿戴神所賜的全副軍裝，並要站穩抵擋魔鬼（弗六11、13；雅四7；彼前五8-9）。站在基督得勝的地位後（受著神的軍裝的保護），你當倚靠聖靈不住地禱告，特別為基督裡的肢體代禱（根據羅八26-27；弗六18）。

V 穿上神所賜全副軍裝的方法

A 「……用真理當作帶子束腰……」（弗六14）。為了要用真理當作帶子束腰：

1. 你要撥出時間出來查考耶穌基督藉著他的死和復活為你成就的事，看他如何保護你，並為你除去撒但的勢力。

   參考：
   你能根據聖經改變（上）（第一課，第二頁至第七頁）；
   你能根據聖經改變（下）（第二課，第二頁至第五頁）；和
   神已經粉碎撒但的權勢（第二十課，第九頁至第十一頁）。

2. 將那些對你生活上有特別意義的經文列出來，也將那些遇見試探時會給你特別幫助的經文列出。選出處理你受試探的經文，按著針對你個人特別問題的秩序排列。然後決定每星期你要背多少節經文及複習多少經文。

   此外，熟記一些能給人希望或特殊幫助的經文，以便按著聖經的方法來面對或克服問題。

   參考：
   每日靈修和經文背誦的聖經根據（第二課，第九頁至第十一頁）和
   經文背誦的四個計劃（第二課，第十二頁至第十三頁）及這課程裡所有要背誦的經文。

3. 持續固定的每日靈修，使你可以與主同在和活在他的話裡。計劃每日靈修時，把需要深究的題目列出。藉有規律的個人查經、聽道或在答覆別人關於聖經的問題時，發掘整理出更多的查經題目。

   參考：
   每日靈修和背誦的聖經根據（第二課，第九頁至第十一頁）。

B 「……用公義當作護心鏡遮胸。」（弗六14）。要戴上公義的護心鏡：

1. 找出生活上的弱點，以及那些正在學習去克服的試探。列出那些你最容易受試探的情況、地點和關係，通過這種操練，你就可以警覺撒但企圖對你的攻擊了。

   參考：
   人的方法和神的方法比較的例子（第四課，第十二頁至十三頁）；
   靈性的下坡路：忽視或拒絕神的方法（第五課，第三頁）；
   靈程步升：照神的方法行（第五課，第五頁）；
   聖經對試探和試煉的看法（第八課，第三頁至第七頁）；

認識轄制人生命的罪（第二十課，第三頁至第七頁）的**I. 轄制人生命的罪的特徵**；
得勝計劃表指引（補充材料七）；
得勝計劃表指引（補充材料八）；
思想與行動表指引（補充材料九）；和
思想與行動表（補充材料十）；

2. 學習根據聖經方式來判斷自己。設立一個聖經計劃，並且忠實地持守這個計劃，好讓自己過一個在各樣事上討神喜悅的生活，且在你每日的責任和服事的特定範圍內，成為別人的祝福。此外，你生活中根據聖經所訂的計劃，必須包括幫助你克服突然而來的試探。
參考：
根據聖經改變的開始（第五課，第四頁）；
根據聖經改變是個過程（第七課，第三頁至第四頁）；
獲得合乎聖經改變的實際步驟（第八課，第八頁至第十頁）；
管家的聖經原則（第十課，第四頁至第六頁）
捨己為人（第十課，第七頁至第八頁）；
神為你的標準（第二十二課，第四頁至第六頁）；
得勝計劃表指引（補充材料七）；
得勝計劃表（補充材料八）；和
對每個問題的「克服」計劃（第十、十一、十三、十八、十九及二十一課）。

3. 在你的計劃表中，檢查每一個特定步驟，以幫助你實踐此計劃。在你審閱每個步驟時，回答下列問題：
    a. 這次發生了甚麼事？
    b. 我做了甚麼？
    c. 我本該做甚麼？

    如果你所做的是合乎聖經，而且討神喜悅，第二和第三個問題的答案應是相同的（假如第二和第三個問題的答案不同，你應調整更新你的計劃，並要承諾會忠心地實踐你根據聖經計劃的生活）。
    參考：
    得勝計劃表指引（補充材料七）；
    得勝計劃表（補充材料八）；
    我目前的時間表（補充材料十四）；和
    我根據聖經所訂的時間表（補充材料十五）。

C 「又用平安的福音，當作預備走路的鞋穿在腳上」（弗六15）。若要有平安的福音裝備，必須：

1. 記住你不再在神的震怒之下，相反，你已藉著耶穌基督與神和好。
參考：
你能根據聖經改變（上）（第一課，第三頁至第七頁）；
你能根據聖經改變（下）（第二課，第三頁至第五頁）；
平安和喜樂的聖經根據（第六課，第八頁至第十頁）；和
神已經粉碎撒但的權勢（第二十課，第九頁至第十一頁）。

2. 需要時，參加你的教會或當地所提供的傳福音訓練。你要知道在你裡面的盼望是合乎聖經的，繼續更新神在你生活裡所成就的見證。當主給你機會的時候，你就要預備好，把神在基督耶穌裡的恩典告訴別人。
參考：
你能根據聖經改變（上）（第一課，第三頁至第七頁） 和
預備一篇個人的見證（補充材料四）。

D 「此外又拿著信德當作籐牌，可以滅盡那惡者一切的火箭。」（弗六16）。要拿著信德當作籐牌：

1. 記住，你需要拿信德當作籐牌，抵擋或處理那些試煉的環境和人際關係。在你生活中，神使用這些試煉來塑造你更像基督，並且給予你捨己為耶穌而活的機會。

   你能根據聖經改變（下）（第二課，第三頁至第五頁）
   聖經是你的權威（第三課，第三頁至第五頁）；
   聖靈賜你力量解決問題（第三課，第六頁至第八頁）；
   祈禱使你與神交通（第三課，第九頁至第十二頁）；
   合乎聖經的盼望（第六課，第六頁至第七頁）；和
   聖經對試探和試煉的看法（第八課，第三頁至第七頁）。

2. 你對困難的反應，是要討神喜悅，而不應只顧自己的利益。
參考：
   討悅自己還是神（第九課，第十頁至第十一頁）；
   克服一意為己（第十課，第九頁至第十二頁）；
   對於忿怒和苦毒不合聖經的反應（第十一課，第四頁至第五頁）；
   聖經對忿怒的看法（第十一課，第六頁至第九頁）；
   聖經對苦毒的看法（第十一課，第十頁至第十一頁）；
   克服忿怒和苦毒（第十一課，第十二頁至第十六頁）；
   克服人際問題（第十三課，第十九頁至第二十三頁）；
   藉合乎聖經的溝通克服困難（藉會談復和）（第十五課，第六頁至第九頁）；
   養育兒女的計劃（第十七課，第十六頁至第二十一頁）；
   克服沮喪（第十八課，第八頁至第十三頁）；
   懼怕和憂慮的試探（第十九課，第四頁至第五頁）；
   克服懼怕和憂慮（第十九課，第八頁至第十二頁）；和
   克服轄制人生命的罪（第二十一課，第十三-十九頁）。

E 「並戴上救恩的頭盔……」（弗六17）。要戴上救恩的頭盔，就要：

1. 明白在耶穌基督裡的救恩是全備的、確實的。
參考：
   你能根據聖經改變（上）（第一課，第三頁至第七頁）；
   你能根據聖經改變（下）（第二課，第三頁至第五頁）；
   聖經上人失敗的典型例子（第四課，第三頁至第四頁）；
   聖經對自我的看法（第四課，第五頁至第十頁）；
   認識人的方法和神的方法之區別（第四課，第十四頁）。

2. 操練你的思想，專注於討主的喜悅，並且更像基督。記住你即將會與他面對面相見。

   參考：
   每日靈修和經文背誦的聖經根據（第二課，第九頁至第十一頁）；
   經文背誦的四個計劃（第二課，第十二頁至第十三頁）；
   不符合聖經的思想、言行及其影響（第七課，第五頁）；
   心意更新（第七課，第六頁至第七頁）；
   思想與行動表指引（補充材料九）；和
   思想與行動表（補充材料十）。

F 「……拿著聖靈的寶劍，就是神的道」（弗六17）。若要有效地運用神的道，你必須成為：

1. 查考聖經的學生

   參考：
   每日靈修和經文背誦的聖經根據（第二課，第九頁至第十一頁）和
   聖經是你的權威（第三課，第三頁至第五頁）。

2. 行道的人

   參考：
   行道的重要性（第五課，第六頁至第九頁）。

3. 懂得如何運用神的道抵擋撒但的詭計

   參考：
   解決個人問題的基本方向（第四課，第十一頁）；
   人的方法和神的方法比較的例子（第四課，第十二頁至第十三頁）；
   認識人的方法和神的方法之區別（第四課，第十四頁）；
   問題的三個層面（第六課，第四頁至第五頁）；
   聖經對試驗和試探的看法（第八課，第三頁至第七頁）；和
   神已經粉碎撒但的權勢（第二十課，第九頁至第十一頁）。

G 穿戴神所賜的全副軍裝，要忠心地恆切禱告。若要如此行：

1. 你當有一個有規律的禱告模式和計劃。

   參考：
   每日靈修和經文背誦的聖經根據（第二課，第九頁至第十一頁）；
   祈禱使你與神交通（第三課，第九頁至第十二頁）；
   根據聖經所訂的時間表（補充材料十五）；和
   從憂慮中得釋放的指引（根據聖經的行動和禱告計劃）（補充材料十六）；和
   從憂慮中得釋放（根據聖經的行動和禱告計劃）（補充材料十七）。

2. 在你的禱告生活裡，尋求他無限的智慧，以便在各種情況下根據聖經自省，並在每日的活動中依靠他的引導及無上的主權。

參考：
聖靈賜你力量解決問題（第三課，第六頁至第八頁），第II項B；
祈禱使你與神交通（第三課，第九頁至第十二頁）；
根據聖經改變的開始（第五課，第四頁）；
靈程步升：照神的方法行（第五課，第五頁）；
獲得合乎聖經改變的實際步驟（第八課，第八頁至第十頁）；
得勝計劃表指引（補充材料七）；和
得勝計劃表（補充材料八）。

克服轄制人生命的罪

> 既然在信徒的生命中，藉著主耶穌基督已經摧毀了罪的權勢，所以你就不再被罪所轄制了。即使你在某方面已經被罪奴役了很長的時間，但你能單單依靠神的能力，在基督耶穌裡便得勝有餘（根據羅六5-7、12-18，八31-39；林前十13；弗六10-18；提後三16-17；來二14-15；彼前二24-25，五8-10；約壹三8，四4）。

I 仔細複習下面的參考課文：

A 根據聖經改變的基礎（第一課和第二課），認出以人的方法生活和以神的方法生活之間的不同（第三課和第四課）。

B 要根據聖經改變的要素（第五課至第八課），向己死並為主活（第九課和第十課）。

C 用聖經的原則處理你生活中任何有關忿怒和苦毒的事（第十一課）。

D 在愛鄰舍（第十二課和第十三課）和處理家人關係上（第十四課至第十七課）實踐克服轄制人生命的罪。

E 在生活中，懼怕、憂慮或沮喪和轄制人生命的罪，彼此之間的關係（第十八課和第十九課）；

F 在你生活的各方面，以神的話來設立明確的準則，並且忠心地持守這些標準（第二十二課）。

注意：以上的參考資料，對處理轄制人生命的罪是很重要的。你必須省察生活的各個方面，例如：同性戀的罪、習慣性怠惰、從事占卜或濫用藥物（毒品或酒精）等，你不可能單單對付這些罪本身，對於生命中的特定問題，都要依照聖經的原則去一一克服。

假若你繼續學習聖經輔導訓練課程，那麼你將發現神的解決方法如同本課程中所展示的，可應用在所有的問題上，甚至包括那些不在本課程手冊中所涵蓋的問題。

II 為了讓你對本課中特別關於罪或誘惑的模式的問題有所警覺，請列寫顯明你生活中的問題的人物、地點、時間或環境。

III 按照得勝計劃表指引（補充材料七）的指示，來填寫得勝計劃表（補充材料八）第一欄至第三欄。

IV 在完成得勝計劃表（補充材料八）的第四欄時，請：

A 訂一個基本計劃去克服你已經辨認出的罪。在你的計劃中，要包含具體行動（即思想、言行），下列準則將能幫助你更像基督。
   1. 思想合乎聖經
      a. 請仔細思考神對你救贖的大恩（根據林前六9-10；林後十三5；加五19-21；約壹二3-6，三7-10）。
         若有需要，請查閱**你能根據聖經改變**（第一課，第三頁至第七頁）。若你已經是基督徒，那麼這整個勝過轄制人生命的罪的計劃正適合你使用。假若你知道你還不是基督徒，則請複習：第一課，第五頁中的**V.你可以靠信心在符合聖經的改變上跨出第一步**。
      b. 一個基督徒應記住，無論環境怎麼動盪多變，神已經應許在任何境遇中都眷顧你（詩二三1-6，三七6；箴三25-26；太十28-31；林前十13；羅八28-29、36-39）。
         請複習**合乎聖經的盼望**（第六課，第六頁至第七頁）。
      c. 請記住，神藉著耶穌基督的死和復活，已經粉碎了撒但的權勢（根據徒二六14-18，特別是第18節；來二14-15；約壹三8），所以你再也不會被罪所奴役了（根據羅六6-14、17-18，八9-18；林前十13；彼前二24-25；約壹四4）。
         請複習**神已經粉碎撒但的權勢**（第二十課，第九頁至第十一頁）。
      d. 向神承認所有罪惡的思想（約壹一9），並且求他幫助你克服罪惡（根據帖前五17；來四15-16；雅一5）。
      e. 要喜樂（帖前五16），並且為每一個境遇感恩（弗五20；帖前五18），因為知道在患難中的忍耐是可以幫助你更像基督（根據羅五3-5；雅一2-4）。
         請複習**平安和喜樂的聖經根據**（第六課，第八頁至第十頁）。
      f. 請記住，神對你的赦免，是你饒恕別人的根據（太十八21-35；弗四32；西三13）。
         請複習**饒恕（饒恕別人如同神饒恕了你）**（第十二課，第三頁至第五頁）。
      g. 請記住，你對別人的愛顯示出你對神的愛（約壹二9-11，三14-16，四7-11、20-21）。也要記住，為逼迫你的人禱告（太五44）。
         請複習**聖經中的愛的意義**（第十三課，第四頁至第六頁）。
      h. 集中思想榮耀神和取悅神，並且在所有的境遇中使自己成為別人的祝福（根據太二二37-39；路九23-24；林後五9、15，十5，加五16-17；腓二3-4，四8；西三2）。
      i. 當你意識到自己陷在某種處境中，不要逗留在會引你犯更多罪的事物上。要訓練自己去思想那些能討神喜悅的事（腓四8；西三2）。
         請複習**不符合聖經的思想、言行與其影響**（第七課，第五頁）以及**心意更新**（第七課，第六頁至第七頁）。

j. 複習你背誦過的詩篇、詩歌以及靈歌 *(根據弗五19-20；西三16)*。
k. 找出一些能鼓勵其他信徒的方法，鼓勵他們去愛和行善 *(來十23-25)*。

2. 言語要合乎聖經

a. 向主承認你現有的罪，並且向那些你未能用聖經中的愛去愛的人認罪，包括你沒有負責盡職的罪。承認你以前未能趁早承認的罪 *(根據詩五十一1-4；雅五16；約壹一9)*。為了複習如何向你所得罪的人承認你的罪，請參考：***得勝計劃表指引（補充材料七）中VI.根據聖經改變的應用的D.以及和好（除去一切合一與和睦的障礙）(第十二課，第六頁至第八頁) II.認罪***。

b. 不要談論你過去的成就 *(箴二七2，三十32；林後十18)*、痛苦或失敗 *(腓三13-14)*、對將來的憂慮 *(太六34)*、將自己與別人比較 *(林後十12)*，或驕傲地誇口將來要做甚麼 *(箴二七1；雅四13-16)*。相反，要存著感恩述說主的良善和他在這情況中為你所成就的事 *(根據可五19-20；路十20；弗四29；西四6；來十三15；彼前三15)*。

c. 不要譭謗、講閒話、爭吵或說不能造就別人的話 *(箴十18；弗四29、31，五4；西三8；提後二24；彼前二1)*。相反，你的言語要誠實親切，根據當時的需要去回答每一個人 *(弗四15、25、29；西四6)*。

d. 無論是對別人、自己或是曾經犯罪的人，不要用控告或復仇的方式去翻出別人的罪 *(箴十18，十七9，二十19；弗四29、31；西三8；彼前二1)*。
請複習饒恕（饒恕別人如同神饒恕了你）(第十二課，第三頁至第五頁)，特別是II.回應神的饒恕。

e. 要根據聖經的準則隨時合宜地去行，鼓勵別人與神、與人和好 *(太五9、23-24；羅十二18；林後二6-8，五18)*。
請參考和好（除去一切合一與和睦的障礙）(第十二課，第六頁至第八頁)。

3. 行動要合乎聖經

a. 辨認所有危險的信號（即狀況、地點、時間以及會導致試探的人際關係），並且立即採取步驟去消除、逃避或抗拒試探 *(根據詩一1；箴二七12；林前十13，十五33；提後二22；雅四7；彼前五8-9)*。
請複習聖經對試驗和試探的看法(第八課，第三頁至第七頁)。

b. 凡是與奴役你的罪有關的所有物品或擺設都要毀掉，並且停止所有有可能犯罪的活動、除掉所有的接觸、禁止所有的交際 *(根據羅六12-13、21；林前十五33；林後六14-七1；弗五11-17，特別是11-12節；腓三16-20；帖前五22；提後二22)*。迅速地使用一個過公義生活的積極計劃，以便填滿因為除去舊方式而出

現的空虛感,並要以新的方式生活 *(多二11-14)*。
請複習第五課至第八課以及得勝計劃表指引 *(補充材料七)*。
注意: 當你採取步驟去克服生活中任何已經影響到身體健康的罪惡時,若有需要,請尋求醫生的治療 *(若在嚴重的情形下,你或許要去戒毒所,因為你的身體為了要適應毒品或酒精的毒癮發作而有衰竭的危險)*。醫生應該密切注意你的病情,以使你的身體有足夠的時間去適應無毒品狀態。在此情形下,輔導小組必需準備和醫生密切地合作。

c. 你要毀掉任何與占星相命有關的裝飾品、珠寶、圖片、文章或任何其他記念品,同時,你也要停止和所有交鬼的人有任何方式的牽連。
請參閱神已經粉碎撒但的權勢*,第二十課,第九頁至第十一頁中的****III.摒除生活上與撒但的連繫***。

d. 多與其它信徒相聚 *(來十23-25)*,並且全心全意地穿上神所賜的全副軍裝,以便站穩並能對付撒但 *(弗六10-17)*。
請參閱穿戴神所賜的全副軍裝 *(第二十一課,第四頁至第十二頁)*。

e. 要饒恕別人,正如神饒恕了你 *(弗四32;西三13)*。
請看饒恕 *(****饒恕別人如同神饒恕了你****)* *(第十二課,第三頁至第五頁)*,省察自己是否正在實踐聖經所說的饒恕。***請按需要改變***。

f. 請背誦一些經文,並且查考一些特別與處理或面對這種獨特問題有關的聖經章節 *(根據詩一一九9、11、16;林後十5;腓四8;提後二15)*。請特別背誦一些談到你在基督耶穌裡擁有得勝力量的有關經節,***請參閱神已經粉碎撒但的權勢*** *(第二十課,第九頁至第十一頁)* ***的II.D、E、F和G***。也請背誦詩篇及詩歌,使你能在適當的時候使用 *(根據弗五19-20;西三16)*。
請複習每日靈修與經文背誦的聖經根據 *(第二課,第九頁至第十一頁)* ***以及經文背誦的四個計劃*** *(第二課,第十二頁至第十三頁)*。

g. 常常用感恩的心禱告 *(腓四6;帖前五17-18)*,並且照神的旨意去禱告 *(約壹五14-15)*,把你一切的憂慮卸給主 *(彼前五7)*。
請複習祈禱使你與神交通 *(第三課,第九頁至第十二頁)* ***以及從憂慮中得釋放的指引*** *(根據聖經的行動和禱告計劃)* *(補充材料十六)*。

h. 要補救做錯的事,並且與你曾冒犯的人和好 *(根據太五23-24)*。請記住,雖然你已經認罪 *(見前面之2a)*,但仍需要積極表示你確有要改變的意願。
請看和好 *(****除去一切合一與和睦的障礙****)* *(第十二課,第六頁至第八頁)* ***的III.賠償和IV.和好的重要性***。

i. 藉具體和真誠地表達聖經中的愛與服事 *(包括作為丈夫、妻子、父母、室友、學生、僱主、僱員等應有的責任)*,使別人得福 *(根據太七12;羅十二9-13、15-16,十三8-10;*

林前十三4-8的上；腓二3-8；提前六17-19；彼前三8-9；約壹三18）。你要實行本段所述：
1) 不管你的感覺如何（根據創四7；林後五14-15；加五16-17；腓四13；雅四17）。
2) 特別是對那些似乎是你的敵人，或是對那些你曾得罪過的人（根據太五23-24、43-48；可十一25-26；羅十二14、17-21）。
3) 用仁慈與溫和的心，對待每一個目前或以前曾經激怒你的人（弗四31-32）。
4) 找機會以基督服事人的態度去服事人（根據太二十25-28；腓二3-8；彼前四10）。最後
5) 藉著操練聖經所教導的管家職責榮耀主，和實際地幫助別人（根據詩二四1；太二五14-29；林前四1-2；弗五15-17；提前六17-19；彼前四10）。
請參閱管家的聖經原則（第十課，第四頁至第六頁），和**捨己為人**（第十課，第七頁至第八頁）。

若要學習如何、何時以及在為難的情況下去表現出聖經中的愛，**請參閱聖經中的愛的意義**（第十三課，第四頁至第六頁）。

j. 有需要時，請舉行「會談」。參照第十五課，第六頁至第九頁中所概述的計劃：**藉合乎聖經的溝通克服困難（藉會談復和）**。

k. 改變你生活中因為缺乏訓練或疏忽所產生的不完全的地方（根據西三1-17；提前四7下；雅四17）。
請參閱得勝計劃表指引（補充材料七），若有必要，請複習第五課至第八課。

l. 若你需要幫助，可請基督徒朋友幫你實踐你的**基本計劃**和**應變計劃**，直到你能建立一個屬靈生活的新模式為止（箴二七17；傳四9-10；來十24）。若有需要，可向他人尋求根據聖經的輔導（箴十一14，十五22）。

B 按需要用**思想與行動表指引**（補充材料九），制訂一個**思想與行動表**（補充材料十）。

C 實行你的**基本計劃**（雅一22），並全心全意為主做（西三23-24）。

D 制訂一個**應變計劃**，以便處理一些會引誘你犯罪的特殊情況，尤其是對於那些已經轄制你生命的罪。請思考下列準則：
1. 隨時向神求幫助（帖前五17；來四15-16；雅一5）。
2. 複習背過的經文，特別是那些能幫助你用神的能力去克服罪的經文（詩一一九9、11、16）。在適當的情形下，唱一些你記得的詩歌（根據弗五19-20；西三16）。
3. 隨時尋求神的觀點。

a. 無論你的感覺或環境如何，要把這情況視為靈命更臻成熟的機會 *(雅一2-4)*，因為當你在順服中熱切地回應他的話語時，神將在你生活中，使萬事都互相效力，叫他的兒女得益處 *(根據詩三七；箴三5-12；羅八28-29；弗一3-14；腓一6)*。
　　1) 提醒自己，你所承擔的是出於神，而不是出於甚麼自然的「內在力量」*(林後三5)*。靠著基督所賜的力量，你凡事都能作 *(腓四11-13)*。也請記住，離了耶穌基督，你便不能做甚麼 *(約十五5)*。
　　2) 要讚美和榮耀神，甚至在你軟弱的時候，他的恩典仍是夠用的 *(林後十二9-10)*，並且他將保守你不致跌倒，使你在他的榮光中無瑕地、快樂地堅穩站立 *(猶24-25)*。
b. 請記住，神看的是你的內心，而不是你的外表 *(撒上十六7)*。不管別人知不知道你在想甚麼，你的思想在神面前必須無可指責 *(根據徒二三1，二四16；羅十四12；弗四1；腓一9-11；西一21-22)*。
　　1) 若在某一不可預見的情況下，你開始思想各種邪惡的事，就要馬上向主認罪 *(約壹一9)*。
　　2) 謹記，你不是以犯罪時間的長短，或是罪的嚴重性（以人的標準）來判斷自己。相反，你是否（即使是片刻）偏離了神的道路才是重要 *(根據雅二10，四17)*。
4. 感謝神，現在你是他的僕人 *(根據弗五20；帖前五18)*。你必須決定如何將榮耀歸給神 *(林前十31；彼前四11)*，並在你的環境中找尋各種方法，藉著服事眾人勸化他們 *(弗四29；腓二3-4)*。

E　當察覺到有犯罪的試探時，馬上照你的**應變計劃**採取行動 *(根據帖前五22；提後二19-22)*。然後，再開始做那些**基本計劃**中的事項 *(根據箴二四16；雅一22-25)*。

F　若你選擇滿足肉體私慾，而不選擇服從神的話語，以致在試探中失敗，那麼你將會經歷到痛苦的結果和主的管教 *(根據申十一26-28；箴一22-32；羅六16；西三25；來十二5-13；雅一14-15；彼後二19下)*，正如聖經中的一些實例一樣 *(書七1-5、20-26；士十六15-21；撒下十二14-18)*。
1. 即使在試探中失敗，你仍能靠著神的力量得到復興 *(詩三七23-24，一四五14；箴二四16；彌七7-9)*，你應再次開始做一個行道者 *(雅一25)*，並且繼續在主耶穌基督裡向前邁進 *(弗四1；腓三12-14)*。
　a. 在改變的過程中，第一步是要找出你失敗的地方，並向神認罪悔改，如此才能獲得他的赦免和洗淨 *(根據詩五一1-4；約壹一9；啟二5)*。
　b. 應向你得罪過的那些人認罪 *(雅五16)*，這樣才能夠促進並恢復和好的關係 *(羅十二18)*。
　　***注意**：假若因某些關係使你落入試探犯罪（帖前五21-23；提後*

二22），或是這些關係不能榮耀神（林前十31-33），那麼，這些關係是不可也不該恢復的。要決定某一種關係是否應該依照聖經恢復，可參考**獲得合乎聖經改變的實際步驟**（第八課，第八頁至第十頁）以及回答I.及F.7之下的問題。

  c. 根據需要去改進你的**應變計劃**，使你更有效地準備去克服將來的任何試探（根據提後二15；彼後一2-10）。

  請複習：

  靈程步升：照神的方法行（第五課，第五頁），和

  行道的重要性（第五課，第六頁至第九頁）。

2. 當你回到神供應你的神聖源頭時，就會得到神所應許的安慰 *(詩一一九50；哀三22-23；林後一3-4)* 和引導 *(詩一一九105、133、143；羅八14；提後三16-17)*，也能靠屬神的力量繼續行在他的道上 *(詩一一九28、156；羅八10-13；腓四13)*。

3. 身為一個在耶穌基督裡的真信徒，你能再次體驗到聖經所說的盼望，因為：

  a. 主的管教，雖使你當時覺得愁苦 *(來十二11)*，卻是他對你一種愛的表示 *(來十二5-6)*；

  b. 神已經應許要繼續在你裡面工作 *(腓一6，二13；帖前五23-24)*，並且能夠保守你不失腳，也能使你無瑕地、喜樂地站在他的面前 *(猶24)*。最後，

  c. 他將堅固（穩定、建立）你到底 *(林前一4-9)*。

  *請複習**合乎聖經的盼望**（第六課，第六頁至第七頁）。*

4. 雖然你多次失敗，但你蒙召為要變成耶穌基督的形象 *(羅八29；林後三18)*，所以當你再開始藉著順服他的話表現出你對他的愛時 *(約十四15；約壹五3；約貳一16)*，神就應許萬事都互相效力，叫你得益處 *(羅八28)*。

根據聖經對待被罪轄制的人

> 在你的朋友、家人或熟人當中，也許某人被罪轄制著，身為一個忠實的、有愛心的信徒，你有獨特的機會去幫助這人（若他是非信徒的話）與主和好，或是幫助他（若已是信徒的話）恢復平安、喜樂以及公義的生活（根據林後五14-20；加六1-5）。

I 當你看見那些被罪轄制的人，其實也是給你一個自省的機會

   A 在嘗試對付別人的罪之前，你要先在主面前自省（太七1-5）。

   請參考：
   根據聖經面對自我：作門徒的基本條件（第二課，第六頁），和
   根據聖經面對自我：根據聖經幫助別人的先決條件（第二課，第七頁至第八頁）。

   B 你應該是一位在凡事上都遵行神話語的人（雅一25），因為你順服聖經的教導，是基於你對主的愛（約十四15；約壹五3；約貳一16），而非基於別人的行為。

   1. 作為一個行道者，你願意別人怎樣待你，你也要怎樣待人（太七12）。

   2. 作為一個行道者，你應凡事表現出合乎聖經的愛心，並且看別人比自己強（根據路十25-37；林前十三4-8上；腓二3-4）。

      請參考：
      聖經中的愛的意義（第十三課，第四頁至第六頁），特別是第**IV. E**項。

   3. 作為一個行道者，你應實踐聖經所教導的饒恕，並且時常依照聖經去促進和好（根據太五23-24；可十一25-26；路十七3-4；弗五32）。

      請參考：
      饒恕（饒恕別人如同神饒恕了你）（第十二課，第三頁至第五頁），
      和好（除去一切合一與和睦的障礙）（第十二課，第六頁至第八頁），
      行道的重要性（第五課，第六頁至第九頁），和
      平安和喜樂的聖經根據（第六課，第八頁至第十頁）。

II 信徒或未信者都需要認識轄制人生命的罪的影響

   A 一個被罪所轄制的人，無法清楚認識他的罪會怎樣影響自己和別人的生活，因為：

   1. 他的注意力集中在滿足以自我為中心的慾望上（根據林前六9-12；加五19-21；雅一14-15）；

2. 他在屬靈上是被迷惑的，而且不清楚自己是怎樣的一個人（根據雅一22-24）；同時

3. 他不能清楚地分辨善和惡（根據林前二14；來五14）。

B 因著你對主的委身及聖經中的愛，在對待那些被罪所奴役的人時，應該避免爭吵（提後二24-26）和推卸責任（結十八4、20；羅十四12），反而要在愛中說實話，告訴那人，他的罪將在自己和別人身上有壞的影響（根據羅六16，十三11-14；弗四25，五11-14；雅一14-15，特別是第15節）。請遵行**根據聖經的溝通**（第十三課，第十二頁至第十四頁）中的指引。

1. 如果這個被罪所捆綁的人是信徒，就使用合乎聖經的恢復步驟（太十八15-17；加六1）。請注意下面2a和2b的部分。
   請複習
   挽回與管教（根據聖經對待信徒所犯的罪）（第十三課，第七頁至第八頁），和
   挽回與管教的步驟指引（第十三課，第九頁至第十一頁）。

2. 若此人是未信者，要記住，他無法瞭解神的事（林前二14），但有時會知道自己的行為是「錯的」（羅一18-23，特別是第19節），雖然他被奴役和迷惑，你卻可以幫助一個未信者，去瞭解他目前生命中罪行的多寡和影響（箴十三15下；西三25；約壹三4）。亦請參閱**轄制人生命的罪的影響（生活循環）**（第二十課，第八頁）。

   a. 被罪奴役的人，常常極力為他的罪行找藉口，然而，犯罪之人卻無法抹殺犯罪的後果，因為他們仍要面對可看得見、可衡量的事實（如：說謊、未婚懷孕、性病或愛滋病、私藏金錢或帳目不清、慫恿別人一起參與犯罪、要求別人為他遮罪、無法準時上班、私藏毒品或酒、不負家庭責任……等）。

   b. 有時，記錄別人罪惡行為的影響和後果是必須的，這不是為了「計算人的惡」，這樣做的目的，是幫助他明白違反聖經中的愛（林前十三5），也讓他知道自己的自私，以及對人、對神缺少愛心（根據弗四25，五11-12）。也請參閱**饒恕（饒恕別人如同神饒恕了你）**（第十二課，第三頁至第五頁）的第II.5項。

   c. 隨時預備把耶穌基督使人得自由的信息，介紹給在撒但權勢下被罪所奴役的人（彼前三15-16）。
   請參閱：
   你能根據聖經改變（上）（第一課，第三頁至第七頁），和
   神已經粉碎撒但的權勢（第二十課，第九頁至第十一頁）。

3. 假若被罪所轄制的人犯了法，（例如：虐待或危害兒童、使用毒品、毒品買賣、搶劫、毆打和暴行等），那麼一定要報告治安當局，應接受治安當局的處置（羅十三1-7；彼前二13-16）。

請注意：被罪轄制之人的朋友或家人常常知道此人犯了法，卻以為是「幫助他」或「不再帶給他更多的麻煩」，以致不通知治安當局處理。家人或朋友這樣行，就是「包庇」此人的罪行，並且常常不知道，這樣做會妨礙了罪行應負的後果，甚至不能體會到主的管教。

III 在應付被罪轄制的人時，你要使用適合的經文，並在各方面都服從聖經上的教導。

    A   去改變一個被罪所轄制的人並不是你的責任，也不是你能力可以做得到的。任何人的生命永久的「改變」，都是聖靈的工作，是取決於人對神話語的順服與否*（林後三18；加五22-23；帖前二13；多三5；彼後一2-11）*。

        請複習：
        聖經是你的權威（第三課，第三頁至第五頁）；
        聖靈賜你力量解決問題（第三課，第六頁至第八頁）的第**II.聖靈使你在基督裡有得勝和豐盛的生命**；
        根據聖經改變是個過程（第七課，第三頁至第四頁）；以及
        獲得合乎聖經改變的實際步驟（第八課，第八頁至第十頁）。

    B   雖然你要擔當不堅固者的軟弱，並且為了別人的益處要討別人的喜悅*（羅十五1-2）*，但是你不可藏匿失敗，或承擔那些被罪轄制之人的責任*（根據箴二六5；羅十四12；弗五11-12）*。

        注意：有時出於善意，卻延緩了朋友或家人承擔罪的後果，因此，他就被蒙蔽在罪行所導致的結果裡，因他本人沒有經驗到主在某一程度上的管教，也沒有看見主為使他從罪惡的路上回轉，讓他承擔犯罪的後果，他可能繼續犯罪（根據箴一22-32；來十二5-13，特別是10-11節）。

    C   在根據聖經與被罪轄制的人當面對質之後，不要躲避他或企圖等他確實悔改才幫助他，因為撫回與和好的過程，需要你不懈地用溫柔的心投入他的生命*（根據箴十七17，二七5-6、17；路十七3-4；林後五17-21；加六1-2）*。

    D   無論別人的罪如何對你不利，甚至你要遠離他*（帖後三6）*。你都要從心裡饒恕他*（太十八21-35，特別是第35節）*。

        請複習：
        饒恕（饒恕別人如同神饒恕了你）（第十二課，第三頁至第五頁）；
        和好（除去一切合一與和睦的障礙）（第十二課，第六頁至第八頁），和
        根據聖經饒恕的問題與解答（第十二課，第九頁至第十三頁）。

    E   不可說某人被罪所轄制的閒話*（根據利十九16；箴十七9，十八8；羅一28-32，特別是第29節；林後十二20）*，相反，在此情形下要根據需要，尋求合乎聖經的意見，去決定你應如何應對別人。這些

合乎聖經的意見，應該從靈裡成熟的人而來，他們能幫你用根據聖經的方式面對和處理問題（根據箴十一14，十五22）。

請複習根據聖經的溝通（第十三課，第十二頁至第十四頁）。

注意：閒話不是指所傳的是真或假，而是指你所傳的並不能造就和建立別人，只不過是為了「傳消息的緣故」，這種做法就等於是在講閒話（根據太七12；羅十五2；弗四29）。

F　在按照聖經對待一位信徒所犯的罪時，要鼓勵他根據聖經省察他的思想（太十五19；可七20-23）、言語（太十二34；路六45）以及行為（太十五18-20；可七20-23），特別是與如何克服轄制人生命的罪相關的經文。

注意：在處理轄制人生命的罪上，要犯罪的人不要集中思想在自己的感覺上，而是集中在順服神的話語上（根據約十四15，十五8；林後五9；西一9-12；約壹五3）。在思想（林後十5；腓四8）、言語、（弗四29；西四6）以及行為（太五16；林前十31；腓四9；西三17）上討神喜悅，並且歸榮耀給他。請記住，神應許給順服聖經的信徒有持久的平安和喜樂（根據詩一一九165-168；約十五10-11；羅十四17；腓四6-7）。

請參考：
問題的三個層面（第六課，第四頁至第五頁），和
平安和喜樂的聖經根據（第六課，第八頁至第十頁）。

G　在應付某人被罪所轄制的整個過程當中，要勤奮地：

1. 根據聖經自省（太七1-5；林前十一31）。慇勤地向主認罪（約壹一9），同時在適當的時候，向那些你曾得罪過的人認罪（雅五16）。

2. 要忠心地持續你每天的靈修、經文背誦以及禱告生活（詩一1-3，一一九11；西四2）。
   請參考：
   每日靈修和經文背誦的聖經根據（第六課，第四頁至第五頁），
   祈禱使你與神交通（第三課，第九頁至第十二頁），和
   從憂慮中得釋放的指引（根據聖經的行動和禱告計劃）（補充材料十六）。

3. 要時常實踐合乎聖經所教導的愛心和溝通。特別要謹慎，不可以惡報惡，反要以善勝惡。請記住，你的生命在任何情況下是光、是鹽，是為了要榮耀神（太五13-16；羅十二21；林前十三4-8上；弗四25、29；西四6；彼前三8-9）。
   請參考：
   聖經中的愛的意義（第十三課，第四頁至第六頁）和
   根據聖經的溝通（第十三課，第十二頁至第十四頁）。

4. 在你生活中的每一方面，做一個合乎聖經原則的管家（林前四2）。
   請參閱管家的聖經原則（第十課，第四頁至第六頁）。

5. 在此情形下要依靠神，因為知道只要繼續服從他的話，他將在你生命中使萬事都互相效力，使你得益（羅八28-29）。記住試煉的目的是要叫你在基督裡成熟（根據羅五3-5；雅一2-4）。

個案研討：美茵的丈夫離棄了她

> 藉著主耶穌基督獲得屬靈的新生命之後，一個信徒就有了神的能力去克服任何轄制人生命的罪。有時，信徒所面臨的第一個主要的考驗，是要他單單依靠神的能力和他的話去克服轄制人生命的罪（根據羅六1-23，八5-18；林前六9-11；林後五14-17；加二20，五16-25；約壹二15-17，五2-5）。

國輝和美茵一同來到輔導室。禱告後，輔導員先開口向他們說話。

輔導員：「國輝，很高興再次見到你。」

國輝：（*看來好像是很高興來到這裡*）「謝謝。」

輔導員：「美茵，這星期好嗎？」

國輝：（*在美茵未回答之前就插話*）「對不起，我想替她回答這問題。她這星期過得好極了！我從沒想到我會說這樣的話，但是美茵真的已經變了！她再也不嘮叨，房子看起來很整潔，晚飯做得既準時又可口，而且，孩子們和她相處融洽，不再整晚躲在他們的房間裡了。」

輔導員：「這真是太好了！國輝，那你這星期過得怎麼樣？」

國輝：「老實說，我這星期沒象美茵那麼好。我有酗酒的問題，真慘！大部分的錢都被我拿去買了酒，而我似乎無法甩掉這惡習。我的父親是個酒鬼，我一定是從他那兒得了遺傳，看來，我走上了同一條路，我自己是沒法戒酒的。我想，我需要專家的協助，但是我們現在就是請不起專家啊！」

既然國輝需要聖經上的幫助，你如何能幫助他呢？（請記住，他是一個在基督裡初信的人）。建議：

(1) 需要教導他神如何已經戰勝了撒但，也粉碎了轄制人的權勢。

   請參閱：
   你能根據聖經改變（下）（第二課，第三頁至第五頁）和
   神已經粉碎撒但的權勢（第二十課，第九頁至第十一頁）。

(2) 進一步向國輝發問題，以便幫他瞭解那轄制人生命的罪是如何影響了他生活中的每一部分。

   請參閱轄制人生命的罪的影響（生活循環）（第二十課，第八頁）。

(3) 他需要在生活的每一方面決心討神喜悅，並且立即擬定計劃、根據聖經原則改變。

請參考：
獲得合乎聖經改變的實際步驟*（第八課，第八頁至第十頁）和*
得勝計劃表指引*（補充材料七）。*

(4) 增加指定作業，因為對他來說全然改變的生命是刻不容緩的。

請參考：
穿戴神所賜的全副軍裝*（第二十一課，第四頁至第十二頁）和*
克服轄制人生命的罪*（第二十一課，第十三頁至第十九頁）。*

請記住，不管國輝做了甚麼，美茵仍須繼續在基督裡成長（*太七1-5；林前十一31*）。你如何用聖經來幫助她呢？建議：

(1) 提醒她，她的平安和喜樂是因為她順從了神的話，也是出於她對耶穌基督的愛。

請參考：
平安和喜樂的聖經根據*（第六課，第八頁至第十頁）。*

(2) 提醒她對自己在基督裡的成長要負責任。

請參考：
根據聖經面對自我：作門徒的基本條件*（第二課，第六頁）和*
得勝計劃表指引*（補充材料七）。*

(3) 她不應嘗試去改變國輝，因為國輝根據聖經改變是他自己和主之間的事。

請參考：
行道的重要性*（第五課，第六頁至第九頁）和*
根據聖經對待被罪轄制的人*（第二十一課，第二十頁至第二十四頁）。*

既然國輝、美茵和他們的孩子，仍要在家中根據聖經的教訓改變，那麼，你要如何鼓勵他們去行呢？

建議：提醒他們，他們應該繼續有規律地按時舉行會談。

*請參考：**藉合乎聖經的溝通克服困難（藉會談復和）**（第十五課，第六頁至第九頁）。*

第二十一課：指定作業

> 本周的作業給你提供合乎聖經原則的步驟去克服任何轄制人生命的罪，並且裝備你去幫助其他被罪奴役的人（根據羅六1-7；林前六9-12；加五16-17，六1-2；弗六10-18；來二14-15；約壹四4，五4-5）。

用✔表示作業完成

☐ A ＊用自己的文字，寫下*以弗所書五章18節*和*六章12至13節*的意思。背誦*以弗所書五章18節*和*六章12至13節*，並且開始背誦*加拉太書五章22至25節*。

☐ B ＊請讀聖經原則：**轄制人生命的罪（下）**（第二十一課，第二頁至第三頁）。將所列舉的經文在聖經中標識出來。

☐ C ＊查考**穿戴神所賜的全副軍裝**（第二十一課，第四頁至第十二頁）。這屬靈爭戰的實踐準則，不但能幫你行在基督裡，同時也是一個使你能幫助別人站穩去對抗魔鬼的實用工具。

☐ D ＊查考**克服轄制人生命的罪（下）**（第二十一課，第十三頁至第十九頁）。注意察看一個合乎聖經的計劃如何能克服轄制人生命的罪，這計劃必須涵蓋生活的每一部分，並且每天都勤奮持守此計劃。

☐ E ＊查考**根據聖經對待被罪轄制的人**（第二十一課，第二十頁至第二十三頁）。請特別注意，你沒有責任去改變別人的生活，因為這是聖靈的工作。然而，你應該運用所有的辦法去幫助一個人瞭解罪的破壞力，以及他目前的行為是如何地顯出他對神和對人都缺少愛心。

☐ F ＊請讀個案研討：**美茵的丈夫離棄了她**（第二十一課，第二十四頁至第二十五頁）。雖然國輝曾經有轄制人生命的罪，但是請注意，家庭中的每個成員仍必須在自己的生活中，繼續努力去討主喜悅，而不是把他們的平安和喜樂建築在國輝的行為上。

☐ G ＊回答與本課有關的**課程測驗**第三十題（第二十三課，第三頁）。

※ *完成有＊的作業，是接受進一步聖經輔導訓練的先決條件。*

靈修日引（包括經文背誦和指定作業）

> 本周的靈修日引給你提供合乎聖經原則的步驟去克服任何轄制人生命的罪，並且裝備你去幫助其他被罪所奴役的人 *(根據羅六1-7；林前六9-12；加五16-17，六1-2；弗六10-18；來二14-15；約壹四4，五4-5)*。

經文背誦

1. *背誦*以弗所書五章18節和六章12至13節*，以及開始背誦*加拉太書五章22至25節*。
2. 隨身攜帶你以前背過和本周的經文。利用每日空閒時間複習你要背誦的經文。

靈修日引

第一天

1. 以禱告開始。
2. ***讀聖經原則：轄制人生命的罪（下）**（第二十一課，第二頁至第三頁）的*原則93和94*。將所列舉的經文在聖經中標識出來。
3. *用你自己的話寫下*以弗所書五章18節和六章12至13節*的意義。
4. 以禱告結束。

第二天

1. 以禱告開始。
2. ***讀聖經原則：轄制人生命的罪（下）**（第二十一課，第二頁至第三頁）的*原則95*。將所列舉的經文在聖經中標識出來。也請複習*第五課第二頁的原則13*，以及*第七課第二頁中的原則27-29*。
3. *開始查考**穿戴神所賜的全副軍裝**（第二十一課，第四頁至第十二頁）。由於此查考篇幅較長，內容又詳細，故本周無法詳細地複習，但可使用參考工具在日後詳盡地查考。在跟著的兩天內，要熟悉所查考的有關主題。在你的生活中特別需要穿戴神所賜屬靈軍裝的每一部分旁做個記號，這是兩天查考課程的第一天。
4. 以禱告結束。

第三天

1. 以禱告開始。
2. ***讀聖經原則：轄制人生命的罪（下）**（第二十一課，第二頁至第三頁）的*原則96和97*。將所列舉的經文在聖經中標識出來。
3. *完成閱覽**穿戴神所賜的全副軍裝**（第二十一課，第四頁至第十二頁）。在你的生活中特別需要穿戴神所賜屬靈軍裝的每一部分旁做個記號。
4. 以禱告結束。

靈修日引

第四天
1. 以禱告開始。
2. ＊查考**克服轄制人生命的罪**（第二十一課，第十三頁至第十九頁）。注意察看一個合乎聖經，並且能克服轄制人生命的罪的計劃。這計劃必須涵蓋生活每一部分的罪，每天要勤奮持守此計劃。這是三天查考課程的第一天。
3. 以禱告結束。
4. 你仍忠實地背誦經節嗎？必要時調整你的進度。*請使用**根據聖經所訂的時間表**（補充材料十五）幫助你，使你因此靈命成長，並得造就。*

第五天
1. 以禱告開始。
2. ＊繼續查考**克服轄制人生命的罪**（第二十一課，第十三頁至第十九頁）。若你被某一特別的罪所奴役，那麼要強調你將不再重犯的那些步驟，而且，立即開始以有規律的方式去熟練那些步驟。
3. 以禱告結束。

第六天
1. 以禱告開始。
2. ＊讀完**克服轄制人生命的罪**（第二十一課，第十三頁至第十九頁）。忠實地實行本計劃的第一步驟，以便幫助你去克服任何曾經奴役你的罪。
3. ＊讀**根據聖經對待被罪轄制的人**（第二十一課，第二十頁至第二十三頁）。特別注意，你沒有責任去改變別人的生命，這是聖靈的工作，然而，你應該運用所有辦法，去幫助某人瞭解罪的破壞力，以及他目前的行為是如何地顯出對神、對人都缺少愛心。本計劃需要更深入地查考，而不是一、兩天就結束的。*請在你以後要更詳細查考的部分上作記號。*若你知道某人被某罪所轄制，則請開始根據聖經有計劃地用愛心和溫柔的心對待他。
4. 以禱告結束。

第七天
1. 以禱告開始。
2. ＊讀**個案研討：美茵的丈夫離棄了她**（第二十一課，第二十四頁至第二十五頁）。雖然國輝曾經有轄制人生命的罪，但是請注意，家庭中的每一成員，仍必須在自己的生活中繼續努力去討主喜悅，而不是把他們的平安和喜樂，建築在國輝的行為上。請學習如何藉著回答個案研討的問題，根據聖經去回應家庭問題的各方面。
3. ＊回答與本課有關的**課程測驗**第三十題（第二十三課，第三頁）。
4. 以禱告結束。
5. 請一個朋友聽你背本周的背誦經文。解釋這些經文如何應用在你的生活中。

※ *完成有＊記號的作業，是接受進一步聖經輔導訓練的先決條件。*

第二十二課

神對生活的標準

「聖靈所結的果子,就是仁愛、喜樂、和平、忍耐、恩慈、良善、信實、溫柔、節制。這樣的事,沒有律法禁止。凡屬基督耶穌的人,是已經把肉體,連肉體的邪情私慾,同釘在十字架上了。我們若是靠聖靈得生,就當靠聖靈行事。」

加五 22-25

第二十二課：神對生活的標準

> 神賜下恩惠，是要使你一生成全完備，毫無缺欠（根據羅八28-29；林前一4-9；腓一6；雅一2-4）。你有責任行在神的道路上，並且在生活中與神同工（根據羅十二1-2；弗四1-3；腓二12-13；西一10，二6-7）。

I **本課宗旨**

A 幫助你以神的觀點來面對生活的每一方面，不單只是面對你有問題的方面。

B 幫助你建立一套能夠促進你在主內成熟的聖經準則（若適合，也可用於你的子女）。

C 從研討一個持續不斷的個案來說明忠心地根據聖經生活的模式。

D 鼓勵你完成**課程測驗**（第二十三課），並準備在下一堂課上作見證。

II **本課大綱**

A 面對自我

1. **聖經原則：神對生活的標準**（第二十二課，第二頁至第三頁）
2. **神對你的標準**（第二十二課，第四頁至第六頁）

B 靈命成長步驟

1. **第二十二課：指定作業**（第二十二課，第九頁）
2. **靈修日引**（第二十二課，第十頁至第十一頁）

C 聖經輔導

個案研討：美茵的丈夫離棄了她（第二十二課，第七頁至第八頁）

聖經原則：神對生活的標準

> 神在你心裡動了善工，目的乃在使你一生成全完備，毫無缺欠 *(根據羅八28-29；林前一4-9；腓一6；雅一2-4)*。你的責任是敬畏神，並且在生活的每一方面(思想、言行)都遵守他的誡命 *(根據傳十二13-14)*。

I 神的觀點

(原則98) 神的標準是永遠一致的，從不因時令而更改。他的命令乃永恆不變的 *(賽四十8；彼前一25)*，這些標準不會因你所處的時代而有所改變 *(根據詩十九7-11，一一九89、160；箴三十5-6)*，因為神本身是永恆不變的 *(根據出三14-15；瑪三6；約八57-58；來一10-12，十三8)*。

(原則99) 神的標準對每一個人、每一種文化、每一年齡階層、不同的性格或背景都是一樣的 *(根據代下十九7；箴二十11；徒十34-35；羅一16，二2-11，三21-30；加三26-29；弗六9；西三25；提後三14-15)*，因此，對成人、兒童、富人、窮人、不同國籍、行業、性別或任何其他差異，都不會有雙重標準。

(原則100) 你在生活上結果子之要訣在於敬畏(崇敬)神 *(詩一一一10，一四五19；箴一7，三7-8，九10，十四27，十九23；傳八12-13，十二13-14)*，且在你生活中的每一方面，始終如一地持守他的誡命(作一個行道者) *(根據出二十1-17；申十一26-28；太七24-27；約十四21、23，十五10-11；雅一25；約壹三22)*。

II 你的盼望

(原則101) 神給你的計劃都是為了你的好處 *(根據詩一四五17；耶二九11-13；羅八28)*。計劃的目的是要使你在主裡成長 *(根據羅八29；林前三18)*。你若遵行神的誡命，他將會賜福給你，若不遵行，他將會懲戒你以收管教之效 *(申十一8-9、13-17、26-28；詩三二3-5；林前十一31-32；來十二5-11；雅一22-25)*。

(原則102) 神的標準對你來說並非一個負擔 *(太十一28-30)*，當你行在他的道上，他就會加力扶持你，使你不致跌倒，並協助你完成生活中應有的改變 *(根據書一8-9；詩一零三1-5，一二一1-8；箴三5-6；賽四十29-31；太二八18-20；約六37；弗一13-14；腓二12-13；西二6-7；彼後一10；猶一24-25)*。

III 你的改變

(原則103) 脫去暗昧的行為，披戴主耶穌基督，不要為肉體和私慾安排（*羅十三12-14*）。穿戴神所賜的全副軍裝就能抵擋魔鬼的詭計（*弗六10-18*）。

(原則104) 不要為了有火煉的試驗而驚訝，反要歡喜地面對，神藉著這些試驗使你更成熟、更像基督（根據*羅五3-5；林後四7-18；雅一2-4；彼後四12-13*）。你願委身於主耶穌基督，願忠心順服神的話語，就要準備受辱罵、受逼迫（根據*太五10-12，十16-18；提後三12；彼前四12-19*）。如果你是為義受苦，就會蒙神賜福（根據*太五10-12；路六22-23；雅五10-11；彼前三13-17，特別是第14節；彼前五6-10*）。

IV 你的實踐

(原則105) 建立並維持聖經標準會鼓勵你及你的子女（如有）過敬虔的生活。找出那些你要建立的敬虔品格，藉著合乎聖經原則的職責與活動，發展有如基督般的性情（根據*加五22-23；弗一4，四1、17，六9；腓二12-13；西三12-14；提前四7-8；彼後一2-10*）。

神對你的標準

> 在每一種關係及情況中，都要藉著服從神的話語，顯示出你有象耶穌基督的性情（根據太五13-16；約十五1-10；林後二14-17；西二6-7；多二11-14；彼後一2-10）。

I 你該作甚麼（範例一覽表）

  A 作為一個基督徒，你應該：

1. 不論你的感覺如何，都要全心全意地愛神，順服神的話語（根據撒上十五22-23；太二二37-40；約十四15-21；加五16-17；約壹五3）。

2. 自己個人（申六13，詩二11，二九2；太四10）或與其他信徒一起敬拜神（詩一，詩四七；徒二42-46，五42；西三16；來十23-25）。

3. 保守基督身體的合一（林前一10，十二22-26；弗四1-3；腓二1-4）。

4. 查考並背誦神的話語（詩一1-3，一一九11；提後二15）。

5. 留意（認真地）聽取，並接受（接納）責備和教導（箴一2-5，三11-12，九7-9；來十二5-6）。

6. 作其他人的榜樣（太五16；林前十一1；提前四12）；

7. 要忠心（林前四2；加五22）。

8. 指正別人時要溫和（加六1；提後二24-26），並挽回那些得罪神和人的肢體（太十八15-20；路十七3-4；羅十五14；加六1-5）。

9. 做人要誠實（弗四15、25），講造就人的話（弗四29；西四6），也要以德報怨（羅十二14；彼前三8-9）。

10. 做一個和平使者，與人和睦相處（太五9；羅十二18），與任何反對你的人和好（太五23-24）。

11. 要捨己，且看別人比自己強（路九23-25；腓二3-8），服事他人如服事耶穌一般（太二十26-28；約十三12-17；弗六7-8）。

12. 親手做工，無論做任何事，都要全心去做，像是給主做的（西三23-24；帖前四11-12；帖後三10-12）。

13. 操練自製及自律（林後五14-15；加五23；提前四17-18）。

14. 從心底饒恕任何得罪你的人（在神面前），且隨時準備寬恕那些要求你原諒的人（太十八21-22、35；可十一25-26；路十七3-4）。

15. 在所有人際關係中，實行聖經之愛（太五44；約十三34-35；羅十三8、10；林前十三4-8上；弗五25；多二3-4）。

16. 實踐下列幾項，學習作一個好管家，你要管理：
    a. 你的身體（林前六19-20）。
    b. 你的時間（弗五15-17）。
    c. 你的物質（林後九6-12；弗四28；提前六17-19；雅二15-16）。
    d. 你的能力、天分及屬靈恩賜（根據太二五14-30；羅十二3-8；林前十二7；弗四11-12、15-16；彼前四10-11）。
17. 即使在試煉中亦常喜樂（腓四4；帖前五16；雅一2-4）。

B 身為一個信主的丈夫，你應該：
1. 愛妻子如基督愛教會（弗五25-33）。
2. 與妻子互敬互諒的共同生活（彼前三7）。
3. 照顧家人（提前五8）。

C 身為一個信主的妻子，你應該：
1. 作丈夫的幫手（創二18）。
2. 尊重、敬愛及順服丈夫（弗五22-24、31、33；多二4-5；彼前三1-6）。
3. 看顧家人的各種需求（箴三一10-27；提前五14；多二5）。

D 身為一對信主的夫婦，你們應該：
1. 彼此順服（弗五21）。
2. 保持與對方之和諧關係，也就是說夫妻一體（創二22-24；太十九4-6；弗五31）。

E 身為一個信主的家長，你應該：
1. 藉著教導、管教及範例，以愛教育兒女（申六6-9；弗六4；多二4）。
2. 避免激怒兒女（惹他們生氣）（弗六4）。

F 身為一個信主的兒女，你應該：
1. 若仍然在父母的監管及教導之下，應當服從他們（弗六1）。
2. 孝敬父母（出二十12；申五16；弗六2）。
3. 遵從並牢記（聽從並盡力遵行）父母之教誨（箴一8-9）。

G 身為一個信主的僱員，你應該：
1. 遵守並服從僱主（根據弗六5-8；西三22；提前六1-2；多二9；彼前二18）。
2. 尊敬你的僱主（提前六1-2）。
3. 與僱主恭敬誠實相處（提前六2；多二10）。

H 身為一個信主的僱主，你應該：
1. 對下屬一視同仁，公正無私（西四1）。
2. 切勿威脅下屬（弗六9）。

I 身為一個合乎聖經標準的教會領袖，你應該：

1. 不辜負別人的信任（根據提前三1-15；多一6-9，二7-8；彼前五1-3），訓練栽培其他人，使他們也能教導別人（提後二2）；

2. 溫和地改正（警戒、指導）別人，總要抱著帶領他們回到神面前的精神（根據太十八15-20；加六1-2；提後二24-26）。

II 你應該如何遵行神的標準

A 以誠心（弗六7-8）及熱誠（多二14；彼前三13），盡心做每一件事，有如為主做一般（西三23-24）。

B 不自私（腓二3）、不發牢騷、議論及爭辯（腓二14-16；提後二24；多二9，三9）。

C 要溫和（根據弗四32；帖前二7-8），並有智慧（弗五15；西四5；雅三15-18）地回答他人。

D 常以恐懼戰兢的心敬畏神（根據林後五10-11；腓二12-13）。

E 心存喜樂地回應別人（根據腓二17-18），將榮耀歸給神，且不得罪人（根據林前十31-33）。

III 將神的標準用在你的生活中

A 遵循我目前的時間表指示，記錄每星期的經常活動（補充材料十四）。

B 將不該繼續的活動刪除。使用下列問題幫助你決定要刪去那些活動（可參考第八課，第九頁）：

1. 是否有益（林前六12，十23上）？
2. 是否受其控制（林前六12）？
3. 是否我生活中的絆腳石（太五29-30，十八8-9）？
4. 是否會絆倒其他基督徒（羅十四13；林前八9-13）？
5. 是否能造就（建立）人嗎（羅十四19；林前十23-24）？
6. 是否榮耀神（太五16；林前十31）？

C 將應開始的活動和責任記在另一張紙上，參考本課第四頁的**I.你該做甚麼（範例一覽表）**。

D 訂出一個在生活上能取悅神的計劃，並將你的新時間表記錄在**根據聖經所訂的時間表**（補充材料十五）上。

個案研討：美茵的丈夫離棄了她

> 「這些事都已聽見了。總意就是敬畏神,謹守他的誡命,這是人所當盡的本分。因為人所作的事,連一切隱藏的事,無論是善是惡,神都必審問。」
> （傳十二13-14）

　　國輝及美茵忠實地遵行神的話語好幾個星期了，國輝採用合乎聖經的步驟來克服酗酒的惡習。美茵也對自己的屬靈成長負責，國輝的表現不再是她心中平安與喜樂的唯一關鍵。他們按時舉行「家庭會談」，他們的兒女也有分參與會談，因此，兒女開始遵行神的話了。一連幾個星期，整個家庭都舉行家庭靈修，而且每位成員都開始在教會中參與事工。雖然大部分敬虔的習慣都來自於輔導時的指定作業，但國輝及美茵已經將這些習慣融入日常生活中，成為在基督裡生活的一部分。每當有新的挑戰在他們家裡或個人生活中出現時，他們便互相幫助，學習如何將神的話語應用在當時的情況中。

　　建立合乎聖經的習慣後，他們來到最後一次的輔導會談，並提出他們繼續在基督裡長進的聖經計劃。彼此問安後，輔導員就說，

輔導員：　「我們期待這次的會談已有幾個星期了，從你們的指定作業裡知道，這次的會談是給你們機會，提出你們在主內繼續成長的聖經計劃。現在讓我們花一些時間，為神的話語及神在我們生活中的信實感謝他。」

　　在禱告當中，每個人都感謝神的信實及他話語的豐足。輔導員結束禱告後，開始對國輝及美茵說話。

輔導員：　「我們知道你們都很忠心地完成了過去的指定作業，現在你們對未來成長有甚麼計劃？」

國輝：　**「能夠找到為耶穌基督而活這個最大的生活目標，是超乎我們所想望的！」**

美茵：　**「我同意！我不再像以前那樣毫無盼望，不瞭解神在我身上的計劃了。」**

　　國輝和美茵兩人都提出他們繼續在主內成長的聖經計劃。他們答應會繼續目前個人及家庭之靈修、背誦聖經、敬拜及參加查經，也願與其他信徒相交，參加家庭聚會，分擔責任（強調互相服事之方式），並繼續根據聖經面對自我。他們也表示願意繼續參與面對自我的聖經輔導訓練，並報名參加下一次面對自我的課程。除了他們現有的敬虔生活外，他們更提出個人參與教會事奉及設計家庭計劃幫助其他人。

在解釋完他們根據聖經所定的未來計劃後，國輝和美茵重新溫習了那些特別在生活中幫助他們「脫去」以自我為中心，「穿上」為主而活的作業。兩人都提到在初期接受輔導期間，羅馬書八章28至29節及哥林多前書十章13節對他們有鼓勵，並表示透過查考哥林多前書十三章4至8節上，才發現大家多麼缺乏愛心。分享完後，輔導員開始說：

輔導員：「聽見耶穌基督在你們的生活中，藉著你們遵行聖經所帶來的改變，使大家都得到鼓舞。不但看到神改變了我們所有人的生活，也因此使你們成為我們在主內永遠的朋友。雖然輔導會談結束了，在未來我們仍願意協助你們，也希望聽到更多有關神怎樣在生活上改變你們的消息。」

輔導員表示樂意以後繼續與他們定期聯絡，在未來一年內，會有一位輔導員與國輝、美茵至少一個月見一次面，鼓勵他們在主內成長。最後，輔導員向他們解釋了職責後，就以禱告結束輔導會談。

第二十二課：指定作業

> 這個星期的**作業**是複習神話語中的基本準則，這些準則也是生活中的規範。當你忠心地、全心全意地實行時，將會蒙神的賜福，你內心也會改變得更像耶穌基督（根據*羅八28-29，十二1-2；林後三18；腓二12-16；雅一25；彼後一2-11*）。

以✔表示作業完成

☐ A ＊用你自己的文字，寫下*加拉太書五章22至25節*的意義。並背誦*加拉太書五章22至25節*及*約翰壹書五章3至5節*。

☐ B ＊查考聖經原則：**神對生活的標準**（第二十二課，第二頁至第三頁）。將所列舉的經文在聖經中標識出來。

☐ C ＊查考**神對你的標準**（第二十二課，第四頁至第六頁）。在任何指出你生活上需要有靈命成長的句子上做記號，使其成為你的**得勝計劃表**（補充材料八），或**根據聖經所訂的時間表**（補充材料十五）的一部分。

☐ D ＊制定一個完成所有合乎聖經的活動與責任的計劃，可參考**神對你的標準**的III.將神的標準用在生活中（第二十二課，第六頁）。

☐ E ＊查考**個案研討：美茵的丈夫離棄了她**（第二十二課，第七頁至第八頁）。觀察如何將神的標準實行在生活中，不僅解決任何你可能面對的問題，也成為你生活的準則。

☐ F ＊完成**課程測驗**（第二十三課），若可以，請在下課時交給導師。

☐ G 寫一篇個人見證，述說在課程期間你生活中根據聖經的改變。參考**課程測驗**（*第二十三課，第三頁*），根據**面對自我後的個人見證**來準備你的見證，且在課堂上分享。

※ 完成有＊記號的作業，是接受進一步聖經輔導訓練的先決條件。

靈修日引（包括背誦經文及指定作業）

> 這個星期的**靈修日引**是複習神話語中的基本準則（生活中的規範）。當你忠心地、全心全意地實行時，將會蒙神的賜福，你內心也會改變得更像耶穌基督（根據*羅八28-29，十二1-2；林後三18；腓二12-16；雅一25；彼後一2-11*）。

經文背誦

1. *背誦*加拉太書五章22至25節*及*約翰壹書五章3至5節*。
2. 隨身攜帶以往幾周及本周的經文卡，在空閒時間溫習。

靈修日引

第一天

1. 以禱告開始。
2. *查考**聖經原則：神對生活的標準**（第二十二課，第二頁至第三頁）的*原則98*。將所列舉的經文在聖經中標識出來。
3. *用你自己的文字，寫下*加拉太書五章22至25節*的意義。
4. 以禱告結束。

第二天

1. 以禱告開始。
2. *查考**聖經原則：神對生活的標準**（第二十二課，第二頁至第三頁）的*原則99*。將所列舉的經文在聖經中標識出來。
3. *查考**神對你的標準**（第二十二課，第四頁至第六頁）。在任何指出你生活上需要有靈命成長的句子上畫上記號，使其成為你**得勝計劃表**（補充材料八），或**根據聖經所訂的時間表**（補充材料十五）的一部分。這是兩天查考的第一天。
4. 做第二十三課的**課程測驗**。特別注意**面對自我後的個人見證**的下半部。
5. 以禱告結束。

第三天

1. 以禱告開始。
2. *查考**聖經原則：神對生活的標準**（第二十二課，第二頁至第三頁）的*原則100*。將所列舉的經文在聖經中標識出來。
3. *完成**神對你的標準**（第二十二課，第四頁至第六頁）之查考，留意那些你能在生活中遵循神的標準的方面，花點時間為神在你生命中所成就的事讚美神（*羅八29；林後三18；腓一6，二12-13；帖前五18*）。在生活上需要實踐

聖經原則的地方，制定具體改變的計劃，並忠心地實行。(如在第二十二課，第六頁，**III.將神的標準用在你的生活中**所說的)。

4. 做第二十三課之**課程測驗**。根據**面對自我後的個人見證**（第二十三課，第三頁）來準備你的見證。
5. 以禱告結束。

第四天

1. 以禱告開始。
2. ＊**查考聖經原則：神對生活的標準**（第二十二課，第二頁至第三頁）的*原則101*。將所列舉的經文在聖經中標識出來。
3. 繼續第二十三課的**課程測驗**，也為下一課的見證作準備。
4. 以禱告結束。

第五天

1. 以禱告開始。
2. ＊**查考聖經原則：神對生活的標準**（第二十二課，第二頁至第三頁）的*原則102*。將所列舉的經文在聖經中標識出來。
3. 繼續第二十三課的**課程測驗**和個人見證。
4. 以禱告結束。

第六天

1. 以禱告開始。
2. ＊**查考聖經原則：神對生活的標準**（第二十二課，第二頁至第三頁）的*原則103及104*。將所列舉的經文在聖經中標識出來。
3. ＊**查考個案研討：美茵的丈夫離開了她**（第二十二課，第七頁至第八頁）。寫下如何將聖經標準應用於生活中的每一部分。
4. 繼續第二十三課的**課程測驗**和個人見證。
5. 以禱告結束。

第七天

1. 以禱告開始。
2. ＊**查考聖經原則：神對生活的標準**（第二十二課，第二頁至第三頁）的*原則105*。將所列舉的經文在聖經中標識出來。
3. 完成第二十三課的**課程測驗**。
4. 請朋友聆聽你背誦本周之背誦經文，並解釋這些經文是如何地應用在你的生活中。
5. 寫好在課程期間你生活中根據聖經改變的個人見證，**參考課程測驗**（第二十三課，第三頁），並根據**面對自我後的個人見證**來準備你的見證，好在課堂上分享。
6. 以禱告結束。

※ *完成有＊記號的作業，是接受進一步聖經輔導訓練的先決條件。*

第二十三課

課程測驗

第二十三課：課程測驗

> 這個測驗將幫助你知道在課程中，你對所學到的聖經原則及有關的問題瞭解多少。完成這個測驗之後，願你可以進一步瞭解神的豐富，並透過神的兒子主耶穌、神的話語和聖靈，來面對所有生活中的挑戰。

測驗規則

　　*本測驗包括三部分：**經文背誦之評鑑**、**開卷測驗**及**面對自我後的見證**。請勿將答案直接寫於本書上，盡可能詳盡地記錄在預備好的紙張上，且不要答非所問。每當要寫出參考經文時，列出**書名**、**章數**及**節數**。如果要求把經文完全寫下來，將會有所指示。*

經文背誦之評鑑：

1. 按照你在本課程背誦經文的情況，根據下列評語，自我評分：
   a **優**：我每次都背誦指定的經文，而且幾乎毫無錯漏。
   b **良**：除了四、五節外，我背下所有經文。
   c **常**：除了六、七節外，我背下所有經文。
   d **可**：我只會背半數指定的經文。
   e **劣**：我需花更多時間背誦經文。
   f 我計劃繼續背誦和溫習這些和其他經文（*此項亦可應用於以上的幾點*）。

2. 列出參加本課程時對你最富有意義的三處參考經文。除了列出經文外，並說明主如何幫助你在生活中應用它們。

開卷測驗

　　此開卷測驗，可使用聖經及課程手冊，乃是一段靈性更新的時間，你有機會溫習所學到的，並用自己的文字寫出來。

1. 請寫出一節描述「人若沒有耶穌基督的救恩，就沒有盼望」的經文（包括書名及章節）（第一課，第二頁至第四頁）。

2. 說明人如何才能得到永生，至少引述三處經文來支持你的論點（第一課，第四頁）。

3. 列出一處經文，明確地敘述你應該先自省，然後才處理他人的問題（第二課，第二頁，第七頁至第八頁）。

4. 列出三處參考經文來說明聖經具備一切答案（第三課，第二頁至第五頁）。

5. 你如何用自己的話，向其他基督徒說明神的話語足以解決任何問題（第三課，第三頁至第五頁）。

6. 聖靈如何幫助你面對並解決問題？列出至少三處經文來支持你的解釋（第三課，第二頁，第六頁至第八頁）。

7. 列出五個理由（加上參考經文）說明禱告的重要性（第三課，第二頁，第九頁至第十二頁）。

8. 列出三個理由（加上參考經文）說明為何在某些情況下，你未必會得到所求的（第三課，第九頁至第十二頁）。

9. 列出三個理由（加上參考經文）說明為何屬肉體的人無法取悅於神（第四課，第二頁，第六頁，第十一頁）。

10. 列出五處強調「行道」的重要性的經文（第五課，第六頁至第九頁）。

11. 說明問題的三個層面是甚麼（第六課，第二頁，第六頁至第七頁）。

12. 從*哥林多前書十章13節*，列出至少三處關於有「盼望」的聲明。解釋每一個聲明，就像你在向別人解釋一樣，並且解釋你會如何對非信徒應用這節經文。

13. *羅馬書五章3至5節*及*雅各書一章2至4節*，敘述試煉對基督徒是有益的。請用簡短的文字，描述你如何對一位在極艱難試煉中，喪失希望的人解釋這個屬靈真理（第六課，第三頁）。

14. 何謂「脫去舊人」及「穿上新人」？*(根據羅六；弗四22-24；西三5-15)*（第一課，第六頁；第四課，第七頁；第七課，第二頁至第三頁）。

15. 列出至少五個合乎聖經的步驟，讓犯了罪的人在認罪後，能夠敬畏主，重新站起來（列出有關之經文）（第八課，第八頁至第十頁）。

16. 當信徒強調必須擁有「適當的自尊心」及「正確的自我形象」的時候，主要問題是甚麼？列出至少五個理由（列出相關經文），解說人若在任何方面把注意力放在「自我」上，就是與神為敵（第四課，第五頁至第十一頁；第九課，第四頁至第五頁）。

17. 列出五句句子（及有關參考經文），強調一個基督徒必須作主忠實的管家（第十課，第四頁至第八頁）。

18. 列出五種方法，讓你知道你的憤怒是否違背聖經，並列出參考經文（第十一課，第六頁至第十一頁）。

19. 對一個「無法原諒他人」之基督徒，列出至少五個饒恕的聖經真理，並列出參考經文（第十二課，第三頁至第五頁，第十頁至第十三頁）。

20. 應採取甚麼樣的步驟使人和好？請列出參考經文（第十二課，第六頁至第八頁）。

21. 列出至少十個聖經中愛的特性，並引用參考經文（第十三課，第四頁至第六頁）。

22. 列出至少五項根據聖經溝通之特質，並引用參考經文（第十三課，第十二頁至第十四頁）。

23. 列出至少五項基督徒婚姻中的要素，並引用參考經文（第十四課，第三頁至第頁）。

24. 當有人對你說他婚姻中的愛已消失殆盡時，寫下引導你和他討論聖經真理的簡短大綱及參考經文（第十四課及第十五課）。

25. 當基督徒父母教育兒女時，應遵循那些重要的聖經原則？引用參考經文（第十六課及第十七課）。

26. 管教之目的是甚麼？何時需要管教兒女？引用針對你答案的參考經文（第十七課，第八頁至第十頁）。

27. 與一位受沮喪之苦的人在一起時，有那五個主要討論的層面？引用參考經文（第十八課，第二頁至第三頁）。

28. 列出當一人身受害怕及憂慮之苦時應採取的五個明確的聖經行動步驟，並引用參考經文（第十九課，第十頁至第十二頁）。

29. 簡短寫述神如何攻破撒旦的勢力，並列出參考經文（第二十課，第九頁至第十一頁）。

30. 列出至少二十個克服轄制生命的罪所應採取的明確聖經步驟（第二十一課，第十三頁至第十九頁）。

面對自我後的見證

使用下列部分幫助你準備下一次課堂的見證分享。

1. 回答下列問題，描述此課程期間，在選擇研討的問題上，你學到了甚麼？
   a 在你生活中，有那些合乎聖經的習慣已建立？
   b 有那些合聖經的習慣你仍需去培養？
   c 那些問題是你先前不察覺的，而現在卻發現了？
   d 你所選擇研討的問題，是否真是你的困難，還是另有其它更嚴重的問題？請加以描述。
   e 就那個問題，你對自己及自己對問題的反應學到甚麼？

2. 課程中的聖經原則、專題研究及指定作業，如何幫助你改善與主耶穌基督的關係？

3. 本訓練課程如何幫助你去協助別人？

第二十四課

聖經輔導訓練課程II介紹

「我們遵守神的誡命,這就是愛他了。並且他的誡命不是難守的。因為凡從神生的,就勝過世界。使我們勝了世界的,就是我們的信心。勝過世界的是誰呢?不是那信耶穌是神兒子的麼?」

約壹五3-5

第二十四課：聖經輔導訓練課程II介紹

> 本課程要盡力教導你如何根據聖經面對自我，當你在靈命成長上順服主時，你就有更好的預備去幫助別人，叫神因此得榮耀（根據太五16，七1-5；林前十31；林後一3-5；加六1-2；提後三16-17；來五14；雅一22-25）。

I 本課宗旨

A 溫習聖經輔導的目的，及信徒根據聖經輔導的重要性。

B 提出若干基本的聖經輔導步驟，使你可以幫助他人以聖經的方式解決問題。

C 鼓勵你保持在課程期間所培養出來根據聖經處理一切事情的好習慣。

D 提供一個機會，讓你見證神藉這個課程在你生命中所作的改變。

II 本課大綱

A 聖經輔導

1. **聖經輔導訓練課程II介紹**（第二十四課，第二頁至第三頁）
2. **聖經輔導的基本步驟**（第二十四課，第四頁至第三頁）

B 靈命成長步驟

第二十四課：指定作業（第二十四課，第七頁）

聖經輔導訓練課程II介紹

> 耶穌基督的肢體有責任和特權提供克服問題的解答（根據太七1-5，十八15-20；羅十五14；林後五14-20；加六1-2；提後三16-17）。

I **甚麼是聖經輔導？**

參考：
甚麼使輔導合符聖經**(補充材料一)*及關於聖經輔導的事實**(補充材料十一)*。

A 聖經輔導是以關懷的態度，溫和地正視、挽回跌倒的人，目標是令他有生命的改變*（根據太十八15；羅十五14；加六1-2）*，且以聖經為提供指引的唯一權威*（詩十九7-14；提後三16-17；來四12；彼後一3-4）*。

B 聖經輔導是一個行義的訓練（「進深門徒訓練」），使受輔導者不致跌倒*（彼後一2-11，特別是第10節）*，能承擔自己的擔子*（加六5）*，有足夠的力量解決生命中所有的問題*（提後三16-17）*，而且還能根據聖經去幫助別人*（林後一3-5）*。

II **為何信徒要受聖經輔導訓練？**

A 神的話語是信心和行為的唯一權威，也是衡量生活各方面之唯一正確標準，且神的話語是完全的，足夠為生活中的每一個問題提供指引*（詩十九7-11；箴三十5-6；提後三16-17；來四12；彼後一2-4）*。

B 當問題出現在基督肢體中間時，必須要根據聖經去克服*（例：林前六1-8，十一17-22；加一6，三1；帖後三10-15；提前五19-20；多三10-11）*。

C 非信徒之廣大需求，只有透過耶穌基督和神的話語才能獲得滿足*（例：羅八6-8；林前二14；林後四3-4；加五19-21；弗二1-3；提後三13）*。

D 聖經輔導幫助受輔者除去成長的障礙（成聖），每一個基督徒都需要知道：
1. 神要他更像基督的計劃*（羅八29）*；
2. 屬靈爭戰*（加五17；弗六10-18）*，及神所用的試煉，使他在生活中根據聖經的改變*（雅一2-4）*；
3. 教會中假師傅之危險，特別是那些否定耶穌基督，或提出不合聖經的方法去克服問題的危險*（根據林後十一12-15；西二4、7-8；提後二15-16；約壹四1-3）*。

E 所有屬靈的信徒（就是靠聖靈行事並誠實面對自我的那些人）都適合彼此勸告（輔導），神也命令他們去挽回（重建）別人*（根據太七1-5，十八15；羅十五14；加五35-六1）*。

F　聖經輔導的訓練，能明顯地改善一個人傳福音的能力（根據箴十八13，二十5；約四7-16）及造就信徒（根據太二十八19-20）。就像醫生診斷疾病般，當你花了時間去瞭解問題及分析情況後，就能明白耶穌基督的好消息及應用聖經正切合所需。

G　牧師主要的職責是使基督徒有能力事奉（弗四11-12），當一個牧師根據聖經輔導訓練他的會眾（信徒們），信徒就：
　1.　減輕牧師獨自肩負輔導責任的擔子（根據出十八13-26；太十八15-16；羅十五14；加六1-2）；
　2.　藉著學習根據聖經的方式面對自我和成長（太七5），也能發現神豐富的話語，足以克服生活中任何問題（提後三14-17；來四12；彼後一2-11）；
　3.　學習抓緊機會去安慰他人（林後一3-5）及透過付出而獲得賜福（根據使二十35）；
　4.　能教導（訓練）別人（根據太二十八19-20；約二十21；提後二2）。

III　在接受進一步的聖經輔導訓練方面，你該如何準備自己？

A　參加個人傳福音的訓練課程，如果可能的話，參加當地的聖經輔導訓練課程II（聖經輔導基本課程），或聖經輔導的密集課程。*溫習聖經輔導基金會的聖經輔導訓練綱要（補充材料二，第六頁）。*

B　在本課程中所學到的，可應用於循序漸進的聖經輔導步驟，藉此幫助別人根據聖經來克服問題。這些步驟乃根據耶穌的話語「*從肉身生的，就是肉身，從靈生的，就是靈。*」（約三6）。
　1.　「從肉身生的」是關乎屬血氣的人，「從靈生的」是關乎你在靈裡的新生命和生活。從神的聖靈而來的新生命，幫助你以永生而非死亡為目的地成長。
　2.　屬血氣的人不能領會神聖靈的事，因為他們沒有屬靈的領悟力（林前二14）。所以，屬靈的步驟必須建立在聖經的真理上，而不是建立在世人的智慧上。

C　那些以聖經輔導的基本步驟幫助別人的人，必定有明確的步驟去遵循，一如醫生必會遵循基本步驟來完成他的目的。
　1.　留意**聖經輔導的基本步驟**（第二十四課，第四頁至第六頁），所列的要素為各課及補充的參考。
　2.　更詳細為聖經輔導（門徒訓練）建立的分析圖表，將會在聖經輔導訓練課程II（聖經輔導基本課程）中介紹。

D　當你溫習**聖經輔導基本步驟**時，將這些步驟與**個案研討：美茵的丈夫離棄了她**（第二十四課，第四頁至第六頁）中，國輝與美茵在整個課程裡所採取的輔導步驟比較一下。

聖經輔導基本步驟

*「從肉身生的，就是肉身。
從靈生的，就是靈。」(約三6)*

步驟	參考
瞭解在每課中的問題，盼望改變和實踐	(所有課程，補充材料一及十一)
個人歷史／問題評估	(補充材料六)
新生的知識	(第一課及第二課)
承諾持續不斷地完全倚靠神───一切的源頭	(第二課至第五課，補充材料三)
瞭解問題	(序言，第四課至第六課，第二十課)
活着為要討悅神而非自己(注重倚靠神而非感覺，做一個行道的人)	(第四課至第十課)
培養對罪惡之敏銳感(自省而非判斷別人)	(第八課至第十一課，補充材料七至八)
具體列出得罪神和得罪人的罪	(第六課至第十三課，補充材料七至十)

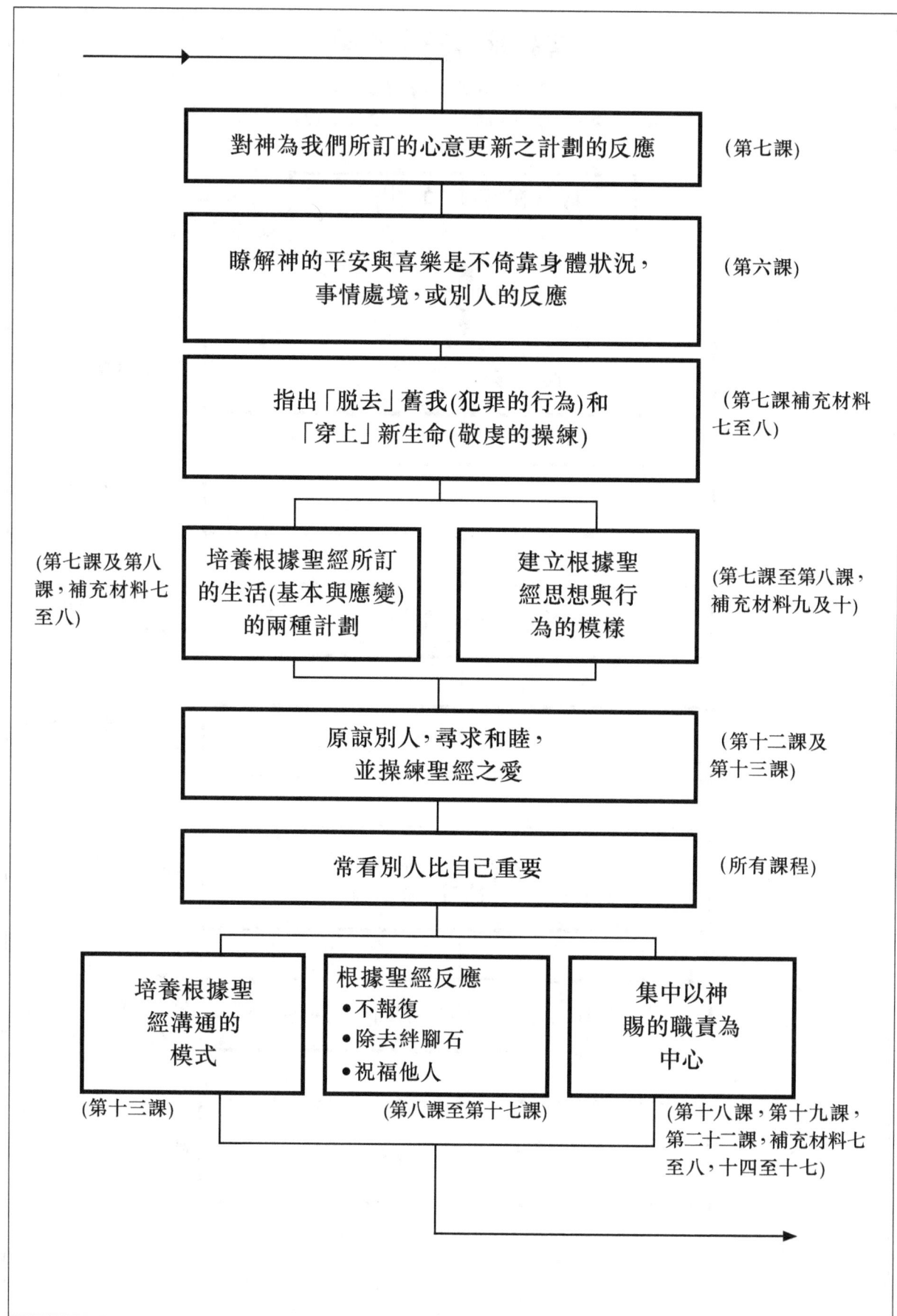

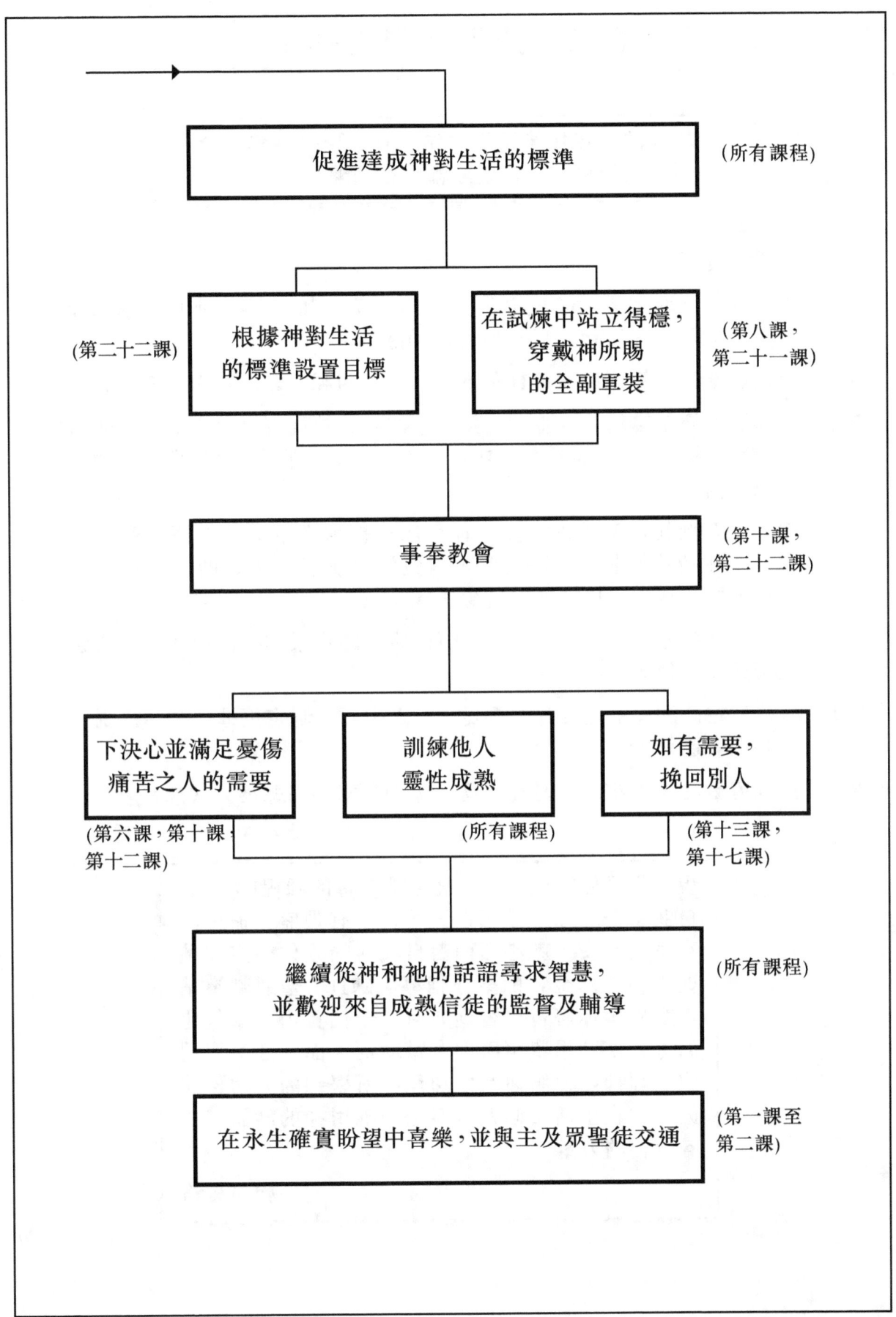

第二十四課：指定作業

> 本周的**指定作業**讓你預先查看由聖經輔導基金會所提供的更進一步聖經輔導之訓練。

以✔表示作業完成

- ☐ A ＊用你自己的文字，寫下*約翰壹書五章3至5節*的意義。本周背誦*約翰壹書五章3至5節*，及複習以前所背誦的經節。

- ☐ B ＊閱讀**聖經輔導訓練課程II介紹**（第二十四課，第二頁至第三頁）。

- ☐ C ＊複習**聖經輔導的基本步驟**（第二十四課，第四頁至第六頁）。此為聖經輔導訓練II中，在聖經輔導II：聖經輔導基本課程，介紹門徒訓練的分析圖表簡化版本。

  請注意藉此循序漸進的步驟，你可以根據聖經幫助別人面對並處理問題。當你讀這計劃時，將這些步驟與**個案研討：美茵的丈夫離棄了她**裡面的國輝與美茵所採取的輔導步驟比較一下。

- ☐ D ＊為了在各方面取悅神，你應繼續根據聖經克服你生活中的任何問題，且彰顯你對他的愛。

- ☐ E ＊決定在此課程中是否有你需要複習之主題，制定更進一步的計劃，並依時間表進行。

- ※ 完成有＊記號的作業，是接受進一步聖經輔導訓練的先決條件。

> 現在你已經完成了聖經輔導基金會的課程I：面對自我手冊，你應該明白，若要享有豐盛生命中的喜樂與平安，就必須面對自我。如果你決定繼續聖經輔導基金會的聖經輔導訓練II：聖經輔導基本課程，你將會學習到如何以一個實用、系統化的方式來應用聖經原則，幫助別人面對並克服問題。願神賜福給你在此課程中所學到的一切。我鼓勵你在生活及個人事奉上，應用神的話語，去尋求神的力量。
>
> 約翰布魯格

補充材料和實際幫助

甚麼使輔導合乎聖經？

大多數人都會同意*約伯記第五章七節*所說的：「*人生在世必遇患難，如同火星飛騰。*」歷世歷代以來，人類都在這個墮落世界中尋找種種複雜問題的解釋和答案。人類在尋找如何解釋和如何應付這些問題的時候，卻製造出很多有趣但互相衝突的理論。比如說：「人的本性是好的，並且能活出他的潛能。」或者說：「人受到自己良心的控告，使他沒有安全感，而需要重新適應社會生活。」或者說：「人不過是一種高等動物，受到環境的支配，需要重新被編寫程序（按：象電腦一樣）。」或者說：「人的基本問題是缺乏自尊心和愛自己不夠。」

上述只不過是幾個用於輔導中最普遍的理論，這些理論都是和神的話語相違背的，都是人在神啟示之外推斷出來的*（林前二14）*。

根據聖經

我們是否要轉向這些屬世的輔導理論和方法去解決問題呢？用聖經的真理去理解和克服人生的問題可能嗎？

聖經告訴我們：它的真理足以使人過一個討神喜悅的生活*（彼後一3-4）*。它提供一切需要的原則和指示，讓我們明白心裡的歷程，分析情緒和對我們的行為產生控制的影響。在新舊約中的律法、見證、訓詞、判語和原則，乃是一個人在思想和言行上唯一權威性的引導*（詩十九7-14；來四12）*。

神話語的權柄和應許，提供活潑和豐盛生命的基礎。聖經內有我們態度、關係、溝通、品行和行為上一切問題的答案*（提後三16-17）*。

培養符合聖經原則的習慣

為了使聖經輔導真的建立在聖經的基礎上，聖經輔導基金會的「面對自我」課程中，列有一百零五個根據聖經的原則和有關的經文。這些聖經原則，不是一些人為的理論，加上幾句經文作裝飾，乃是可以有系統地應用，來克服生活上的難題的。任何人想要改變他不合聖經的生活方式，在手冊中所列的這些聖經原則，就能幫助他建立符合聖經的生活習慣。這些不變的聖經原則雖然範圍廣泛，但並不受人所有情況的限制，因為神的話是活潑的*（來四12）*。

如果輔導工作要忠實於聖經，一個輔導員就要搜集足夠資料，以幫助他認出及瞭解問題的所在，才能找出符合聖經的解答。輔導員要鼓勵受輔導者，以聖經的看法去面對自己的失敗和弱點*（太七1-5）*。這樣的話，他們就能看見有需要轉離自我為中心的狀況*（林後五14-15；加五17、19-21；雅四1-3）*，並決志去過討神喜悅的生活*（林後五9；來四1-3；西一10-12）*。

要聖經輔導有效的話，輔導員與受輔導者都必須深信耶穌基督是主，並服從聖經的權威。他們都必須立志不斷地「*行事為人對得起主，凡事蒙他喜悅，在一切善事上結果子，漸漸的多知道神。*」*（西一10）*。這樣的決心會使人從

以自我為中心，改變成愛神和人，藉以回應神在耶穌基督身上所彰顯的慈愛 *(太十八21-35；羅五8；弗四32；約壹四11)*。

持續不斷的應用聖經原則

就算受輔導者不太明聖經中與神建立關係的觀念，對如何委身於基督的認識也很有限，聖經輔導對於他仍是十分有效的。當輔導員不斷地誘導受輔導者注目於神話語的權柄與豐富，並以聖經的觀念分析他的問題時，就有很多機會去使他明白對基督全心決志是必要的。

當受輔導者開始從聖經的觀點去看他的問題時，他就會開始瞭解到神所應許的平安喜樂，並不在乎他的經濟情況、工作環境、配偶的行為和其他外在的環境因素。當一個頹喪灰心的受輔導者從聖經裡學到擁有神的平安和喜樂只是單單在乎他在耶穌基督裡與神的關係時，他就會大有盼望 *(約十四27，十六33)*。

聖經輔導的先決條件

從神的話語裡知道，我們絕不可將人的理論和聖經的真理混在一起來解決我們的問題和過得勝的生活，因為神已將討他喜悅，為他而活需要的一切，給了我們 *(彼後一3-4)*。事實上，聖經警告我們，不要把神的話貶低為與人的話同等，否則會有嚴重的後果 *(箴一22-32，十四12，三十5-6；賽五20-21；羅八6-8；林前三19-20)*。

聖經輔導是本於聖經的教訓，各人都要在神面前交帳的事實 *(羅十四12；林後五10)*。雖然信徒不會像未信者那樣 *(啟二十15)*，因為罪惡而永遠沉淪 *(羅八1；來九27-28，十10-18)*，但犯罪仍要承擔後果 *(結十八20；西三25)*。聖經輔導幫助受輔導者看見，他們在神面前沒有責任去改變別人的生活，卻要對自己的思想和言行負責。

在學習對自己的行為負責時，一個受輔導者需要明白「老我」與在基督裡的「新我」之間的衝突 *(羅六；林後五17；加五16)*。一個受輔導者必須自願地決定放下舊的生活方式、慾望和迷惑，開始活出，且反映出神賜給他那象基督的新性情 *(弗四22-24；西三5-17)*。若一個受輔導者想要心意更新並成功地活出符合神用聖潔與真理所創造出的新生命時 *(羅十二2；弗四23-24)*，他就必須培養出聖潔的思想模式 *(林後十5；腓四8)*。

一個受輔導者願意改變，動機是要討神的喜悅，而不是去滿足自己，或討父母、配偶、或其他人的喜悅 *(林後五9、15；西一10；帖前二4、6)*。不管我們的感覺是如何強烈，不可倚靠感覺，也絕不能被其控制，而應順服神的話語 *(林後五14、15；加五16、17)*。

聖經輔導基金會基於這些先決條件，在多年的應用、觀察及見證上證實一件事，就是聖經輔導在世界的每一個角落，每一種文化裡，對任何年齡和社會階層的人都非常有用。因為聖經原則是基於神無誤的話語，神的話是超越一切人為的因素的。

聖經輔導要律

在每一次聖經輔導會談中，要強調四個要律：

1. **瞭解問題**：用神的眼光來看任何難題，這對根據聖經來解決問題的人是十分重要的 *(箴三5-6；賽五十五8-9；羅五3-5，八28-29；雅一2-4)*。你必須開始誠實地在神話語的亮光中省察自己 *(太七1-5；路六42-49；林前十一31)*，需要從聖經觀點去瞭解問題 *(箴十八13、17；提後三16-17；雅一19)*，和誠實的回答 *(弗四15、25)*，才能揭示問題的真實情況 *(可七20-23；雅一22-25，四17)*。（請參看下一主題**根據聖經去分析問題**）。

2. **盼望**：在神的話裡，他曾應許不會讓你遭遇任何超過你能受的試煉、試探、壓力、憂慮或其他難處，只要你用神的方法處理問題，他一定會按每一種情況，給你充足的幫助和指導 *(林前十13；來四15、16)*。

3. **改變**：你一定要學習如何「脫去」自我中心的老習慣，和破壞性的思想（如憂慮、苦毒、和怨恨），並要「穿上」合乎聖經的思想和言行 *(羅六6-7、12-13；弗四22-32；腓四6-9；西三5-17)*。

4. **實踐**：你一定要採取行動，把神的解決辦法實踐在日常的生活中。如果你聽道而不行道，就是自欺，你的問題也會更糟。但如果你成為一個行道者，神已應許你會蒙福，即使四周環境好像天翻地覆般，你也會經歷他的平安和喜樂 *(詩八十五8-10；賽三十二17；約十五10-12，十六33；來五14；雅一22-25，三14-18；彼前三8-12)*。

用聖經去分析問題

在根據聖經的看法去分析問題時，聖經輔導員應在每一個問題上分辨出三個層面：

1. **感覺層面**：一個人去尋求輔導，往往是他感受到情緒困擾不安，最顯著是失去了平安和喜樂。聖經輔導員依循聖經的途徑，小心地去發掘問題的感覺階段，其目的是確定問題所在（就是問**甚麼事？在那時？在那裡？和如何發生**？如描述於：*創三8-13，四6；王上十九9-14；箴十八13、17；路二十四13-35；約二十11-18*）。

2. **行為層面**：聖經輔導員要設法讓受輔導者認出，他違背聖經的思想和言行。一個以自我為中心的人，往往不管對他人有何影響，而容許他的感覺去支配他的行為。若憑感覺生活，不可避免地會導致更多錯誤，造成更多問題和違背更多的聖經原則。為了要教導我們 *(羅十五4)*，聖經給了我們很多這些以自我為中心的行為的例證 *(創三6-13，四5-8，三十七11-33；撒下十一1-27，十三1-33；代下二十六16-21)*。

然而，神的話告訴我們，一個人所有的思想和言行都是要藉順服來討他的喜悅 *(約十四15；林後五9-15；西一10)*。當一位受輔導者開始不顧感覺地去順服神時 *(羅六12-13；林後五15；加五17)*，神

所應許的福氣就會臨到他（*創四7；雅一25*）。這些祝福最重要的就是恆久的平安、喜樂、和公義（*羅十四17*）。

3. **內心層面**：聖經告訴我們，從我們的心中發出憤怒、苦毒、怨恨和其他能污穢人的惡（*太十五18-20*）。一個人對問題的反應就反映出他內心的情況（*可七21-23*）。沒有人（包括聖經輔導員在內）能完全瞭解別人的思想（*耶十七9*），但神透徹地鑒察每一顆心（*撒上十六7；耶十七10*）。在進行聖經輔導時，輔導員要把神話語的真理介紹給受輔導者。要知道，定受輔導者的罪，和教導他如何去過討神喜悅的生活是聖靈的工作（*約十六8-13；加五16-17；來四12-13*）。一個聖經輔導員，要阻止受輔導者去尋求人的輔導權威。讓他知道，唯有神的話才是我們唯一的權威（*提後三16-17*），而聖靈才是我們真正的輔導員（*林前二10-13*）。

在聖經輔導過程中，輔導員要幫助受輔導者去自省（*太七5；林前十一31；林後十三5*），使他在神面前有一個純潔的心（*撒上十六7；詩五十一10、17，一三九23-24；帖前二3-4；來十19-22*），以至與神和好（*申五29*）和得到神的賜福（*太五8*）。

問題是可以克服的

雖然試煉和患難是生活的一部分，但神在這些事上都有他的目的（*羅五3-5，八28；雅一2-4*）。無論是甚麼困難，神曾應許信基督的人在任何情況下都可以得勝（*羅八35-37；林前十13；約壹五4-5*），因此，只要他肯順服神的話語便可得勝了（*雅一25*）。固然，要順服神是不容易的（*羅七18-19*），但當一個信徒回應耶穌基督的大能和在他身上所成就的，就會順服（*約十四15；羅六；約壹五3；約貳6*）。神的兒女應傚法我們主耶穌基督的榜樣經常順服，甚至在受苦當中也要順服（*來五8；彼前二20-21*），他必須超越目前的環境去仰望將要顯現的榮耀（*羅八18；林後四16-18*）。

今天，基督徒十分需要回到單單仰望神的話，去克服個人的問題和輔導他人。也要用神的話處理困難（*林後一3-5*）。在聖經輔導基金會（BCF）所編寫的課程中的聖經原則，就是單單根據神的話，而不是人的假設、意見、理論和其他屬世的哲學。

聖經輔導基金會的聖經輔導訓練課程

聖經輔導提供神的答案

聖經能處理人生的一切問題,指出原因和提供權威的答案,就像*提摩太後書三章16至17節*所說:「*聖經都是神所默示的,於教訓、督責、使人歸正、教導人學義,都是有益的,叫屬神的人得以完全,預備行各樣的善事。*」提供答案去克服轄制人生命的罪,醫治破碎的心靈,和解決人生的問題,都是教會的權利和義務。

甚麼是聖經輔導員

一個聖經輔導員是一個委身且成熟的信徒,他受過訓練,能應用聖經原則去處理日常生活的問題。他堅信神的話語是信仰與生活上唯一的權威標準。他並不以人的假設、意見、經驗和對行為的觀念為輔導知識的基礎,他廣泛地引用所有聖經原則去幫助受輔導者,根據聖經的方法去面對和克服問題。他把握著聖經的重要真理,不會偏重於特殊的神學觀點,和聖經中沒有明確說明的做法。

聖經輔導員的訓練

正如補充材料一第三頁中所說,聖經輔導有四個要律:瞭解問題,盼望,改變,和實踐。從訓練的觀點來說:

第一:一個聖經輔導員要提出問題和仔細地聆聽回應,藉此搜集足夠的資料去*瞭解問題*,神的解答是實用的,能應用於每一個人的問題上,所以必須面對的是真實的問題,不單是處理情緒和環境而已 *(箴十八2、13;雅一19)*。

第二:一個聖經輔導員可以很有信心地向受輔導者保證:無論在任何環境中,我們都有*盼望*。在聖經中,神曾應許不會讓你受試探、壓力和憂慮,過於你所能受的。相反,只要你按照他的做法去克服問題,他會在每一種環境和情況中給予答案 *(林前十13;來四15-16)*。每當受輔導者需要加強對這種盼望的把握時,輔導員應引用聖經多方指出這種盼望。

第三:聖經輔導員教導受輔導者如何去*改變*,就是學習「脫去」以自我為中心的思想、言行和有破壞性的憂慮。然後,受輔導者必須學習「穿上」合乎聖經的思想和言行 *(羅六6-7、12-13;弗四22-32;腓四6-9;西三5-17)*。

第四:聖經輔導員必須指出神的話語是應當每天實行的。如果人只聽道而不照著神話語的原則和教導去改變,這人是在欺哄自己,他的問題將更惡化。另一方面,如果一個人是行道者,不論他的情況如何,神都應許賜給他平安、喜樂和其它的祝福 *(約十五10-11,十六33,十七13;雅一22-25;彼前三8-12)*。

誰是輔導員?

聖經告訴我們牧師和教師「*要成全聖徒,各盡其職*」*(弗四11-12)*。

© Biblical Counseling Foundation

此外，神命令所有的信徒（包括教牧人員和一般的信徒）要彼此教導、督責和挽回（太十八15，二十八19-20；羅十五14；加六1）。輔導、規勸和教導是第一世紀新約教會的主要事奉。同樣地，今天在教會大家庭中受過聖經輔導訓練的信徒，也可以輔助牧師、教師去滿足教會和社區的需要。

怎樣成為一個聖經輔導員

為了要滿足聖經輔導的需要，聖經輔導基金會發展了一套完全以聖經為信仰和行為唯一權威根據的訓練課程。

其總體目標是使教會中的肢體能裝備自己，使信徒在現今的世代中，行事為人與蒙召的恩相稱（弗四1）。受訓練成為一個聖經輔導員有兩個基本的目的：

1. 能夠根據聖經來面對和克服自己的問題（太七1-5；林前十13，十一31；加六4-5；弗四22-24；來四12；彼後一3-10）。
2. 能用正確的聖經原則去輔導他人（羅十五14；林後一3-4；加六1-2；提後三16-17）。

聖經輔導基金會是甚麼？

聖經輔導基金會在一九七三年開始訓練信徒，一九七七年在維珍尼亞州正式成為一個非牟利機構。它的宗旨是推動、鼓勵和提供聖經輔導訓練，以事奉和教導為目標。它不是一個商業或牟利的組織，目的是去協助和服事那些有問題須要幫助的人。聖經輔導基金會的輔導員都是不受薪的，也沒有收取任何費用，他們免費提供輔導服務，作為對教會的事奉。聖經輔導基金會尋求如何支持和增強當地教會的事奉，所以每一個聖經輔導員都是在差派他的教會或組織的管理之下。聖經輔導基金會是美國全國福音派聯會的成員（NATIONAL ASSOCIATION OF EVANGELICALS）。

聖經輔導基金會在加利福尼亞州的同工的工作是回應各方的問題和處理聖經輔導基金會在美國內外因擴展事工的行政事務。不但如此，聖經輔導基金會也管理和聯絡每年舉辦的聖經輔導訓練密集課程。這些訓練課程在美國適合的地點最少一年舉行四次，每次五天。除此以外，在世界各地聖經輔導基金會也協助舉行國際性為期三星期的密集訓練課程。

使用的資源是甚麼？

聖經輔導基金會發展了兩個基本的訓練課程，你現在正在學習第一個課程。這兩個課程之後還有三級的訓練，包括了上課和實習。每一個階段的設計，都是為了要裝備信徒成為有效的聖經輔導員。

頭兩個課程（聖經輔導基金會的*聖經輔導訓練I：面對自我*，和*聖經輔導訓練II：聖經輔導基本課程*）的設計是：每一課程每星期上課兩小時。學生每星期要計劃花上至少五小時做每一課的功課。這些課程會指出，聖經真理能針對個人，並很實際地應用於克服你個人的問題上，而且可以裝備你去幫助其他人，用討主喜悅的方法克服他們的問題。

三個進深的課程是在實習中接受實際的輔導訓練。當本地輔導工作擴展時，輔導員要接受漸進式的訓練去承擔更大的責任。

從何開始？

聖經輔導訓練I：面對自我，訓練個人過合乎聖經的生活，和基本的輔導常識。這個課程可以個人或群體上課，唯一需要的是一本聖經、**面對自我**課程手冊、一本經文彙編和一個願意學習把神的話語應用在日常生活上的心。你應當帶著很高的期望去開始這個課程，期望根據聖經改變，以達到靈命的成熟。這個課程手冊可幫助你認識用聖經克服問題的實際準則，而不是理論化或神學性的作品。當你使用這些資料把聖經原則應用於日常生活時，你會得到祝福和賞賜（雅一25）。

聖經輔導訓練II：聖經輔導基本課程，是一個限於參加人數少的課程（每班人數不應超過十五人）。*聖經輔導訓練III：進深輔導初探*，可以不限人數。當教會和社區的輔導工作增長，就可以加上*聖經輔導訓練課程IV：訓練他人輔導*，和*聖經輔導訓練課程V：擴展及監督輔導事工*。此外，聖經輔導基金會還為聖經輔導員設立一個*自修聖經課程*，這個課程可以是**聖經輔導訓練II**的一部分，也可以在參加輔導課程時完成。在下面一段「**持續的地方性訓練**」中，會對各級的課程作簡略性的介紹。

教牧人員和其它教會領袖，會從每年的密集課程中得到很大的幫助，並能學習開始和維持在其教會和社區的輔導工作。

以下的敘述和圖表，會提供所有訓練的概括描述，如果需要更多瞭解，請來函詢問（地址在補充材料二，第八頁）。

持續的地方性訓練

基本布道

基本布道的訓練是聖經輔導的基礎。聖經輔導員的首要責任是在輔導中知曉受輔導者，是否與那位唯一能供給他問題解答的神有個人的關係。所以，聖經輔導員必需知道如何去傳福音，也就是傳在主耶穌裡救恩的好消息。計劃作聖經輔導員的學生，應當去修一個至少有十小時的課程，和十小時的實習布道訓練。有些教會每星期一個晚上，有包括探訪的全年課程，你可以找到不少好的課程。

聖經輔導訓練I：面對自我

這個課程教導我們去過得勝生活的基本聖經原則。每一個人都需要根據聖經的觀點去面對他自己的失敗和缺點，這樣，才能去幫助他人（太七1-5；路六41-42）。在**面對自我**這個課程的手冊中，解決生活上問題的聖經原則，是其它聖經輔導訓練課程的基礎。

導師手冊：聖經輔導訓練I：面對自我

無論導師以往的教學經驗如何，對教導人持續地以聖經面對自我，和以討主喜悅的態度去幫助別人而言，*聖經輔導訓練I*的導師手冊是極重要的工具。手冊內容包括教學大綱、對每一要點教導時間的分配、實例及如何評估學生的作業及考試的建議。（教學用的英文錄音帶可向聖經輔導基金會購買）

聖經輔導訓練II：聖經輔導基本課程

在*聖經輔導訓練I：面對自我*課程手冊中所教導的聖經原則和訓練，就在*聖經輔導訓練（第一及第二卷）*中應用出來。是藉著二十四個星期的學習，個案研討、角色扮演和圖解完成的。在*聖經輔導訓練II：聖經輔導基本課程*中，學會如何安排與受輔導者會面，解釋聖經原則的應用去幫助別人克服困難。角色扮演是為了教導根據聖經原則的團隊輔導，並照神的方法瞭解問題和如何培養盼望、改變與實踐等等觀念。聖經輔導是個人化的，藉著完成指定作業，根據聖經解答問題。此外，以下所描述的*聖經輔導自修課程*也編入為指定作業。

導師手冊：聖經輔導訓練II：聖經輔導（第一及第二卷）

聖經輔導訓練II的導師手冊，包含有課堂的大綱和個案、角色扮演的程序、完整的角色扮演個案大綱、對同學的評估工具和如何發展及決定指定作業的指導。

由於這個課程是正式的輔導訓練的開始，聖經輔導訓練II的導師應當是有經驗的聖經輔導員，能用聖經去解答同學對真實個案，和課程中角色扮演時的問題。在聖經輔導訓練II的導師手冊中列有導師的資格。

聖經輔導訓練III：進深輔導初探

這個進深課程是真正參與個案輔導的初階。在精密的管理和教導下，學生負起助理輔導者的責任。此時，每一位學生應當繼續加強學習聖經輔導*基金會的聖經輔導自修課程*。

在課堂上所教的題目，是有關處理個案，和如何評估受輔導者成為一個行道的人。不但如此，助理輔導員學習如何去計劃輔導會談，和如何漸漸地開始負責輔導個案，學習如何在會談中訓練受輔導者成為門徒，在這訓練的階段，*聖經輔導（第一及第二卷）*是應常常被受訓練者使用的。

聖經輔導訓練IV：訓練他人輔導

在這課程中，輔導員繼續作個案輔導工作，並開始訓練和評估助理輔導員，他也要完成聖經輔導*基金會的聖經輔導自修課程*，這課程便成為他在接受訓練期間的「個案參考」的準則。

聖經輔導訓練IV，包括訓練處理較多的受輔導者的個案、婚姻問題和親子問題等。*聖經輔導（第一及第二卷）*在整個訓練課程中，是可供使用的寶貴參考資料。

聖經輔導V：擴展及監督輔導事工

那些進入這一級訓練的聖經輔導員，是受訓去訓導、監督和評估實習輔導員們。這級的課程，包括了教導處理聖經輔導的行政事務、聖經輔導課程的導師訓練、一些較複雜的問題，如教會的管教問題、墮胎、絕症等。在這段訓練及事工上，主要的參考資料是*聖經輔導（第一及第二卷）*。

特別訓練：聖經輔導基金會的聖經輔導自修課程

不太熟悉聖經的人，不能作聖經輔導員，因此*聖經輔導基金會的聖經自修課程*，是設計幫助聖經輔導員熟悉聖經中的原則和訓詞，應用在克服問題和達到在基督裡成長。這個課程常是教會或基督教機構輔導員為獲得聖經輔導證書的必修課。完成自修聖經課程一般需四到六百小時，是與聖經輔導訓練II、聖經輔導訓練III和聖經輔導訓練IV共同完成的（請看下頁圖解）。

聖經輔導基金會的聖經自修課程包括四個主要部分：

1. *學習能直接應用於聖經輔導裡的十二個主要教義。*這部分需要用一本完整的經文彙編，每位同學都搜集他自己要應用的經文和它們的解釋，以便鼓勵受輔導者，給他們盼望，指出他們需要根據聖經改變，也可以用來幫助做功課。

2. *從聖經輔導的觀點去學習二十四個舊約聖經人物。*在這部分，同學們分析這些聖經人物的人生，假想這些聖經人物來要求輔導和幫助。學習只用聖經中的資料去處理每個個案（用舊約和新約），並描述如何用聖經的原則去輔導他們。

3. *從聖經輔導的角度看舊約的詩歌與先知書。*在這一部分，同學們找出和分析在詩篇、箴言、傳道書和一些先知書中聖經輔導的原則。

4. *一個輔導綱要，包括兩部分：*
   a 第一部分問一些有關聖經輔導的題目，搜集個案的參考資料。
   b 第二部分學習耶穌的輔導方法。觀察主耶穌如何去瞭解別人生活上的問題，如何帶給人盼望，指示人改變的方向和他給人特別的實習。

品行的標準與道德的規範

聖經裡早已有針對聖經輔導員的某些準則。*聖經輔導（第一及第二卷）*說明了聖經輔導員應有的品行標準與道德規範，而*聖經輔導（第一及第二卷）*也是聖經輔導課程II到V主要的參考資料。所有的聖經輔導員都應同意並遵守這些準則。

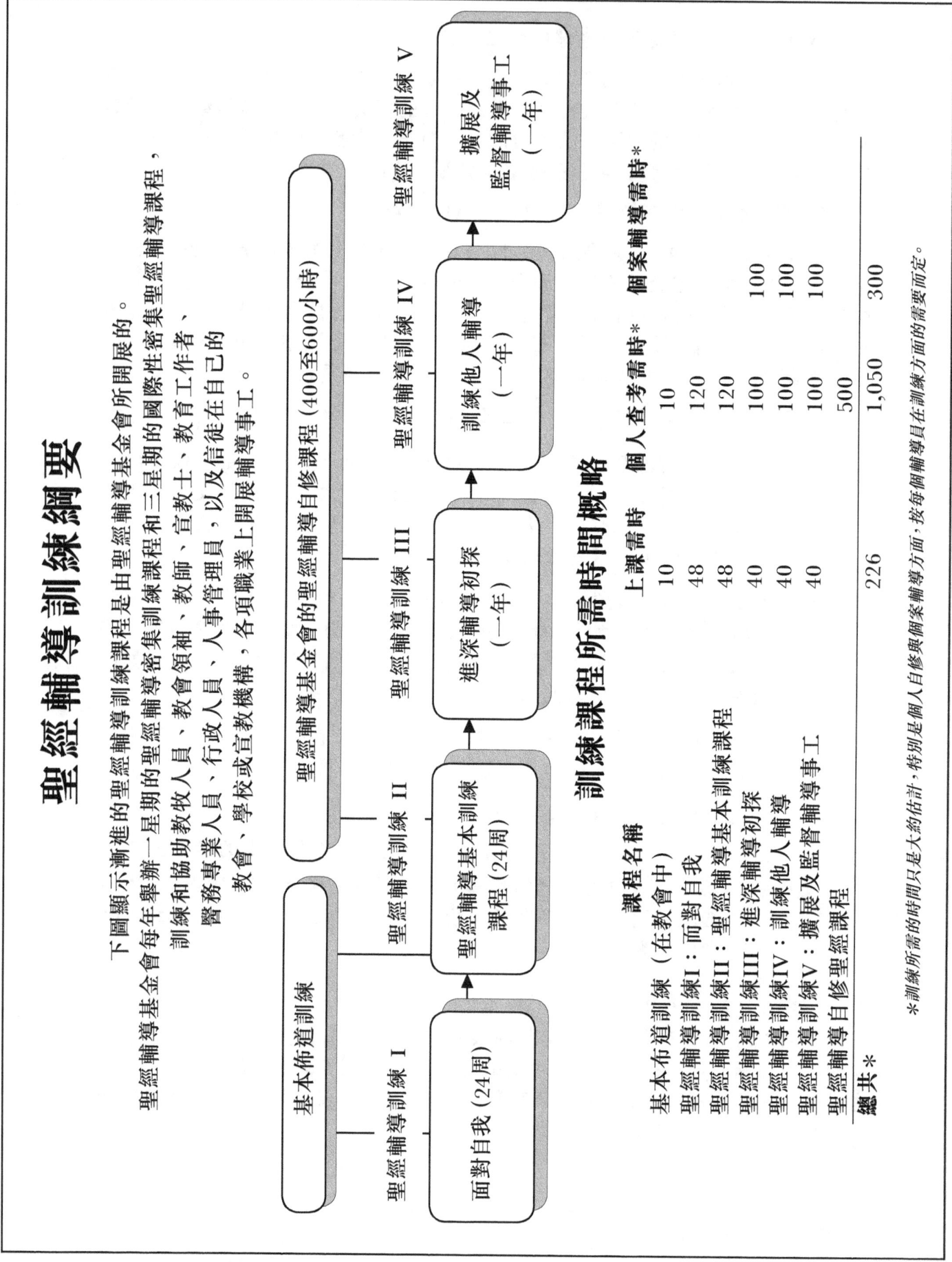

為教牧、基督徒領袖、和專職人員的訓練

聖經輔導密集課程

聖經輔導基金會為了三個目的，提供一個五天的密集訓練課程，這三個目的是：（1）幫助信徒用聖經原則去克服他們的問題；（2）裝備教牧人員、教師、宣教士、醫務專職人員、行政管理者、人事管理者、教會領袖和其它信徒根據聖經教導他人；（3）幫助那些有意在他們的教會、學校或差傳機構或職位中，開始並繼續聖經輔導的人。

國際性三星期密集課程

聖經輔導基金會提供三個星期國際性的課程。其目的是為了協助在其他國家，或世界其他地區組織本地訓練小組，幫助訓練當地信徒成為門徒和聖經輔導員。這三個禮拜的課程由聖經輔導基金會的導師教導，包括聖經輔導訓練I（三十五小時），聖經輔導訓練II（五十小時），如何在全國或本地擴展訓練課程（十小時）。當國際事工領袖完成了這三個星期的訓練後，就會協助聖經輔導基金會導師主辦他們國家中的三星期訓練課程，而所教導的材料與前面三星期一樣，當地的訓練課程並不是立刻舉行，因為必須等到有適當的計劃與準備之後才能舉行。

在這些國家中，會有好幾個順序的課程，主要是為了培訓聖經輔導的技巧和協助建立聖經輔導事工。這三個初級訓練包括下列部分：

第一部分：原則和實踐

課程：
- A. 聖經輔導的原則和訓詞
  - 人的需要與神的供應
  - 根據聖經改變的原則
  - 問題的發展、瞭解與解答
  - 根據聖經得到具體與持久的改變
  - 自我中心與沮喪
  - 基督徒的家庭與婚姻
  - 嫉妒、貪婪、忌恨、貪心
  - 忿怒、憎恨與苦毒
  - 懼怕、憂慮和焦慮
  - 持續地在主裡長進
- B. 問題與解答部分

第二部分：過程與步驟

先決條件
- 要先完成聖經輔導基金會的第一部分的密集課程，或成功地完成面對自我課程（聖經輔導訓練I）。

課程：
- 在輔導步驟中角色扮演和講解
- 對問題的分析和瞭解

- 指定作業
- 如何輔導有以下問題的人
  - 忿怒或苦毒
  - 沮喪
  - 懼怕與憂慮
  - 缺乏溝通技巧
  - 惡劣的家庭關係和人際關係
- 發展合乎聖經的生活習慣
- 建立和評估委身
- 給予根據聖經的盼望和有效的改變

第三部分：問題與計劃

先決條件

- 要先完成聖經輔導基金會的第二部分的密集課程，或成功地完成聖經輔導訓練II。
- 在註冊前考試及格。
- 請修讀第三部分的學員注意，要把三個你所經歷過的困難或複雜的輔導情形寫好，與註冊表一同交來，這些輔導情況會在課堂上討論，並找出合乎聖經的答案。

課程：

A. 訓練：
- 如何去建立教會的輔導工作
- 個案的分配、處理和栽培工作
- 操練和評估輔導員和主管
- 教導聖經輔導課程
  - 學生的委身，老師的訓練，課程的內容

B. 教導和協助處理複雜的個案
- 酗酒、吸毒與濫用藥物
- 絕症
- 傷殘
- 同性戀
- 毆打配偶
- 怪異行為

密集課程每年在美國華盛頓和加州舉行，也會在美國國內的其它地方週期性的舉辦。

如果要獲得資料、消息或其他有關詳情，請來信、來電或傳真詢問，我們樂意協助貴教會的輔導事工：

地址： Biblical#Counseling#Foundation
42550 Aegean Street
Indio, CA 92203-9617, U.S.A.
電話： 760.347.4608
傳真： 760.775.5751

查經和應用表
（根據提後三16-17）

參考經文	教訓	督責	使人歸正	教導人學義
	有甚麼誡命或原則？	在這方面我如何失敗了？	我需要做甚麼？	具體計劃──如何實行？

© Biblical Counseling Foundation

允許複印作個人或事奉之用

補充3，第1頁

查經和應用表（例一）

（根據提後三16-17）

參考經文	教訓	督責	使人歸正	教導人學義
	有甚麼誡命或原則？	在這方面我如何失敗了？	我需要做甚麼？	具體計劃——如何實行？
約壹三17	若我們不願與人分享，就不能彰顯神的愛。	我常十分自私，只顧自己的需要，只顧為將來積蓄而不願與人分享。	我需要學習更慷慨，願與人分享。	我會讀些有關慷慨的經文。求神給我一個慷慨的心。我會愛我的鄰居。
		（例）不對的填寫作業方法		
約壹三17	若不願與人分享我們的生活與物質，就不能彰顯神的愛。	我知道在教會中有一姊妹的兒女需要新的禦寒衣。他的丈夫傷殘，故不能工作，所以也沒錢買禦寒衣。我知我們家能幫助他們，但我覺得我的兒女也需要，何況，我又怎能幫助每個人呢？	事實上我真的只有一個孩子是真的需要禦寒衣的，其他的只是為了時髦。我應當做的事是只為那需要買新衣，而把剩下的錢為這有需要的家庭買禦寒衣。	1. 求神指引並加力量實行我的計劃，去幫助這家人。 2. 開一個「家庭會談」，解釋這家人的需要和我的計劃，詢問家人的意見看看應該如何去做？ 3. 與家人溫習有關分享的經文，並為我們要做的事情禱告。 4. 通知教會中的領袖，告訴他們那個家庭的需要和我們的計劃。 5. 通知那位姊妹，神也會賜福給我們和她自己的緣故，神也會賜福給我們和她自己。 6. 約定一個時間去購買禦寒衣，並讓他們自己去挑選所要的。 7. 也可邀請他們在購物時，一齊吃午餐。
		（例）對的填寫作業方法		

補充3,第2頁

© Biblical Counseling Foundation

查經和應用表（例一）

（根據提後三16-17）

參考經文	教訓	督責	使人歸正	教導人學義
	有甚麼誡命或原則？	在這方面我如何失敗了？	我需要做甚麼？	具體計劃——如何實行？
			（例）不對的填寫作業方法	
詩一一九11	我當把神的話藏在心裡。	我沒有背誦神的話。	我需要背誦聖經。	求神幫助我開始背誦聖經。
			（例）對的填寫作業方法	
詩一一九11	我當把神的話藏在心裡。	我不但沒有經常計劃背聖經，反而每天看三小時電視。我根本沒有嘗試去訂一個聖經的計劃。事實上，我很懶惰，我給神的藉口是我的記憶不好。	在未來的四個星期內，我將背誦四節有關順服的經文，訂一個背聖經的全年計劃。	1. 我會每天祈求神幫助我背他的話。 2. 我會用一本經文彙編，找出四關順服的經文，並把它們抄在經文卡上。 3. 我會把經文卡帶在身上，利用空閒時間背誦（如排隊、等車、走路、坐車等）。 4. 我會告訴家人我的計劃，請他們聽我背誦。 5. 每星期加一張經文卡，有空就背，及溫習以前背過的經文。 6. 在本月內，我另選有關救恩的經節，但下月仍會溫習有關順服的四節經文。

© Biblical Counseling Foundation

準備一篇個人的見證

> 把耶穌基督的福音傳給人，是你最大的權利，你必須準備好和別人分享你的見證（根據彼前三15）。

在*使徒行傳二十六章1至23節*，使徒保羅向亞基伯王述說他如何悔改信主的見證，是我們很好的榜樣。

信主前的人生（徒二十六4-11）

是一個宗教狂熱份子，但卻反對神。

信主的經過（徒二十六12-18）

認識到需要主和對主的委身。

信主後的人生（徒二十六19-23）

有了一個改變的人生，並成為基督的見證人。

很少基督徒象保羅有這樣戲劇性的見證，但所有的基督徒都可以使用保羅見證的大綱：*包括，信主前的人生，信主的經過和信主後的人生。*

為了使這個見證的大綱深深地印在你的腦海中，你應擬定一個十秒的見證，作為一個更詳盡見證的基礎，例如：

*信主前的人生：*以前我的人生是在絕望和混亂中；（*信主的經過*）然後我遇到耶穌基督，他改變我的生命；（*信主後的人生*）從那時開始，我的人生就有了目的。

另一個例子如下：（*信主前的人生*）以前我以為自己不算太壞，總可以上天堂；（*信主的經過*）然而，神對我另有計劃，我接受了這個計劃；（*信主後的人生*）現在確知我會上天堂。

信主前的人生：盡量用一些不信主的人能明白的形容詞來描寫你認識基督前的人生（*例如：自私、無意義、罪惡感、不安、無望、充滿憂慮、常要爭先....等*）。

信主的經過：也用一些未信主的人能明白的話來描寫信主的經過，「得救」、「我的罪被血遮蓋」和「跪在加略山」等詞對基督徒很有意義，但對未信主的人則很難懂，或許可以用「我發現了主的愛」或「我認識耶穌是神的兒子」或「有人告訴我神為我預備了一個計劃」等詞句去形容你信主的經過。

信主後的人生：用一些不信主的人慣用的字眼去描寫現今的生命（*例如：我不再憂慮、我找到平安、我的罪惡感已除去、我找到唯一真實生活的路*）。

請記住，「十秒」的見證要簡單，不需要詳細的描寫，詳細的見證留待以後的課程再述。「闡述的見證」的例子在補充材料四的第二頁中。

10秒……30秒……60秒……的見證

一個十秒見證的例子

(信主前的人生)「以往在我的生活中，我沒有持久的平安與喜樂，但有人告訴我，這是因為我沒有和耶穌基督建立一個個人的關係。

(信主的經過) 與神建立了關係之後，

(信主後的人生) 我才發現了真正的平安和喜樂。」

把以上十秒的見證，加長為三十秒的見證

(信主前的人生)「當我年輕時，無論從任何事情或任何人，我都找不到持久的平安和喜樂。我的朋友和活動都不能滿足我生命的空虛。」

(信主的經過)「有一天，一位朋友告訴我，耶穌是如何為我死了，好讓我的生命有意義和方向，那時我才知道我是一個罪人。我需要神的赦免，所以我求神赦免我，真實地相信耶穌是我的救主，接受他進入我的生命。」

(信主後的人生)「自從把我的生命交給耶穌後，就發現聖經提供了我所需要的一切答案。無論我的遭遇如何，神的平安和喜樂是永遠屬於我的。」

把以上三十秒的見證，擴展為一個六十秒的見證：

(信主前的人生)「當我年輕時，無論從人和事物上，都找不到持久性的平安和喜樂，雖然我和我的朋友常常有很多活動，但總覺得人生不應只是如此，連我的朋友都同意我的看法。」

(信主的經過)「有一天，一位朋友和我討論到我的一些問題，他認為我最大的問題是沒有和耶穌基督建立一個個人的關係。他讓我看見沒有一個人是完全的，就好像在聖經羅馬書三章23節所說的「世人都犯了罪」，同時，我從聖經中知道，罪的代價就是死（羅六23）。但神並不要我留在那個地位，所以耶穌為我死，使我的罪得赦，並且恢復我與神的關係，接受他永生的恩惠。」

「我唯一要做的，就是在神面前決志，求他赦免我的罪，真實地相信耶穌為我而死，並且相信他從死裡復活，使我得著新的生命。我當時的禱告十分簡單，我說：「神啊，求你赦免我的罪。謝謝你差遣你的兒子耶穌為我死和復活，使我能得到永生。求主耶穌救我脫離罪惡，並掌管我的一生。」

(信主後的人生)「自從我把生命交給耶穌以後，並順服神的話去克服困難時，就得到了持久的平安和喜樂。並不是說，我沒有遇見試探，但是神會幫助我、引導我、賜給我力量去面對困難。你有沒有考慮過，讓耶穌來改變你的人生呢？」

如何使用經文彙編

經文彙編是一本很能幫助你查考聖經的工具書。經文彙編裡面的字是象英文字典一般照著字母順序排列的（譯者按：中文的經文彙編是把字象中文字典一樣照著部首安排的）。然後，每個字都會列出一些含有該字的經文（中文的經文彙編是先分開該字不同的用語，然後再列經文）。

舉一個例，如果你查英文字DOERS（中文解作或行）

在那裡作孽的人已經仆倒	詩三十六12
必使他和作惡的一同出去	詩一二五5
並且行惡的得建立	瑪三15
乃是行律法的稱義	羅二13
只是你們要行道	雅一22

在經文彙編中，往往只是把部分的經文列出，而且在英文的彙編裡，有時只把該字的頭一個字母列出來。

經文彙編可以用來查考神話語中有關於某題目的講論，現在請跟著以下步驟，讓我們以「聖經」（BIBLE）為例來查考。

1. 先在彙編內查考所要查的題目，假如聖經這個字不在所查考的索引內，則……

2. 選一些聖經內與你所要查的題目同義的字

    例：神的話、經文、律例

    在彙編中，把這些字或詞查出來，找到這些能給你亮光的經文後，便可以把這些經文用筆作記號，或抄下來繼續查考，然後把經文的真理摘要寫下來，舉一個例，如果查「神的道」，你可能會查到……

    例：希伯來書四章12節「神的道是活潑的，是有功效的，比一切兩刃的劍更快，甚至魂與靈，骨節與骨髓，都能刺入剖開，連心中的思念和主意，都能辨明。」

    這節經文的摘要：「神的道是有生命的，是在活動著的，是能分辨人的思想和心靈的動機的。」

    請查「聖經」（SCRIPTURE）

    例：提摩太後書三章16至17節「聖經都是神所默示的，於教訓、督責、使人歸正、教導人學義，都是有益的，叫屬神的人得以完全，預備行各樣的善事。」

    這節經文的摘要：「神的話教導我如何按照聖經生活，改正我的失敗，幫助我去重新站立，使我能有效地實行神的話。」

3. 轉換到同義的詞也是有幫助的

    例：「聖經」（SCRIPTURE）＝原文有文字的意思

    查「文字」

    例：提摩太後書三章15節「….這神聖的文字（譯者按：中文和合本聖經仍然是翻成聖經）能使你因信耶穌基督而有得救的智慧。」

這節經文的摘要：「神的話引導我透過耶穌基督得到救恩。」
4. 你可以找一些與題目有關聯的詞句

　　例：耶和華的聲音，教導

　　　　查「聲音」

　　例：詩篇二十九篇4節「耶和華的聲音大有能力，耶和華的聲音滿有威嚴。」

　　　　這節經文的摘要：「主耶和華的聲音是大有能力和有威嚴的。」

完整的經文彙編又厚又大，看起來令人生畏，但不要害怕去使用它。用經文彙編去找一個字或經文，能使你對神的真理有更豐富的認識。

個人背景與問題評估表

問題的基本資料

日期：_____

個人資料

姓名：_____ 電話：_____ 傳真：_____
地址：_____
職業：_____ 辦公電話：_____
性別：____ 出生日期：_____ 年齡：____ 電郵：_____
婚姻狀況：

單身 ❑　　已訂婚 ❑　　已婚 ❑　　分居 ❑　　離婚 ❑　　鰥/寡 ❑

學歷：最後完成級別 (大學前) _____　其他學歷 (列出類別與年份)_____
_____ 推薦人：_____
配偶姓名：_____ 職業：_____
配偶地址(若跟你的不同)：_____

你理解的基本問題

簡單填寫以下部分(若需要可用背面)：

1. 請描述現有的問題。

2. 面對這問題，你做了些甚麼？

3. 你正在尋找甚麼幫助？

4. 甚麼驅使你尋求幫助？

與問題相關的詳細資料

有關屬靈生命的資料

教會名稱：＿＿＿＿＿＿＿＿＿＿＿＿＿＿＿＿＿＿＿＿＿＿＿＿＿＿＿＿＿＿＿＿＿＿＿＿＿

教會地址：＿＿＿＿＿＿＿＿＿＿＿＿＿＿＿＿＿＿＿＿　牧師姓名：＿＿＿＿＿＿＿＿＿＿＿

參加教會：＿＿＿＿＿＿＿　聚會次數：每月＿＿＿＿次

在教會中，你從講道／信息／查經中學到甚麼？

＿＿＿

請列出參與的事奉：＿＿＿＿＿＿＿＿＿＿＿＿＿＿＿＿＿＿＿＿＿＿＿＿＿＿＿＿＿＿＿＿＿

兒時所返的教會：＿＿＿＿＿＿＿＿＿＿＿＿＿＿＿＿＿＿＿＿＿＿＿＿＿＿＿＿＿＿＿＿＿

是否已受浸？　　　　　　是❏　　否❏　　何時？＿＿＿＿＿＿＿＿＿＿＿＿＿＿＿＿＿

若已婚，配偶的宗教背景：＿＿＿＿＿＿＿＿＿＿＿＿＿＿＿＿＿＿＿＿＿＿＿＿＿＿＿＿＿

（若適用）配偶所參加的教會：

配偶的教會名稱：＿＿＿＿＿＿＿＿＿＿＿＿＿＿＿＿＿＿＿＿　聚會次數：每月＿＿＿＿次

你有否祈禱？　從不❏　偶爾❏　經常❏　有多頻密？＿＿＿＿＿＿＿＿＿＿＿＿＿＿＿＿

你禱告求甚麼？＿＿＿＿＿＿＿＿＿＿＿＿＿＿＿＿＿＿＿＿＿＿＿＿＿＿＿＿＿＿＿＿＿＿

在你屬靈生命中，你是否確定若你今晚死了，你能進入天堂？

是❏　　　　　　　　否❏　　　　　　　　不肯定❏

若你答是，你對你的答案有甚麼確據？＿＿＿＿＿＿＿＿＿＿＿＿＿＿＿＿＿＿＿＿＿＿＿

＿＿＿

你曾否接受耶穌基督成為你個人的救主？

是❏　　　　　　否❏　　　　　　不肯定❏　　　　　　不明白這問題的意思❏

若你答是，你如何肯定耶穌基督是你的救主？＿＿＿＿＿＿＿＿＿＿＿＿＿＿＿＿＿＿＿＿

＿＿＿

若你已接受基督成為救主，當你成為信徒時你生命有甚麼改變？＿＿＿＿＿＿＿＿＿＿＿＿

＿＿＿

若你已接受基督成為救主，你有否把這件事告訴家人？　有❏　沒有❏

若有，你告訴了誰？＿＿＿＿＿＿＿＿＿＿＿＿＿＿＿＿＿＿＿＿＿＿＿＿＿＿＿＿＿＿＿＿

你有否閱讀聖經？　　從不❏　偶爾❏　經常❏　有多頻密？＿＿＿＿＿＿＿＿＿＿＿＿＿

你有否個人靈修？　　從不❏　偶爾❏　經常❏　有多頻密？＿＿＿＿＿＿＿＿＿＿＿＿＿

描述你的個人靈修：＿＿＿＿＿＿＿＿＿＿＿＿＿＿＿＿＿＿＿＿＿＿＿＿＿＿＿＿＿＿＿＿

＿＿＿

你是否有家庭崇拜？　從不❏　偶爾❏　經常❏　有多頻密？＿＿＿＿＿＿＿＿＿＿＿＿＿

描述你的家庭崇拜：＿＿＿＿＿＿＿＿＿＿＿＿＿＿＿＿＿＿＿＿＿＿＿＿＿＿＿＿＿＿＿＿

＿＿＿

解釋你屬靈生命最近經歷的改變：＿＿＿＿＿＿＿＿＿＿＿＿＿＿＿＿＿＿＿＿＿＿＿＿＿＿

© Biblical Counseling Foundation

允許複印作個人或事奉之用

過去接受輔導的資料

你曾否接受輔導？是❑　　　　　　　　否❑

輔導員姓名　　　　　　　日期　　　處方藥物　　　　　　　結果
　　　　　　　　　　　　由　　至

_____

_____

_____

個人習慣和健康資料

每晚大約睡幾小時？_____

每晚何時　　上床？_____　入睡？_____　醒來？_____　起床？_____

若上床與入睡之間相距一段時間，你會如何打發？_____

_____

若醒來與起床之間相距一段時間，你會如何打發？_____

_____

試描述最近在睡眠習慣方面的改變：_____

_____

健康狀況：　　非常好❑　　　好❑　　一般❑　　轉差❑　　　其他❑

最近一次身體檢查的日期：_____　結果_____

你目前有否服用藥物？有❑　沒有❑　　那種藥？_____　劑量_____

你服藥的原因？_____

_____

除了治療目的外，你有服用藥物嗎？　有❑　沒有❑　何時？_____

那種藥？_____　份量/劑量？_____

你有否喝酒精飲品？　有❑　沒有❑　　何時？_____　份量？_____

婚姻和家庭資料

配偶姓名：_____　　地址：_____

電話：_____　職業：_____　辦公電話：_____

配偶年齡：_____　學歷 (年數)：_____　宗教：_____

配偶是否願意與你一起到來接受輔導？　願意❏　不願意❏　　尚未提出❏　　不確定❏

現在是否分居？　　　是❏　否❏　若是，何時開始？_____

在你現時的婚姻中，曾否分居？　　有❏　沒有❏　　次數？_____

你們曾否申請過離婚？　有❏　沒有❏　何時？_____　由誰提出？_____

結婚日期：_____　結婚時的年齡：丈夫_____　妻子_____

結婚前認識配偶多久？_____

穩定約會有多久？_____　訂婚多久？_____

你曾否結婚？　　　有❏　沒有❏

若有，多少次？　丈夫 _____　妻子 _____

若你曾結婚，婚姻如何結束？_____

子女姓名	年齡	性別	子女在生？ 是　否	學歷年數	婚姻狀況	*是否前次婚姻所生

* 若屬前次婚姻子女，請加上「✔」

若你不是由親生父母撫養的，請簡略解釋：_____
_____

多少位 兄長？_____　姊姊？_____　多少位 弟弟？_____　妹妹？_____

© Biblical Counseling Foundation
允許複印作個人或事奉之用

得勝計劃表指引

> **得勝計劃表**是一個有用的工具，可以幫助你把根據聖經帶來的改變實行在你的生活上，而且在許可的情況下，也可以教導他人（根據太七1-5；林後一3-5，十三5；加六1-5；提後三16-17）。

I 得勝計劃表的目的

A 能幫助你根據聖經自省（詩一三九23-24；太七1-5；林前十一31；加六4）。

B 能幫助你認識聖經中教導你在生活裡要「脫去」和「穿上」的種種行為和思想（例如：弗四22-32；西三5-17）。

C 能幫助你擬定一個根據聖經改變的具體計劃，並且去實行（雅一22-25）。

D 能幫助你實踐這些根據聖經改變的具體計劃，成為你生活中各方面根據聖經所訂的計劃之一部份（羅六12-13，八28-29；西二6，三2-17；提後三16-17；彼前一14-16）。

II 根據聖經改變的步驟

A 奉獻自己，讓神管理你的生活
 1. 接受耶穌基督為救主（約一12；羅十9-11；林前十五1-4；弗二8-10）。
 2. 決心每天討神喜悅（林後五9；弗四1；西一10，三17）。

B 找出你曾得罪神的地方並悔改（箴二八13；啟二5，三19），向神認罪（約壹一9）。

C 求神給予智慧，知道應有甚麼改變和如何改變（詩一三九23-24；雅一5）。用信心求，就會得著智慧（來十一6；雅一5-8）。

D 饒恕那些曾得罪你的人（可十一25-26；弗四31-32），並以與他們和好為目標（太五23-24；羅十二18），根據聖經的準則向他們認錯（雅五16）。

E 勤勉地學習神的話（書一8；詩一2；提後二15，三16-17），背誦聖經，把神的話藏在心裡（詩一一九11、16）。

F 無論在任何環境下都要禱告，不可灰心（路十八1；腓四6-7；帖前五17）。

G 不管你的感受如何（創四6-7；羅十三14；加五16-17；彼前四2），都要照神的話去行（太七24-26；雅一22-25），並榮耀神（太五16；林前十31），常在聖靈的管理和引導之下（約十四26，十六13；羅八14；弗四30，五18）。

III 神對你能根據聖經改變的應許

A 在基督裡，你已經有得勝的憑據 *（羅八37-39；林後二14，十4；約壹五4-5、18）*。

B 保證得勝者有獎賞 *（啟二7、11、17、26，三5、12、21，二十一6-7）*。

IV 根據聖經改變的透視

A 聖經是你生活唯一的權威 *（詩十九7-11，一一九24，105；羅十五4；提後三16-17；來四12；彼後一3-4）*。

B 唯一永存的盼望是在乎聖經上的應許 *（以下是重複聖經原則：改變的聖經根據，第六課，第二頁至第三頁的 II. 你在試煉時的盼望）*。

1. 那些在基督裡的，已經從罪惡的權勢和刑罰下得釋放 *（羅六6-7、14、18、23）*。

2. 神絕不會容許信徒受試煉或試探過於他所能受的。他賜你恩典和力量去忍受每個試驗、去抵擋每個試探，以致你不犯罪 *（羅八35-39；林前十13；林後四7-10，十二9-10；腓四13；來四15-16；彼後二4-9）*。

3. 我們的主耶穌基督，當你有需要的時候，他必定賜下憐憫和恩典去幫助你。他以中保的身份，不斷在父神面前為你代求，他也完全瞭解你的軟弱 *（來二18，四15-16，七25；約壹二1）*。

4. 如果你以神的方法來回應試煉和試驗，就必能在基督裡成長成熟 *（羅五3-5；雅一2-4）*。他絕不會圖謀奸惡或傷害你。相反，他為你所定的計劃都是美善的 *（創五十20；申八2、5、16；詩一四五17；傳七13-14；耶二十九11-13；羅八28-29；雅一13-17）*。

5. 信徒可以不受任何人、環境或貧富的影響，得著神的平安和喜樂 *（詩一一九165；太五3-12；約十四27，十五11，十六33，十七13；羅十四17；腓四4-7；彼前一6-9）*。

6. 只有神能改變人 *（結三十六26-27；腓一6，二13）*，所以你不必、也不能為改變別人負責。你只需為自己的行為 *（耶十七10；結十八1-20，特別是20節；太十六27；羅二5-10；西三23-25；彼前一17）* 向神負責，並盡自己的分與別人和睦相處 *（太五23-24；可十一25；羅十二9-21，十四19；彼前三8-9，四8）*。

7. 當你認自己的罪，神就赦免你和潔淨你 *（約壹一9）*。

V 使用得勝計劃表去進行根據聖經改變的步驟

A 去擬訂一個得勝的方式，把計劃表上的四欄填好，以主要的經文為根據，找出需要得勝的那些方面 *（例：羅十二-十四章；林前十三4-8上；弗四22-六9；西三；彼前二11-三17）*。

1. 從表的第一欄開始，列出所有你失敗的地方 *（太七5）*。為了避免混亂，用一個表寫你個人與主的問題，另一個表寫你曾得罪過的人 *（例如：家人、室友、同事、鄰居或朋友）*。

2. 先盡量找出對付第一欄所列舉的罪行的合適經文,特別注意有關「脫去」和「穿上」的經文,然後再去做第二欄和第三欄。

   a. 把每一個「脫去」和有關的「穿上」的教導,加上相關的經文,分別寫在第二欄和第三欄中。

   b. 要把每次與所發生的「脫去」和「穿上」有關的經文,都列在第一欄中。

3. 再找出在第二欄和第三欄中,重複發生的「脫去」和「穿上」(也就是你經常跌倒的地方,如:惱怒、苦毒、污穢的言語……等),然後把這些重複的項目列在第四欄內。

4. 最後,在填寫第四欄時,訂一個具體的計劃,根據聖經去處理每一次要「脫去」和「穿上」的模式。在制定你的計劃時,參考那些能幫助你克服所面對的問題的課程。

5. 用下一頁的表格,作為提供你生活中得勝的指引。

(1) 明顯不合聖經的思想和言行 (太七1-5)	(2)「脫去」的參考經文 (弗四22;西三5-9)	(3)「穿上」的參考經文 (弗四24;西三10-17)	(4) 我的計劃是不再重複犯這罪,並要根據聖經去克服它 (多二11-14)
在這一欄把不合聖經的思想、言行具體地列出,而不是含糊地說出某些情緒或態度問題 (參考太十五18-20,二十二37-39;林前六9-10;加五19-21;弗四15、25-32)	在這一欄裡,把第一欄重複出現的思想、言行、犯罪惡習列出。	對照第二欄中重複出現應「脫去」的罪惡行為,列出應「穿上」的合乎聖經的行為,同時列出有關之經文。請記住,有些「穿上」與「脫去」是沒有關係的。	在這一欄裡,列出具體的思想、言行代替第二欄和第三欄中的惡習模式 (為了順服雅一22)
而且要小心,不要把犯罪的責任推卸給別人 (參考結十八20;太七5)	為每一種犯罪模式找出一節或多節的經文,來證實這些都是不應有的犯罪習慣(該脫去的)。		當面臨試探,特別在遭遇危險時,必須能鑒定採取那一種合乎聖經的步驟去克服它。
	為了幫助你開始,你可先列出林前十三4-8上;弗四15、25-32和西三。你也可以列出其他許多不同的參考經文,「脫去」與「穿上」都應在同一節或同一段經文中,使它們彼此有關聯。		當您求別人饒恕你時 (根據太五23-24),別忘了告訴他,你這樣做是為了照神的方法改變。寫出你不願重複犯罪的計劃。若需要,請人幫助你。

在基督徒的生命中，應經常有規律地實踐得勝計劃模式。

    6. 盡量花時間在填寫**得勝計劃表**（補充材料八，第一頁）上，使你更清楚明白看見神對你的思想及言行的看法*（耶十七9-10）*，求神幫助你*（詩一三九23-24；雅一5）*。

       a. 從你的惡習中選出一種，然後使用**得勝計劃表**從左到右，每一欄都填寫。**請記住，得勝計劃表只不過是一個記錄你失敗和克服罪惡的工具**（箴二八13；弗四1；雅四17），**絕無意圖限制聖靈叫人知罪的能力。**

       b. 也許你不能在第一個星期內，為所有的惡習填寫得勝計劃表內的四欄，但至少得做前三欄。

B 在以後幾星期，繼續填寫**得勝計劃表**，集中做以下幾方面：

    1. 更加具體地列舉不合聖經的行為（包括思想和言行）*（弗四15-32）*。

    2. 為自己的行為負責*（太七5）*。

    3. 改進你在第四欄所列的計劃，以致你的思想和言行更能符合聖經並更像基督*（林前十一31；腓三12-14）*。

*在補充材料九第二頁中，有**得勝計劃表**第四欄的延續，因為你的具體計劃會比第一欄至第三欄長得多，增加一頁就能使你有足夠的空間，寫下你根據聖經生活的計劃。*

VI 根據聖經改變的應用

A 當你在填寫**得勝計劃表**（補充材料八）時，應向神認罪悔改*（約壹一8-10）*。

B 要相信神會赦免你的罪，所以，不應擔心神是否已經赦免了你*（根據詩一零三12；耶三一34；腓三12-14，四8-9；來十17；約壹一9）*。

C 要實行第四欄中所計劃公義的行為（思想和言行）*（腓四8-9；西三2、23-24，四6；雅四17）*。

D 計劃並實行與你得罪的人和好*（太五23-24；羅十二18）*。

    1. 當你要求他人饒恕時，要記得把下列的意思用你自己的言語表達出來*（根據弗四15-25）*：

       「我知道我得罪了主，又得罪了你（說出所得罪之處），我立志不再如此冒犯你和別人。我悔改，並要照我悔改的計劃行（解釋你具體的計劃）。我已求神饒恕我，也盼望能得到你的饒恕，你願饒恕我嗎？」

    2. 練習去求饒恕，先是寫下，然後大聲說出來，也要預備好如何依照聖經去面對別人各種可能的反應*（弗四15-32；彼前二20-21，*

三13-17）。要有愛心和誠實地寫下如何面對他人各種可能的回應（弗四15、25），同時，要讓對方認為你是認真地想要改變，並與對方和好，否則，你只是表面的虛偽而已（羅十二9）。

如果別人只是應付地説：「不要緊」（輕視罪惡），或「別介懷」（並不認真饒恕你），「人都是這樣做的」（漠視罪惡，找藉口），或「我不會原諒你的」（缺少饒恕），或「我原諒你，但不能忘記此事」（缺少真正的饒恕，仍懷芥蒂）的時候，寫下和練習好你會説的話。

a. 舉例來説，當你求人饒恕時，如果被得罪者回答「不要緊」，「別介懷」，或「人常常都是這樣做的」，你可以説：「雖然你不介意我得罪了你，但我承認我對你的行為沒有愛心，是不符合聖經的，也不討神喜悅。由於我盼望能像基督一般，並以神的愛去愛你，我仍請你饒恕我。」*（根據羅十二18；林前十三4-8上；弗四1；雅四17）*。

b. 如果被得罪的人回答説：「我不會原諒你的」，你可以説：「我深深地表示抱歉，我得罪你如此的深，我後悔這樣沒有愛心，沒有活出聖經中的樣式，我已立志並且認真地要更像基督，繼續為我們的關係和好禱告的。」*（根據太五16；羅十二18；弗四25、29；西二6）*。

c. 如果被得罪的人回答説：「我原諒你,但不能忘記此事」,你可以説：「我後悔成為你生命中痛苦的回憶,我承認我的行為是與聖經中的愛相違的,我決定以後,使我的言行在我們之間有更好的回憶*（根據太五5、9、16；羅十二18；林前十三4-8上；弗四1、15、29；雅三17-18；約壹四11）*。

請溫習和好（除去一切合一與和睦的障礙）（第十二課，第六頁至第八頁）。

E 當你決定如何與對你不滿的人*（太五23-24）*，或你曾得罪過的人和好*（雅五16）*，你就要設法用下列的態度去對待每一個人：

1. 在一個他不太忙碌的時候*（箴二五11；腓二4）*，請求與他交談有關你和他關係上的失敗*（箴二五11；弗四25）*，如果那時候不方便，就和他約好時間，去和他見面，當面向他認錯*（箴二五11；雅五16）*。

2. 當你和你得罪過的人見過面後，向他認罪*（雅五16）*，求他饒恕你，使你們能夠和好*（羅十二18，十四19）*。

F 繼續不斷地依照第四欄所列的計劃，根據聖經改變*（林前四2；腓二12-16）*。

G　　如果你再失敗：

    1. 向神認罪，在適當的時間，也向人認罪（*約壹一9；雅五16*）。

    2. 按著你這次失敗的地方，修改你的計劃，繼續根據聖經改變（*太七1-5；林前十一31；腓二12-13，三12-14*）。

    3. 重新讀本補充材料的**III 神對你能根據聖經改變的應許**（補充材料八，第二頁）。

    4. 開始按著你的新計劃去實踐根據聖經的改變（*賽四十29；羅十二21；腓四13；來五14；約壹四4*）。

得勝計劃表（約壹五4-5）

第 ___ 的第 ___ 頁

(若適用) 填寫未能根據神的方法去愛之人的姓名 ___

(1) 我不符合聖經的思想和言行（太七1-5）	(2)「脫去」和參考經文（弗四22；西三5-9）	(3)「穿上」和參考經文（弗四23-24；西三10-17）	(4) 他計劃不再重犯同樣的罪，反要按聖經的教導去回應（多二11-14）

補充8，第1頁

允許複印作個人或事奉之用

© Biblical Counseling Foundation

得勝計劃表（約壹五4-5）

第（4）欄的延續

第 ___ 的第 ___ 頁

（4）計劃不再重犯同樣的罪，反要按聖經的教導去回應（多二11-14）

得勝計劃表（約壹五4-5）——實例

(若適用) 填寫未能根據神的方法去愛之人的姓名： __我的兒女__

第 _1_ 的第 _1_ 頁

(1) 我不符合聖經的思想和言行（太七1-5）	(2)「脫去」和參考經文（弗四22；西三5-9）	(3)「穿上」和參考經文（弗四23-24；西三10-17）	(4) 他計劃不再重犯同樣的罪，反要按聖經的教導去回應（多二11-14）

我的兒女經常打擾我，跟我嚕嗦的說各種事情。他們老是要錢，叫他們閉嘴，不然他們一定會變得像他們的父親一樣。	報復（彼前二23）
	
	刻薄（林前十三4）
		將自己交託神（彼前二23）
		
		憑愛心說誠實話（弗四15）
			不正確填寫作業的實例
			
			當兒女再來煩擾我時，我要：
			
			1. 禱告（帖前五17）。
			2. 查考聖經（提後二15）。
			3. 背經節（詩一一九11）。
			4. 按所發生的事評估自己（太七1-5）。
			5. 做負責的事（創四7）。
			  a. 信靠神（彼前二23）。
			  b. 憑愛心說誠實話（弗四15）。
			6. 逃避試探（提後二22）。
			7. 要求聖經輔導員幫助（加六1-2）。
			8. 向神認不能照此計劃行的罪（約壹一9）。

補充8，第3頁　　　　　　　　　　　　　　　　© Biblical Counseling Foundation

得勝計劃表（約壹五4-5）── 實例

(若適用)填寫未能根據神的方法去愛之人的姓名： **我的兒女**

第 _1_ 的第 _3_ 頁

(1) 我未符合聖經的思想和言行 (太七1-5)	(2) 「脫去」和參考經文 (弗四22；西三5-9)	(3) 「穿上」和參考經文 (弗四23-24；西三10-17)	(4) 他計劃不再重犯同樣的罪，反要按聖經的教導去回應 (多二11-14)
		正確填寫作業的實例	
A. 當兒女問我要錢時，我告訴他們說沒有錢，並責怪他們的父親沒有錢。	A. 記閒言閒語 (箴十七9下) 分黨 (林前一10) 論斷別人 (太七1-4；羅二1，十四13)	A. 遮蓋人過 (箴十七9上) 合一 (林前一10；弗四3) 自省 (太七5)	**我的犯罪模式：**怨氣、說閒言、污穢的言語和論斷 **我勝過怒氣的基本計劃是：思想、說出來、照著聖經原則去行。** **思想符合聖經：** 在靈修中要禱告求神幫助我克服怨怒，明白他的話語並且把這些真理具體運用到我的生活中。我也要向主認一切所知道的罪，在靈修時間，要禱告求他賜我力量和智慧，禱告三次（早、午、晚三次）。 我要列出本周能使丈夫和子女得福的事。我要每天不思想這些事，而不去想別人對不起我的事。
B. 那天下午兒女又向我要錢，我生氣了！並向他們怒視喊叫說：「不要打擾我。你們若不停止打擾我，就不但沒有錢，而且會更加嚴厲。你們的結局，會同你們的父親一樣。」接著我就在他們的面前，批評指責他們的父親。	B. 說閒言閒語 (箴十七9上) 怨恨、怨怒、誹謗 (弗四31) 呼叫 (箴十五1) 說是非、抵毀別人 (弗四29) 論斷別人 (太七1-4；羅二1，十四13)	B. 遮蓋人過 (箴十七9上) 仁慈、憐憫和寬恕 (弗四32) 回答柔和 (箴十五1) 說造就別人的話 (弗四29) 自省 (太七5)	我要為丈夫和子女感謝神，並為主耶穌基督而感謝神。將來每天要反覆作感恩禱告。 當兒女再向我有所要求時，我要設法以他們的立場來看事情。在我回答前，要先問以下問題，來衡量自己的回答是否正確。
C. 接著我叫他們離開我，把他們推出房間去。	C. 怨氣、怨恨、誹謗 (弗四31) 無耐心、刻薄 (林前十三4) 污穢的話 (弗四29)	C. 仁慈、憐憫和寬恕 (弗四32) 相信、盼望和凡事忍耐 (林前十三7) 說造就人的話 (弗四29)	

© Biblical Counseling Foundation

補充8，第4頁a

得勝計劃表（約壹五4-5）——實例

第（4）欄的延續

第 _2_ 的第 _3_ 頁

（4）計劃不再重犯同樣的罪，反要按聖經的教導去回應（多二11-14）

1. 這樣做有好處嗎？也就是說，我的回答能幫助兒女建立敬虔的生活模式嗎？能幫助他們完成生活中根據聖經應有的責任嗎（林前六12，十23上）？
2. 我這樣做，是否會再受到罪的控制（林前六12上）？
3. 我這樣做，是否會顯出屬靈上軟弱的一面（絆腳石）（太五29-30，十八8-9）？
4. 是否會使別的信徒跌倒（羅十四13；林前八9-13）？
5. 能夠那樣做（建立）別人嗎？我如此行是合乎聖經中的愛嗎（羅十四19；林前十23-24）？
6. 是否榮耀神（太五16；林前十31）？

言語符合聖經

1. 不再威脅兒女，讚美丈夫，我要：
   三思後再說話。
   讓孩子覺得是因此蒙福，不讓他們感到受威脅，明白這是因此蒙福的情況使他們和我更蒙福。
2. 當孩子一再向我要求，我要用柔和的聲調回答他們。
3. 我請聖經改變我與兒女為我禱告，並且在需要時，提醒我要根據聖經的決心與計劃，這樣會使他們覺得蒙福，也明白在我們生命中的榜樣是主而不是別人。
4. 我不再恐嚇丈夫、譏笑他，反要說合乎聖經、尊重他的話。在兒女面前，不再為丈夫找藉口，反而用言語支持他。

行為符合聖經

1. 在查考聖經時：
   - 我使用經文彙編查考「赦免與仁慈」這個題目。我每天使用聖經和應用表（補充材料三）作為我查考明白有關此題目的「一天一節」經文。
   - 第一個星期中，我要查考聖經中的兩個人物，從他們的生命中，學習他們的仁慈與寬恕，看看自己如何也能像他們那樣成為仁慈、寬恕人的人。
   - 在第二個星期裡，我將查考箴言第二十一章和彼得前書一章18至三章16節。藉此發掘如何能成為一個敬虔的妻子與母親。我將使用這些信息自省，和訂一個基本計劃，讓我活得更合乎聖經。
2. 在背誦經文方面，我要背誦哥林多前書十三章4至8節和以弗所書四章29至32節，並把它們寫在三張經文卡上。一張貼在洗碗鏡子上；另一張貼在駕駛座前的板上；在停車等候時背誦；第三張卡片，有空就溫習。
3. 我會告訴兒女，我已學習了根據聖經的赦免，並把他們逗走，他們為以下幾事饒恕我：
   說是非，批評他們的父親，
   對他們沒有仁慈和耐心，並把他們逗走，
   未能以愛心說誠實話，
   論斷他們，
   在家庭中製造紛爭，
   以自我為中心，沒有以愛心對待他們，
   向他們發呼叫和發怒。

得勝計劃表（約壹五4-5）──實例
第 (4) 欄的延續

第 3 的第 3 頁

(4) 計劃不再重犯同樣的罪，反要按聖經的教導去回應（多二11-14）

4. 我要以愛心解決任何可能發生的問題。不管單獨與丈夫在一起或在兒女面前，我都要想辦法表現彼此相愛的關係。

為了使我負責，我將求助於其他信徒和聖經輔導員。必要時請他們幫助我修訂這計劃。

我克服忿怒的應變計劃

1. 我知道自己忿怒時，就立刻：
   - 求神幫助，並尋求他對這件事的看法。
   - 承認一切罪惡念頭，求神賜下他的智慧。
   - 為目前我是他的僕人而感謝神。
   - 溫習我背過有關忿怒的經文。

2. 決心根據聖經原則克服忿怒：

   快快的聽：
   - 我要仔細地聽，提出問題，找出在這種情形下產生忿怒有關的事實。不先下結論，也不忙於作決定。

   慢慢的講：
   - 我說話時要討論如何用聖經原則解決問題。
   - 只講就別人的話，不講批評或對人有害的話。

   慢慢的動怒：
   - 對兒女要論事，不論動機。
   - 對自己要論動機。根據聖經改變思念、言行、不再犯罪。

3. 一旦發現有以自我為中心的試探時，努力照以上應變計劃去作，然後按照基本計劃去做。

若我不照計劃做：

1. 我要評估是那些不符合聖經原則的步驟使我失敗，並調整計劃。

2. 我要向主認己知的罪，並且向我曾得罪過的人認罪（雅五16；約壹一9）。

3. 不論感覺如何，我要再次實行計劃。

思想與行動表指引

你的心意更新是靠著神完成的 *(腓二13)*，這對你在基督裡的成長極為重要 *(羅十二1-2；弗四22-24；西三10)*。應在一切事上照神的看法去看 *(腓四4-9；西三1-3、15-16)*，在一切情況下聽從神的話 *(約十四23-24；腓四8-9；西三17；雅一25)*。你的心意更新與「脫去」老我有關，要「脫去」舊的罪行和意念，然後，「穿上」主的義，使你在基督裡成長 *(弗四22-24；西三8-10)*。請記住，你的思想和言行都屬於行為（是你問題中行為層面的一部分），顯示出你心中的光景 *(太十五18-20上；可七20-23)*。

有關進一步心意更新的教導，請參看心意更新（第七課，第六頁至第七頁）。

思想與行動表（補充材料十）的目的，是要幫助你，讓你有合乎聖經原則的生活，以及根據聖經勝過試探的計劃。事實上，這表格是**得勝計劃表**（補充材料八）的補充，與你罪惡的思想和因而產生的行動有關。這個表是幫助你克服思想的應變計劃，下列所指引的可以幫助訂出你的**思想與行動表**。

I 訂出一個思想與行動表是很重要的，為要：

    A 為你曾受試探的思想和行為，建立一個根據聖經原則的生活模式（如：忿怒、憂慮、管教兒女、虐待孩童、不能忠於日常職責等）*(羅六13；林後十5；西三2、5-15；多二11-12)*。

    B 在試煉或試探來到之前（例：將要動手術、重大事情、或作重大決定、以致不能履行日常生活的正常職責等），先做好準備 *(箴三5-6，十六3；林前十13)*。

    C 在神和人面前，生活無可指責，不為己活，甚至在人看不到時也是如此 *(詩四十四20-21；耶十七9-10；太五16；腓二12-16；彼前二12)*。

II 在訂出你的思想與行動表時，應包括以下幾點：

    A 辨別導致你有不符合聖經原則的思想與行動之情況、責任和關係。

        1. **在左邊的一欄**（*「我的試探和罪惡思想」*），列出你在思想上受試探叫你犯罪的時間或環境，記住就是短暫不按聖經的原則去思想也是罪 *(雅四17)*。犯罪也不在乎程度或時間長短，凡不按神的方法去行或不照聖經原則去做的都是罪 *(約壹三4下-6，五17上)*。

        2. **在中間一欄中**（*「在此情形下我應該想甚麼？」*），參照腓立比書四章8節所述的品格，列出在受試探時應有甚麼思想。也就是說，你不應該只想到試探，或單單想到問題本身，你必須思想在目前情形下，有甚麼神的話語可以幫助你？

不要只列出「不錯，好事」去思想，而忽視問題，反而要列出你在這種情形下應該想的具體事情。把聖經中有關針對改變此情形的經文列出來，同時列出神話語中有關乎的預備，和在這種特別的情況下，神在你身上工作的確實性 *(詩十九14，一一九9、50、92、101、105、143；林前十13；腓四8-9；雅一2-4)*。

3. **在右邊的一欄**（「*有了新的合乎聖經的思想後，我該做甚麼？*」）根據你在中間一欄中所學到的聖經觀點，定出一個具體行動計劃來對付這件事。請記住，改變別人或糾正事物並非你的責任 *(結十八20；羅十二9上)*，你要盡自己的責任榮耀神 *(西三17、23-24)*，並使別人因你得福 *(羅十二9-21；西四5-6；彼前三8-12)*。

B 盡量把你的**思想與行動表**帶在身上，好幫助你訂出一個根據聖經原則勝過試探的方法。

C 當你認出試探那一刻，就立刻開始實行你對付思想的具體計劃，必要時，拿出你的**思想和行動表**，以便幫助你記得你的計劃。

思想與行動表

問題：_____　　　　　　　　　　　　　　　　　　　　　　　　　　　第 ___ 的第 ___ 頁

我的試探和罪惡思想 (太十五19；雅一14-15)	在此情形下我應該想甚麼 (詩十九14；腓四8)	有了新的合乎聖經的思想後，我該做甚麼 (腓四9)

補充10，第1頁

© Biblical Counseling Foundation

允許複印作個人或事奉之用

第 ___ 的第 ___ 頁

思想與行動表（解釋）

問題：_____

我的試探和罪惡思想 （太十五19；雅一14-15）	在此情形下我應該想甚麼 （詩十九14；腓四8）	有了新的合乎聖經的思想後，我該做甚麼 （腓四9）
根據以下指示填寫空白的思想與行動表。	根據以下範圍，在一張空白的思想與行動表上，填寫應想甚麼。	
罪惡思想的試探： 在此欄中列出受罪惡思想引誘的試探，以及所想的惡念或在思想中所犯的罪（林前十31），把它們當成罪向神承認（約壹一9）。	a) **真實的**：根據聖經的觀點來看這件事和你自己的實情（參看林前十13；加五17；腓四19；雅一13）。 b) **可敬的**：你能做甚麼事使主受尊敬？（參看林前十31；西一9-10；帖前五17,22；來四14-16）	根據你在第二欄中決定去做的事，在此欄中寫一份按步就班的計劃，連最簡單步驟也寫出來，例如： • 在受試探時禱告甚麼（根據帖前五17；雅一5）？
我曾犯罪的實例： 描述你思想上犯罪的經過或實例：寫出參予犯罪的人，並寫出你在何時、何地、犯罪過程的長短及其他有關的資料。請記住要為你的思想負全責，不要責怪他人，這能幫助你從神的觀點明白你的思想會影響你的行動（根據羅十八20；林前十31；弗四15；雅一13-14）。	c) **公義的**：在這試探中你的正確反應是甚麼？（參看詩一一九11；太四4-10） d) **清潔的**：你應該採取甚麼步驟使你在這件事上保持清潔？你該採取甚麼步驟逃避這試探？（參看提後二22；彼前三8-16；約壹三3） e) **可愛的**：在這種情況下，主藉著這件事，神給你那些機會讓你完成那些可愛的事，神使你身上能顯明他的特性向他人顯明（參看羅八28,29）。	• 為獲得盼望和觀點，溫習那些經節（根據詩一一九11；羅十四4）？ • 解決問題時要採取甚麼步驟（根據雅一22-25）？ • 不以自我為中心時，要做些甚麼（根據路九23-24；林後五14-15；加五16-17）？ • 要做甚麼事才能使與這件事有關的人得福（根據羅十二14；弗四29；彼前三8-9）？
我罪惡的思想所導致的後果： 描述你做了甚麼（如何說和做），罪惡思想的後果（根據彼前一14-17）。	f) **有美名的**：在這情形下：你能作基督的使者（參看林後五20；彼前二21-23）。 g) **有德行的**：你要做甚麼才能使你的良心清白反無可指責？（參看林後一12；腓一14-16；三13-16）	• 如今藉著你所遭受的改變了你，為了這改變，你應如何讚美感謝他（根據詩三十四1，七十一5-8；弗五20；帖前五18）？ • 你要如何溫和地糾正別人的錯誤？你該說甚麼使人歸正而非定人的罪（根據羅十二18；加六1-4）。
我重複受同樣試探的時間或環境： 如果這是反覆發生的，寫出你經常在思想中受試探犯罪的背景和時間、地點、人等（根據林前十一31；彼前五8）。	h) **配受稱讚的**：（參看林後三3-5；西三16-17；希十三15）	

© Biblical Counseling Foundation　　　　補充10, 第2頁

思想與行動表（實例）

問題：丈夫星期四晚上總是遲回家

我的試探和罪惡思想 （太十五19；雅一14-15）	在此情形下我應該想甚麼 （詩十九14；腓四8）	有了漸的合乎聖經的思想後，我該做甚麼 （腓四9）
罪惡思想的試探： 我在思想中詆毀我的丈夫，想要報復，定他的罪。自憐和想到自己的特權。 **我曾犯罪的實例：** 星期四晚上我的丈夫又遲了回來，這件事似乎已成慣例了。我並沒有真正和他談過他遲回來的原因。過去二十次他遲回來時，我都曾如常煩躁、憂慮、發怒，在思想裡辱罵他。 **我罪惡的思想所導致的後果：** 我把他的晚餐搞焦了，以表示我不是他的傭人。也不要投其所好。他進門時我沒好聲好氣地跟他說話，拒絕與他親吻。那天晚上用沉默來對待他。在孩子面前公開批評他。後來我請求他原諒我，我和氣地跟他打招呼（正如我在得勝計劃表中的習慣），不過雖然如此，我心中仍有氣，不想和他說話。在他回家前的三小時內，我一直掙扎。 **我重複受同樣試探的時間或環境：** 上兩個月的每星期四晚，及經常在這星期中，我曾在孩子面前為丈夫的遲歸找藉口。但現在我甚至在孩子們面前批評他。	**真實的：** 事實是我丈夫每星期四都遲回家，然而我計劃和他討論一下遲歸的原因，而不是發脾氣和論斷他（弗四25-26）。 **可敬的：** 我需要訂一個如何問他的計劃，使我能有饒恕的心，而不是在企圖解決遲歸問題時向他大發脾氣（可十一25；弗四29；西四6）。 **公義的：** 當有試探時就馬上開始對自己的思想。在我丈夫回來前三小時就應作準備，而不是等他已在門口時才做計劃。不應在思想裡詆毀他，而應在他進門時就溫和地招呼他（彼前三8-12）。 **清潔／配受讚美的：** 複習我背過的經文，好明白在我身上做了些甚麼事，因有一神中的話在心中，就使我思想保持純潔，而不是心中只有自己的見解（詩十九8一一九9、11）。可能時，思想頌讚詩歌內容或聆聽聖詩（弗五19；西三16）。為了避免向孩子們訴說，應解釋他們父親為甚麼遲歸的原因，用愛心、不論斷的方式回應，不懷苦毒也不批評他們的父親（羅十四10、13；弗四15、31）。 **可愛／有美名的：** 計劃一下如何用不同的友善方式回應丈夫，要用愛心和關懷，而不是以不友善的方式接待他進門（林前十三4-5）。	當我想起我丈夫會遲歸，或當我在一周中想起此事時，我應： * 禱告。求神幫助我控制我的思想，賜我智慧和恩慈，在這種情形下對付這件事，讓我不犯罪得罪一神或我的丈夫，並感謝一神賜我力量來運用這機會。 * 為出當丈夫回來時要和他說甚麼話，避免指責他或說他沒有愛心。 * 哼或唱經文詩歌提醒自己神在我身上所做的工，背誦最近肯過的經節（例如：弗四29-32；西四6；彼前三8-12）。 * 為如何請丈夫幫助一同解決他星期四日程安排的問題。問他每星期四都要遲回家，問他遲歸的原因，以後他若遲歸是否可能打電話告訴我？若丈夫的日程不能改變時，就作出其他計劃（我可以給孩子早點吃飯，我和他可以晚點一同吃）。 * 如果丈夫該回家時仍未回來，我就開始做平常沒有做完的家務（如燙衣服、補衣服、寫信給親友等），我也要完成使我丈夫蒙福的事（如打掃房間、燙他的衣服等）。

第 1 的第 2 頁

思想與行動表（實例）

第 2 的第 2 頁

問題： 丈夫星期四晚上總是遲回家

我的試探和罪惡思想 （太十五19；雅一14-15）	在此情形下我應該想甚麼 （詩十九14；腓四8）	有了新的合乎聖經的思想後，我該做甚麼 （腓四9）
	有德行的：計劃一下如何在等候丈夫回來時有智慧地運用時間（弗五16）。我要花時間為他禱告（腓四6-7）。計劃一下怎樣做個稱職的母親，按主的旨意教養兒女（箴二十二6；提後三16-17；灰五14，十二11）。	若星期四晚與與一周中其他日子不同，不能照平時的時間表行事，看看是否能調整星期四的時間表，使它更有彈性。嘗試解決問題，而不去攻擊丈夫。 每天晚上就寢之前我要為丈夫感謝神，並列出一神為我們一家帶來的祝福，在禱告之時我也要感謝神，給我造機會成長得更像基督。 求神幫助我使用這次經歷在子女面前立下象基督的榜樣，並知道這在言語和行動上應如何行。

© Biblical Counseling Foundation

補充10，第3頁b

關於聖經輔導的事實

1. **聖經輔導：一種事工**——聖經輔導是所有對主委身的基督徒對主身體內有需要的人的一樣事工（*根據太二十八19-20；羅十五14；加六1-5*）。聖經輔導員要面對的問題範圍很廣，其中包括破碎的婚姻關係、親子關係、沮喪、濫用酒精和藥物、壓力、紊亂、焦慮、懼怕、憂慮和因精神或身體痛苦引起的一連串問題。

2. **聖經輔導員訓練**——要訓練聖經輔導員使用聖經和聖經輔導的原則，堅定地以聖經為信心和行為唯一權威和準則（*提後三16-17*）。輔導員不倚靠自己輔導的知識、他人的見解、經驗或行為（*賽五十五8-11*）；相反，完全以聖經真理來滿足受輔導者的需要（*來四12*）。在輔導會談中，輔導員要持守聖經上的主要真理，不把重點放在任何神學觀點及聖經沒有講到的事上（*多二1*）。

3. **聖經輔導員的重點**——既然聖經輔導員付出他們的時間和精力，是為了事奉神和愛人（*根據帖前二7-8；提前一5*）。因此，每一位輔導員在服務上不收任何實際或象徵性的費用。

4. **聖經概念：團隊輔導**——典型的聖經輔導是以團隊形式進行的。由於團隊輔導有許多合乎聖經的好處，對輔導員和接受輔導的人都有好處（*箴十一14，十五22，十八17，二十18，二十四6；太十八16*）。一般來說，輔導課程是由一組輔導員帶領的，其中有一人負責領導全組，另有一兩位幫助他。受輔導的人，也是該團隊的主要成員，在團隊中尋求克服生活中的問題。團隊中最主要的是聖靈，是他帶來盼望，藉神的話語使人有能力和智慧，幫助你面對問題（*約十四26；羅五3-5，八26-27；弗三16*）。

5. **聖經輔導造就訓練門徒**——聖經輔導員不僅決心要幫助你克服目前生活中的問題，也要訓練你一生在主裡不斷地成長（*詩一一九165；箴二6-12上；加六1-5；提前四7-8；約壹五1-5*）。因此，按聖經來說，聖經輔導是門徒訓練的一部分，要教導你無論在甚麼情況下，都行在神的旨意中（*根據太二十八18-20；提前一5；提後二2*）。在輔導期間，一位助理輔導員會回答你的任何問題，及提供進一步的資料，這位輔導員在每週上課時要與你傾談。在輔導結束後，這位輔導員會繼續和你接觸，幫助和鼓勵你。

6. **保密**——聖經輔導員的重要品質之一是值得信任（*根據林前四2*）。雖然聖經輔導員可能會與別人談到某件具體的事，但所討論的只局限於必須幫助你克服問題的事而已（*根據箴十18-21，十五28，十八8，二十五11*）。

7. **醫療上的需要**——聖經輔導員要考慮到你健康上全面的需要，你的輔導員可以建議你進行全面或特定部份的醫療檢查，如果需要，醫療和輔導將同時進行。

8. **聖經輔導的要律**——聖經輔導員將使用他們所受的聖經輔導訓練和技術，幫助你克服使你失去在神裡面的平安和喜樂的問題。聖經輔導員將集中在聖經中的四個要律上：

    瞭解問題——不是單單改變你的感受和處境，而是需要找出神對問題的看法。你的輔導員會以溫柔的心，應用聖經原則教導你克服各種問題（根據箴十八13；賽五十五8-9；可七20-23；羅五3-5，八28-29；加六1-4；弗四12；雅一2-4、19、22-25，四17）。

    你的盼望——在耶穌基督裡，你有一位在各方面都受過試探，卻沒有犯罪的大祭司（來四14-16）。雖然你可能經歷困難的試驗，或者是受到罪惡的試探，但神已經應許，必定不讓你受過於你所能受的試探。他已應許在試煉中，要為你開一條出路，叫你能忍受得住，而不致於犯罪（林前十13），當你根據符合聖經的態度回應時，他會使你在試煉中得著益處（羅八28-29；雅一2-4）。

    你的改變——在基督裡，你可以學會「脫去」舊的生活方式，「穿上」新的生活方式，開始學習按照聖經改變（羅六11-13；弗四20-24）。在各方面討神喜悅，在一切善事上結果子，並增加對神的認識（西一9-12）。

    你的實踐——你必需證明自己是行道的人，而不只是個聽道的人。只有當你成了真正行道的人，你所行的才會討神喜悅（來十三20-22；雅一22-25；約壹三22）。

9. **等候時期**——雖然輔導小組不能立刻開始輔導你，但你也會在盡可能的時間內，得到一次輔導。在這課程中，輔導員要為你安排一個計劃，使你在正式的輔導開始前，可以照著去行。他也可能會鼓勵你，一面等候接受輔導，一面繼續參加面對自我課程，如此，就可以立刻著手尋找克服問題的方法。

10. **輔導會談**——正常的輔導會談時間，每週有一個到一個半小時，持續八到十周。如果你對根據聖經的輔導有立刻的回應，輔導會談便可能縮短，然而，如果輔導員在開始的幾周中未能觀察到肯定的改變，他會找出失敗的原因，並和你討論，及幫助你去糾正。

11. **輔導會談的約會**——由於有效的輔導需要你持續和忠心地實行神的原則，因此，你必須不缺席地參加整個輔導會談，不要受未曾預料到的事干擾（根據路十四27-30；提前四7）。如果你不能參加某次輔導，一定要至少在二十四小時前通知輔導員。

12. **本地教會事工的參與**——為了要持久地勝過生活中的問題，每一個基督徒要建立持續性的基督徒生活準則。主已提供了地方教會來幫助基督徒 *(來三13，十24-25)*，因此，聖經輔導會談必須和教會的活動一同配合。若你還沒有固定的聚會，便應立刻參加，因鼓勵人作門徒和參加團契是很重要的。你若沒有參加教會團契，就應該立刻去參加了。如果你是教會團契的成員，應更多地用神賜給你的屬靈恩賜去協助團契。你的牧師或執事可能就是輔導團員，他們能更有效地幫助你，使你順服神的話語而克服問題。

13. **需要的材料和期望**——在第一次，你就需要帶一本筆記本和聖經來，並且每次都要帶來。要帶著很大的期望來參加，在你第一次參加之後，就會立刻得到盼望和鼓勵。藉著你的合作，你可以確定得著可靠的聖經答案來解決問題，這也是你來找我們的原因。

聖經輔導記錄表

日期_____ 個案編號_____ 會談次數_____ 會談長度_____

輔導員姓名簡稱_____ 受輔導者姓名簡稱_____ 估計仍需會談的次數_____

上周指定作業評估	本周指定作業
1) 背經：	1) 背經：
2) 靈修：	2) 靈修：
3)	3)
4)	4)
5)	5)

會議記錄：

這次會談所建議的主題：

問題的層面：
（根據會談觀察到的）

感覺：

行動：

內心：

未來幾次會談裡要討論的問題：

(若寫不下，請使用背面)

© Biblical Counseling Foundation

允許複印作個人或事奉之用.

補充12, 第1頁

聖經輔導記錄的解釋

聖經輔導記錄用於聖經輔導會談中，是一份訓練表格，幫助你「思想」和按聖經原則探討問題。

日期＿＿＿＿＿＿個案編號＿＿＿＿＿會談次數＿＿＿會談長度＿＿＿＿＿＿

輔導員姓名簡稱＿＿＿＿＿受輔導者姓名簡稱＿＿＿估計仍需會談的次數＿＿＿＿

上周指定作業評估 （雅一22-25）	本周指定作業 （書一8；太七24-25； 二十八18-20；雅一22-25）
1) 背經：	1) 背經： （詩一一九11）
2) 靈修：	2) 靈修： （詩一1-3）
3) (對按照聖經原則進步或失敗提出廣泛深入的問題，著重於下列經文：	3) 脫去／穿上：（弗四22-24；西三5-17）
4) 箴十六2、25；十八2、13、17；二十一	4)
5) 2；二十六12；並從神的話中得到確據（箴十六20，二十5；二十五11-12）。	5)

會議記錄：	這次會談所建議的主題：
	a 脫去舊人及其行為 （弗四22；西三5-9）
	b 心意更新（羅十二2； 弗四23）
	c 穿上新人及其行為 （弗四24；西三10-16）
	問題的層面： （根據會談觀察到的）
	感覺： （創四7；詩三十八 3-10、17-18）
	行動： （傳十二13；路六46；約 三21，十四15；約壹五3）
	內心： （可七20-23；路六45； 希十二15）
	未來幾次會談裡要討論的問題：

（若寫不下，請使用背面）

補充12，第2頁　　　　　　　　　　　　© Biblical Counseling Foundation

允許複印作個人或事奉之用.

聖經輔導記錄的用法

日期_____ 個案編號_____ 會談次數_____ 會談長度_____

輔導員姓名簡稱_____ 受輔導者姓名簡稱_____ 估計仍需會談的次數_____

上周指定作業評估	本周指定作業
1) 背經：	1) 背經：
2) 靈修：	2) 靈修：
3)（除了第一次會談外，以後的會談都從這一欄開始，發問好問題能找適合的資料，以供下面使用。）	3)（本次會談的指定作業記錄在此欄內，下次會談先複習這些指定作業）
4)	4)
5)	5)

會議記錄：

（你繼續發問時，在此欄記錄受輔導者的回應。違反聖經教導的事可以分類記載於右邊「問題的層面」一欄中，這記錄也能給你提供資料，以便決定未來會談中的主題是甚麼。）

這次會談所建議的主題：

（根據這次會談的內容來訂出下一次會談的指定作業）

問題的層面：
（根據會談觀察到的）

感覺：（藉聆聽受輔導者所說的話，可能會從其中發現根深蒂固的問題，以及他決心的程度）
行動：
內心：

未來幾次會談裡要討論的問題：

（在此寫下以後要研討的事情）

(若寫不下，請使用背面)

© Biblical Counseling Foundation
允許複印作個人或事奉之用.

聖經輔導摘要和計劃

日期_____個案編號_____會談次數_____會談長度_____
輔導員姓名簡稱_____接受輔導者姓名簡稱_____估計仍需會談的次數_____

1. 簡短總結兩周前,受輔導者在那個星期裡的健康狀況、重要的境遇和人際關係的改變。

2. 描述接受輔導者在完成上周指定作業後的情形如何?

3. 列出這次會談中所講的主題和經文,受輔導者對每個主題的反應如何?

4. 寫出這次會談所指定的作業。

5. 列出下次會談中要講的主題,加上與盼望、改變和實踐有關的經文。

6. 列出下幾次會談時要討論,特別是對接受輔導者有幫助的指定作業。

7. 寫出這位接受輔導者仍需要根據聖經實踐的行動。

補充13　　　　　　　　　　　　　　　　© Biblical Counseling Foundation
允許複印作個人或事奉之用.

我目前的時間表

	星期日	星期一	星期二	星期三	星期四	星期五	星期六
6:00上午							
7:00							
8:00							
9:00							
10:00							
11:00							
12:00中午							
1:00下午							
2:00							
3:00							
4:00							
5:00							
6:00							
7:00							
8:00							
9:00							
10:00							
11:00							

記錄本周（或特定的一周）的活動和職責，複習神對你的標準（第二十二課，第四至六頁）的 III. 把神的標準用到生活中。

© Biblical Counseling Foundation

允許複印作個人或事奉之用

補充 14

根據聖經所訂的時間表（箴十六9；弗五15-16）

	星期日	星期一	星期二	星期三	星期四	星期五	星期六
6:00上午							
7:00							
8:00							
9:00							
10:00							
11:00							
12:00中午							
1:00下午							
2:00							
3:00							
4:00							
5:00							
6:00							
7:00							
8:00							
9:00							
10:00							
11:00							

根據聖經原則制訂以上的時間表，勤力實行已訂好的時間表。記住神有主權掌管一切預料不到而可能發生的事，複習神對你的標準（第二十二課，第四至六頁）的III. 將神的標準用在生活中。

補充15

© Biblical Counseling Foundation

允許複印作個人或事奉之用

從憂慮中得釋放的指引
（根據聖經的行動和禱告計劃）

> 有時候你會關心和掛慮生活中不同的事，在這種情況下，按聖經教導成為行道者，並得到神出人意外的平安，是很重要的*(根據賽二十六3；詩一一九165；腓四6-9；雅一25)*。

I 面對問題

A 有些人因身體健康的問題，而感到懼怕和憂慮，例如：你可能聽過以下的話：

1. 我的兒子應該更負責一點，去找一份工作養活家庭，每次想到他，我的腸胃就不舒服。

2. 我的女兒必需戒毒，想起這件事我就沒有食慾，也不能安寢。

3. 我的家人必須重生，但是當我跟他們說的時候，他們不聽我的話，我的血壓就升高。

4. 我丈夫把朋友帶回家來，他們看暴力和色情的電影，我的偏頭痛一再發作，我十分擔心這會影響孩子們，因我已患了胃潰瘍。

B 當面臨懼怕或焦慮的試探時，你必須再次注目於神的旨意上，而不是集中在自己和問題上，要採取的第一步行動就是禱告*(腓四6-7；西四12；帖前五17)*。為了要有一個有效的禱告生活，你必須根據聖經自省，並且在一切事上討神的喜悅*(根據林前十一31；林後五9；雅一5-8，五16下；約壹三22)*，期間你要將憂慮卸給主*(彼前五6-7)*，並繼續作一個行道的人*(雅一22-25)*。

II 祈禱計劃

A 每天讀*腓立比書四章6至9節*。

B 在補充材料十七第一欄，**我擔心的事**下面，列出你非常擔心的事。

C 按次序思考每一項，在你無能為力的事上畫上記號，並寫在中間一欄裡（**主的清單**）。

D 在稱為**我的清單**的第三欄裡，不論你可能有甚麼禱告上關心的事，仍寫下你根據聖經應做的職責。同時，寫出你禱告中關心的事（例

如：如果你在禱告中關心一個信徒，而他卻犯了罪，你就寫下要為挽回犯罪的弟兄所採取的第一步行動）。

1. 複習任何信徒根據聖經應盡的職責，請讀下列經文（清單實例）
    馬太福音第五章、六章和七章
    馬太福音十八章15至17節
    馬太福音二十二章35至37節
    羅馬書第十二章、第十三章和第十四章
    羅馬書十四章3節、4節、10節、13節、17至19節
    羅馬書十五章1至7節、13至14節
    哥林多前書十三章4至8節上
    加拉太書六章1至2節
    以弗所書四章15節、29至32節，六1至19節
    腓立比書二章3至8節、14至16節
    歌羅西書三章12-17節、23至25節，四1至6節
    帖撒羅尼迦前書五章16至18節
    雅各書一章19至20節，二章14至17節，五章9節
    彼得前書三章1至4節、7節、8至12節、13至17節
    約翰壹書三章16至18節

2. 當聖靈光照你在日常生活中應盡的職責之後，就把這些提醒加在第一欄**我的清單**中。

E 把你在**主的清單**中所寫的交託給主（*根據彼前五7*），把這些唯有主能做的事交託給他（*根據詩四十4-5，五十六3-4；賽五十五8-11*）。

F 在禱告中，求主幫助你，甘心樂意地去做該做的事，像是為他做的，並向主立志要做**我的清單**上的事（*根據西一9-12，三23-24*）。

G 訂計劃做**我的清單**上所寫的事。必要時，*使用一份得勝計劃表（補充材料八），或根據聖經所訂的時間表（補充材料十五）*。

H 每天複習這清單，並為每一項禱告。必要時，補充並實行**主的清單**和**我的清單**上的各項。

I 根據從憂慮中得釋放（根據聖經所訂的行動和禱告計劃）（補充材料十七），可以和本課程中任何其它表格一同使用，就如**查經和應用表**（補充材料三），**得勝計劃表**（補充材料八），**思想與行動表**（補充材料十）和**根據聖經所訂的時間表**（補充材料十五）。

J 可將這禱告計劃寫在你的筆記簿上，把筆記本和你的聖經放在一起，成為你每日靈修的一部分。

從憂慮中得釋放
（根據聖經的行動和禱告計劃）根據腓四6-9

我擔心的事	主的清單	我的清單
（一切引誘我擔憂的事）	（我無能為力的事）	（要忠心順服主去完成的職責）

© Biblical Counseling Foundation

允許複印作個人或事奉之用